पेंगुइन बुक्स

सीता

पेंगुइन द्वारा हिंदी में प्रकाशित देवदत्त पट्टनायक की अन्य पुस्तकें

मिथक

जय

राम की गाथा

देवलोक -1

देवलोक -2

देवलोक -3

शिखंडी

द प्रेग्नेंट किंग

उन सभी के नाम, जो यह मानते हैं कि *महाभारत*,
रामायण की तुलना में कहीं अधिक यथार्थवादी व जटिल है।

ईश्वर करे कि उन्हें यह एहसास हो जाए,
दोनों ही महाकाव्य धर्म की चर्चा करते हैं,
जिसका अर्थ धार्मिक आचरण से नहीं बल्कि मानवीय संभावना से है:
निरंतर परिवर्तनशील सामाजिक संदर्भों में,
बिना किसी आश्वासन या निश्चितता के;
एक मनुष्य अपनी ओर से यही कर सकता है,
क्योंकि हम व्यक्ति, वस्तु तथा असंख्य साक्षियों द्वारा निरंतर
अलग-अलग तरह से परखे जा रहे हैं।

एक में, सर्वेसर्वा राजा को शासन सौंपने वाला है,
जो नियमों में किसी भी तरह परिवर्तन कर सकता है,
जबकि दूसरे में, सर्वेसर्वा स्वयं एक राजा है,
जिसे सभी नियमों का पालन करना ही है,
भले ही वे कितने ही अरुचिकर व अप्रिय क्यों न हों।

अनुक्रम

लेखक की ओर से

शिव ने शक्ति से जो कहा

भगवती शक्ति, भगवान शिव से आग्रह करती हैं कि वे कोई ऐसी कथा सुनाएँ, जो हर प्रकार के कष्ट के समय में सांत्वना दे सके। शिव, राम और सीता की कथा, *'रामायण'* सुनाते हैं।

यह कथा विविध रूपों, विविध भाषाओं, विविध शब्दों, विविध सूक्ष्म भेदों तथा विविध भावों के साथ प्रवाहित होती आई है। कहीं यह गद्य रूप में है, तो कहीं पद्य रूप में और कभी-कभी तो केवल संकेतों से भी प्रकट की जाती है। चरित्र उभरते हैं, रूपांतरित होते हैं और पलक झपकते ही ओझल हो जाते हैं। यह बोलने वाले पौधों और सोचने वाले पशुओं; पराजित होने वाले देवों तथा विजयी होने वाले राक्षसों; नायकों के समान खलनायकों तथा खलनायकत्व से युक्त नायकों; ऋषियों व शिकारियों, शोषितों तथा शोषकों की चर्चा करती है। ज्यों-ज्यों कथा आगे बढ़ती है, समय व स्थान नए-नए मोड़ लेते चलते हैं।

एक जिज्ञासु कौआ काकभुशुंडि इस कथा को सुन लेता है और उसे जो भी याद रहता है, वह उसे नारद मुनि को सुना देता है, वे निरंतर घूमते रहने वाले एक ऐसे मुनि हैं, जिन्हें गप्पें मारने तथा स्वर्ग व धरती के बीच बातों के आदान-प्रदान में विशेष आनंद आता है। नारद को जो स्मरण रहता है, वे उसे वाल्मीकि को सुना देते हैं, वे उस कथा को गान में बदल कर, लव और कुश नामक जुड़वाँ बालकों को सिखा देते हैं।

लव और कुश अयोध्या नरेश के सामने उसे गाते हैं, वे नहीं जानते कि वे उस कथा के नायक व उनके पिता हैं। राम भी अपने पुत्रों को नहीं पहचान पाते और उनके लिए यह विश्वास करना भी कठिन होता है कि बालक जो इतना सुंदर गीत सुना रहे हैं, वह उनके अपने विषय में ही है। बालक अपने गान में संपूर्ण राम का वर्णन कर रहे हैं। वे जिस सीता का स्मरण करते हैं, वह भी कई गुना बेहतर है। परंतु गीत अभी अधूरा है। अभी तो कथा शेष है।

लव और कुश की कथा, पूर्व-*रामायण,* आरंभिक भाग है। इसमें राम को एक-बाणी (जिसका तीर सदा निशाने पर लगता है), *एक-वचनी* (जो सदा अपने वचन का मान रखता है) तथा *एक-पत्नी* (जो केवल एक ही पत्नी के प्रति

पूर्ण निष्ठा रखता है) कहा गया है। वे *मर्यादा पुरुषोत्तम*, नियमों के महान संरक्षक हैं। यह कथा छह अध्यायों के साथ समाप्त होती है, जहाँ राम, राक्षस-राज रावण पर विजय पाते हैं और अंततः अयोध्या नरेश के रूप में उनका राज्याभिषेक संपन्न होता है तथा साथ में माता सीता विराजती हैं।

परंतु यह कथा उत्तर-*रामायण* में जारी रहती है, यह बाद वाला भाग है, जिसें राम और सीता के वियोग, पिता व पुत्रों के बीच युद्ध, सीता के धरती में समाने के साथ युद्ध का अंत तथा राम द्वारा सरयू में जल-समाधि लेने का सातवाँ अध्याय भी शामिल किया गया है।

तो सही मायनों में *रामायण* कहाँ समाप्त होती है? इसका अंत छठे प्रसन्नतापूर्ण अध्याय के साथ मानें या दुःखद सातवें अध्याय के साथ अंत मानना चाहिए?

इस विषय में तो व्यास मुनि भी मौन हैं, जिन्होंने वेदों की ऋचाओं का संग्रह तथा वर्गीकरण किया। वे हमें बताते हैं कि राम अपनी देह का त्याग करने के बाद, जो कि स्वयं विष्णु थे; अपने बैकुंठ लोक को चले जाते हैं। यह लोक, क्षीरसागर में उनका स्वर्गिक धाम है। इसके बाद वे कृष्ण की नई देह के साथ जन्म लेते हैं, जो राम से पूरी तरह अलग हैं।

कृष्ण न तो नरेश हैं और न ही अपनी एकमात्र पत्नी के प्रति निष्ठावान, वे एक चरवाहे और रथवान हैं जिन्हें स्नेहवश *माखन-चोर* (जो माखन चुराता हो), *चित्त-चोर* (जो हृदय चुराता हो) तथा *रण-छोड़* (जो युद्धभूमि से भाग जाए ताकि पुनः लड़ने के लिए जीवित रह सके) भी कहा जाता है। वे *लीला पुरुषोत्तम*, सर्वश्रेष्ठ लीलाधारी हैं। *महाभारत* में उनकी ही कथा सुनाई जाती है। इस तरह *महाभारत* में *रामायण* का ही विस्तार हो जाता है।

क्या *महाभारत* में उस कथा का अंत हो जाता है, जिसे *रामायण* में आरंभ किया गया था?

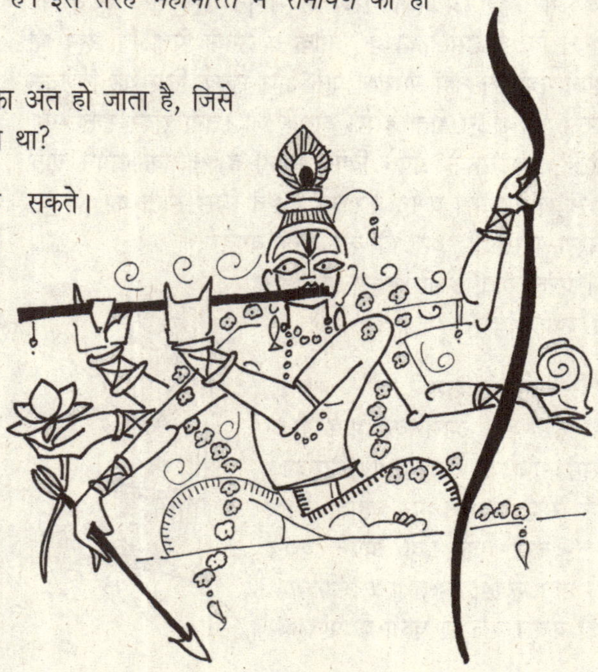

नहीं, ऐसा तो नहीं कह सकते। पुराणों के वृतांत में, हमें बताया गया है कि कृष्ण के बाद, विष्णु कल्कि अवतार लेने से पूर्व, और बहुत सारे अवतार लेते हैं; कल्कि को हाथ में तलवार थामे, एक घोड़े पर सवार दिखाया जाता है, जो दिखने में काफ़ी हद तक किसी आक्रमणकारी लुटेरे सा दिखता है, जो अपने

साथ प्रलय तथा समाज का अंत भी ले आता है।

क्या प्रलय *रामायण* का अंत है?

नहीं, क्योंकि ठीक जिस समय सागर सब कुछ अपने भीतर लीलने और धरती को निगलने के लिए प्रस्तुत होता है, ठीक उसी समय विष्णु एक छोटी मछली का रूप ले कर, मानवता से विनती करते हैं कि वह बड़ी मछली से उसकी रक्षा करे। उनकी इस पुकार का उत्तर देने वाला मनु हैं, जो नई सामाजिक व्यवस्था का संस्थापक बनते हैं, वह असहायों की मदद करने तथा बलशाली का पक्ष लेने वाले प्राकृतिक नियम को नकारने के लिए अनूठी मानवीय संभावना का प्रदर्शन करते है।

इसके बाद विष्णु एक कछुए का रूप ले कर, धन की भगवती लक्ष्मी को, क्षीरसागर का मंथन करने में सहायता करते हैं। इसके बाद वे एक वराह का रूप ले कर, पृथ्वी को अपने थूथन पर उठा कर, सागर से ऊपर ले आते हैं ताकि मनुष्य समाज की स्थापना की जा सके।

उसी समय ब्रह्मा यज्ञ का अनुष्ठान करते हैं। वे अग्नि के माध्यम से, प्रकृति को अधीन कर, संस्कृति की स्थापना करते हैं। वे स्वयं को सर्जक व स्वामी घोषित करते हैं, परंतु ब्रह्मा केवल संस्कृति के सर्जक हैं, वे प्रकृति के सर्जक नहीं हैं। भले ही संस्कृति उनकी पुत्री हो, परंतु प्रकृति उनकी माता है। संस्कृति सुशील गौरी है; परंतु प्रकृति अधिष्ठात्री काली है। दोनों ही देवियाँ शक्ति का रूप हैं। ब्रह्मा काली की उपेक्षा करते हैं और गौरी पर अपना अधिकार जताते हैं : एक पिता ऐसा करता है, जो उससे करने की अपेक्षा नहीं की जाती। भगवती विरोध करती हैं। परंतु ब्रह्मा नहीं मानते और शिव कुपित हो कर, सर्जक का सिर काट देते हैं। शिव ब्रह्मा का उपहास करते हैं कि वे संस्कृति के माध्यम से मूल्यों की तलाश कर रहे हैं। वे तपस्या, ध्यान व मनन के पथ का अनुसरण करने को कहते हैं, जो भीतर अग्नि को उत्पन्न करते हैं ताकि सारे भय जल कर नष्ट हो जाएँ और प्रभुत्व पाने की इच्छा मिट जाए। परंतु ब्रह्मा नहीं समझते। वे शिव योगी को, विनाशक घोषित कर देते हैं।

विष्णु हस्तक्षेप करते हैं। उन्हें ब्रह्मा के

यज्ञ तथा शिव की तपस्या, दोनों का ही एहसास है। वे ब्रह्मा के उस भय को भी पहचानते हैं, जिसके कारण उन्होंने काली का त्याग किया और गौरी को वश में करना चाहा। वे शिव के उस विवेक को पहचान लेते हैं, जिसके बल पर वे सारे भय से पार हो जाते हैं। इस तरह इन दोनों का मेल होता है और वे बैकुंठ लोक से नीचे आ कर, विविध अवतार धारण करते हैं।

वे वामन और परशुराम के रूप में यज्ञ का समर्थन करते हैं, राम और कृष्ण के रूप में यज्ञ पर प्रश्नसूचक चिन्ह लगाते हैं तथा बुद्ध व कल्कि के रूप में, यज्ञ का त्याग करते हैं। वे शिव को उनका नेत्र खोलने के लिए उकसाते हैं, जो सदा तपलीन रहते हुए बंद रहता है : वे उन्हें संस्कृति से एकाकार होने, ब्रह्मा की पुत्री से विवाह करने, पिता बनने व एक गृहस्थ का रूप धारण करने व संसार को दूसरों के दृष्टिकोण से देखने को कहते हैं। विष्णु ऐसा बार-बार करते हैं, प्रत्येक युग में, एक से दूसरी प्रलय तक, जीवन के उस चक्र में करते चले जा रहे हैं, जिसका न तो कोई आदि है और न ही कोई अंत!

शिव के गृहस्थ जीवन की शाश्वत अराजकता के बीच, केवल *रामायण* ही उन्हें अवकाश प्रदान करती है। प्रत्येक लौकिक चक्र में, राम व सीता सदा महल तथा वन में शांतिपूर्वक रहते हैं; उनमें से कोई भी न तो संस्कृति को देख बहुत अधिक विस्मित होता है और न प्रकृति से भयभीत होता है। तपस्या उन्हें ज्ञानी बनाती है, यज्ञ उन्हें प्रेम के संप्रेषण के योग्य बनाता है। वे दोनों मिल कर, धर्म की स्थापना करते हैं, निरंतर तेज़ी से बदलते संदर्भों, अलग-अलग तरह से होने वाली परख़ तथा उन सभी लोगों के बीच, जो एक समान परिस्थिति के लिए अलग-अलग विचार रखते हैं; एक मनुष्य अपनी ओर से यही कर सकता है।

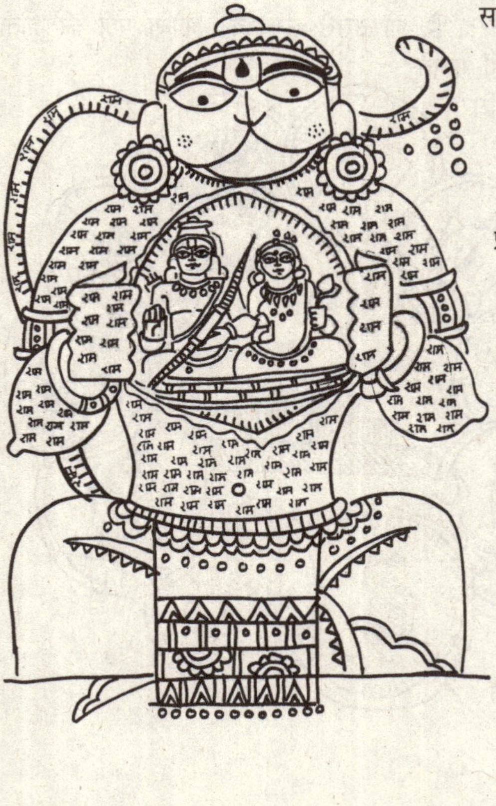

इस प्रकार *रामायण*, एक विस्तृत चक्रीय कथा का खंड मात्र है, एक जटिल प्रहेलिका का एक अंश मात्र! इस कथा की सभी घटनाएँ अतीत के निष्कर्षों तथा भविष्य के कारणों का परिणाम हैं। इसे आप निरी एकांतिकता के बीच नहीं देख सकते, कम से कम हिंदू संदर्भों में तो नहीं देख सकते। यदि आप ऐसा करते हैं तो इसका अर्थ होगा कि आप केवल सितारों को देखते हुए, आकाश को अपनी ओर से उपेक्षित कर रहे हैं।

इसके अतिरिक्त, *रामायण* कोई एकल पाठ्य नहीं, और इसे अनेक

पाठ्य भी नहीं कह सकते। यह एक मान्यता है, एक परंपरा है, एक चेतना-संबंधी सत्य, एक ऐसा विचार जिसका भौतिक व अनुष्ठानिक प्रक्रिया के रूप में; सैंकड़ों स्थानों पर, सैंकड़ों वर्षों से विवरणों, गीतों, नृत्यों, प्रतिमाओं, नाटकों, चित्रों व कठपुतली कला के साथ समारोह मनाया जाता रहा है। जितनी बार *रामायण* को सुनाया गया, वह उतनी ही धाराओं व शाखाओं के साथ सामने आई। प्रत्येक का अपना ही एक झुकाव है, जो विभिन्न कथानकों, विभिन्न चरित्रों, मानवीय अवस्थाओं के विभिन्न पक्षों पर बल देते हुए, मौलिक रूप से आनंद प्रदान करती हैं तथा कथानकों व विषय-वस्तु को अपना सहयोग देती हैं। राम-कथा, राम-लीला, राम-आख्यान, राम-चरित्र, राम-कीर्ति या राम-काव्य कथा के व्याकुल कर देने वाले पक्षों के बावजूद, इसकी नए सिरे से उमंग और उत्साह देने की योग्यता व क्षमता ही इस कथा को और भी संवेदनशील बनाती है।

निःसंदेह, और भी कई प्रकार की *रामायण* उपलब्ध हैं। प्राचीन संस्कृत नाटक मिलते हैं, जिनमें हमें राम एक देव नहीं, किंतु बलशाली व प्रेम में ठुकराए गए नायक के समान दिखाई देते हैं। महाकवि भट्टि की *रामायण* भी है, जिसे राम की कथा सुनाने की बजाए संस्कृत व्याकरण के नियम सिखाने के लिए लिखा गया है। जैन *रामायण* में, राम जैनियों के अहिंसा के सिद्धांत का पालन करते दिखाई देते हैं, वे रावण के वध का कार्य लक्ष्मण को सौंप देते हैं। बौद्ध *रामायण* में, राम को बोधिसत्व के रूप में दिखाया गया है, जहाँ वे अपने वचन का पालन करने के लिए तत्पर दिखते हैं, वे चाहें तो समय से पूर्व वनवास से लौट सकते हैं किंतु वे नियत समय तक वन में रहने का आग्रह रखते हैं। *रामायणों* के दक्षिण-पूर्व एशियाई संस्करण भी उपलब्ध हैं जैसे थाई *रामाकीन* तथा खमर *रीमकर,* यहाँ राम एक लोकप्रिय सांस्कृतिक हस्ती व आदर्श राजा भले ही लगते हों, किंतु उन्हें दैवीय नहीं दिखाया गया। इसके अतिरिक्त अनेक आधुनिक लेखन भी सामने आते हैं, जहाँ वे आदरणीय कम व राजनीतिक अधिक जान पड़ते हैं, इन कथाओं में वे जिज्ञासु कम व आलोचनात्मक अधिक दिखाई दिखते हैं। मूल रूप में, ऐसी *रामायणें,* उन *रामायणों* से बिल्कुल अलग हैं, जो भारतीय मानस व आत्मा को पोषित करती हैं। भले ही उनका शाब्दिक वर्णन *(शब्द-अर्थ)* वही हो, किंतु वे वही भावात्मक वर्णन *(भाव-अर्थ)* नहीं रखतीं।

वाल्मीकि शिव *रामायण* को आनंद *रामायण* का नाम देते है; व्यास ने इसे अध्यात्म *रामायण* कहा है। यहाँ राम कोई नायक नहीं, वे एक भगवान हैं। सीता कोई शोषिता नहीं, वे एक भगवती हैं और रावण कोई खलनायक नहीं, वह एक ब्राह्मण है, (ब्राह्मण की संतान), जो अपने विशद ज्ञान के बावजूद (संस्कृत में ब्राह्), अपने मन (मानस) का विस्तार नहीं कर पाता, वह भगवती की आराधना नहीं करता अतः वह भगवान (ब्राह्मण) को पाने में भी असफल रहता है।

हिंदू शास्त्रों व प्राचीन ग्रंथों में जिस भगवती का वर्णन किया गया है, वह नारीवादियों द्वारा समर्थन प्राप्त भगवान का स्त्रैण संस्करण नहीं, और न ही वह बाइबिल में वर्णित ईश्वर का वह सर्वशक्तिशाली, आलोचनात्मक बाहरी तत्व है, जो आचरण के मापदंड सुनिश्चित करता है और यह तय करता है कि क्या उचित है अथवा क्या अनुचित है। भगवान को ग्रीक पौराणिक गाथाओं का वह नायक भी नहीं कहा जा सकता, जिस पर देवत्व का आरोपण किया

गया हो, जो आधुनिक तार्किक व नास्तिक प्रवचनों को संबोधित करता है। ब्रह्माण्ड की हिंदू प्रज्ञा के अनुसार, भगवती तथा भगवान के विशिष्ट अर्थ हैं।

भारतीय विचारधारा, विशेष तौर पर, हिंदू मान्यता एक निरीक्षण के साथ आरंभ होती है : मानव की ब्रह्मानंद पाने की क्षमता, जो हमें प्रकृति से बाहर स्थित होने के योग्य बनाती है। सारे सजीवों में से, केवल हम ही, प्रकृति के नियमों के अधीन होने से इंकार कर सकते हैं। मनुष्य का यह मन (मानस या पुरुष) संभावित भगवान है जबकि प्रकृति (प्रकृति/माया/शक्ति) सदा ही भगवती है।

नर, विचार रूपी जगत यानी मन का *प्रतिनिधित्व* करता है। स्त्रैण रूप, वस्तुओं के जगत, प्रकृति का *प्रतिनिधित्व* करता है। कथाओं के शक्तिशाली माध्यम से, लिंग के विषय में उदासीन विचारों को उत्पन्न किया गया। यह इसी निरीक्षण पर आधारित है कि एक पुरुष का शरीर स्त्री के शरीर के माध्यम से नए जीव का सृजन कर सकता है, जिस प्रकार आकारहीन विचारों को वस्तुओं के माध्यम से ही अभिव्यक्ति मिलती है।

- आत्मनिरत व सब पर वर्चस्व रखने वाला मन, सर्जक ब्रह्मा के समान है, उसका पूजन नहीं किया जाना चाहिए। उसके लिए, प्रकृति धैर्यशाली सरस्वती है, प्रज्ञा की स्त्रोत, वह अपने प्रबुद्ध होने की प्रतीक्षा में है।

- जो मन, दूसरों के दृष्टिकोण से उदासीन है, वह संहारक शिव है, साधु है। उसके लिए प्रकृति, लुभाने वाली शक्ति है, सत्ता का स्त्रोत, जो उससे संयोग की प्रतीक्षा में है।

- जो मन, दूसरों के मतामत की भी परवाह करता है, वह संरक्षक विष्णु है, गृहस्थ है। उसके लिए, प्रकृति आनंदी लक्ष्मी है, संपन्नता व प्राचुर्य का स्त्रोत। जब विष्णु कृष्ण हैं तो लक्ष्मी राधा, रुक्मिणी, सत्यभामा व द्रौपदी हैं। जब विष्णु राम हैं, तो वे सीता हैं।

इस प्रकार हिंदू पौराणिक गाथाओं में सृजन, संरक्षण व संहार की अवधारणा, प्रकृति से नहीं बल्कि संस्कृति से जुड़ी है। निःसंदेह, शब्द व अर्थ के इस सूक्ष्म अंतर को आसानी से अनुचित समझा जा सकता है और प्रायः ऐसा होता भी है, क्योंकि हम ऐसे संसार में रह रहे हैं, जहाँ ग्रीक व बाइबिल से जुड़ी गाथाओं से संचालित पश्चिमी उपदेशों का प्रभाव अधिक है, जो अमूर्त विचारों की तुलना में मूर्त, मापने योग्य तथा वर्गीकृत किए जाने वाले कार्यों व वस्तुओं के साथ स्वयं को अधिक सहज पाते हैं।

यह पुस्तक, *रामायण* को मनुष्य के मस्तिष्क के अनेक मानचित्रों में से, एक के रूप में, नए सिरे से अन्वेषण करना चाहती है, एक ओपन-सोर्स दस्तावेज़ के रूप में, जिसे विचारकों की पीढ़ियों ने समृद्ध किया, एक ऐसा वर्णन, जो मानवीय दशाओं के लिए समानुभूति तथा स्नेह उत्पन्न करता है। मैं आशा करता हूँ कि मैं सफल रहूँ। यदि मैं स्वयं को संतुष्ट नहीं करता,

इसके लिए,

अनंत पुराणों में छिपा है सनातन सत्य,
इसे पूर्णतः किसने देखा है?
वरुण के हैं नयन हज़ार,
इंद्र के सौ,
आपके मेरे, केवल दो।

- पारंपरिक मान्यता के अनुसार, हम जिस रामायण को जानते हैं, वह अधूरी है। रामायण के लाखों उपलब्ध वर्णनों के बीच, शिव सारी कथा को एक लाख श्लोकों में बाँचते हैं। हनुमान ने इसे साठ हज़ार तथा वाल्मीकि ने चौबीस हज़ार व अन्य कवियों ने तो इससे भी कम छंदों में प्रकट किया है।
- शिक्षाविद् प्रायः राम की अनौपचारिक कहानी या राम-कथा को रामायण से अलग मानते हैं, जिसे किसी कवि या लेखक द्वारा औपचारिक रूप से लिखा गया हो। बहुत सी राम-कथाएँ व रामायणें हैं, जिनमें से प्रत्येक एक-दूसरे को प्रभावित करती हैं।
- पिछली दो सदियों से, यूरोपियन व अमेरिकी छात्रवृत्तियों ने अपनी कार्य-प्रणाली तथा शैक्षिक धनराशि के साथ, रामायण के अध्ययन में महत्वपूर्ण भूमिका निभाई है। इसके कारण दुर्लभ रामायणों तथा रामकथाओं के परिश्रम से तैयार किए गए अनुवादों व प्रलेखन को बल मिला, जिसके अभाव में उन पाठ्यों तक पहुँच बनाना लगभग असंभव था।
- यूरोपियन विद्वानों ने औपनिवेशिक काल में विजेताओं के अवलोकन को ध्यान में रखते हुए, रामायण की व्याख्या जातीयता के आधार पर की (आर्य बनाम द्रविड़, उत्तर बनाम दक्षिण, विष्णु पूजक बनाम शिव पूजक, पंडित बनाम राजा।)
- औपनिवेशिक काल के बाद अमेरिकी विद्वानों ने मुक्तिदाता के अवलोकन को समर्थन दिया और इस तरह रामायण की व्याख्या लिंग व जाति संघर्ष के संदर्भ में की गई, जिसने असावधानीवश पुरुषों को, विशेष तौर पर ब्राह्मणों को दुष्ट का रूप दे दिया तथा भक्ति को केवल सामंती अर्थों में देखा गया।
- भारतीय विद्वान प्रतिरक्षा करते या क्षमायाचना करते ही दिखे क्योंकि उनसे उनके देवों व नायकों के कर्मों के औचित्य का भार उठाने की अपेक्षा भी की जाती थी।
- आधुनिक पांडित्य बाहरी दृष्टि को मोल देता है, इसे ही अधिक यथार्थ, वैज्ञानिक तथा कम संवेदनशील माना जाता है। इस सोच से उपजा लेखन अधिकतर हिंदुओं के प्रति अप्रासंगिक तथा आलोचनात्मक ही रहा। जहाँ आधुनिक पांडित्य यह चाहता है कि पूछताछ करने वाला, पूछताछ की वस्तु से दूरी बना कर रखे, भारत का पारंपरिक पांडित्य चाहता है कि प्रश्नकर्ता, प्रश्न से ही रूपांतरित हो जाए।
- आधुनिक पांडित्य रामायण के वर्गीकरण में असफल रहा है। क्या यह वास्तव में इतिहास है, जैसा कि दक्षिणपंथी विद्वान आग्रह रखते हैं? क्या यह प्रचार साहित्य है, जो किन्हीं विशेष सामाजिक दलों के हितों की पूर्ति करता है, जैसा कि वामपंथी आग्रह रखते हैं? क्या यह किसी भगवान की कथा है, जैसा कि भक्त आग्रह रखते हैं? क्या यह मानवीय मस्तिष्क का

मानचित्र है, जो मानवीय दशाओं को प्रकट करने का प्रयास कर रहा है?

- रामायण के विविध लेखनों के प्रति पहुँच बनाने की तीन प्रमुख प्रवृत्तियाँ हैं : पहला, आधुनिक अवलोकन ('केवल वाल्मीकि की संस्कृत रामायण ही वैद्य है'); दूसरे, उत्तर आधुनिक (पोस्टमॉर्डन) अवलोकन ('रामायण के सभी पुनर्लेखन वैद्य हैं'); तीसरे, पोस्ट-पोस्टमॉर्डन अवलोकन के अनुसार (विश्वासी या आस्तिक के मत का आदर करो।)
- बहुत कम विद्वान ही भारतीय मानसिकता के बीच, इस ढाई हज़ार वर्ष प्राचीन कथा का प्रभाव समझने में सफल रहे, विशेष तौर पर वे, जो महाकाव्य को तो अतार्किक मानते हैं परंतु आधुनिक शिक्षा को ऐसा साधन मानते हैं, जिससे लोगों को विवेकी बनाया जा सकता है। 1987 में, रामानंद सागर ने, टी.वी. के लिए रामायण धारावाहिक बनाया, जब हर रविवार इसका प्रसारण होता, तो जैसे सारा देश थम सा जाता था। 1992 में, राम के जन्मस्थान के लिए छिड़े विवाद में एक ऐसा राजनीतिक संकट पैदा हुआ, जिसने देश के सांप्रदायिक हृदय को विभक्त कर दिया। 2013 में, लेखों में रामायण का संदर्भ, भारत में स्त्रियों की शोचनीय दशा को चित्रित करने के लिए दिया जाता रहा। राजनेताओं द्वारा गृहीत, नारीवादियों द्वारा निंदित, शिक्षाविदों द्वारा नए सिरे से रचा गया, यह महाकाव्य अपनी संपूर्ण प्रशांति, भव्यता व शोभा के साथ लाखों लोगों को आनंद, आशा व अर्थ सौंप रहा है।

इतिहास से परे *रामायण* के कुछ प्रकाश-स्तंभ

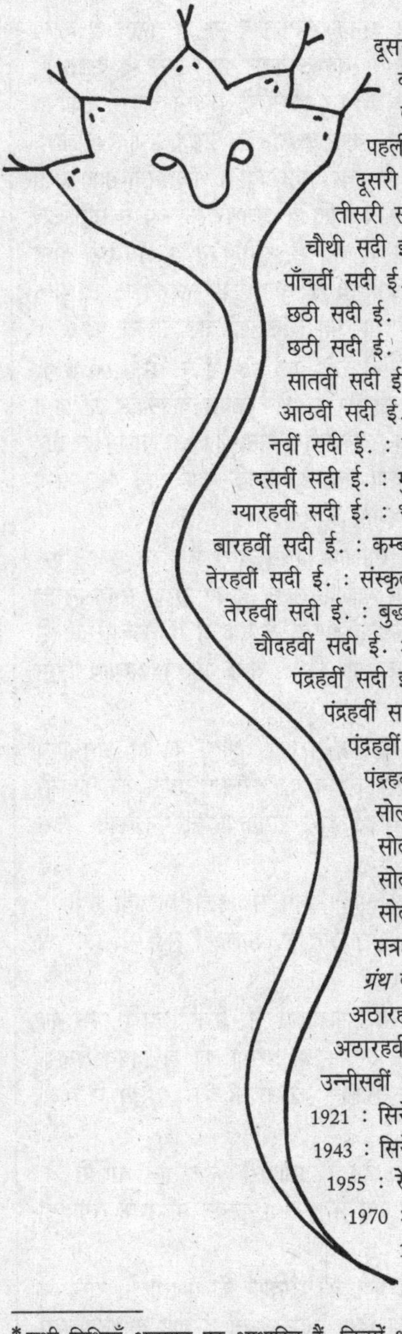

दूसरी सदी ई.पू. से पूर्व : विचरण करने वाले भाँडों का मौखिक वाचन

दूसरी सदी ई.पू. : वाल्मीकि की संस्कृत *रामायण*

पहली सदी ई. : व्यास की *महाभारत* में रामोपख्यान

दूसरी सदी ई. : भास का संस्कृत नाटक *प्रतिमा-नाटक*

तीसरी सदी ई. : संस्कृत विष्णु पुराण

चौथी सदी ई. : विमलासुरी की प्राकृत *पौमाचर्या* (जैन)

पाँचवीं सदी ई. : कालिदास की संस्कृत *रघुवंश*

छठी सदी ई. : पाली *दशरथ जातक* (बौद्ध)

छठी सदी ई. : देवगढ़ मंदिर की दीवारों पर राम की प्रथम छवियाँ

सातवीं सदी ई. : संस्कृत *भट्टि काव्य*

आठवीं सदी ई. : भवभूति का संस्कृत नाटक *महावीर-चरित*

नवीं सदी ई. : संस्कृत भागवत पुराण

दसवीं सदी ई. : मुरारी का संस्कृत नाटक *अनर्घ-राघव*

ग्यारहवीं सदी ई. : भोज की संस्कृत *चम्पू रामायण*

बारहवीं सदी ई. : कम्बन की तमिल *इरामवतारम्*

तेरहवीं सदी ई. : संस्कृत *अध्यात्म रामायण*

तेरहवीं सदी ई. : बुद्धा रेड्डी की तेलुगू *रंगनाथ रामायण*

चौदहवीं सदी ई. : संस्कृत में *अद्भुत रामायण*

पंद्रहवीं सदी ई. : कृतिवास की बंगाली *रामायण*

पंद्रहवीं सदी ई. : कंदाली की असमिया *रामायण*

पंद्रहवीं सदी ई. : बलराम दास की उड़िया *डांडी रामायण*

पंद्रहवीं सदी ई. : संस्कृत *आनंद रामायण*

सोलहवीं सदी ई. : तुलसीदास की अवधी *रामचरितमानस*

सोलहवीं सदी ई. : अकबर द्वारा *रामायण* के चित्रों का संग्रह

सोलहवीं सदी ई. : एकनाथ महाराज की *भावार्थ रामायण*

सोलहवीं सदी ई. : तोरावे की कन्नड़ *रामायण*

सत्रहवीं सदी ई. : गुरु गोविंद सिंह की ब्रज *गोबिंद रामायण, दशम ग्रंथ* के अंश के रूप में

अठारहवीं सदी ई. : गिरिधर की गुजराती *रामायण*

अठारहवीं सदी ई. : दिवाकर प्रकाश भट्ट की कश्मीरी *रामायण*

उन्नीसवीं सदी ई. : भानुभक्त की नेपाली *रामायण*

1921 : सिनेमा, मूक फ़िल्म *सती सुलोचना*

1943 : सिनेमा, *राम राज्य* (महात्मा गांधी द्वारा देखी गई एकमात्र फ़िल्म)

1955 : रेडियो, मराठी *गीत रामायण*

1970 : कॉमिक बुक, अमर चित्र कथा, *राम*

1987 : टी.वी., रामानंद सागर की हिंदी *रामायण*

2003 : उपन्यास, अशोक बैंकर की *रामायण* श्रंखला

---

* *सभी तिथियाँ अनुमान पर आधारित हैं, जिनमें थोड़ा अंतर होने की संभावना है, विशेष रूप से आरंभिक लेखनों के लिए ऐसा कहा जा सकता है।*

- रामायण के साहित्य का अध्ययन चार चरणों में हो सकता है। पहला चरण, दूसरी ई. तक रहा, जब वाल्मीकि की रामायण ने अंतिम आकार लिया। दूसरे चरण में, दूसरी व दसवीं सदियों ई. के बीच, रामायण को आधार बना कर अनेक संस्कृत व प्राकृत नाटक व काव्य रचे गए। यहाँ हम राम को बौद्ध व जैन परंपराओं में स्थापित करने का प्रयास भी देखते हैं, परंतु वे पौराणिक साहित्य के माध्यम से राम को, धरती पर विष्णु के राजसी रूप में स्थापित करने में सफल रहे। तीसरे चरण में, दसवीं सदी के बाद, इस्लाम के बढ़ते प्रभाव के बीच, रामायण को जन-जन ने अपनी आंचलिक भाषाओं में रचा। यहाँ प्रवृत्ति भक्तिमयी होती चली गई और राम को भगवान तथा हनुमान को आदरणीय भक्त व अनुचर के रूप में प्रतिष्ठित किया गया। अंततः, चौथे चरण में, उन्नीसवीं सदी के बाद से, यूरोपियन व अमेरिकी दृष्टि से प्रभावित होने के बाद, रामायण को न्याय व औचित्य के आधुनिक राजनीतिक सिद्धांतों के आधार पर कूट-मुक्त करते हुए, नए सिरे से रचा गया व उसकी कल्पना की गई।
- रामकथा सदियों से, मौखिक रूप से ही संप्रेषित होती रही, यह 500 ई.पू. से, 200 ई.पू. तक, संस्कृत में, अपने अंतिम रूप में आई। इस लेखन का श्रेय केवल वाल्मीकि को दिया जाता है। सारे विद्वानों ने एकमत से इस काव्य को उल्लेखनीय माना है। इसे पारंपरिक तौर पर, आदि काव्य अर्थात प्रथम कविता का नाम दिया गया है। उनके बाद आने वाले सभी कवि, वाल्मीकि को ही राम कथा का स्त्रोत मानते आए हैं।
- वाल्मीकि का लेखन, विचरण करने वाले भाँडों के मौखिक वाचन द्वारा प्रसारित हुआ। इसे बहुत बाद में लिखित रूप दिया गया। नतीजतन, इस मौलिक लेखन के दो प्रमुख संग्रह मिलते हैं - उत्तरी व दक्षिणी - जिनके आधे से अधिक श्लोक आपस में एक से हैं। सर्वसम्मति से यह माना जाता है कि पहले सात अध्याय (राम का बाल्यकाल) तथा अंतिम अध्याय (राम द्वारा सीता का परित्याग) बाद में लिखे गए हैं।
- ब्राह्मणों ने संस्कृत लेखन का विरोध करते हुए, मौखिक परंपरा (श्रुति) का ही अनुमोदन किया। जैन तथा बौद्ध विद्वानों ने, मौखिक शब्दों पर लेखन को वरीयता प्रदान की, जिससे यह अनुमान लगाया जा सकता है कि जैन तथा बौद्धों द्वारा रामकथा का पुनर्लेखन सबसे पहले पाली तथा प्राकृत भाषा में आया।
- 1000 ई. के बाद ही आंचलिक रामायणें अस्तित्व में आईं। इनमें से पहली, बारहवीं सदी में, दक्षिण से थी, इसके बाद पंद्रहवीं सदी तक पूर्व से और अंत में, सोलहवीं सदी में उत्तर से आई।
- स्त्रियों की अधिकतर रामायणें मौखिक ही रहीं। सारे भारतवर्ष में, स्त्रियों द्वारा गाए गए गीतों में महाकाव्यों के वर्णनों की बजाए घरेलू अनुष्ठानों तथा प्रसंगों को ही विषय बनाया गया। हालाँकि, सोलहवीं सदी में, दो महिलाओं ने रामायण की रचना की : तेलुगू में मोला व बंगाली में चंद्रबती रामायण लिखी गई।
- रामायण के लेखक विभिन्न समुदायों से रहे। बुद्धा रेड्डी ज़मींदारों के कुलीन वर्ग से थे, बलराम व सरला दास लिपिकों व नौकरशाहों के समुदाय से थे तथा कम्बन मंदिर के संगीतज्ञों के समुदाय से थे।
- मुगल बादशाह अकबर ने, सोलहवीं सदी में, अपनी प्रजा की संस्कृति की प्रशंसा में, रामायण को संस्कृत से फ़ारसी में अनूदित करने का आदेश दिया और अपने दरबार के कलाकारों

से कहा कि वे फ़ारसी शैली में महाकाव्य को चित्रित करें। इस प्रकार सत्रहवीं, अठारहवीं व उन्नीसवीं सदियों में राजस्थान, पंजाब, हिमाचल के राजाओं द्वारा रामायण पर आधारित लघु चित्रों को संरक्षण प्रदान करने की परंपरा विकसित हुई।

भूगोल से परे *रामायण* के कुछ उद्घोषक

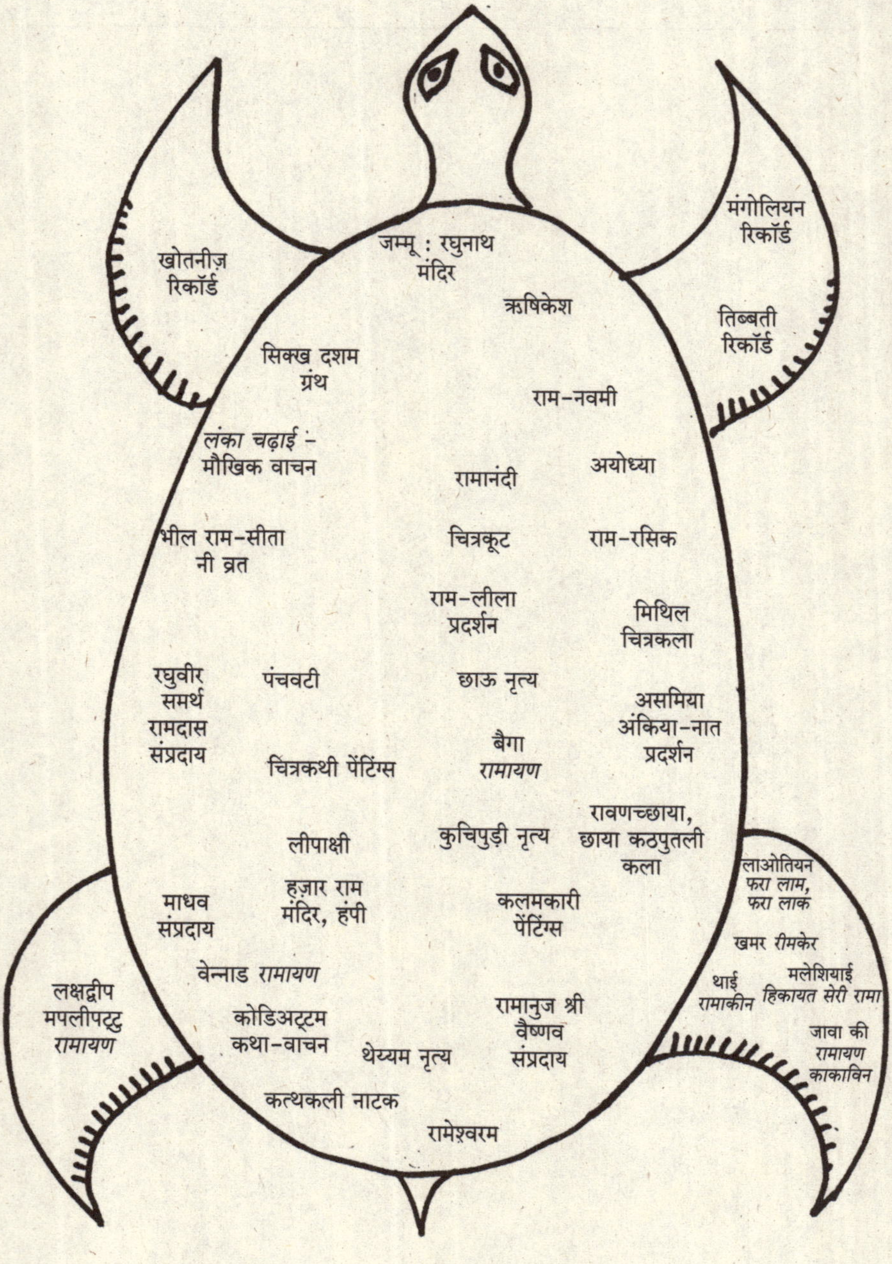

**सभी स्थानों को पैमाने के अनुसार नहीं दिखाया गया।*

- पूरे भारतवर्ष में, ऐसे अनेक नगर व गाँव हैं, जो स्वयं को रामायण के किसी प्रसंग से जोड़ते हैं। उदाहरण के लिए, मुंबई में, बाणगंगा नामक एक तालाब है, कहते हैं कि उसे राम ने अपने बाण से बनाया था।
- अधिकतर भारतीयों ने रामायण को गीतों या कथाओं के माध्यम से सुना है अथवा इसका नाटकीय प्रदर्शन, वस्त्रों पर चित्रों के रूप में अथवा मंदिर में भित्ति-चित्रों के रूप में देखा है; बहुत कम लोगों ने इसे पढ़ा भी है हर कला शैली का अपना अनूठा वर्णन, भावप्रकटीकरण तथा दृष्टिकोण रहा है।
- राम का आरंभिक भित्ति-अंकन, छठी सदी में, उत्तर प्रदेश के देवगढ़ मंदिर में मिलता है, जिसे गुप्त काल में स्थापित किया गया। यहाँ उन्हें विष्णु के अवतार के रूप में दिखाया गया है, जो राजवंश से भी संबंध रखते हैं।
- तमिलनाडू के अलवरों ने आरंभिक भक्ति गीतों में, राम का भक्तिमयी रूप प्रस्तुत किया; यह सातवीं सदी के आरंभ की बात है।
- बारहवीं सदी में, रामानुज ने लोगों को भक्ति का अर्थ समझाया और वेदांत दर्शन पर आधारित संस्कृत व्याख्याओं के माध्यम से राम-भक्ति (राम के रूप में, ईश्वर के प्रति भक्ति) को विशिष्ट रूप प्रदान किया। चौदहवीं सदी में, रामानंद ने उत्तर भारत में राम-भक्ति का प्रचार किया। सत्रहवीं सदी में, रामदास ने यही महती कार्य किया। रामानुज (राम के छोटे भाई), रामानंद (राम का आनंद) तथा रामदास (राम का दास) आदि नाम दर्शाते हैं कि वे राम को कितना मान देते थे।
- तिब्बती विद्वानों ने आठवीं सदी से, तिब्बत में रामायण की कथाओं को दर्ज़ किया है। ऐसे ही रिकॉर्ड, पूर्व में मंगोलिया तथा पश्चिम में, मध्य एशिया (खोतान) में पाए गए हैं। संभवतः इनका प्रसार रेशम मार्ग से हुआ होगा।
- रामकथा का प्रसार पूरे उपमहाद्वीप में हुआ किंतु दक्षिण-पूर्वी एशिया में इसका सबसे अधिक प्रभाव दिखाई देता है, जहाँ इसे समुद्री व्यापारियों द्वारा ले जाया गया, जो कपड़ों और मसालों का व्यापार करते थे। इन दक्षिण-पूर्वी एशियाई रामायणों में उस तत्व का अभाव है, जो भारत के भक्ति आंदोलन से जुड़ा था, संभवतः यह प्रसारण दसवीं सदी से पूर्व हुआ होगा, जिसके बाद राम भक्ति आंदोलन के प्रमुख के रूप में सामने आए।
- लाओस की रामायण स्पष्ट तौर पर बौद्धों से संबंध रखती है, परंतु थाई रामायण रामाकीन स्वयं को हिंदू मानती है, हालाँकि बैंकॉक में मंदिर की दीवारों पर मरकत जटित बुद्ध दर्शाए गए हैं।
- चौदहवीं से अठारहवीं सदी तक, थाई राजवंश की राजधानी (लूटे जाने तक), अयुथ्या (अयोध्या) कहलाती थी और इनके राजाओं के नाम भी राम के नाम पर ही रखे जाते थे।
- रामायण अनेक दक्षिण-पूर्वी एशियाई देशों की विरासत का भाग बनी रही जैसे इंडोनेशिया व मलेशिया, उनके इस्लाम को ग्रहण करने के बाद भी यह प्रभाव बना रहा। इस प्रकार उनकी रामायण कथाओं में आदम रावण का सामना करता दिखाई देता है।
- प्रत्येक स्थानीय भाषा में किसी एक रामायण का नाम संदर्भ के तौर पर लिया जाता है जैसे कम्बन की तमिल रामायण या एकनाथ की मराठी रामायण, किंतु इनके अतिरिक्त हर भारतीय भाषा में रामायण से जुड़े दर्जनों लेखन उपलब्ध हैं। जैसे उड़िया में बलराम दास की रामायण के अतिरिक्त, सरला दास की रामायण (बिलंका रामायण), उपेंद्र भंज की (वैदेही-विलास) तथा विश्वनाथ कुंटिया की (बिचित्र रामायण) मिलती है।
- एक कन्नड़ कहावत के अनुसार, धरती को अपने फण पर संभालने वाले नाग आदि-शेष, असंख्य लेखकों व कवियों के भार तले कराह रहे हैं, जिन्होंने रामायण का पुनर्लेखन किया है।

विभिन्न लिपियों में राम का नाम

खरोष्ठी लिपि 300 ई.पू.	𐨪𐨨
अशोक की ब्राह्मी लिपि 300 ई.पू.	𑀭𑀸𑀫
गुप्त ब्राह्मी 300 ई.	𑀭𑀸𑀫
कश्मीरी शारदा 800 ई.	𑆫𑆳𑆩
कन्नड़ (कदम्ब)	ರಾಮ್
तेलुगू	రామ్
तमिल	ராம்
मलयालम	രാം
उड़िया	ରାମ
बंगाली	রাম
देवनागरी (हिंदी/मराठी)	राम
गुरमुखी	ਰਾਮ
गुजराती	રામ
उर्दू	رام

तिथियाँ अनुमान पर आधारित हैं।

- भारत की अधिकतर लिपियाँ उसी लिपि से उपजी हैं, जिसे हम ब्राह्मी लिपि कहते हैं।
- जैन परंपराओं में, इस युग के प्रथम तीर्थंकर, ऋषभ ने पहली लिपि, अपनी पुत्री ब्राह्मी को सौंपी थी।
- राम का नाम लेखन, आस्था व भक्ति प्रदर्शन का लोकप्रिय रूप है। दरअसल अयोध्या में एक राम राम बैंक भी है, जहाँ लोग आज भी राम-राम लिख कर, अपनी पुस्तिकाएँ जमा करवाते हैं।
- सर्वाधिक उन्नत भाषाओं में से एक, संस्कृत के पास अपनी कोई लिपि नहीं है। इसे प्राकृत के बाद, पहले ब्राह्मी लिपि में और फिर सिद्धम, शारदा व ग्रंथ आदि लिपियों में लिखा गया, धीरे-धीरे आधुनिक लिपियों ने उनका स्थान ले लिया, इनमें से उन्नीसवीं सदी से देवनागरी ही उल्लेखनीय रही है।

प्रस्तावना

अयोध्या से अवतरण

दूर्वा के अंकुर!

उनके केशों के अंतिम छोर बाहर झाँक रहे हैं!

जब सीता धरती में समाईं तो उनका केवल यही अंश शेष दिख रहा था। अब वे कभी धरती पर चलती दिखाई नहीं देंगी।

अयोध्या की प्रजा, बहुत देर तक अपने महाराज को शांत व स्थिर भाव से घास को सहलाते देखती रही, उनकी आँखों में एक अश्रुकण तक नहीं था। वे उनके चरणों में गिर कर, उनसे क्षमायाचना करना चाहते थे। वे उन्हें कंठ से लगा कर, सांत्वना देना चाहते थे। उन्होंने उनका हृदय तोड़ा था, वे उनसे क्षमा पाना चाहते थे परंतु वे यह भी जानते थे कि महाराज न तो उन्हें कभी दोष देंगे और न ही कभी उन्हें परखेंगे। वे उनकी संतान थे ओर वे, उनके पिता, रघु वंश के स्वामी, अयोध्या के शासक, सीता के राम थे।

"चलें, घर चलने का समय हो गया।" राम ने, अपने जुड़वाँ पुत्रों लव और कुश के कंधों पर अपने हाथ धरते हुए कहा।

घर? क्या वह वन ही उनका घर नहीं था? वे सदा वहीं तो रहते आए थे। परंतु उन्होंने महाराज, उस अजनबी के साथ तर्क नहीं किया, अभी कुछ देर पहले ही जो व्यक्ति उनका शत्रु था, अब उन्हें अपने पिता के रूप में संबोधित करना था। परंतु उनके लिए माँ के अंतिम निर्देश पूरी तरह से साफ़ थे : "वही करना, जो तुम्हारे पिता कहें।" वे अवज्ञा नहीं करेंगे। वे भी रघुवंश के सुयोग्य पुत्र बनेंगे।

ज्योंही राजसी हाथी, अयोध्या नरेश और उनके पुत्रों की सवारी को, नगर के मुख्य द्वार से भीतर ले कर आया, राम के वानर-अनुचर, हनुमान की दृष्टि, मृत्यु के भगवान यमराज पर पड़ी, जो वृक्षों के पीछे छिपे, राम को किसी आशय से ताक रहे थे।

हनुमान ने झट से अपनी पूँछ धरती पर दे मारी : यह मृत्यु के भगवान के लिए चेतावनी थी कि वे अयोध्या नरेश और उनके परिवार के किसी भी सदस्य के निकट आने का साहस न करें।

यम भयभीत हो कर, अयोध्या से दूर चल दिए।

परंतु राम के छोटे भाई लक्ष्मण, यम से दूर नहीं रह सके : कुछ ही दिन बाद, जाने किस रहस्यमयी कारणवश, लक्ष्मण ने नगर का त्याग किया और घने वन में चले गए, वहाँ उन्होंने अपना शीश काट कर, अपने प्राण दे दिए।

हनुमान कुछ समझ नहीं पाए। उनका सारा संसार चूर-चूर हो रहा था। पहले सीता और फिर

लक्ष्मण। इसके बाद किसकी बारी थी? राम? वे ऐसा नहीं होने दे सकते थे। वे ऐसा होने ही नहीं देंगे। उन्होंने अयोध्या के नगर द्वार से, टस से मस होने से भी इंकार कर दिया। न तो कोई बाहर जा सकता था और न ही कोई नगर में प्रवेश कर सकता था।

कुछ समय बाद ही, राम की अंगूठी कहीं खो गई। वह उनकी अंगुली से फिसली और महल के फ़र्श की एक दरार में जा गिरी। "क्या तुम उसे मेरे लिए निकाल कर ला दोगे, हनुमान?" राम ने आग्रह किया।

अपने स्वामी को सदा प्रसन्न देखने की इच्छा रखने वाले हनुमान ने स्वयं को एक मक्खी के आकार में बदला और उस दरार के भीतर चले गए।

उन्हें यह देख कर आश्चर्य हुआ कि वह कोई सामान्य दरार नहीं थी। वह तो एक सुरंग थी, ऐसी सुरंग, जो धरती की अतल गहराईयों तक जा रही थी। वह उन्हें सर्पों के धाम, नाग-लोक तक ले गई।

ज्योंही उन्होंने वहाँ प्रवेश किया, दो सर्प उनके पैरों से लिपट गए। उन्होंने उन्हें दूर भनका दिया। वे दो और साँपों के साथ वापिस आ गए। हनुमान ने उन्हें भी दूर कर दिया। जल्दी ही, वे हज़ारों सर्पों से घिर गए, जो उन्हें अपने नीचे दबा लेना चाहते थे। अंत में हनुमान ने हथियार डाल दिए और वे उन्हें घसीट कर, नागराज वासुकि के पास ले गए, वह बहुत सारे फण वाले एक नाग थे, जिसके हर फण पर एक अद्‌भुत रत्न दमक रहा था।

"नाग-लोक में क्या करने आए हो?" वासुकि फुँफकारे।

"मैं अंगूठी लेने आया हूँ।"

"ओह, अच्छा वह अंगूठी! मैं तुम्हें उसका पता बता दूँगा, अगर तुम मुझे पहले थोड़ी जानकारी दे दो।"

"कैसी जानकारी?" हनुमान ने पूछा।

"प्रत्येक वृक्ष की जो जड़ धरती में प्रवेश कर रही है, वह एक ही नाम बुदबुदा रही है : सीता। वे कौन हैं? क्या तुम जानते हो?"

"वे तो उस व्यक्ति की प्रिया हैं, जिनकी अंगूठी की तलाश में मैं यहाँ आ गया।"

"तो मुझे उनके बारे में बताओ। और मुझे उनकी प्रिया के बारे में भी बताओ। और मैं तुम्हें अंगूठी का पता बता दूँगा।"

"सीता व उनके राम की गाथा सुनाना, मेरे लिए तो इससे आनंददायक कार्य कोई हो ही नहीं सकता। मैं आपको जो भी बताऊँगा, उसमें से अधिकतर तो मेरे निजी अनुभव हैं। कुछ मैंने दूसरों के मुख से सुने हैं। इन सभी कथाओं में सब सत्य है। इसे पूरी तरह से कौन जानता है? वरुण के हज़ार नेत्र हैं; इंद्र के सौ नेत्र हैं; और मेरे, केवल दो नेत्र हैं।"

नाग-लोक के सभी सर्पों ने हनुमान के आसपास घेरा डाल दिया, वे उनकी कथा सुनने को उत्सुक थे। नाग-लोक में सूर्य या चंद्र नहीं होता और न ही उनके पास अग्नि है। वासुकि के फण पर चमक रहे सात चमकीले रत्नों से ही प्रकाश मिलता है। परंतु वही पर्याप्त था।

- सीता का संबंध सदा से ही वनस्पति से जोड़ा जाता है, विशेष तौर पर घास से।
- कुश लंबी और तीखी घास है, जो वैदिक अनुष्ठानों का अनिवार्य अंग है। यज्ञ का आयोजन करने वाले, इस घास से बने आसन पर बैठते हैं और अपनी अंगुली में कुशा से बनी अंगूठी धारण करते हैं। इसे अग्नि लाने-ले जाने तथा अहाते में सफ़ाई के लिए झाडू के तौर पर भी प्रयोग में लाया जाता है। पुराण इसका संबंध ब्रह्मा के बालों, विष्णु के बालों (जब उन्होंने कच्छप अवतार लिया था) तथा सीता के बालों से जोड़ते हैं।
- राम रघुवंश या रघुकुल से संबंध रखते हैं। तभी उन्हें राघव कहते हैं, जो एक रघु या राघवेंद्र हैं, सभी रघुओं में सर्वश्रेष्ठ। रघु राम के पड़-पड़ दादा थे तथा सूर्यवंशी राजाओं से संबध रखते थे, जिसकी स्थापना इक्ष्वाकु नरेश द्वारा की गई, जो अपने नैतिक मूल्यों के पालन के लिए विख्यात थे।
- मृत्यु के भगवान यम को एक ऐसा देव माना जाता है, जो धरती पर किसी का जीवन अंत हो जाने पर यह नहीं देखते कि वह व्यक्ति राजा था या रंक। वे बिना किसी भेदभाव के उसे यमलोक ले जाने आ जाते हैं। माना जाता है कि वे हनुमान के अतिरिक्त और किसी से भयभीत नहीं होते।
- हनुमान एक वानर हैं। वानर मनुष्य के चंचल और व्याकुल मन का प्रतीक भी है। वे बाधाओं को दूर करते हैं (संकट मोचन), मृत्यु भी उनसे भय खाती है, इस प्रकार वे हिंदू देवगण में सर्वाधिक लोकप्रिय संरक्षक देव के रूप में जाने जाते हैं।

- स्थूल रूप से, हिंदू मिथकीय जगत के तीन स्तर हैंः आकाश में देवों, अप्सराओं और गंधर्वों का वास है; पाताल लोक में असुरों और नागों का राज है; तथा धरती पर मानव, राक्षस तथा यक्ष वास करते हैं। ये तीनों लोक कहलाते हैं; सबसे पहले स्वर्ग-लोक, सबसे नीचे पाताल-लोक तथा इनके मध्य में भू-लोक आता है।
- फणधारी नाग मनुष्य का रूप भी ले सकते हैं, माना जाता है कि इनके फण पर रत्न पाए जाते हैं। इन रत्नों में अनेक जादुई विशेषताएँ पाई जाती हैं, जिनके बल पर वे इच्छा पूरी कर सकते हैं, मृतक को जीवन-दान दे सकते हैं, रोगी को आरोग्य प्रदान करते हुए, सौभाग्य व संपदा दे सकते हैं।
- पारंपरिक तौर पर, रामायण को सदा अनुष्ठानिक संदर्भों में बाँचा गया। उदाहरण के लिए, आठवीं सदी में, भवभूति का नाटक 'महावीर चरित', मंदिरों में या शिव उत्सव के दिनों में ही दिखाया जाता था।
- जनश्रुति के अनुसार हनुमान ही राम की कथा सुनाते हैं। कई बार इसे 'हनुमान नाटक' भी कहते हैं।
- ब्रह्मचारी वानर हनुमान, को अनेक परंपराओं में शिव का रूप, शिव के पुत्र या शिव के रूप में दिखाया जाता है। नाग उर्वरता का मूर्त रूप हैं, इसलिए उनका भगवती से निकटतम संपर्क है।
- पश्चिमी विचारधारा रामायण को ऐतिहासिक और भौगोलिक संदर्भ में रखने को वरीयता देती है : इसे किसने लिखा, कब और कहाँ लिखा? पारंपरिक भारतीय सोच, रामायण को समय और काल की सीमाओं से मुक्त रखना पसंद करती है। विद्वानों के राम समय और स्थान की सीमा से बँधे हैं। भक्तों के राम, मनुष्य के मन में हैं इसलिए वे असीम और शाश्वत हैं। इस विषय में, राजनेता निःसंदेह एक अलग ही कार्य-सूची रखते हैं।

खंड एक

जन्म

'वे धरती से जन्मीं और ऋषियों के बीच पली-बढ़ीं.'

हल–रेखा में परित्यक्त शिशु

खेतों में बीजारोपण का समय हो गया था। कँटीली तारें खेतों को अरण्यों से अलग कर रही थीं। उनके बाहर कृष्णमृग मुक्त भाव से चरते थे; खेतों के भीतर किसान यह तय करते कि कौन सी फ़सल थी और क्या खरपतवार था!

किसानों ने अपने राजा जनक को आमंत्रित किया कि वे सोने के हल से, खेत को सबसे पहले जोतें। घंटों, ढोल तथा शंखों की मधुर ध्वनि के बीच, महाराज ने धरती में हल चलाना आरंभ किया। गहरे आकाश सी अंधेरी, मुलायम और नम मिट्टी हल चलाने से, हल-रेखा बनाने लगी। जब हल की रेखा स्वयं ही पूरी दृढता और मज़बूती के साथ विस्तार पाने लगी, तो महाराज आश्वस्त हुए और किसान प्रसन्न हो उठे।

अचानक महाराज रुक गए। हल-रेखा में एक सुनहरा हाथ दिखाई दिया : नन्ही अंगुलियाँ घास की तरह ऊँची उठी हुई थीं, मानो सूर्य की किरणों से बनी हों। जनक ने धूल परे हटाई और उसके भीतर उन्हें नम व कोमल माटी के नीचे से एक शिशु कन्या मिली, स्वस्थ व उज्ज्वल, आनंद के साथ मुस्कुराती हुई, मानो अपने मिलने की ही प्रतीक्षा कर रही हो।

क्या वह कोई परित्यक्त कन्या थी? नहीं, किसानों ने कहा। उन्हें पूरा विश्वास था कि वह उनके निःसंतान राजा के लिए धरती-माँ की ओर से उपहार था। पर वह तो उनके बीज का फल नहीं था - वह उनकी पुत्री कैसे हो सकती थी? जनक बोले, पितृत्व किसी बीज से नहीं, हृदय के भीतर अंकुरित होता है।

जनक ने नवजात कन्या को बाँहों में भर लिया, जो उनके पास आते ही ख़ुशी से हुलस उठी। उन्होंने उसे अपने हृदय से लगाते हुए, घोषणा की, "यह धरती की पुत्री, भूमिजा है। आप इसे मिथिला की राजकुमारी, मैथिली या, विदेह की युवती वैदेही अथवा जनक के निकट रहने वाली जानकी के नाम से

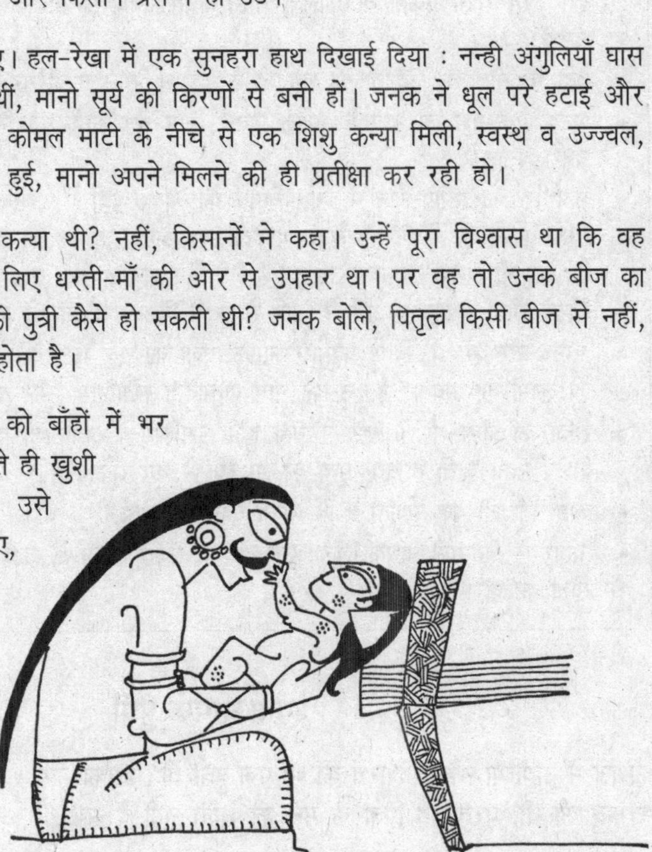

पुकार सकते हैं। मैं इसे सीता कहूँगा, वह सीता, जो हल जोतते समय, धरती में बनी लकीर में पाई गई, वह सीता, जिसने मुझे अपने पिता के रूप में चुना।"

वहाँ उपस्थित प्रत्येक व्यक्ति के हृदय में उल्लास उमड़ पड़ा। वह अनुष्ठान वाकई सफल रहा। निःसंतान पिता, एक पुत्री के पिता बन कर महल लौटे। इससे श्रेष्ठ फ़सल कौन सी हो सकती थी।

- विदेह आधुनिक बिहार (मिथिला प्रांत) में स्थित है। जिससे पता चलता है कि गंगा का मैदानी इलाक़ा इसका आधार था।
- वैदिक श्लोकों में पशुपालन तथा कृषि संबंधी गतिविधियों का परिचय मिलता है। हल जोतने का यह अनुष्ठान, वैदिक यज्ञ वाजपेय से गहरा संबंध रखता है, जो कि 'वाज' या भोजन के लिए किया जाता था।
- हल-रेखाएँ प्रकृति में नहीं पाई जातीं। ये कृषि-कर्म तथा मानव सभ्यता का संकेत देती हैं। इस तरह सीता प्रकृति के पालिता बनने तथा मानव सभ्यता के उदय होने का मूर्त रूप बनती हैं।
- वेदों में, सीता को उर्वरता की भगवती के रूप में, मान्यता दी गई है।
- जनक एक वंश का नाम है। पहले जनक निमि थे। उनके पुत्र मिथि थे, जिन्होंने मिथिला नगरी बसाई।
- महाभारत के रामोपख्यान में, सीता जनक की जैविक पुत्री हैं। अनेक आंचलिक संस्करणों में, सीता एक संदूक में मिलती हैं या भू-देवी स्वयं आकर, जनक को वह संतान उपहार में देती हैं। ऐसे भी अनेक संस्करण उपलब्ध हैं जैसे जैन वासुदेव हिंदी तथा कश्मीरी रामावतार-चरित जिनमें सीता, रावण की पुत्री हैं, उन्हें सागर में फेंका गया और वे वहाँ से जनक तक पहुँचीं।
- आनंद रामायण में, विष्णु पद्माक्ष नामक राजा को एक फल देते हैं, जिसमें एक कन्या है, जो लक्ष्मी का अवतार है। उसका नाम पद्मावती रखा गया और वही सीता थीं।
- सीता का जन्म माँ के गर्भ से नहीं हुआ इसलिए वे अयोनिजा कहलाती हैं। ऐसी संतान विशेष मानी जाती है तथा मृत्यु को भी वश में कर सकती है।
- कोई तर्कवादी कह सकता है कि सीता एक परित्यक्ता शिशु थीं।
- बिहार में सीतामढ़ी नामक ज़िला, उस खेत से संबंध रखता है, जहाँ जनक ने हल चला कर, सीता को पाया था।

शांता नामक पुत्री

कौशल में अयोध्या नरेश, दशरथ की भी एक पुत्री थी। उसका नाम शांता था, वह बहुत ही शांत स्वभाव की थी, परंतु वह पिता के मन को शांति नहीं दे सकी, वे अपने लिए पुत्र चाहते थे।

तो दशरथ कैकेय के उत्तर में गए और अश्वपति नरेश से उनकी पुत्री का हाथ अपने

लिए माँगा। यह भविष्यवाणी की गई थी कि राजकन्या एक यशस्वी पुत्र को जन्म देगी। राजा ने आपत्ति की, "कौशल्या पहले से आपकी पत्नी है और एक पुत्री को जन्म दे चुकी है। अगर मेरी कैकेयी आपसे विवाह करेगी तो वह केवल छोटी रानी ही बन कर रह जाएगी।"

"परंतु यदि उसने मेरे पुत्र को जन्म दिया तो उसका पुत्र राजा होगा वह राजमाता कहलाएगी," दशरथ ने अपनी ओर से अश्वपति को आश्वासन दिया और उन्होंने इस विवाह प्रस्ताव के लिए हामी भर दी।

दुर्भाग्यवश, कैकेयी ने किसी संतान को जन्म नहीं दिया। दशरथ ने सुमित्रा नामक कन्या से तीसरा विवाह किया, परंतु वह भी संतान को जन्म नहीं दे सकी।

दशरथ हताश हो उठे। अब वे अपना राजमुकुट किसके सिर पर रखेंगे? वे मृतकों की नगरी में, वैतरणी नदी के पार, अपने पूर्वजों को क्या मुँह दिखाएँगे, जब वे उनसे पूछेंगे कि क्या वे अपने पुत्र को धरती पर छोड़ कर आए हैं, जो उन्हें धरती पर पुनः जन्म पाने में सहायक होगा, तो वे क्या प्रत्युत्तर देंगे?

तभी, अंग नरेश रोमपाद ने उनसे आ कर कहा, "मेरे राज्य में इंद्र के कारण ही सूखे की सी स्थिति बन गई है। आकाश के शासक, वर्षा के देव इंद्र को, मेरे प्रजाजन में से एक, ऋष्यश्रंग के बलशाली ऋषि पुत्र विभांडक से भय सता रहा है। मेरा मानना है कि मेरे राज्य में अकाल का कारण बनने वाले ऋष्यश्रंग ही आपके निःसंतान होने का कारण हैं। यह संकट तभी समाप्त होगा, जब मेरी पुत्री ऋषि को लुभा कर, उन्हें किसी प्रकार गृहस्थ जीवन व्यतीत करने के लिए मना ले, इस प्रकार इंद्र की भी संतुष्टि हो जाएगी। पर मेरी कोई पुत्री नहीं है। दशरथ, क्या मैं आपकी पुत्री को गोद ले सकता हूँ। अगर वह अंग राज्य में वृष्टि लाने में सफल रही, तो मैं पूरा प्रयास करूँगा कि ऋष्यश्रंग इंद्र को विवश कर दें कि वे आपको पुत्र-प्राप्ति का वरदान दें।"

अचानक, पुत्री ही दशरथ की समस्या का समाधान बन गई।

- शांता की कथा महाभारत तथा अनेक पुराणों में आती है। कुछ संस्करणों में, जैसे वाल्मीकि रामायण की दक्षिणी पांडुलिपि में, वे दशरथ की पुत्री हैं, जिन्हें रोमपाद ने गोद लिया था तथा दूसरे संस्करणों में, वे रोमपाद की पुत्री हैं और उनका दशरथ से कोई नाता नहीं है। कथा यह स्पष्ट तौर पर नहीं बताती कि वह कौशल्या की पुत्री है अथवा नहीं।

- उपेंद्र भंज के उड़िया वैदेही-बिलास में, जरता द्वारा भेजी गई गणिकाएँ ऋष्यश्रंग को लुभा कर, नाव पर ले आईं, जहाँ उन्होंने यज्ञ रचाया, जिससे अंग देश में वर्षा हुई। दशरथ ने प्रसन्न हो कर, अपनी पुत्री शांता उन्हें सौंप दी और उन्हें कौशल आने का निमंत्रण दिया ताकि वे उनकी पुत्र प्राप्ति के लिए यज्ञ संपन्न करवा सकें। यह कथा, श्रंगारिकता तथा गणिकाओं के साथ सहज व्यवहार को दर्शाती है, जो उन दिनों तटीय ओड़िशा के मंदिरों की देवदासी संस्कृति से जुड़ा है, यह विशेष तौर पर, पुरी के जगन्नाथ मंदिर से संबंध रखता है। तुलसीदास ने अवधी में रामचरित मानस की रचना की, जो भक्ति साहित्य था, उसमें कहीं भी ऋष्यश्रंग का उल्लेख नहीं मिलता। संस्कृत की अध्यात्म रामायण में, तत्वमीमांसा पर बल दिया गया है, ऋष्यश्रंग का उल्लेख तो है, किंतु उन्हें लुभाने या बहलाने की कथा नहीं आती।
- पुरुष-प्रधान समाज में, जब किसी युगल दंपत्ति के यहाँ संतान नहीं होती, तो पहले पत्नी को दोषी ठहराया जाता है और फिर पुरुष के विषय में विचार किया जाता है।
- हिंदू पौराणिक गाथाओं में, भूमि की उर्वरता का संबंध, उस स्थान पर रहने वालों की उर्वरता से जोड़ा जाता रहा है, विशेष रूप से, वहाँ के राजा से! इस तरह यह कथा वर्षा न होने का कारण, राजा द्वारा पुत्रों को जन्म न दे पाने की अक्षमता से जोड़ती है।
- यह कथा आश्रम संबंधी अभ्यासों का संबंध अकाल से जोड़ती है। ब्रह्मचर्य वर्षा पर बुरा प्रभाव डालता है। इससे आश्रम संबंधी अभ्यासों के प्रति उभरते असंतोष का परिचय मिलता है। यहाँ तक कि शिव जैसे साधु को भी, भगवती द्वारा शंकर नामक गृहस्थ में बदल दिया जाता है ताकि, पर्वतों का हिम पिघल कर, गंगा नदी को जन्म दे सके और जिसके किनारों पर सभ्यता विकसित हो।

ऋष्यश्रंग का अपहरण

विभांडक ऋषि व मुनि कहलाते थे क्योंकि वे जो देख सकते थे, वह किसी दूसरे व्यक्ति को नहीं दिखता था। वह जानते थे कि भोजन अर्क में बदलता है और फिर रक्त, माँस, स्नायु, हड्डियों और मज्जा में बदलने के बाद बीज का रूप लेता है। जब बीज का त्याग किया जाता है, तो नए जीव का जन्म होता है। मनुष्यों तथा ख़ासतौर पर पुरुष के अलावा, कोई भी जीवित प्राणी बीज के इस त्याग की प्रक्रिया को अपने वश में नहीं कर सकता।

जब बीज शरीर में ही बना रहता है, तो यह ओजस् में बदल जाता है। ओजस् को तपस्या के अभ्यास से तप में बदल सकते हैं। तप मन की वह अग्नि है जिसे ध्यान व मनन से पैदा किया जाता है। तप से ही सिद्धि तथा प्रकृति को वश में करने की शक्ति आती है : तब देवों को भी विवश किया जा सकता है कि वे वर्षा करें, निःसंतान स्त्रियों को संतानवती तथा नपुंसक पुरुषों को वीर्यवान बना सकते हैं, पानी पर चल सकते हैं और पंखों के बिना ही उड़ सकते हैं। विभांडक तप करने, तप के माध्यम से सिद्धि पाने तथा प्रकृति को वश में कर, उसे अपने संकेतों पर नचाने के लिए कृतसंकल्प थे।

इंद्र को भय था कि कहीं विभांडक अपने प्रयोजन में सफल हो गए, तो वे उनके विरुद्ध अपनी

सिद्धि का प्रयोग कर सकते हैं। उन्होंने विभांडक की तपस्या भंग करने के लिए स्वर्ग की एक अप्सरा को भेजा। इस अप्सरा को देखने भर से ही विभांडक अपनी इंद्रियों को वश में नहीं रख सके। उनके न चाहने पर भी, शरीर से वीर्य निकला और घास पर आ गिरा। उसे एक कबूतरी ने खा लिया। वह वीर्य इतना ओजवान था कि वह गर्भवती हो गई। उसने एक ऐसे बालक को जन्म दिया, जिसके सिर पर सींग थे, वही बालक ऋष्यश्रृंग के नाम से जाना गया।

विभांडक ऋष्यश्रृंग को अपनी निजी असफलता के प्रतीक के रूप में देखते थे, उन्होंने इसी द्वेष और महत्वाकांक्षा के बीच, उसे स्त्रियों की संगति व जानकारी से दूर रखते हुए, पाल-पोस कर बड़ा किया। उन्होंने अपने आश्रम के बाहर एक रेखा खींच दी थी, कोई भी मादा रूप उस रेखा के भीतर, उनके पुत्र के पास नहीं आ सकता था : यहाँ तक कि कोई गाय, घोड़ी, हंसिनी, कबूतरी या कोई भी मादा जीव उस रेखा को छू नहीं सकता था। वहाँ कोई पुष्प नहीं उगते थे, वहाँ कोई पुष्परस अथवा महक नहीं थी, वह एक वंध्या धरती थी। विभांडक के आश्रम के निकट आने वाली कोई भी स्त्री, उसी समय आग की लपटों में जल कर भस्म हो जाती। यही कारण था कि इंद्र ऋष्यश्रृंग को मोहित करने के लिए, स्वर्ग की किसी अप्सरा को नहीं भेज पा रहा था।

कुपित इंद्र ने, अंग राज्य के निकट आने से भी मना कर दिया, जहाँ ऋष्यश्रृंग का आश्रम स्थित था। उसका कहना था कि पहले अंग नरेश को उसकी इस समस्या का हल निकालना होगा। अकाल की मार से पीड़ित राज्य की दशा को देखते हुए, अंगपाद ने अपने राज्य की स्त्रियों से मदद की अपेक्षा की किंतु कोई भी पुरुष अपनी पत्नी, बहन या पुत्री का जीवन दाँव पर लगाने को तैयार नहीं हुआ। यहाँ तक कि राजा की रानियों, रखैलों और दरबारियों ने भी इस बारे में मदद करने से इंकार कर दिया। यही कारण था कि अंगपाद शांता को अपनी पुत्री के रूप में पाना चाहते थे, जो न केवल अपनी सुंदरता बल्कि अपनी बुद्धिमता और साहस के लिए भी जानी जाती थी।

शांता ने दिन में कुछ घंटों तक प्रतीक्षा की ताकि विभांडक वन से भोजन एकत्र करने के लिए, आश्रम से बाहर चले जाएँ। उसी अवसर का लाभ उठाते हुए, वह आश्रम के द्वार पर जा खड़ी हुई और ऋष्यश्रृंग को आकर्षित करने के लिए प्रेम और आवेग से भरे गीत गाने लगी। युवा तथा निष्कपट मुनि के लिए यह दृश्य

अचरज से भरा था। वह यही सोचने लगा कि वह कौन सा जीव थी। पहले तो वह भयभीत हुआ किंतु फिर उसे गीत में आनंद आने लगा, और अंत में उसने बात करने का साहस जुटा ही लिया।

"मैं एक स्त्री हूँ। एक अलग प्रकार का मनुष्य। आप अपने शरीर के बाहर जीवन रच सकते हैं, मैं अपने शरीर के भीतर एक नए जीव को जन्म दे सकती हूँ।" ऋष्यश्रंग कुछ नहीं समझे। शांता बोली, "अगर आप बाहर आ सकें तो मैं आपको विस्तार से समझा दूँगी।" ऋष्यश्रंग आश्रम की दहलीज़ पार करने से डरते थे इसलिए उन्होंने दूर रहना ही श्रेयस्कर समझा और शांता ने वहीं से उन्हें अपनी देह के रहस्यों का परिचय दिया, इस तरह उनके भीतर भाव तथा भावनाओं तथा अकेलेपन के ऐसे गहरे भाव का उदय हआ, जिसे उन्होंने पहले कभी नहीं जाना था।

जब ऋष्यश्रंग ने अपने पिता को इस जीव के बारे में बताया, तो विभांडक ने उन्हें चेतावनी दी, "वह कोई राक्षसी है, जो तुम्हें अपना दास बनाना चाहती है। उससे दूर ही रहना।" परंतु ऋष्यश्रंग लाख चाहने पर भी स्वयं को उस स्मृति से दूर नहीं रख पा रहे थे। कई दिन व कई रातों तक कष्ट पाने के बाद, उनके लिए इन भावों को सहन करना कठिन हो गया। जब उनके पिता घर पर नहीं थे, तो उन्होंने विभांडक के आश्रम की दहलीज़ लांघने का साहस जुटा ही लिया, फिर उन्होंने मुक्त भाव से, स्वयं को शांता को सौंप दिया। शांता विजयी भाव से ऋष्यश्रंग को अपनी बाँहों में लिए अंग राज्य लौटी।

- जहाँ लक्ष्मण-रेखा की कथा आसानी से लोगों की कल्पना का अंग बनती है, वहीं विभांडक-रेखा की कथा इतनी लोकप्रिय नहीं होती। लक्ष्मण रेखा, एक स्त्री की मर्यादा की रक्षा के लिए खींची गई थी। विभांडक रेखा एक पुरुष के ब्रह्मचर्य को बचाए रखने का प्रयास है। इनमें से पहले वाली रेखा, सामाजिक व्यवस्था को बनाए रखने के लिए अनिवार्य है। दूसरी में, प्रकृति व संस्कृति की पुरानी व्यवस्था के लिए संकट बनती है।
- एक गृहस्थ तथा वानप्रस्थी का जीवन, इस कथा में इनका तनाव साफ़ दिखाई देता है। वानप्रस्थी संतान उत्पन्न न करने तथा वर्षा न होने देने के कारण संसार को त्रास देता है। इसका हल काम तथा विवाह में छिपा है।
- पुराणों में ऐसी अनेक कथाओं का वर्णन आता है, जिनमें सुंदरियाँ साधु को अपने रूप से मोहित करती हैं। तपस्वी का अर्थ है, अग्नि (ताप) और अप्सरा का अर्थ है, जल।
- स्त्रियों का संबंध उर्वरता से इसलिए भी जोड़ा जाता है क्योंकि बाद के कालों में, स्त्री को आध्यात्मिक गतिविधियों के लिए बाधा के रूप में देखा जाने लगा, और इसका संबंध ब्रह्मचर्य से जोड़ा जाने लगा।
- हिंदू मंदिरों को तब तक अपूर्ण माना जाता है, जब तक उन पर मैथुन रत जोड़ों की प्रसन्नवदन छवियाँ न हों। इष्ट तथा भक्त, दोनों के लिए ही विवाह को महत्वपूर्ण माना गया है। प्रारंभ में दैवीयता की ओर जाने के लिए ब्रह्मचर्य को संदेहास्पद दृष्टि से देखा जाता था,

परंतु बाद में इसने बौद्ध धर्म, जैन धर्म तथा वेदांत आचार्यों के धार्मिक प्रकटीकरणों के बल पर, वर्चस्व पा लिया। इसके साथ ही औपनिवेशिक काल में कैथोलिक व विक्टोरियन मूल्यों के वैश्विक प्रसार ने भी अपना योगदान दिया।

- बौद्ध जातक गाथाओं जैसे नलिनी जातक तथा अलामबुशा जातक में भी ऋष्यश्रृंग की कथा का उल्लेख आता है जो बौद्ध भिक्षुओं द्वारा दी गई ब्रह्मचर्य व्यवस्था तथा, समाज में संतान की माँग के बीच संघर्ष का सूचक है। इन कथाओं में विभांडक (पूर्व जन्म में बुद्ध) बोधिसत्व हैं और शांता को नलिनी के रूप में दिखाया गया है। महावास्तु ग्रंथ में, ऋष्यश्रृंग को एकश्रृंग बोधिसत्व, तथा नलिनी को यशोधरा के रूप में दिखाया गया है, जो पिछले जन्म में बुद्ध की पत्नी थीं।
- बौद्ध धर्म के आगमन से पूर्व, ऐसे व्यक्ति ही साधु कहलाते थे जो नगर से दूर वन में वास करते हों। बुद्ध इस आश्रम संबंधी शैली को नगरों में लाए, जिससे तनाव उत्पन्न हो गया। इस तनाव का समाधान, बौद्ध तीर्थों में वृक्षों, वनस्पतियों से भरे पात्रों, मोटे पुरुषों तथा आभूषणों से युक्त स्त्रियों की उर्वरता संबंधी छवियों के अंकन में किया गया है।
- ऋष्यश्रृंग का संबंध, तमिलनाडू में श्रृंगेरी नामक पवित्र नगरी से जोड़ा जाता है।
- यह तथ्य बहुत महत्व रखता है कि भारत के महाकाव्य, रामायण और महाभारत, कई सदियों के बाद अपने अंतिम प्रारूप में आए, जो कि बौद्ध धर्म के उत्थान के बाद भी जारी रहा। बौद्ध धर्म के संस्थापक, जन्म से एक राजकुमार थे, उन्होंने तपस्वी जीवनशैली पाने के लिए अपनी पत्नी तथा नवजात पुत्र का त्याग किया था। रामायण और महाभारत परिवार की बात करते हैं; वे यह दर्शाना चाहते हैं कि एक साधु किस प्रकार गृहस्थ जीवन में भी जीवन बिता सकता है, उसे वन में जा कर भिक्षु बनने की आवश्यकता नहीं है। वैरागी तथा गृहस्थ की जीवनशैली का यह संघर्ष ही भारतीय मानसिकता की आधारशिला है। ये शिव तथा विष्णु की शैली को अभिव्यक्त करते हैं।

दशरथ के चार पुत्र

राज्य में भरपूर वर्षा हुई। चारों ओर फूल खिले और मधुमक्खियाँ घूमने लगीं। सभी प्राणियों में चेतना का संचार हुआ। अंग राज्य में चारों ओर खुशहाली छा गई। रोमपाद ने अपना वचन निभाते हुए, ऋष्यश्रृंग से निवेदन किया कि वे दशरथ को पुत्र प्राप्ति में सहयोग प्रदान करें। ऋष्यश्रृंग ने तत्काल हामी भर दी। प्रकृति के सभी रहस्यों में निष्णात ऋषि ने एक यज्ञ का आयोजन करने का निर्णय लिया।

ऋष्यश्रृंग ने दशरथ को, यज्ञ का यजमान घोषित किया और यज्ञ की तैयारी करने लगे। उन्होंने अग्नि जला कर, देवों को बुलावा देने के लिए शक्तिशाली मंत्रों का उच्चारण किया। उन्होंने दशरथ को निर्देश दिए कि जिन देवों को यज्ञ का भाग पाने के लिए बुलाया जा रहा है, उन्हें विशुद्ध घी से आहुति दी जाए। जब भी दशरथ आग में घी की आहुति देते, तो उन्हें उसके साथ 'स्वाहा' कहने का भी निर्देश दिया गया, ताकि देवों को स्मरण करवाया जा सके कि वे उन्हें यज्ञभाग दे रहे थे। जब देव संतुष्ट हुए, तो ऋष्यश्रृंग ने उनसे विनती की कि वे भी

दशरथ की प्रबल तृष्णा शांत करें। देवों को आहुति देने तथा विनती करने का यह क्रम तब तक जारी रहा, जब तक वे स्वयं यज्ञ की अग्नि से हविष्य ले कर सामने नहीं आ गए, उसे ग्रहण करने के बाद दशरथ की पत्नियाँ गर्भ धारण करने योग्य हो जातीं।

दशरथ ने उस यज्ञ प्रसाद का आधा भाग कौशल्या को दिया, जिनका वे बहुत सम्मान करते थे, आधा भाग कैकेयी को दिया, जिनसे उन्हें बहुत स्नेह था। कौशल्या ने अपने भाग में से एक चौथाई सुमित्रा को दे दिया ताकि उन्हें यह न लगे कि उन्हें उपेक्षित किया गया है। कैकेयी ने भी ऐसा ही किया। फलस्वरूप, कौशल्या ने राम, कैकेयी ने भरत तथा सुमित्रा ने लक्ष्मण तथा शत्रुघ्न नामक जुड़वाँ पुत्रों को जन्म दिया।

इस प्रकार, दशरथ की तीनों पत्नियाँ, पुत्री शांता के प्रताप से ही चार पुत्रों की माता कहलवाने का गौरव पा सकीं।

- राम का जन्म राम नवमी कहलाता है, यह चैत्र मास में, शुक्ल पक्ष की नवमी तिथि को मनाया जाता है। इस दिन राम की छोटी प्रतिमा को झूले पर रखकर झुलाया व पूजा जाता है। वे एक आदर्श व आज्ञाकारी पुत्र हैं, हर माँ अपने लिए ऐसा पुत्र पाने की चाह रखती है।
- ज्योतिष गणना के अनुसार, राम की जन्मतिथि 10 जनवरी, 5114 ई. पू. मानी गई है, यानी लगभग सात हज़ार वर्ष पूर्व।
- गंगा के मैदानी इलाक़ों के देहाती गीतों में कहा जाता है कि राम का जन्म सूर्यास्त के बाद हुआ किंतु रोशनी की आवश्यकता नहीं थी क्योंकि कक्ष में राम के चेहरे की बहुत उजास थी। इन गीतों में दशरथ राम को धन्यवाद देते हैं कि उन्होंने उन्हें ऐसा राजा होने के अपमान से बचा लिया, जिसका कोई उत्तराधिकारी नहीं था। हमें ऐसे गीत भी सुनने को मिलते हैं जिनमें कौशल्या उन सभी मंत्रों व प्रार्थनाओं की सूची बनाती हैं, जिनके कारण राम का जन्म हुआ।

- वाल्मीकि रामायण में ऋष्यश्रृंग को उनका दामाद नहीं दिखाया गया। बाद में जो संस्करण आए, उनमें ऋष्यश्रृंग को दामाद के रूप में दिखाने का एक कारण यह भी हो सकता है कि शायद वे इस भ्रम को दूर करना चाहते हों कि ऋष्यश्रृंग को नियोग प्रथा निभाने के लिए लाया गया था, यह एक ऐसी प्रथा थी जिसमें एक मुनि निःसंतान स्त्री को गर्भवती बनाता था, यह प्रथा महाभारत में वर्णित है।
- जब यूरोपियन प्राच्य विषयों के जानकार, वैदिक ग्रंथों के संपर्क में आए और यज्ञ के विषय में पढ़ा तो उन्होंने उसे अनुष्ठान की अपनी समझ के अनुसार, इसे 'अग्नि को दी जाने वाली आहुति' के रूप में जाना। परंतु एक बलिदान में, बलि देने वाला, अपने इष्ट को प्रसन्न करने के लिए कुछ बलिदान करता है। यज्ञ में, लाभ पाने वाला यजमान होता है, जो यज्ञ को आरंभ करता है। वह कुछ पाने के लिए, कुछ देता है। इसे विनियम के रूप में बेहतर तरीक़े से बताया जा सकता है। अग्नि वह माध्यम है, जिससे यह विनिमय पूरा होता है। अग्नि किसी पुरोहित की तरह बिचौलिए का काम करती है।
- महाभारत की तीन प्रधान रानियों - गांधारी, कुंती और माद्री को देखें तो कौशल्या और कैकेयी द्वारा सुमित्रा को अपने यज्ञ प्रसाद में से हिस्सा देना और भी महत्वपूर्ण हो जाता है, जबकि महाभारत की रानियों में यह होड़ थी कि उनमें से किस रानी की सबसे अधिक संतानें होंगी। रामायण में एक प्रसन्नतापूर्ण गृहस्थ दिखाया गया है जिसमें सपत्नी डाह नहीं है। कम से कम आरंभ में तो वे मिल कर ही रहती हैं।
- आनंद रामायण में, कौशल्या को दिए गए यज्ञ प्रसाद का थोड़ा सा हिस्सा कौआ ले जाता है और उसे अंजना के मुख में गिरा देता है। इस प्रकार हनुमान का जन्म हुआ है। एक और कथानक में, कौशल्या को दिए गए यज्ञ प्रसाद का थोड़ा सा हिस्सा कौआ ले जाता है और उसे कैकसी के मुख में गिरा देता है। इस प्रकार विभीषण का जन्म हुआ है।
- कई सदियों से तीर्थयात्री, अयोध्या को रामजन्म भूमि जान कर दर्शन करने आते रहे हैं किंतु राम के जन्म का सटीक स्थान, भारत में विवाद तथा राजनीतिक उथल-पुथल का कारण रहा है। औपनिवेशिक काल से ही, हिंदुत्व ने स्वयं को घेरे में पाया, उसे विवश हो कर स्वयं को यूरोपियन आदर्श में प्रकट करना पड़ा, स्वयं को अधिक मूर्त, अधिक स्पष्ट, अधिक ऐतिहासिक, अधिक भौगोलिक, अधिक सजातीय, अधिक ठोस, अधिक मनोवैज्ञानिक तथा कम भावनात्मक रूप देना पड़ा ताकि स्वयं को प्रमुख यूरोपियन धर्मों की सूची में स्थान दिलवा सके जैसे ईसाई धर्म, यहूदी धर्म व इस्लाम धर्म। इसी दबाव के चलते, उसे अपने विश्वास व आस्था को व्यक्त करने के लिए विशेष स्थान खोजने पड़े। इस प्रकार जो असीम था, वह समय की सीमाओं में बँध गया और जो सार्वजनीन था, वह निजी हो गया। जो कभी आस्था का केंद्र था, वही प्रांतीय युद्ध क्षेत्रों में बदल गया, जिनमें दरबारों का हस्तक्षेप शामिल हो गया। प्रत्येक व्यक्ति ऐसे संसार में उचित दिखना चाहता है, जहाँ समझौता करने, अनुमति प्रदान करने व समायोजित करते हुए, स्नेह देने को दुर्बलता व यहाँ तक कि भ्रष्टाचार का लक्षण माना जाता है।
- वाल्मीकि रामायण में अश्व की बलि को यज्ञ का एक अंग कहा गया है, जिसे ऋष्यश्रृंग ने करवाया था। प्राचीन वैदिक अनुष्ठानों से जुड़े ग्रंथों में ऐसे अभ्यासों का वर्णन मिलता है किंतु बाद वाले ग्रंथों में इनका कहीं उल्लेख नहीं है।
- जैन रामायणों में, राम पदम् कहलाते हैं।

सुलभा और जनक

"आपको ऋष्यश्रृंग को मिथिला आने का निमंत्रण देना चाहिए।" जनक को प्रायः यह परामर्श मिलता ही रहता था। सीता के आगमन के बाद, उनकी पत्नी सुनैना ने एक पुत्री को जन्म दिया, जिसका नाम उर्मिला रखा गया और जनक के भ्राता, कुशध्वज के यहाँ दो पुत्रियों ने जन्म पाया, जिनके नाम मांडवी और श्रुतकीर्ति रखे गए। विदेह भूमि में, दो भाईयों के घर में चार पुत्रियाँ थीं किंतु पुत्र एक भी नहीं था!

जनक प्रत्युत्तर देते, "धरती जनक को वही देती है, जिसे पाने का वह अधिकार रखता है। अग्नि दशरथ को वही देती है, जिसे पाने का वे अधिकार रखते हैं। मैंने अपने लिए भाग्य में पुत्रियों को चुना है। उन्होंने अपने लिए पुत्रों की इच्छा को साकार किया है।"

यह समाचार सुलभा नामक स्त्री के पास भी पहुँचा। वे सुंदर पोशाक पहन, मनोहारी रूप बना कर, महाराजा के पास पहुँची और उनसे एकांत में मिलने की इच्छा प्रकट की। सभी यह सोचने लगे कि वे ऐसा क्यों करना चाहती थीं?

सुलभा ने महाराज की अन्यमनस्कता को भाँपा तो बोलीं, "यह तो विदेह की धरती है अर्थात, देह से परे। मुझे लगा था कि इस धरती के नरेश मेरी देह से अधिक मेरे मन को मान देंगे। पर शायद मेरा अनुमान ग़लत था।"

जनक ऐसा आक्षेप सुन कर लज्जित हो उठे।

सुलभा बोलीं, "मनुष्य विशिष्ट होते हैं। हमारे पास एक मन है, जो कल्पना कर सकता है। इसी कल्पना के माध्यम से, हम किसी भी तरह की गति के बिना ही, समय और अंतरिक्ष की यात्रा कर सकते हैं, उन सभी परिस्थितियों की भी सौगंध खा सकते हैं, जो वास्तव में कोई अस्तित्व नहीं रखतीं। यही एक गुण मानवता को सारी प्रकृति से अलग करता है। ऐसा मन ही मनस् कहलाता है, तभी मनुष्य को मानव कहा गया है। आप पुरुष माँस-मज्जा के साथ मानव हैं, मैं स्त्री माँस-मज्जा के साथ मानव हूँ। हम दोनों ही इस संसार को अलग-अलग दृष्टि से देखते हैं, उसका कारण यह नहीं कि हमारे शरीर अलग-अलग हैं, ऐसा इसलिए है कि हम अलग-अलग मन रखते हैं। आप इस संसार को एक दृष्टिकोण से देखते हैं और मैं दूसरे दृष्टिकोण से देखती हूँ। परंतु हमारे

मन का विस्तार हो सकता है। मैं आपके दृष्टिकोण से संसार को देख सकती हूँ। आपको भी मेरे दृष्टिकोण से संसार दिखाई दे सकता है। विभांडक तथा ऋष्यश्रंग जैसे लोग, अपने मन का विस्तार करने के स्थान पर, अपनी तपस्या तथा यज्ञ के माध्यम से, प्रकृति को अपने वश में करने का प्रयत्न करते हैं। वे संसार को उसके उसी रूप में स्वीकार नहीं करते, जैसा वह है। क्यों? जनक, मनुष्य के मन का पता करें, आप इस देह और इस देह के आसपास बसे संसार को कहीं बेहतर रूप में समझ सकेंगे, यही वेद है, यही प्रज्ञा है।"

जनक ने इन शब्दों से प्रेरित हो कर, आर्यवर्त के सभी ऋषियों को अपने यहाँ आने का निमंत्रण दिया ताकि वे वेदों के ज्ञान का प्रचार-प्रसार कर सकें। वे गुहाओं, पर्वत-शिखरों, नदियों और सागरों के किनारों से होते हुए, जनक के दरबार तक आए ताकि आपस में विचारों का आदान-प्रदान करने के अतिरिक्त संसार को देखने के अन्य उपाय भी तलाश कर सकें। आत्मीय वार्तालापों की यह सभा, जो कि मानवता की दृष्टि का विस्तार करने में सफल रही, इसे उपनिषद के नाम से जाना गया।

- वाल्मीकि की रामायण में सीता की माता का नाम नहीं आता। विमलासुरी की जैन पौमाचर्या में, उनका नाम विदेह है। जैन वासुदेव हिंदी में, उनका नाम धारिणी है। सुनैना या सुनेत्रा नाम, बाद के क्षेत्रीय लेखनों में आता है।
- सीता के पिता को वाल्मीकि रामायण में, सीरध्वज जनक के नाम से मान्यता दी गई है ताकि वे अन्य जनकों से विभिन्न रूपों में पहचाने जा सकें। सीरध्वज का अर्थ है, 'जिसका ध्वज हल है'। कुशध्वज का अर्थ है, 'जिसका ध्वज कुश है'। विदेह के जनक नरेश कृषि कर्म से जुड़े हुए थे।
- जैन पौमाचर्या में, सीता का जुड़वाँ भाई भामंडल दिखाया गया है, विष्णु तथा वायु पुराण में उनके भाई का नाम भानुमान बताया गया है, जो हनुमान के नाम से मिलता है। उसके विषय में अधिक जानकारी नहीं मिलती।
- महाभारत के भीष्म पर्व में जनक व सुलभा की भेंट का प्रसंग आता है। इसमें बताया गया है कि वे किसी प्रकार अपनी यौगिक शक्तियों के बल पर उनके मन में प्रवेश करती हैं और वे किस प्रकार प्रतिरोध करते हैं। कई बार यह भी कहा जाता है कि सुलभा से जिस जनक की भेंट हुई थी, वे सीता के पिता धर्मध्वज थे।
- वैदिक काल में साध्वियों तथा विदुषियों का अस्तित्व तो था किंतु उसे सक्रिय रूप से प्रोत्साहित नहीं किया जाता था। कहते हैं कि प्रारंभ में बुद्ध भी अपने पंथ में स्त्रियों को दीक्षित नहीं करना चाहते थे। जब उन्होंने अपने पिता की मृत्यु पर, अपनी विमाता की पीड़ा देखी तो उन्हें एहसास हुआ कि पीड़ा का किसी लिंग विशेष से संबंध नहीं होता।
- वैदिक श्लोकों का प्रयोग तीन प्रकार से होता है, ब्राह्मणों में वर्णित अनुष्ठान, आरण्यक में वर्णित एकांत रूप से किए गए मानसिक चित्रण तथा उपनिषदों में वर्णित आत्मीय वार्तालाप। ये तीनों ही बुद्ध से पूर्व वाले काल में फल-फूल रहे थे। जब पाँचवीं ई. के बाद भारत में बौद्ध धर्म का प्रभाव घटने लगा, तपो शंकर, यमुना, रामानुज तथा माधव आदि आचार्यों के लेखन व कार्यों के कारण, ये सब फिर से वर्चस्व पाने लगे।

- जनक उन सभी आत्मीय वार्तालापों के सामान्य भागीदार रहे, जिनसे उपनिषद बनाए गए। ब्राह्मणों में, राजा संरक्षक तथा ऋषि संवाहक होते हैं। आरण्यक केवल ब्राह्मणों द्वारा रचे गए जबकि उपनिषदों में हमें राजाओं का समावेश भी मिलता है।
- अठारहवीं और उन्नीसवीं सदी में, यूरोपियन विद्वानों की स्मृति में वैज्ञानिक तथा धार्मिक क्रांति अभी ताज़ा थी, उन्होंने भारतीय बौद्धिक विकास को भी उसी रूप में चित्रित करने का प्रयास किया। जिनमें जनक तथा बुद्ध जैसे बौद्धिक राजाओं को, अनुष्ठानिक पंडितों व पुरोहितों से ऊपर दिखाया गया था। ऐसा वर्गीकरण तथा प्रगति, सटीक होने के स्थान पर, थोपा हुआ जान पड़ता है। हालाँकि एक भिक्षु, गृहस्थ पुरोहित तथा राजा के बीच का तनाव साफ़ दिखता है परंतु हम ब्राह्मण, आरण्यक व उपनिषदों के विचारों को प्रायः परस्पर संयुक्त व विलयन की अवस्था में पाते हैं। भारत में होने वाली क्रांतियाँ गूढ़ रही हैं तथा विजेता पराजित का समूल नाश नहीं करता; सिर्फ वह अधिक वर्चस्व प्राप्त कर लेता है इस प्रकार, भगवान का वैरागी स्वरूप दर्शाने वाले शिव तथा भगवान का राजसी रूप दर्शाने वाले विष्णु, एक ही सिक्के के दो पहलू हैं।
- ब्राह्मण, आरण्यक व उपनिषद (500 ई.पू. से पूर्व), साकार (अनुष्ठान व मंत्र) से निराकार (विचार) की ओर केंद्रित होते दिखाई देते हैं, एक ऐसी तकनीक या विधि, जो बाद में आने वाले अगम, पुराणों व तंत्र साहित्य (500 ई.पू. के पश्चात्) दिखाई देती है।

उपनिषद

सीता ने भी अपने पिता के इस सम्मेलन में हिस्सा लिया। पहले वे उनके कंधों पर बैठ कर जातीं, फिर गोद में बैठने लगीं और अंततः इतनी बड़ी हो गईं कि उस सभा में अपने पिता के साथ शामिल होने लगीं, जिसमें सैंकड़ों साधु-संत, मुनि आदि विराजमान होते। अष्टावक्र, गार्गी तथा याज्ञवल्क्य जैसे नाम भी वहाँ उपस्थित होने वाले विशेष अतिथि-गण में से थे।

जब अष्टावक्र अभी माता के गर्भ में ही थे, उन्होंने वेदों के विषय में अपने पिता के मत को संशोधित किया और उन्होंने कुपित हो कर अपने अजन्मे पुत्र को शाप दिया कि जन्म से ही उनका शरीर आठ जगह से टेढा होगा। इस प्रकार उनका नाम अष्टावक्र पड़ा अर्थात ऐसा व्यक्ति जो आठ जगह से वक्र हो। अष्टावक्र जनक से बोले, "मुझे इस बात का एहसास तक नहीं हुआ और मैं अपने ही पिता के लिए भय का कारण बन गया। पशु अपनी देह की रक्षा के लिए लड़ते हैं। मनुष्य अपने विषय में की गई कल्पना की रक्षा के लिए शाप देते हैं। हम क्या हैं और दूसरों को हमें किसी दृष्टि से देखना चाहिए, इस धारणा की कल्पना ही, अहं कहलाती है। अहं निरंतर बाहरी जगत से अपने लिए पुष्टि चाहता है। जब वह उसे नहीं मिलती तो उसके भीतर असुरक्षा जन्म लेती है। अहं के प्रभाव में आ कर ही मनुष्य वस्तुओं का संग्रह करता है; हमें लगता है कि उन वस्तुओं के माध्यम से लोग हमें हमारे मनोवांछित काल्पनिक रूप में देखने लगेंगे। जनक, यही कारण है कि लोग अपने ज्ञान, संपदा व सत्ता का प्रदर्शन करते हैं। अहं यह इच्छा रखता है कि उसे देखा व सराहा जाए।"

गार्गी उन विदुषियों में से थीं जो हर चीज़ के बारे में प्रश्नसूचक नज़रिया रखती थीं। "इस संसार का अस्तित्व क्यों है? वह क्या है, जो आकाश और धरती को एक सूत्र में पिरोता है? हम कल्पना क्यों करते हैं? हम स्वयं कल्पना से आनंदित क्यों होते हैं? दशरथ के हृदय में पुत्रों की बलवती इच्छा क्यों थी? जनक अपनी पुत्रियों से ही संतुष्ट क्यों हैं? दो नरेश आपस में इतने अलग क्यों हैं?" यह सुन कर बहुत से मुनियों को क्रोध आ गया और वे उनसे बोले, "अगर आप इतने प्रश्न पूछेंगी तो आपका सिर कट कर यहीं गिर जाएगा।" परंतु गार्गी अपने हठ पर अडिग रहीं। वे अपने प्रश्नों के उत्तर चाहती थीं। उन्हें अपने सिर के कट कर गिरने की परवाह नहीं थी; वे अपने लिए एक और नया सिर उगा लेतीं, जो पहले से कहीं अधिक बुद्धिमान होता।

याज्ञवल्क्य ने अपने ही गुरु के प्रति विद्रोह कर दिया, जिन्होंने प्रश्नों के उत्तर देने से इंकार कर दिया था। उन्होंने यह स्वीकार नहीं किया कि तपस्या और यज्ञ का उद्देश्य यही है कि प्रकृति को मानवता का आदेश मानने के लिए विवश कर दिया जाए। उन्होंने सब कुछ देखने वाले, सूर्य-देव से इन प्रश्नों के उत्तर चाहे। सूर्य ने उन्हें बताया कि किस प्रकार मृत्यु के भय से पौधे पोषण की इच्छा रखते हैं और सूर्य के प्रकाश तथा जल की ओर उगते हैं। मृत्यु का भय ही पशुओं को चरागाहों की ओर भागने तथा शिकार करने को विवश करता है। इसके साथ ही, जीवन की चाह ही पशुओं को छिपने तथा शिकारी से बच कर भागने को विवश करती है। परंतु मनुष्य का भय अनूठा है; कल्पना से परिपूरित हो कर, अपने लिए अर्थ व मूल्य चाहता है। "क्या मैं कोई मोल रखता हूँ? मेरा मोल कैसे बन सकता है?"

इस प्रकार, यह सारा ज्ञान पा कर, याज्ञवल्क्य ने मनस् के विषय में अपने ज्ञान को जनक के दरबार में सबके बीच बाँटा। "प्रत्येक मनुष्य अपनी कल्पना से अपना तथा संसार का निराला रूप रचता है। इस प्रकार प्रत्येक व्यक्ति अपने ही अहं का सर्जक है, ब्रह्मा है। अहं ब्रह्मास्मि, मैं ही ब्रह्म हूँ। तत् त्वम् असि, तुम वही हो। हम अपनी कल्पना में भय के मिश्रण से अहं को जन्म देते हैं। तपस्या और यज्ञ ऐसे दो साधन हैं, जो हमें मन की गाँठें खोलने, भय से उबरने तथा आत्मा यानी अपने सच्चे अस्तित्व की तलाश करने में सहायक होते हैं।"

"मुझे आत्मा के विषय में विस्तार से जानकारी दें, महात्मन्।"

"आत्मा एक ब्राह्मण है, पूरी तरह से विस्तृत मन। आत्मा कभी मृत्यु से नहीं डरती और न ही जीने की आस रखती है। यह अपने लिए कोई वैद्यता नहीं चाहती। यह संसार के प्रति वैसा ही साक्षी भाव रखती है, जैसी यह है। आत्मा ही ईश्वर है, इसे शिव के नाम से भी जाना जाता है, जो तपस्या करते हैं तथा आत्मसंतुष्ट तथा आत्मनिर्भर हैं। आत्मा भगवान है, जिसे विष्णु के नाम से भी जाना जाता है, वे प्रत्येक जीव के पोषण के लिए यज्ञ रचाते हैं, जबकि उन्हें स्वयं इस पोषण की कोई आवश्यकता नहीं है।"

"ईश्वर करे कि तब तक ब्रह्मा के सिर का पतन होता रहे, जब तक वे ब्राह्मण को न पा लें।" अष्टावक्र बोले।

"इस कार्य को कौन आगे बढ़ाएगा?" गार्गी ने पूछा

"ब्राह्मण, वेदों के ज्ञान को हस्तांतरित करने वाले," याज्ञवल्क्य बोले।

- वैदिक ज्ञान श्लोकों में समाहित है, जिसे संस्कृत भाषा में रचा गया है। संस्कृत भाषा का स्वरोच्चारण तथा श्लोकों के पाठ से जुड़े अनुष्ठानों को पूरी तरह से लेखन में नहीं उतारा जा सकता इसलिए वेदों के ज्ञान को वाचिक परंपरा से लोगों तक पहुँचाया गया। जिस समुदाय को यह कार्य सौंपा गया, उन्हें ब्राह्मण कहा गया। वे अपना सारा दिन इस ज्ञान को कंठस्थ करने तथा उसे लोगों को सुनाने में ही बिताते थे। इस प्रकार वे इन गाथाओं के वाहक बन, बहुत महत्वपूर्ण माने जाने लगे। किसी ब्राह्मण की हत्या को बहुत बड़ा पाप माना जाता था क्योंकि इससे वैदिक ज्ञान की हानि होती थी। ब्राह्मणों ने वैदिक श्लोकों व अनुष्ठानों को जन-साधारण तक पहुँचाने का दायित्व संभाला, वे इनके विश्लेषण या स्वामित्व का दावा नहीं रखते थे। समय बीतने के साथ, वे अपने परम पद के साथ समाज पर वर्चस्व रखने लगे तथा अपने लिए उपाधियों का दावा करने लगे। यह इतिहास की विडंबना थी कि ज्ञान के वाहक ही अपने मन का विस्तार करने में अक्षम रहे, और अपने लिए दूसरों पर शासन करने के सामान्य पथ का चयन कर लिया।
- उपनिषद काल 1000 ई. पू. से 500 ई. पू. रहा, यह भारत में महान बौद्धिक उत्साह का काल रहा। इस दौरान श्रमण तथा आश्रम संबंधी व्यवस्था उत्पन्न हुई, जिसमें यज्ञ की बजाए तप को प्रश्रय दिया गया। बौद्ध तथा जैनियों की श्रमण व्यवस्था सबसे अधिक सफल रही। इन व्यवस्थाओं ने हिंदुत्व को भी विवश किया कि वह स्वयं को नए सिरे से परिभाषित करे और उस अंतराल को भरने की चेष्टा करे, जो इसके बौद्धिक व सामाजिक पक्ष के बीच आ गया था।
- मिथिला में आयोजित उपनिषद सभा को, प्रयाग, उज्जैन, नासिक तथा हरिद्वार में होने वाली सभाओं और एकत्रीकरण का संस्थापक माना जाता है, जहाँ गृहस्थ तथा साधु-समाज आपस में मिल कर, लौकिक तथा पारलौकिक विषयों पर चर्चा करते हैं।
- अष्टावक्र की कथा महाभारत में आती है। वे अष्टावक्र गीता के लेखक हैं।
- गार्गी तथा याज्ञवल्क्य का प्रसंग बृहदारण्यक उपनिषद में आता है। योग याज्ञवल्क्य इन दोनों के बीच का वार्तालाप है। कुछ अन्य कथाओं में, गार्गी याज्ञवल्क्य को चुनौती देती हैं; जबकि

कुछ कथाओं में इन्हें उनकी पत्नी के रूप में दर्शाया गया है।

- हिंदू पुराणशास्त्रों में 'शीश काटने' का रूपक बार-बार आया है। जिसका अर्थ यह है कि मन को एक झटके के साथ बोध पाने के लिए विवश किया जाए।
- उपनिषदों की कथाएँ कई सदियों से कही-सुनी जाती रही हैं और इनमें अनेक जनकों का संदर्भ मिलता है, संभवतः यह संरक्षक राजाओं का पूरा वंश था। इनमें से सीता के पिता जनक का विशेष महत्व है, जिनकी राजधानी विदेह थी। एक प्रज्ञावान मनुष्य, जो सारी भौतिक वस्तुओं के मोह से परे थे, उन्होंने उर्वरता, वनस्पति प्रवर्धन तथा भौतिक प्रचुरता से जुड़ी भगवती का पालन-पोषण किया। जनक कोई ब्रह्म नहीं जो केवल अहम् रचते हैं; वे एक सच्चे ब्राह्मण हैं, जो अहम् से परे जा कर, ब्राह्मण को पाना चाहते हैं और उनकी पुत्री भी ऐसी ही है।

सुनैना का रसोईघर

सभी मुनि आश्वस्त हो गए कि उपनिषदों में वेदों का सार समाया था। जनक के दरबार में हुई विवेकसम्मत चर्चाओं को वेदांत का नाम दिया गया। जनक ने सभी ऋषियों को अनेक गौएँ दान कीं। "इनका दूध आजीवन आपका आहार बने। इनके गोबर से आप आजीवन ईंधन प्राप्त करें। आपने मुझे सरस्वती, प्रज्ञा प्रदान की; मैं आपको लक्ष्मी, संपदा का दान देता हूँ,।" विदेह नरेश ने प्रसन्नता के साथ कहा।

याज्ञवल्क्य अपनी गौ दक्षिणा को अपनी दोनों पत्नियों मैत्रेयी और कात्यायनी के पास ले गए। मैत्रेयी अपने लिए गौएँ नहीं चाहती थीं; उनकी इच्छा थी कि उन्हें उपनिषदों से प्राप्त ज्ञान संपदा प्रदान की जाए। कात्यायनी ने उन गौओं को रख लिया और बोलीं, "बुद्धिमानों को भी तो अंततः आहार व भोजन की आवश्यकता होती ही है।"

यह सुन कर सीता सोचने लगीं, "मिथिला में निवास करने वाले सैंकड़ों ऋषि-मुनियों के भोजन का प्रबंध कहाँ होता था, उनके सोने की व्यवस्था कौन देखता था और जब वार्तालाप के दौरान उनके कंठ व मुख शुष्क हो जाते, तो उनके रिक्त पात्रों में जल कौन भरता था?

यही जिज्ञासा सीता को उनकी माँ के रसोईघर में ले गई। वहाँ उन्होंने सुनैना को अनाज, दालों, मसालों, फलों व सब्ज़ियों से घिरा पाया, वे

अगले भोजन के प्रबंध में व्यस्त थीं। "कोने से वे करेले तो उठा लाओ।" रानी ने कहा। सीता ने वही किया, जो उनसे करने को कहा गया। वे अपनी माँ को देखती रहीं कि वे कितनी निपुणता से उन सब्ज़ियों को काट रही थीं।

जल्दी ही सीता ने स्वयं को रसोई के कार्यों में व्यस्त करना सीख लिया। उन्होंने छीलना, काटना, मथना, अचार बनाना, भाप देना, भूनना, तलना, कूटना, मिलाना और गूँथना सीखने के अलावा कई तरह की बनावट, गंध, स्वाद और सामग्रियों के मेल को भी सीखा। उनकी इंद्रियों को मसालों के रहस्य पता चल गए और वे पादप व पशु जगत से मिलने वाले हर प्रकार के पोषण से भी परिचित हो गईं।

सीता के पिता ने रसोई के उस संसार को कभी नहीं जाना। सीता की माता ने दरबार के उस संसार को कभी नहीं जाना। परंतु सीता को एहसास था कि वे दोनों को जानती हैं। उन्होंने सोचा कि इसी तरह मस्तिष्क का विस्तार होता है। इसी प्रकार ब्रह्मा ब्राह्मण होता है। उन्हें इस बात का भी एहसास था कि वे एक ब्राह्मण थीं, प्रज्ञा की चाह रखने के साथ-साथ, उसका वाहक भी! यही सोच कर उनके होठों पर मुस्कान खेल गई।

- रसोई पहली यज्ञ-शाला है, रसोई में अग्नि कच्चे भोजन को पके हुए भोजन में बदलती है, जो शरीर को पोषित करते हुए, मन को बौद्धिक जिज्ञासा के लिए प्रेरित करता है।
- जहाँ तपस्या में मन को अधिक प्रश्रय दिया जाता है, वहीं यज्ञ में शरीर पर भी ध्यान दिया जाता है। जहाँ वेद मन को प्रश्रय देते हैं, वहीं तंत्र में शरीर पर भी ध्यान दिया जाता है। इस प्रकार, भारतीय धारणा, विचारों को महत्व देने के साथ-साथ भोजन को भी महत्व देती है। भोजन पोषण प्रदान करता है, यह आरोग्य तथा प्रसन्नता का वाहक भी है। विचार भले ही ईश्वर हो परंतु अन्न भगवती है। एक के बिना दूसरे का अस्तित्व संभव नहीं है।
- सीता की रसोई, लोकगाथा का एक अंश है। हिमाचल से आई एक कथा के अनुसार, एक बार कौआ सीता के हाथ से पका भोजन अपने साथ लंका ले गया। उसे खा कर रावण के मन में सीता को अपने पास लाने की इच्छा और भी बलवती हो गई। वह चाहता था कि सीता के हाथों का स्वादिष्ट भोजन खाने का और अधिक अवसर पा सके।
- अयोध्या में, आज भी, हम सीता-की-रसोई देखते हैं, जहाँ पूजन की वस्तुओं में चकला और बेलन भी शामिल हैं, जिनसे रोटी तैयार की जाती है।

खंड दो

विवाह

'जनक ने उनसे कहा कि उन्हें विवाह से प्रसन्नता पाने की आकांक्षा रखने की बजाए विवाह को प्रसन्नतापूर्ण बनाना चाहिए।'

नियमों का आरंभ

पशु अपना साथी पाने के लिए प्रतिद्वंदी बनते हैं और अपने क्षेत्र की रक्षा के लिए लड़ते हैं। मनुष्यों को ऐसा नहीं करना होता। नियम इसी बात को सुनिश्चित करते हैं। पशु उस मात्रा से अधिक नहीं खाते, जिससे अधिक उन्हें आवश्यकता है परंतु मनुष्य ऐसा करते हैं। नियम इन्हीं पर वर्जना लगाते हैं।

बहुत समय पहले की बात है, उन दिनों कोई नियम नहीं होते थे। वेण नामक व्यक्ति ने धरती से उसकी सारी संपदा व संसाधनों का हरण कर लिया। निराश हो कर, धरती ने गाय का रूप धरा और वहाँ से अलोप हो गई। उस समय ऋषियों ने घास का एक तिनका लिया, मंत्रों का उच्चारण किया और उस घास को एक प्रक्षेपास्त्र में बदल दिया, उसे वेण की दिशा में छोड़ दिया गया। जब वेण की मृत्यु हुई तो उसके शरीर को खोला गया, उसमें से जो भी अनावश्यक था, उसे निकाल कर फेंक दिया गया।

उस देह में बची शुचिता से पृथु नामक व्यक्ति की रचना की गई। पृथु ने धरती रूपी गाय से प्रार्थना कि वह उसकी प्रजा का पोषण करे। धरती-रूपी गाय ने मना कर दिया। तब पृथु ने अपने शस्त्र उठा लिए।

धरती-रूपी गाय चिल्लाई, "यदि मेरा ही वध कर दोगे तो प्रजा का पेट कैसे भरोगे?"

पृथु ने भी चिल्ला कर कहा, "यदि तुम इसी प्रकार भागती रहीं तो भी प्रजा भूखों ही मरेगी।"

अंत में धरती-रूपी गाय एक जगह पर रुकी और पृथु की प्रजा को दुग्ध-दोहन की अनुमति दी। "तुम उन्हें अतिरिक्त दूध दोहने से रोक सकोगे, ऐसा न करने से मेरे थनों में सूजन आ सकती है।" उसने कहा। पृथु बोला, "प्रकृति में कोई नियम नहीं होते किंतु संस्कृति को नियमों पर ही आधारित होना चाहिए। मैं नियमों की रचना करूँगा।"

पृथु प्रथम सम्राट बने। धनुष उनका प्रतीक था। शासक दंड था तथा उनके नियम प्रत्यंचा बने। अधिक ढीला यानी धनुष

अनुपयोगी हो जाएगा; और अधिक कसा होने पर धनुष के टूटने का भय होता है। पृथु सामाजिक व्यवस्था के संस्थापक, प्रकृति व संस्कृति के बीच संतुलन के सरंक्षक थे। उन्होंने धरती-रूपी गाय को वचन दिया जब-जब समाज में नियम भंग होंगे या उसका शोषण होगा, वे सब कुछ पुनः व्यवस्थित करने के लिए धरती पर जन्म लेंगे। यह सुन कर धरती इतनी प्रसन्न हुई कि उसने स्वयं को 'पृथ्वी' यानी, पृथु की पुत्री कह कर पुकारा।

- पृथु की कथा विष्णु तथा भागवत पुराण में आती है। सीता की तरह पृथु भी अयोनिज है, वह किसी स्त्री के गर्भ से नहीं जन्मा, जिससे उसका विशेष पद पता चलता है। वह भी विष्णु का अवतार है परंतु बहुत अधिक लोकप्रिय नहीं है। उसकी कथा उन समुदायों की सूचक है, जो शिकार खेलने वाले समुदायों की बजाए कृषि कर्म करने वाले समुदाय में बदल रहे थे, वे समाज बल की बजाए नियमों पर आधारित थे।
- वेण का शेष शरीर निषाद में बदल जाता है, जो वन में रहने वाले आदिवासी समुदायों का संस्थापक है, वे कृषि कर्म तथा पुशपालन से संतुष्ट हैं और अपने लिए कोई निजी संपत्ति नहीं चाहते। इस प्रसंग से आदिवासी तथा ग़ैर-आदिवासी समुदायों में अंतर पता चलता है और हमें यह सोचने पर मजबूर करता है कि सभ्यता का विकास कैसे हुआ। आदिवासी समुदाय, उत्तरजीविता तथा प्रकृति के साथ तारतम्य रखते हुए सामूहिकता की सामाजिक लय को बनाए रखते जबकि ग़ैर-आदिवासी समुदाय सारी पुरानी व्यवस्थाओं को भ्रष्ट कर, हमेशा कुछ नया चाहते रहे, चाहे वह बौद्धिक हो या फिर मानसिक विकास, ऐसा करने के लिए वे प्रकृति को भी दाँव पर लगाने को तैयार थे।
- सातवीं सदी ई. में चीनी विद्वान ह्वेन सांग ने लिखा कि पृथु वे पहले व्यक्ति थे, जिन्हें 'राजा' की उपाधि प्रदान की गई।
- राजा की तुलना एक गोपालक, चरवाहे से की जाती है, जो धरती को गौ के समान मानता है, जो उसे सारे संसाधन प्रदान करती है। वह उसकी देख-रेख करता है और वह उसे पोषण प्रदान करती है।
- गाय भरण-पोषण का प्रतीक है। जब किसी ऋषि के पास गाय होती है, तो भोजन (दूध) तथा ईंधन (गोबर) की बुनियादी ज़रूरतें आसानी से पूरी हो जाती हैं। वह अपने बौद्धिक पक्ष पर ध्यान केंद्रित कर सकता है। यही कारण है कि गौ को धरती से जोड़ कर पूजा जाता है। गौ के बिना, ऋषि वेदों के श्रवण का समय न निकाल पाते।

परशुराम की कुल्हाड़ी

परंतु नियम मानवीय इच्छाओं के आगे नहीं टिकते।

एक दिन, रेणुका ने किसी गंधर्व को नदी में स्नान करते देखा। वह इतना सुंदर था कि रेणुका के मन में उसके प्रति तत्काल आसक्ति ने जन्म लिया। तब तक, रेणुका का पातिव्रत्य ही उसकी तपस्या थी और इसी के कारण उसे सिद्धि प्राप्त थी; वह नदी की कच्ची माटी से बने मटके में भी जल भर सकती थी। परंतु उस गंधर्व के लिए मन में वासना आते ही, वह शक्ति जाती

रही। अब वह पहले की तरह कच्चे घड़े में पानी भर कर नहीं ले जा पा रही थी।

भृगु वंश से ऋषि जमदग्नि उनके पति थे, उन्होंने रेणुका पर व्यभिचार का आरोप लगाया, “यदि तुम आसक्ति के कारण विवाह की मर्यादा और नियमों को भंग करती हो तुम पर विश्वास कैसे किया जा सकता है?” उन्होंने अपने पुत्रों को आदेश दिया कि वे अपनी माता का सिर काट दें। पहले चार बड़े पुत्रों ने ऐसा करने से मना कर दिया किंतु सबसे छोटे पुत्र ने अपनी कुल्हाड़ी के एक ही वार से पिता की आज्ञा का पालन किया। उनका नाम राम था। उन्होंने अपने परशु का ऐसा घातक प्रयोग किया इसलिए वे परशुराम यानी कुल्हाड़ी वाले राम के नाम से जाने गए।

परशुराम की अखंड पितृभक्ति से प्रसन्न हो कर जमदग्नि ने पुत्र से कोई वर माँगने को कहा, “मेरी माता के प्राण लौटा दीजिए।” परशुराम बोले। जमदग्नि ने अपनी सिद्धि के बल पर ऐसा ही किया।

जमदग्नि के पास नंदिनी नामक गौ थी, वह स्वर्गीय कामधेनु की वंशज थी, जो सारी इच्छाओं की पूर्ति कर सकती थी। राजा कार्तवीर्य ने गाय को देखा तो उसे बलप्रयोग से अपने साथ ले जाने की चेष्टा की।

कार्तवीर्य को हज़ार भुजाओं का वरदान मिला हुआ था, उसके लिए अपने लोभ को रोकना कठिन था। जमदग्नि बोले, “तुम्हें ये भुजाएँ संसार की रक्षा करने के लिए दी गई हैं और तुम इनसे लूटने और चोरी करने का घृणित कार्य करते हो। तुम कोई राजा नहीं, तुम तो चोर हो।” कार्तवीर्य को इन कठोर शब्दों को सुनने का भी समय कहाँ था। उसने जमदग्नि को पीछे धकेला और गाय को अपने साथ घसीट ले गया।

क्रोध से आग-बबूला हुए परशुराम ने एक बार फिर शस्त्र उठाया और दुष्ट राजा की भुजाओं को तब तक काटते रहे, जब तक शरीर से बहते रक्त के कारण उसकी मौत नहीं हो गई।

कार्तवीर्य के पुत्रों ने अपने पिता की मौत का प्रतिशोध लेने के लिए, जमदग्नि का सिर काट दिया। इस तरह परशुराम ने तीसरी बार अपनी कुल्हाड़ी उठाई, और एक संकल्प किया, “यदि राजा स्वयं ही समाज के नियमों का पालन नहीं करते, तो हम स्वयं को उन पशुओं से अलग कैसे मान सकते हैं, जो बलपूर्वक जीते हैं? मैं समाज के नियमों की अवहेलना करने वाले हर नरेश का वध कर दूँगा; समाज के नियम किसी भी राजा से कहीं बड़े होते हैं।”

परशुराम सारे संसार में घूमते हुए, अक्षम राजाओं का वध करने लगे। इस प्रकार सैंकड़ों नरेश मारे गए। कुछ राजाओं ने स्त्रियों की आड़ में छिप कर अपनी प्राण-रक्षा की और उनसे ही कायरों की अगली पीढ़ी ने जन्म पाया, जो किसी भी तरह का शासन करने के योग्य नहीं थे।

"क्या कभी मैं किसी ऐसे राजा से भेंट कर सकूँगा जो सही मायनों में विवाह तथा समाज के नियमों का आदर करता हो!" परशुराम विचार करते।

- परशुराम विष्णु के उग्र अवतार हैं जो नियमों को लागू करते हैं; वे नियमों का पालन करने वाले राम तथा नियमों को मोड़ने वाले कृष्ण से बिल्कुल अलग हैं। परशुराम की कोई पत्नी नहीं, राम की एक पत्नी है तथा कृष्ण की अनेक पत्नियाँ हैं। भगवती परशुराम की माता (रेणुका), राम की पत्नी (सीता) तथा कृष्ण की सखी (द्रौपदी) के रूप में प्रकट होती हैं। इस प्रकार इन तीनों अवतारों में प्रगति का एक ढाँचा या बनावट दिखती है।
- परशुराम की कथा, उस दौर को दिखाती है जब राजाओं और मुनियों के बीच गहरा संघर्ष था। यह संपत्ति के उदय की धारणा से जुड़ी है। स्त्रियों व पशुओं को संपत्ति माना जाने लगा था, जो कि पितृसत्तात्मक सोच का सूचक है।
- परशुराम का सूचक आने वाली घटनाओं का सूचक है, रावण सीता को सोने के हिरण का लोभ दिखा कर, ले जाएगा और अपने वश में करना चाहेगा, जबकि वह दूसरे व्यक्ति की पत्नी है। कैकेयी अयोध्या के राज्य को अपने पुत्र के लिए चाहेगी और कार्तवीर्य नंदिनी को पाना चाहेगा।
- पुणे के चित्तपावन तथा केरल के नायर समुदाय के लोग स्वयं को परशुराम के वंशज मानते हैं। हालाँकि पारंपरिक पुरोहितों के तौर पर, ये समुदाय अपने-अपने समाजों के राजनीतिक मामलों में अहम भूमिका रखते हैं।
- दक्खन प्रांत में, विशेष तौर पर कर्नाटक, आंध्रप्रदेश तथा महाराष्ट्र में रेणुका का कटा शीश तथा धड़, भगवती येल्लमा, एकवीर और हुलीगम्मा के रूप में पूजा जाता है। येल्लमा तीर्थ देवदासियों की प्रथा से संबंध रखते हैं, जिसे अब ग़ैर-क़ानूनी घोषित कर दिया गया है। इस प्रथा में कन्याओं को देवों को समर्पित कर दिया जाता था और उन्हें वेश्यावृत्ति अपनाने के लिए विवश किया जाता था।

कौशिक विश्वामित्र बने

कौशिक एक सम्राट थे जिन्होंने अपनी प्रजा की क्षुधा शांत करने के लिए अनेक यज्ञ रचाए। फिर एक दिन, उनकी भेंट ऋषि वशिष्ठ से हुई, जिनके पास इंद्र की कामधेनु जैसी एक गाय थी, जो कोई भी इच्छा पूर्ति कर सकती थी। कौशिक को लगा कि ऐसी गाय तो एक राजा के पास होनी चाहिए ताकि वह बिना किसी प्रयत्न के आसानी से अपनी प्रजा का भरण-पोषण कर सके। हालाँकि वशिष्ठ ने गाय को अपने से अलग करने से मना कर दिया और बोले, "यह सारी इच्छाएँ पूरी करने वाली गौ केवल उसके पास ही रह सकती है, जिसकी कोई इच्छा शेष न हो।" कौशिक ने बलपूर्वक गाय को ले जाना चाहा तो गाय ने विरोध किया। उसके थनों से भयंकर योद्धाओं की सेना प्रकट हुई जिन्होंने कौशिक की ओर से होने वाले हर आक्रमण का मुँहतोड़ जवाब दिया।

कौशिक को इस बात का अनुभव हो गया कि अगर उन्हें कामधेनु प्राप्त करनी है, तो वशिष्ठ की तरह एक ऋषि बनना होगा ताकि इंद्र से, उन जादुई गौओं में से एक, माँगी जा सके, जो नंदन कानन में विचरती थीं। इसके लिए उन्हें सिद्धि पानी होगी और सिद्धि पाने के लिए तपस्या करनी होगी। उन्हें एक साधु बन कर वन में रहना होगा। उन्हें अपने राज्य और सिंहासन का त्याग करना होगा।

कौशिक ने पूरे संकल्प के साथ यह सब किया। कुछ ही समय में, उन्होंने यथेष्ट सिद्धि प्राप्त कर ली ताकि प्रकृति को अपनी इच्छा के आगे घुटने टेकने को विवश कर सकें।

परंतु जिस दौरान, कौशिक अपनी इंद्रियों को वश में करते हुए, सिद्धि पाने में व्यस्त थे, उनका परिवार स्वयं को उपेक्षित अनुभव करने लगा। अब वे महलों में नहीं थे इसलिए उन्हें अपने भोजन का प्रबंध भी स्वयं ही करना पड़ता था। उन्हें अपने लिए भोजन खोजने में भी कठिनाई हो रही थी। यदि उन्हें त्रिशंकु नामक व्यक्ति की उदारता का सहयोग न मिला होता तो शायद वे सब भूखों मर जाते।

कौशिक ने त्रिशंकु के प्रति आभार प्रकट करते हुए, उसे एक वरदान माँगने को कहा। त्रिशंकु बोला, "मैंने अपने पिता का अपमान किया। एक विवाहिता स्त्री की मर्यादा भंग की। अपनी भूख शांत करने के लिए गौओं का

वध किया और बछड़ों को बिलखता छोड़ दिया। परिणामस्वरूप, अब मैं स्वर्ग जाने के योग्य नहीं रहा। आप अपनी सिद्धि के बल पर, मुझे स्वर्ग में प्रवेश करने का अधिकार वापिस दिलवा दें। मैं आपसे यही वर चाहता हूँ।"

कौशिक ने अपनी सिद्धि के बल पर, त्रिशंकु को धरती से उठा कर, देवों के स्वर्ग की ओर भेज दिया। स्वर्ग के भगवान इंद्र ने इस प्रयास को इतनी सहजता से नहीं लिया। उनके लिए त्रिशंकु स्वर्ग के एक अयोग्य और अनिमंत्रित अतिथि थे। उन्होंने त्रिशंकु को धरती की ओर धकेल दिया। कौशिक के पास इतना तपोबल तो था कि वे त्रिशंकु को धरती पर टकरा कर गिरने से रोक सकें पर इंद्र को अपने वश में करने योग्य बल नहीं था। इस प्रकार त्रिशंकु बीच में ही अटक गया, वह स्वर्ग और धरती के बीच, देवों व मनुष्यों की भूमि के बीच लटकने लगा।

कौशिक ने अपना तप निरंतर जारी रखा, वे अधिक से अधिक सिद्धि प्राप्त कर, इंद्र को पराजित करना चाहते थे। इंद्र भी कुछ कम न थे, उसने भूतपूर्व नरेश को लुभाने के लिए स्वर्ग से अपनी अप्सरा मेनका को भेज दिया। मेनका ध्यानरत मुनि के आगे नृत्य करने लगी और कुछ ही देर में वह अपनी मोहिनी से मुनि को लुभाने में सफल रही।

कौशिक कुंठित हो उठे, वे लाख प्रयत्नों के बावजूद, वशिष्ठ की भाँति शक्तिशाली ऋषि नहीं बन पा रहे थे, फिर भी उन्होंने अपना कठोर तप नहीं त्यागा। एक दिन, वे इसी विषय में विचार कर ही रहे थे कि क्या अब उन्हें कठोर तप मार्ग त्याग देना चाहिए, तभी हरिश्चंद्र नामक राजा के आने से उनका ध्यान भंग हो गया, वह आखेट पर निकले थे। कौशिक क्रुद्ध हो कर, उसे व उसके सकल वंश को श्राप देने ही वाले थे, तभी राजा ने क्षतिपूर्ति के रूप में, अपना सारा राज्य उन्हें अर्पित कर दिया। कौशिक ने राजा की क्षतिपूर्ति स्वीकार कर ली, इस तरह वे अपने भूखों मर रहे परिवार का भरण-पोषण कर सकते थे। कौशिक इस बात की पुष्टि कर लेना चाहते थे कि कहीं हरिश्चंद्र की ओर से दी गई क्षतिपूर्ति को, दान अथवा भिक्षा ही न समझ लिया जाए, अतः उन्होंने राजा से दक्षिणा की भी माँग की, वे उस शुल्क के माध्यम से, राजा को उसके अपराध के कर्म भार से मुक्त कर देते। राजा तो पहले ही अपना सब कुछ सौंप चुके थे। अपना राजपाट देने के बाद उनके पास देने के लिए कुछ नहीं बचा था। उन्होंने कुछ ऐसा किया, जो कोई सोच भी नहीं सकता था : उन्होंने खुद को बेच दिया, अपनी पत्नी और पुत्र को भी बेचा दिया ताकि इस तरह एकत्र हुई धनराशि से कौशिक को दक्षिणा दी जा सके।

हरिश्चंद्र एक चंडाल के हाथों बिके, वह एक श्मशान का रखवाला था। उसने उन्हें आदेश दिया कि वे अंतिम संस्कार के लिए तैयार की जाने वाली चिताओं की देख-रेख करें। राजा की पत्नी और पुत्र को एक पंडित के हाथों बेचा गया। वे वहाँ नौकरों की तरह काम करने लगे। एक दिन बाग में फूल तोड़ते हुए, राजा के बेटे की सर्प काटने से मृत्यु हो गई। जब दुःख से अकुलाई माँ अपने पुत्र के अंतिम संस्कार के लिए उसे श्मशान घाट लाई तो पाया कि उसके पति वहाँ चंडाल थे। किसी समय में जो इतने बड़े राज्य का राजा था, वह चंडाल बना खड़ा था। उन्होंने अपने ही पुत्र के दाह-संस्कार के लिए शुल्क माँगा। उन दिनों यही नियम था। भूतपूर्व रानी के पास भी शुल्क के नाम पर देने के लिए कुछ नहीं था, उन्होंने अपने तन के

वस्त्र उतार कर, राजा के सम्मुख रख दिए और राजा ने उन्हें शुल्क के रूप में ग्रहण किया।

कौशिक ने जलती चिता की अग्नि में निर्वस्त्र रानी तथा उदासीन राजा को, उनके पुत्र के लिए शोक करते देखा किंतु उनमें से कोई भी न तो एक-दूसरे को कोस रहा था और न ही ऐसी भयंकर परिस्थितियों के लिए किसी को दोषी ठहरा रहा था। कौशिक ने पूछा, "तुमने ऐसी प्रज्ञा कहाँ से पाई, इस गहन दुःख के बीच भी कितने स्थितप्रज्ञ हो?" "यह मेरे गुरुदेव वशिष्ठ की शिक्षा है," हरिश्चंद्र का उत्तर था। अपने पुराने बैरी का नाम सुनते ही कौशिक की ईर्ष्या ने एक बार फिर से सिर उठा लिया। उन्होंने कल्मषपाद नामक नरभक्षी राक्षस को उकसाया कि वह वशिष्ठ के पुत्र शक्ति को समाप्त कर दे।

इस प्रकार शक्ति का पुत्र, पाराशर अनाथ हो गया और उसने यह संकल्प लिया कि वह धरती से सारे राक्षसों का अंत कर देगा। परंतु वशिष्ठ ने अपने पौत्र को कर्म के नियमों की व्याख्या देते हुए शांत किया, "प्रत्येक कर्म का एक परिणाम होता है। जो तुम्हारे अपने ही पिछले कर्मों की देन हो, उसके लिए कर्म का वाहन बने व्यक्ति को क्या दोष देना? कौशिक कामधेनु का अधिकारी नहीं था अतः मैंने उसे देने से इंकार किया, इस तरह उसके हृदय में रोष उत्पन्न हुआ, और उसने कल्मषपाद को तुम्हारे पिता की हत्या करने के लिए उकसाया। मैं भी शक्ति की हत्या के लिए उतना ही उत्तरदायी हूँ, जितना कौशिक व कल्मषपाद को माना जा सकता है। काश! मेरे और भी पुत्र होते, कम से कम उनका वध करके, कौशिक के हृदय का आवेग तो शांत हो जाता।"

यह सुन कर, कौशिक को अनुभूति हुई कि केवल सिद्धि ही किसी मनुष्य को ऋषि नहीं बनाती, दूसरों का कल्याण चाहने का सद्भाव ही उसे ऋषि बनाता है। यदि हम किसी का कल्याण चाहते हों तो पहले उनसे मिल कर, उन्हें सच्चे अर्थों में समझना होगा। वशिष्ठ ने कौशिक को ऐसे रूप में देखा था, जिस तरह कौशिक स्वयं को भी नहीं देख सके थे। उनकी दृष्टि और क्रुद्ध भाव उनसे छिपे नहीं रहे। कौशिक को एहसास हो गया कि वशिष्ठ एक प्रज्ञावान ऋषि थे, और वे एक बलशाली भूत साधक से अधिक नहीं थे।

"यज्ञ तथा तपस्या का उद्देश्य यह नहीं कि मैं अपनी संपदा और शक्ति का विस्तार करूँ। मुझे अपने मन की बंधी गाँठें खोल कर, अहम् के जाल से मुक्त होते हुए, आत्मा की ओर जाना होगा, संसार को दूसरे व्यक्ति के दृष्टिकोण से देखना सीखना होगा। तभी मैं एक ऋषि हो सकता हूँ," कौशिक ने मन ही मन विचार किया। अपने भीतर यह विचार आते ही, वे रूपांतरित हो उठे। वे अब संसार के शत्रु यानी विश्वशत्रु नहीं रहे, अब वे विश्वमित्र, संसार के मित्र हो गए थे। अब वे संसार को परिवर्तित नहीं करना चाहते थे, वे संसार की सहायता करना चाहते थे। उन्होंने निर्णय लिया कि वे अपने ज्ञान तथा अनुभव के बल पर, ऐसे उदात्त राजाओं की रचना में सहयोग देंगे, जो परशुराम की भी प्रशंसा के पात्र बन सकें।

- कथाओं में बताया गया है कि राजन प्रकृति से भौतिक संपदा पाने के लिए तथा ऋषिगण जादुई शक्तियाँ पाने के लिए तप किया करते थे ताकि प्रकृति को अपने वश में कर सकें। शिव व्यक्ति को भौतिक संपदा तथा जादुई शक्तियों, दोनों के ही लोभ से उबरने को प्रेरित करते हैं। विष्णु प्रेरित करते हैं कि मनुष्य को दूसरों की भूख पर ध्यान देना चाहिए।
- कौशिक राजा, ऋषि विश्वामित्र बनते हैं। वशिष्ठ से उनके बैर भाव को बार-बार दिखाया गया है। कथाओं में, वशिष्ठ बुद्धिमान तथा आदर्शवादी दिखते हैं जबकि विश्वामित्र अधीर किंतु व्यावहारिक सोच वाले लगते हैं।
- कौशिक तथा परशुराम उन योद्धाओं व संतों के बीच सेतु बनते दिखते हैं जो वस्तुओं और विचारों को मोल देते हैं। कौशिक योद्धा एक साधु बनना चाहता है। परशुराम साधु एक राजा बनने की इच्छा रखता है।
- त्रिशंकु एक ऐसे व्यक्ति का रूपक है, जो कहीं से संबंध नहीं रखता : वह बाहरी और भीतरी जगत के बीच उलझ कर रह जाता है।
- मेनका उन लालसाओं का रूपक है, जो हमें लक्ष्य तक जाने से रोकती हैं।
- हरिश्चंद्र ईमानदारी का रूपक है; वह व्यक्तिगत रूप से कष्ट पाने के बाद भी अपने वचन से नहीं डिगता।
- वाराणसी में, गंगा नदी के किनारे, हरिश्चंद्र घाट स्थित है, जहाँ शवों का दाह-संस्कार होता है। इस घाट के रखवालों का संबंध उस चांडाल से है, जिसने हरिश्चंद्र को अपना दास बनाया था।

विश्वामित्र का यज्ञ

घने अरण्य या वन, मनुष्यों के लिए कोई मोल नहीं रखते क्योंकि इस निर्जन वनप्रांतर के बीच मनुष्य और पशुओं में कोई भेद नहीं रहता। वन को पालित कर लिया जाए तो यह खेतों और चरागाहों व उद्यानों के रूप में, मनुष्यों को स्वामित्व और मोल प्रदान करता है।

यही प्रश्न विश्वामित्र के मस्तिष्क में चक्कर काटा करते। उन्होंने घने वन के बीच, एक आश्रम, 'सिद्ध-आश्रम' की स्थापना की। उन्होंने वहाँ एक यज्ञ के आयोजन की योजना बनाई, जिसमें

राक्षसों द्वारा आक्रमण होने की संभावना थी। इस तरह वे, राजाओं को, किसी स्थान को अनुकूल बनाने और उसका पालक बनने से जुड़े नियमों का बेहतर ज्ञान दे सकते थे।

उन्होंने गंगा नदी के आस-पास बसे सभी राज्यों के राजाओं को सूचना भिजवा दी कि वे उनकी यज्ञ-शाला की राक्षसों से रक्षा करने के लिए, अपने पुत्रों यानी राजकुमारों को उनके पास भेजें। उन्होंने कहलवाया, "इसके बदले में, मैं उन्हें युद्ध तथा अस्त्र-शस्त्रों का व्यावहारिक ज्ञान प्रदान करूँगा। मैं उन्हें ऐसे मंत्रों का ज्ञान दूँगा जिसके बल पर वे अपने साधारण तीरों को अग्नि, जल, सूर्य, चंद्र, वायु तथा वर्षा की शक्ति से भरपूर प्रक्षेपास्त्रों में बदल सकेंगे।"

परंतु किसी भी राजा ने अपने पुत्रों को उनकी सहायता के लिए नहीं भेजा। वे लोग राक्षसों तथा वन के नाम से आतंकित हो उठे।

जब कोई छात्र अध्यापक के पास नहीं आया तो अध्यापक को ही छात्र की खोज में निकलना पड़ता है। विश्वामित्र ने तय किया कि वे स्वयं अपने शिष्य का चयन करेंगे और उसे एक संपूर्ण राजा के रूप में प्रस्तुत करेंगे। उनके शत्रु वशिष्ठ के शिष्य से बेहतर कौन हो सकता था, जिनकी विवेक-बुद्धि को वे सारे बैर-भाव के बावजूद सराहने लगे थे।

- ऋषियों का जन्म अलग-अलग समुदायों से हुआ था - व्यास का जन्म एक मछुआरिन से हुआ। वशिष्ठ व अगस्त्य का जन्म अप्सराओं के गर्भ से हुआ, वे अप्सराएँ किसी एक मनुष्य के साथ बंध कर नहीं रहतीं; विश्वामित्र का संबंध एक राजवंश से था। उनमें से अधिकतर ने अपने पिछले जीवन के सारे संपर्क तोड़ दिए और इस प्रकार अपने नए जन्म के साथ, ब्रह्मा की मानस संतान कहलाए।
- वैदिक समाज में, बच्चों को घरों से दूर, मुनियों के पास शिक्षा प्राप्त करने के लिए भेजा जाता था। ये ऋषि समाज के कल्याण के लिए अपनी सामाजिक भूमिका और अंततः समाज का भी त्याग कर देते थे ताकि आने वाली पीढ़ी को अवसर दिया जा सके। वे समाज से दूर वन में रहते। इस तरह वे वानप्रस्थ आश्रम को अपनाते। उन्हें एक निश्चित आयु के बाद अपने सांसारिक जीवन को त्याग कर वन में रहना होता था। जिस तरह युवकों को ब्रह्मचर्य पूरा होने के बाद, गृहस्थ आश्रम में प्रवेश कर, संसार में रहना होता था। विश्वामित्र एक राजा के रूप में अपने कर्तव्य पूरे करने के बाद, इस भूमिका के लिए पूरी तरह से उपयुक्त थे।

वशिष्ठ के छात्र

जब दशरथ ने महर्षि वशिष्ठ से कहा कि वे उनके चारों पुत्रों को राजाओं की तरह आचरण करने की शिक्षा प्रदान करें, तो उन्होंने कहा था, "मैं उन्हें अपनी ओर से ब्राह्मण बनाने का भरसक प्रयास करूँगा।"

"पर मैं एक राजा हूँ और मेरे पुत्र राजकुमार हैं, उन्हें पुरोहितों की तरह नही, शासकों की तरह प्रशिक्षित किया जाना चाहिए।" दशरथ चौंक कर बोले थे।

वशिष्ठ ने स्पष्ट किया था, "आप ब्राह्मण वर्ण और जाति के विषय में भ्रमित हो रहे हैं। ब्राह्मण जाति का व्यक्ति, एक पुरोहित, मंत्रों का उच्चारण करने वाला तथा वेदों का अनुष्ठान करने वाला होता है। ब्राह्मण-वर्ण का व्यक्ति उसे कहा जा सकता है, जो सीमित मनस् के ब्रह्म को प्रेरित करता है, कि वह असीमित मनस् वाला ब्राह्मण बन जाए। कोई पंडित हो या योद्धा, कृषक हो या चरवाहा, या कोई व्यापारी या फिर कोई स्त्री या पुरुष; सभी को अपने मनस् का विस्तार करना चाहिए तथा एक अनुयायी व शूद्र-वर्ण की मानसिकता, एक व्यापारी की वैश्य-वर्ण मानसिकता, एक स्वामी की क्षत्रिय-वर्ण मानसिकता तथा एक तपस्वी की ब्राह्मण-वर्ण मानसिकता से ऊपर उठना चाहिए।

"एक राजा अनुयायी, व्यापारी, स्वामी या संत कैसे हो सकता है?" दशरथ विचार करने लगे।

वशिष्ठ बोले, "जब कोई राजा बिना सोचे-समझे, दूसरे राजाओं का अंधानुकरण करता है, तो वह एक सेवक है। यदि वह अपनी इच्छाओं की पूर्ति के लिए सारे नियमों का उल्लंघन करता है, तो वह व्यापारी है। जब वह आसपास के लोगों पर अपने विचार थोपता है, तो वह उनका स्वामी है। जब वह शासन से जुड़े नियमों तथा विचारों को समझता है, तो वह एक संत है और इस तरह वह उन सभी तर्कों का आदर करता है कि किसी नियम को क्यों माना जाना चाहिए और नियम को क्यों नहीं माना जाना चाहिए। यदि कोई राजा ब्राह्मण की मानसिकता के साथ काम करता है तो नियम केवल अपना काम करते हैं, वे उचित या अनुचित नहीं होते और हर कर्म की तरह उनके परिणाम भी होते हैं। उसके लिए नियम, किसी को अपने अधीन या वश में करने के साधन नहीं होते। उसके लिए वे समाज को चलाने के वे साधन हैं, जिनके बल पर, दुर्बल भी बलशाली के सम्मुख अपने अधिकार का दावा कर सकता है।"

"ईश्वर करे कि आप मेरे पुत्रों को ऐसे ही ब्राह्मण बनाने में सफल हों।" दशरथ ने ऐसा ज्ञान पाने के बाद प्रत्युत्तर दिया।

जब उनकी शिक्षा पूर्ण हुई, तो दशरथ के चारों पुत्रों को पर्वतीय स्थल पर तीर्थयात्रा के लिए भेजा गया। जब वे वहाँ से वापिस आए तो सबसे बड़े राजकुमार, राम को अनुभव हुआ कि एक गृहस्थ बनने की अपेक्षा साधु बनना कहीं श्रेयस्कर था। तब वशिष्ठ ने उन्हें समझाया कि वे किस प्रकार एक गृहस्थ जीवन जीते हुए भी, साधु के समान रह सकते थे।

“अपने लिए यज्ञ स्वयं रचो क्योंकि केवल एक तपस्वी ही ऐसा कर सकता था। तपरूपी अग्नि को अपने मन में प्रज्ज्वलित करो, जिसके लिए किसी ईंधन की आवश्यकता नहीं होगी। बाहरी भौतिक अग्नि को जलाने के लिए ईंधन की आवश्यकता होती है। तप तुम्हें रूपांतरित करेगा और अग्नि तुम्हारे आसपास के संसार को रूपांतरित कर देगी। तपस्या तुम्हारी क्षुधा को जला कर राख कर देगी। यज्ञ से भूखे को भोजन मिलेगा। तपस्या उस भय को प्रकट करेगी, जिससे अहम् पैदा होता है। यज्ञ की मदद से तुम उस प्रेम को खोज सकोगे, जो आत्मा को प्रकट करता है। तपस्या स्व पर काम करती है, ताकि दूसरे पर ध्यान दिया जा सके। यज्ञ दूसरे पर केंद्रित होता है ताकि हम स्व पर काम कर सकें। तपस्या तुम्हें नियमों को समझने में सहायक होगी। यज्ञ नियमों को लागू करने में सहायक होंगे। जो इन बातों को समझ सकता है, वह विष्णु के पथ का अनुगामी होता है।”

- वेदों में वर्णित वर्ण यानी मानसिकता तथा जाति यानी समुदाय अक्सर उलझन पैदा करते हैं और इन्होंने नकारात्मकता पैदा करने में भी कोई कमी नहीं रखी। मनु जैसे ब्राह्मणों तथा बाद में शिक्षाविद्ों ने बलपूर्वक बहुत सी जातियों को वर्णों में फ़िट करना चाहा, उनका मानना था कि निश्चित सोच, निश्चित समुदाय से जुड़ी है। परंतु वेद सामाजिक होने से कहीं अधिक मानसिक प्रभाव रखते हैं, जो कहते हैं कि किसी भी पेशे का व्यक्ति या माली, किसी अनुयायी, व्यापारी, स्वामी या संत की सोच कैसे रख सकता है।
- ब्राह्मण शब्द का असली अर्थ क्या है, यह प्रश्न उपनिषदों तथा महाभारत में कई चर्चाओं का प्रमुख विषय रहा है। इन सभी में व्यवसाय को नहीं, सांसारिक नज़रिए को ही मुद्दा बनाया गया। परंतु समाज में शिक्षाविद्ों तथा राजनीतिज्ञों ने हमेशा व्यवसाय के मुद्दे को ही केंद्र बिंदु बनाया।
- वशिष्ठ मन से प्रेरित हैं जबकि विश्वामित्र समाज से प्रेरित जान पड़ते हैं। वशिष्ठ के अनुसार मन साफ़ है तो सब स्पष्ट हो जाएगा परंतु विश्वामित्र कर्म पर बल देते हैं। कई प्रकार से, विश्वामित्र हमारी आधुनिक पश्चिमी कर्म पर आधारित मानसिकता, ‘बस इसे कर दिखाओ’ को प्रश्रय देते हैं जबकि वशिष्ठ बिना किसी प्रतिरोध के सब देखते हैं।

दशरथ अपने पुत्रों को जाने की आज्ञा देते हैं

"अभी तक तुम्हारे पुत्रों ने वशिष्ठ के शिष्यत्व में सैद्धांतिक ज्ञान प्राप्त किया है। अब समय आ गया है कि एक ऐसे व्यक्ति से व्यावहारिक अनुभव पाया जाए, जो कभी स्वयं एक राज्य का राजा था।" विश्वामित्र ने दशरथ से कहा।

परंतु दशरथ अपने पुत्रों को अपने से विलग नहीं करना चाहते थे। "वे तो अभी बहुत छोटे हैं। आप इसके बदले में मेरी सहायता ले लें। अगर आप कहें तो मैं आपके साथ चलने के लिए प्रस्तुत हूँ।"

"यह क्या मूर्खता है! तुम बहुत बूढ़े हो गए हो। और तुम्हारे पुत्रों की आयु हो गई है कि उन्हें राजा बनाया जाए। उन्हें मेरे साथ जाने दो।" विश्वामित्र बोले।

विश्वामित्र के क्रोध से फड़कते नथुनों से भयभीत हो कर दशरथ बोले, "तो मैं केवल दो ही पुत्रों को आपके साथ जाने की अनुमति दूँगा। दो पुत्र मेरे पास रहेंगे।"

विश्वामित्र असुरक्षित पिता को देख मुस्कराए जिसे अपने ही पुत्रों की योग्यता पर संदेह था। दशरथ के दो पुत्र विश्वामित्र के साथ उनके आश्रम की ओर चल दिए। अचानक वे एक दोराहे पर आ गए। विश्वामित्र ने पूछा, "हमें किस मार्ग से जाना चाहिए। लंबा मार्ग राक्षसों से भरा है जबकि छोटा मार्ग पूरी तरह से सुरक्षित है?"

"छोटे व निरापद मार्ग से जाना ही ठीक रहेगा।" दो में से एक राजकुमार ने कहा। दूसरे भाई ने भी अपने राजकुमार भाई की हाँ में हाँ मिला दी।

विश्वामित्र ने तत्काल पुनः अयोध्या की राह ली। वे दशरथ से जा कर बोले, "मुझे तुम्हारे दूसरे दोनों पुत्रों की आवश्यकता है। अभी ये दोनों मेरे साथ चलने योग्य नहीं हुए।"

"नहीं, नहीं! राम को तो नहीं भेज सकता।" दशरथ ने स्पष्ट शब्दों में अपने लगाव को प्रकट कर दिया किंतु उनके पास अब कोई उपाय भी नहीं था। वे ऋषि की ओर मिलने वाले श्राप का ख़तरा भी नहीं मोल लेना चाहते थे। इस प्रकार भरत और शत्रुघ्न उनके पास रुके, राम और लक्ष्मण को विश्वामित्र के साथ भेजा गया।

जब विश्वामित्र उसी दोराहे पर पहुँचे तो उन्होंने अपना वही प्रश्न दोहराया, "हमें किस मार्ग से जाना चाहिए। लंबा मार्ग राक्षसों से भरा है जबकि छोटा मार्ग पूरी तरह से सुरक्षित है?"

राम ने उत्तर दिया, "हमें लंबे और असुरक्षित मार्ग से जाना चाहिए। यही ज्ञान का पथ है।" लक्ष्मण ने भी यह सुन कर हामी भरी। विश्वामित्र इस उत्तर को सुन प्रसन्न हो उठे।

लंबे व सुगठित अंगों, चौड़े कंधों, घने-घुंघराले बालों तथा कमल की पंखुड़ियों जैसे नेत्रों वाले किशोर ने उनके भीतर एक नई आशा का संचार किया। क्या वह एक संपूर्ण राजन् बनने योग्य था?

- रामायण के पहले अध्याय, बाल-कांड को देख कर लगता है कि उसमें और सामग्री भी जोड़ी गई है क्योंकि उसमें राम के जन्म के अलावा वशिष्ठ तथा विश्वामित्र के अधीन उनकी शिक्षा का उल्लेख भी मिलता है। वशिष्ठ उनके मानसिक विकास पर ध्यान देते हैं जबकि विश्वामित्र उन्हें युद्ध कला में पारंगत करने के अतिरिक्त सामाजिक कर्तव्यों की शिक्षा भी देते हैं।
- कृतिवास ओझा की बंगाली रामायण में यह प्रसंग आता है कि दशरथ ने पहले भरत और शत्रुघ्न को विश्वामित्र के साथ भेजा था, इसे 'राम पांचाली' या 'राम की डायरी' के नाम से भी जाना जाता है। बारहवीं सदी के बाद से, अधिकतर बंगाल मुसलमानों के अधीन रहा और सुनने में आता है कि कृतिवास को बंगाल के गौड़ेश्वर, गौड़ (बंगाल) के स्वामी द्वारा सम्मानित किया गया था। बंगाल के स्वामी, सुल्तान जलाल-उल-दीन मुहम्मद ही थे, जिन्होंने पंद्रहवीं सदी में शासन किया।
- दशरथ अपने पुत्रों को वन में नहीं भेजना चाहते, इस तरह उनके मन का भय प्रकट होता है। वे कौशल्या के पुत्र, अपने राम से बहुत नेह रखते हैं। प्रायः बालकों के लिए इस तरह का भेदभाव सामान्य माना जाता है। किंतु क्या इसे मानवीय प्रतिभा का बेहतर उपयोग कहा जा सकता है?

ताड़का वध

आश्रम जाते समय, विश्वामित्र ने राम और लक्ष्मण को अनेक मंत्रों का उच्चारण सिखाया, अनेक गुप्त मंत्रों की दीक्षा दी, जिनके बल पर वे अपने बाणों को प्रक्षेपास्त्रों में बदल सकते थे, उन्हें पशुओं, ग्रहों तथा तत्वों की शक्ति से अनुप्राणित कर सकते थे। राम ने सीखा कि बाण से किस प्रकार किसी वृक्ष को प्रज्वलित किया जा सकता था, धरती में बाण मार कर जल की धारा कैसे निकाली जा सकती थी या वायुदेवता को कैसे बुलाया जा सकता था। उन्होंने सीखा कि बाणों को किस प्रकार छोड़ा जाए कि वे किसी गरुड़ की तरह उड़ान भरें, किसी बाघ की तरह झपटें या हाथी की तरह हुंकार मार कर शत्रु को चूर-चूर कर दें।

जब वे अंततः सिद्ध आश्रम पहुँचे, तो विश्वामित्र कुशध्वज को वहाँ देख सुखद आश्चर्य से भर उठे, जो विदेह की चारों राजकुमारियों के साथ वहाँ उपस्थित थे। "हमारे वंश में कोई

पुत्र नहीं है किंतु जनक चाहते हैं हमारी राजकुमारियों को वन में हो रहे इस यज्ञ का साक्षी होना चाहिए।"

लक्ष्मण ने उन चार विदेह राजकुमारियों को देखा किंतु उन्हें भी राम की भाँति, वहाँ होने जा रहे यज्ञ में अधिक रुचि थी। तब उसे एहसास हुआ कि उसे तो जीवन में कभी बहन का स्नेह नहीं मिला। वह सदा भाईयों से ही घिरा रहा। वह सोचने लगा कि अगर किसी के पास खेल में साथ देने के लिए बहन भी हो तो उसे कितना आनंद आता होगा।

विश्वामित्र के पुत्र पहले कभी राजकुमार थे, अब वे वल्कल वस्त्रों में थे। उन्होंने अपने गले और बाजुओं में बीजों को धागों में पिरो कर पहना हुआ था। उनकी पत्नियाँ चंदन का लेप लगाए, पुष्पों की मालाएँ धारण कर, यज्ञ के आयोजन में अपने पतियों की सहायता कर रही थीं। सारा प्रांगण मिट्टी से बनी ईंटों व पात्रों, लकड़ी के चम्मचों, सींक से बनी डलिया, बाँस से बनी चटाईयों और मृग छालों से भरा हुआ था। सात प्रकार के फल, फूल तथा पत्ते ला कर रखे गए थे। विश्वामित्र बोले, "हमें अग्नि को बुलाने से पूर्व, शक्ति को प्रणाम निवेदित करना चाहिए क्योंकि यह यज्ञ, इस वन को एक खेत में बदल देगा।"

"आप वन को एक भगवती के रूप में क्यों संबोधित कर रहे हैं?" सीता ने पूछा।

विश्वामित्र जानते थे कि जनक पुत्रियाँ उपनिषदों की शिक्षा पा चुकी थीं, इसलिए उन्हें अपना उत्तर सोच-विचार कर देना था। उन्होंने शब्दों का सावधानी से चयन करते हुए कहा, "क्योंकि मैं मन को एक पुरुष के रूप में देखता हूँ। हमारा यह मन, प्रकृति को उसी तरह अपने वश में करना चाहता है, जिस प्रकार एक पुरुष, एक स्त्री को अपने अधीन करना चाहता है। यह मन प्रकृति पर उसी तरह स्वामित्व पाना चाहता है जिस प्रकार कोई पुरुष किसी स्त्री को अपने स्वामित्व में रखना चाहता है।"

"इस प्रकार मेरा मन एक नर है तथा मेरे आसपास की यह प्रकृति एक मादा है?" सीता ने पूछा।

"क्या आपने उनकी बात सुनी?" छोटे अयोध्या राजकुमार ने बड़े भाई से कहा। विश्वामित्र ने उसके प्रश्न को अनुसना सा किया। उन्हें बड़े भाई का उत्तर सुनने की जिज्ञासा अधिक थी।

राम ने संयत स्वर में कहा, "वह तो वाक्य का एक भाग है। ऋषियों ने सरलता की दृष्टि से

मन को पुरुष तथा प्रकृति को एक स्त्री के रूप में वर्णित किया है। हमें इन बातों को शाब्दिक रूप से नहीं लेना चाहिए।"

विश्वामित्र इस उत्तर को सुन मुदित हो उठे। वे देख सकते थे कि सीता भी यह उत्तर सुन कर प्रभावित हुईं। उनकी प्रसन्नता की भी एक वजह थी, ऋषियों जैसी सोच वाला कोई राजा खोजना इतना सरल नहीं था, ख़ासतौर पर जब वह युवा, आकर्षक और वीर भी हो।

विश्वामित्र सपत्नी यज्ञशाला में हवन कुंड के निकट बैठे और समिधा रखते हुए अग्नि प्रज्वलित की। राजकुमार और राजकुमारियाँ यज्ञ को मोहित हो कर देख रहे थे। विश्वामित्र ने स्वयं को यजमान घोषित किया तथा देवों को आमंत्रित करने के लिए मंत्रोच्चार करने लगे। उनके पुत्र, स्वर्ग के भगवान - इंद्र; आकाश के भगवान - सूर्य; चंद्र देव - चंद्रमा, वायु देव-वायु, जल के भगवान - वरुण तथा अग्नि के भगवान - अग्नि की स्तुति करने लगे। धरती पर रहने वाली इन शक्तियों को जागृत करना आवश्यक था ताकि वे मिल कर उस वन को संरक्षित क्षेत्र बनाने तथा मन की उलझी गाँठों को खोलने में सहायक हो सकें।

ज्योंही चारों ओर मंत्रों का स्वर गूँजा तथा कुंड में अग्नि धधकने लगी, सीता ने दृष्टि उठा कर, राम की ओर देखा। दोनों की नज़रें आपस में मिलीं और उनके हृदय जैसे एक क्षण के लिए धड़कना ही भूल गए। सीता तत्क्षण दूसरी ओर देखने लगीं।

इसके बाद क्रोध से भरी चीत्कारें गूँज उठीं। पहले तो उनके धीमे सुरों ने विश्वामित्र और उनके पुत्रों के समवेत स्वर को दबाना आरंभ किया और बाद में वे उनके सुरों पर हावी होती चली गईं। कुछ ही क्षणों में वे सुर सारे आश्रम में गूँज रहे थे।

सीता, अनेक ऋषियों से भेंट करती रहती थीं इसलिए उन्हें कई भाषाओं का ज्ञान था। उन्होंने राक्षसों की ओर से उठ रहे उन स्वरों का अर्थ जान लिया, "हम उसी तरह विश्वामित्र का सिर काट देंगे जैसे शिव ने ब्रह्मा का सिर काट दिया था। हम विश्वामित्र के यज्ञ को उसी तरह नष्ट कर देंगे, जिस तरह शिव ने दक्ष के यज्ञ को नष्ट कर दिया था। हम संस्कृति को यह अनुमति नहीं देंगे कि वह प्रकृति को नष्ट कर दे।"

"जनक पुत्री! क्या तुम उनकी बोली को समझ सकती हो?" विश्वामित्र ने कहा। वे बोले, "संस्कृति वह सभ्यता है, जिसमें सभी स्नेहपूर्ण व्यवहार रखते हैं। प्रकृति कुदरत है, जहाँ सब कुछ भूख हमले से जुड़े भय से संचालित होता है। यद्यपि ब्रह्मा और दक्ष ने भी यज्ञ रचाए किंतु वे संस्कृति का निर्माण नहीं कर रहे थे। ब्रह्मा ने वन्य तथा अदम्य को भयभीत किया, उन्होंने प्रकृति को नियंत्रण में लाने के लिए यज्ञ का प्रयोग किया। दक्ष ने सबको अपने अधीन करने के लिए यज्ञ रचाया। यही कारण था कि शिव ने उन यज्ञों का ध्वंस कर दिया। यज्ञ का उद्‌देश्य यही है कि हम भय से ऊपर उठ सकें, हमें उसका हिस्सा नहीं बनना। मेरा यज्ञ रचाने का उद्‌देश्य यही है कि राजाओं को विष्णु बनाया जा सके, और वे अपनी प्रजाओं का नियमों के नाम पर दमन करने की बजाए, उनका स्नेह से पालन कर सकें।"

"राक्षस इस बारे में नहीं जानते।" सीता ने कहा क्योंकि अब उनके गुस्से से भरे स्वरों की बजाए हथियारों की आवाज़ें सुनाई देने लगी थीं।

"जब तक हम उनसे संपर्क नहीं साधते, वे इस बात को समझ नहीं सकेंगे। अभी हम उनके लिए अजनबी हैं। हम उनके लिए एक ख़तरा हैं। अभी तो वार्तालाप के लिए भी कोई गुंजाईश नहीं है। हमें उनके बैर को बढ़ाना नहीं चाहिए।"

जब वे इस बारे में बात कर ही रहे थे, प्रांगण में टहनियों, हड्डियों और पत्थरों की वर्षा होने लगी। पर उनके धरती पर गिरने से पूर्व ही, राम और लक्ष्मण के बाण उनकी दिशा बदल देते। विश्वामित्र बोले, "अब उन मंत्रों की शक्ति को प्रयुक्त करने का समय आ गया है, जिनकी शिक्षा तुमने मुझसे पाई है।"

राम और लक्ष्मण के बाणों की वर्षा ने यज्ञशाला के आसपास एक चारदीवारी तथा उसके ऊपर एक छत तान दी। टहनियों, हड्डियों और पत्थरों की बौछार, बाणों से टकरा कर वापिस जाने लगी। सभी ने स्वयं को सुरक्षित अनुभव किया।

तभी वृक्षों के पीछे से, रक्त को भी दहला देने वाली आवाज़ सुनाई दी। यह एक स्त्री का स्वर था। "यह राक्षसों के इस झुँड की महामाता है, इसमें इन सबसे कहीं अधिक शक्ति समाई है। अपने बाणों को अग्नि, जल, धरती, वायु व आकाश आदि की शक्ति से भरपूर बना लो तथा इसे मौत के घाट उतारने में देर न करो क्योंकि यह अकेली ही हमारी यज्ञशाला का विध्वंस करने तथा सारे आश्रम को नष्ट-भ्रष्ट करने की क्षमता रखती है।" विश्वामित्र बोले।

"परंतु वह एक स्त्री है और हमारे शास्त्र सिखाते हैं कि हमें एक स्त्री पर प्रहार नहीं करना चाहिए।" लक्ष्मण ने तर्क दिया।

दुष्टों का कोई लिंग नहीं होता। बाण चलाओ।" विश्वामित्र चिल्लाए।

सीता ने देखा कि राम ने शांत भाव से एक मंत्र का उच्चारण किया, अपने धनुष पर बाण चढ़ाया और उसे ताड़का के सुर की दिशा में छोड़ दिया। ज्योंही ताड़का वृक्ष की ओट से निकली, वह बाण सीधा उसे जा लगा। वह बहुत ही लंबी-बलशाली और भयंकर राक्षसी थी परंतु ज्योंही बाण उसके हृदय को चीरता हुआ निकला तो वह क्षण भर में शांत हो गई। और फिर वह एक विशालकाय कटे वृक्ष की तरह धड़ाम से धरती पर आ गिरी।

ताड़का के पीछे दो पुरुष थे - सुबाहु और मारीचि, वे भी बहुत लंबे और भयंकर थे और उनके बाल लपटों के समान लग रहे थे। सुबाहु ज्योंही राम की ओर लपका, एक और बाण ने उसका भी काम तमाम कर दिया। मारीचि मुड़ा और वहाँ से भाग लिया।

इसके बाद कहीं से भी टहनियों, हड्डियों और पत्थरों की वर्षा नहीं हुई। चीख़-पुकार की जगह एक विचित्र सी ख़ामोशी ने ले ली थी। राक्षसों ने अस्थायी तौर पर हार मान ली थी।

विश्वामित्र बोले, "उन्होंने हमें नए प्रकार के प्रबल पशुओं के रूप में जाना है, जो इस इलाक़े को अपने वश में कर चुके हैं। ज्योंही हम दुर्बल होंगे या वे हमसे बलशाली हो जाएँगे, वे इस इलाक़े को फिर से अपने कब्ज़े में लेने के लिए वापिस आएँगे।"

"यदि आपकी इच्छा हो तो हम सदैव इस प्रांगण की रक्षा को तत्पर हैं।" लक्ष्मण बोले।

राम के मस्तिष्क में बहुत सारी बातें घूम रही थीं। वे माथे पर बल देते हुए बोले, "तब तो इस स्थान पर कभी संस्कृति नहीं पनप सकेगी।" विश्वामित्र को यह देख कर प्रसन्नता हुई। उन्होंने अपने तथा दशरथ के पुत्रों को आज्ञा दी कि वे मिल कर ताड़का के अंतिम संस्कार के लिए लकड़ियाँ एकत्र करें। "हम उसे वैतरणी पार उतरने की यात्रा में सहयोग प्रदान करें। कौन जाने, वह अगला जन्म कहाँ और कैसा पाएगी? आशा तो यही है कि वह एक शत्रु नहीं मित्र के रूप में जन्मे!"

जब सभी ताड़का के अंतिम संस्कार के लिए होने वाली तैयारियों को देख रहे थे तो कुशध्वज की छोटी पुत्री श्रुतकीर्ति ने पूछा, "पर हम जंगल की व्यवस्था को नष्ट क्यों करें? हम उन्हें उनके हाल पर क्यों नहीं छोड़ देते?"

"यह अरण्य किसी एक का नहीं होता। मनुष्य के हस्तक्षेप के बिना, यह एक जंगल ही रहेगा, एक ऐसा स्थान जहाँ भय, बैर और प्रतिशोध पनपता है, यहाँ जिसकी लाठी, उसकी भैंस होती है यानी बलशाली ही सही माना जाता है और केवल वही जीवित बचता है, जो जीवित रहने योग्य बल रखता है। तपस्या या यज्ञ के अभाव में यहाँ सभ्यता नहीं पनप सकेगी।" विश्वामित्र ने उत्तर दिया।

"परंतु हमने अभी ताड़का का वध किया है।" उर्मिला ने कहा।

"आग जलाने के लिए लकड़ी को जलाना ही पड़ता है। गाय का पेट भरने के लिए घास काटनी ही होगी। जब तक राक्षस हम पर भरोसा करना नहीं सीखते, तब तक हम उनके लिए शत्रु और एक संकट ही बने रहेंगे। तब तक हिंसा का साम्राज्य रहेगा। उन्हें चोट आएगी। वे हमें चोट पहुँचाएँगे। यहाँ हमारा भाव अधिक महत्व रखता है। अंततः हमारे संबंध परिचित बनेंगे और हमारे बीच स्नेह का आदान-प्रदान होगा।"

"उन्हें भय है कि हम उनकी जीवन-शैली को नष्ट कर देंगे। क्या हम ऐसा करेंगे, क्या हम ऐसा कर सकते हैं?" मांडवी ने पूछा।

"दरअसल हम ऐसा कर सकते हैं, अगर हम पशु बने रहें, दूसरों पर वर्चस्व बनाने में लगे रहें और यह मान लें कि हम उनसे कुछ नहीं सीख सकते। यह अधर्म है। धर्म हमें आपस में आदान-प्रदान करना सिखाता है। यह अपनी पाशविक वृत्तियों से ऊपर उठने, भय से उबरने, दूसरों की क्षुधा मिटाने की अपनी योग्यता को तलाशने, दूसरों को आराम पहुँचाने तथा दूसरों को जीवन का अर्थ समझने के योग्य बनाने से संबंध रखता है।

यह बात भी विश्वामित्र से छिपी नहीं रही कि जनक की पुत्रियाँ उपनिषद की गार्गी की तरह प्रश्न करती थीं; दशरथ के पुत्र आज्ञापालन को प्राथमिकता देते थे। विभिन्न प्रकार के बीज, भिन्न-भिन्न खेतों में, भिन्न-भिन्न किसानों के हाथों में पड़ कर, विभिन्न प्रकार की फ़सलें पैदा करते हैं।

- भवभूति के आठवीं सदी में लिखे गए, संस्कृत नाटक महावीर-चरित में, सीता विश्वामित्र के यज्ञ में उपस्थित थीं। वे अपनी बहन उर्मिला तथा चाचा कुशध्वज के साथ आई थीं।
- भवभूति, कम्बन तथा तुलसीदास की रामायण में भी राम और सीता के विवाह से पूर्व, उनके बीच रोमानी संबंध का परिचय मिलता है। इसे संस्कृत काव्यों में उपलब्ध श्रृंगार रस को ध्यान में रखते हुए ही शामिल किया गया है।
- रामायण कलमकारी फ़ैब्रिक चित्रों में, राम को ताड़का वध के समय दूसरी ओर मुख किए हुए दिखाया गया है, कलाकार का कहना है कि राम अपनी माता के अतिरिक्त किसी भी दूसरी स्त्री के रूप में, केवल सीता को ही देखेंगे।
- रामायण में अनेक राक्षसी स्त्रियों को अपमानित किया गया है या उनका वध किया गया : ताड़का का नाम सबसे पहले आता है और इसके बाद शूर्पणखा का नाम लिया जाता है। परंतु इसके अतिरिक्त और नाम भी हैं जैसे अयोमुखी, सिंहिका, सुरसा, लंकिनी और यहाँ तक कि रावण की पत्नी मंदोदरी तथा महिरावण की पत्नी चंद्रसेना का नाम भी लेते हैं। इस बात को मानना कठिन लगता है कि ये केवल वन्य तथा अपालित प्रकृति के नाम पर रूपक भर हैं। स्त्रियों के प्रति पुरुषों की हिंसा को स्वीकृति दी गई है।
- ताड़का और उसके राक्षसों का दल उत्पाती माना जाता रहा है। ऋषियों को वन में यज्ञ करने का अधिकार था। यहाँ विश्वामित्र के यज्ञ की तुलना, पांडवों द्वार खांडवप्रस्थ वन में आग लगाने से की जा सकती है। उन्होंने भी नगर निर्माण के लिए वन को जला कर समाप्त कर दिया था। एक यज्ञ को वनों को साफ़ करने का रूपक माना जा सकता है, ताकि मनुष्यों की बसावट के लिए खेत तैयार किए जा सकें। इसे हम गंगा के मैदानी इलाक़ों के वैदिक आर्य कबीलों का घने दक्षिणी वनों में घुसपैठ करना भी मान सकते हैं। ऋषियों के इस कार्य को मिशनरियों के कार्य से जोड़ा जा सकता है। यूरोपियन ने भारत के औपनिवेशीकरण को ध्यान में रखते हुए, इस व्याख्या को प्रश्रय दिया और भारत के शासक, ज़मींदार तथा पुरोहित संप्रदाय का साथ दिया।

अहिल्या का उद्धार

जब यज्ञ समाप्त होने को आया तो विश्वामित्र बोले, "हमें धारा के निचली ओर, गौतम ऋषि के आश्रम में चलना चाहिए। वहाँ हमारी आवश्यकता है।"

सभी ने संकरे और पहाड़ी पथ पर ऋषि का अनुसरण किया, जिसके दोनों ओर फल और फूलों से लदे वृक्ष थे। इसके बाद वे एक ऐसे आश्रम में पहुँचे जिसे देख कर लगता था, वह जाने कब से परित्यक्त और उपेक्षित पड़ा था। उसके बीच एक चट्टान पड़ी हुई थी। फिर विश्वामित्र उसकी कहानी सुनाने लगे।

अहिल्या एक सुंदर राजकुमारी थी जिससे अनेक राजकुमार विवाह करने के इच्छुक थे किंतु उसका विवाह, उसकी आयु से कहीं बड़े, गौतम ऋषि से कर दिया गया। गौतम अपना सारा दिन यज्ञ तथा तप आदि में व्यतीत करते और अहिल्या उनकी सभी आवश्यकताओं का ध्यान रखती। वह उनसे मित्रता तथा साथ की अपेक्षा रखती थी किंतु उनके पास अपनी पत्नी की ओर ध्यान देने का समय ही कहाँ था।

एक दिन सुबह का समय था। गौतम ऋषि बड़ा ही विचित्र व्यवहार करने लगे। नदी में स्नान करने के बाद, पर्वतों पर ध्यान के लिए जाने की बजाए, वे घर लौट आए और दोपहर का सारा समय अहिल्या के साथ बिताया। इस दौरान वे उसके साथ बहुत ही स्नेह और लगाव से पेश आए और उसकी सारी माँगें पूरी कीं।

परंतु ज्योंही संध्या घिरने लगी, अहिल्या ने देखा कि उसके पति जैसे दिखने वाले ऋषि घर में प्रवेश कर रहे थे; अंतर केवल इतना था कि बाहर खड़े ऋषि के मुख पर कठोर भाव थे और उसकी बाँहों में लेटे ऋषि अतिशय कोमलता से पेश आ रहे थे। तभी उसे पता चला कि उसकी बाँहों के घेरे में बँधा व्यक्ति, उसका पति नहीं बल्कि उनके वेश में कोई छलिया था। वह इंद्र निकला, जो उसके पति गौतम ऋषि का रूप ले कर, एकांत में उसका शील भंग करने आया था। उसके असली पति तो द्वार पर खड़े थे।

गौतम किसी भी हाल में अहिल्या को क्षमा नहीं करना चाहते थे। उन्होंने इंद्र को श्राप दिया कि वह नपुंसक हो जाएगा और उसकी पूरी देह पर घाव हो जाएँगे। फिर उन्होंने अपनी पत्नी को श्राप दिया कि वह एक पाषाण में बदल जाएगी, वह न तो हिल-डुल सकेगी और न ही कुछ खा-पी पाएगी। पशु उस पर मूत्र-विसर्जन करेंगे। यात्री उसे लांघ कर जाएँगे।

विश्वामित्र बोले, "रघुवंश के उत्तराधिकारी, अयोध्या के राजकुमार, परख या भेदभाव से परे, उसका स्पर्श करो, वह इस श्राप से मुक्त हो जाएगी।"

"किंतु क्या व्यभिचार को सबसे घृणित अपराध नहीं माना जाता, यह आपसी विश्वास का अंत कर देता है। रेणुका का सिर धड़ से केवल इसलिए अलग कर दिया गया था कि उन्होंने परपुरुष के विषय में विचार किया; यह स्थिति तो उससे भी बदतर है," लक्ष्मण ने कहा।

"दंड की कितनी मात्रा को उपयुक्त माना जा सकता है? कौन तय करता है कि क्या पर्याप्त है? एक राजा को हस्तक्षेप करना चाहिए और अपनी रुक्षता को करुणा से संतुलित करना चाहिए।"

राम ने झट से उस चट्टान का स्पर्श किया जो अहिल्या ही थी। वह हिली। वे पीछे हट गए और वह एक आह भरने के बाद विलाप करने लगी। वर्षों बाद उसे अपनी लज्जा और ग्लानि से मुक्ति मिली थी।

गौतम भी एक ओर से सामने आ गए। वे उलझन में थे। पत्नी को पुनः पाने की प्रसन्नता तो थी किंतु अब भी अपने अपमान को भूले नहीं थे।

"महान ऋषि, अपनी आत्म-दया तथा रोष से मुक्त हों। आपके मन की सारी गाँठें सुलझें तथा अहं का स्थान आत्मा ले ले। तभी आप अपने आश्रम को नए सिरे से बसा कर, अपने संसार की खोई ख़ुशियों को वापिस ला सकेंगे," राम ने किसी राजा की तरह पेश आते हुए कहा।

गौतम ने सहारा देने को अपना हाथ आगे कर दिया। किसी समय में सुंदरी रही अहिल्या, अब बहुत दुर्बल हो गई थी। वह पल भर को झिझकी, और फिर उस हाथ को थाम लिया। विश्वामित्र ने उनके जुड़े हाथों पर जल उड़ेला ताकि वे एक नए जीवन का आरंभ कर सकें।

कौतूहलवश मांडवी सोचने लगी कि विवाह में परस्पर निष्ठा को इतना महत्व क्यों दिया जाता है? उसने सुन रखा था कि राक्षसी स्त्रियाँ केवल अपने पति से ही संबंध नहीं रखतीं और इसी तरह राक्षस भी अपनी पत्नियों के अतिरिक्त अनेक स्त्रियों से संबंध रखते हैं। प्रकृति में, हर प्रकार के संयोग होते दिखते हैं : हंस परस्पर निष्ठा रखते हैं जबकि बंदरों के पास बंदरियों का पूरा हरम होता है, जिसकी वे ईर्ष्या-भाव के साथ पहरेदारी करते हैं, रानी मधुमक्खी के प्रेमियों की भी कमी नहीं होती। तो ऋषियों के लिए आपसी निष्ठा इतने मायने क्यों रखती है?

"यह इस बात का मापदंड है कि हम अपने साथी की ओर से कितने संतुष्ट हैं। असंतुष्ट व्यक्ति हर स्थान पर अपनी संतुष्टि तलाशता है," विश्वामित्र ने उत्तर दिया।

"मैं सदा अपनी सारी संतुष्टि एक ही पत्नी से पाने का प्रयत्न करूँगा," राम ने उद्घोषणा की।

"यदि तुम्हारी पत्नी तुमसे संतुष्ट न हुई?" विश्वामित्र ने राम से प्रश्न पूछा। वे अयोध्या कुमार का उत्तर सुनने को व्याकुल थे। परंतु उन्हें यह उत्तर राजकुमारी की ओर से मिला।

"यदि वह समझदार हुई तो उस अधूरेपन को भरेगी। अगर वे समझदार हुए, तो वे स्वयं विकसित होने का प्रयास करेंगे," सीता ने कहा, जो अब भी अहिल्या तथा गौतम की सकुचाई हुई कोमलता को निहार रही थीं।

कुशध्वज ने राम के मुख पर खिली मुस्कान को लक्ष्य किया। वे विश्वामित्र के पास एक प्रस्ताव ले कर गए। "हमारे साथ मिथिला नगरी चलिए। अयोध्या कुमारों को भी साथ ले कर आइए। यदि राम शिव धनुष के साथ अपना भाग्य आज़माना चाहें तो मुझे प्रसन्नता होगी। कौन जाने, वे अपनी पत्नी के साथ घर लौटें।"

- वाल्मीकि की रामायण से लगभग 500 वर्ष पूर्व, ब्राह्मण नामक धार्मिक ग्रंथों में, अहिल्या तथा इंद्र के संबंध का परिचय मिलता है।
- ब्रह्म पुराण जैसे ग्रंथों में रामायण के बारे में लिखते हुए कहा गया कि इंद्र ने अहिल्या को छला था। कथासरित्सागर में कहा गया है कि वे इंद्र को पहचान गई थीं परंतु फिर भी उनकी संगति का आनंद उठाती रहीं। दूसरे शब्दों में, कुछ कथाओं में उन्हें निर्दोष बताया गया है तो कुछ स्थानों पर कहा गया है कि वे भी इस पाप कर्म में लिप्त थीं।
- वाल्मीकि रामायण में, इंद्र नपुंसक हो जाते हैं और अहिल्या ओझल हो जाती हैं, उन्हें वायु पर ही जीवित रहने को विवश कर दिया जाता है। ब्रह्मवैवर्त पुराण में, इंद्र का पूरा शरीर सैंकड़ों योनियों से भर जाता है, जब वे सूर्य की पूजा करते हैं, तो वे नेत्रों में बदल जाती हैं। ब्रह्म पुराण में, अहिल्या को एक सूखा हुआ नाला बनने का श्राप मिलता है। पद्म पुराण में, उससे उसकी सुंदरता छीन ली जाती है और वह हड्डियों और माँस का ढाँचा बन कर रह जाती है। स्कंद पुराण तथा ब्राह्मण पुराण में, वह शिला में बदल जाती है।
- वाल्मीकि रामायण में अहिल्या को केवल अलोप दिखाया गया है, जब राम उसकी उपस्थिति को पहचान कर, उसके चरण स्पर्श करते हैं तो वह मुक्त हो जाती है। परंतु हज़ारों वर्षों बाद लिखी गई, आंचलिक रामायणों में, वह एक शिला है, जो राम के चरण स्पर्श से, अपने श्राप से मुक्ति पाती है।
- अहिल्या को अहल्या के नाम से भी जाना जाता है। हल्या का अर्थ है, हल और अहल्या का अर्थ है, 'जिस पर हल न चलाया गया हो', वह या तो कुआँरी है या उसे एक ऐसे खेत के रूप में प्रस्तुत किया गया है, जिस पर अभी हल नहीं चलाया गया।
- स्त्रियों की अशुद्धता पर जितनी चर्चा की गई है, पुरुषों के संदर्भ में इसे इतना नहीं उठाया गया। इससे पता चलता है कि स्त्रियों को एक ऐसी संपत्ति के रूप में देखा जाता था, जिनकी सीमाओं का उल्लंघन नहीं होना चाहिए; जबकि पुरुषों को इस रूप में नहीं देखा जाता। पारंपरिक तौर पर, एक पवित्र नारी उसे ही माना जाता है, जो पूरी निष्ठा के साथ एक ही पुरुष के साथ हो जबकि पुरुषों के लिए पवित्र उसे माना जाता है, जो ब्रह्मचारी हो और स्त्रियों से कोई संबंध न रखता हो। वह सती कहलाती है और वह संत कहलाता है।
- यूरोपियन विद्वान प्रायः हिंदू पुराणशास्त्रों के इंद्र की तुलना, ग्रीक पुराणकथाओं के ज्यूस से करते हैं। दोनों ही देवों के नेता हैं, आकाश पर शासन करते हैं, व्रज के स्वामी हैं तथा स्त्रियों के प्रेमी के रूप में जाने जाते हैं। थोड़ा गहराई में जाते ही यह ब्रह्माण्डीय अंतर कहीं खो सा जाता है। ज्यूस अक्सर हंस, सूर्य की किरण या पति का रूप ले कर अनेक युवतियों व राजकुमारियों से बलात् संभोग करता है जिससे परस्यूस तथा हरक्यूलस जैसे महान नायकों का जन्म होता है। विद्वान इसे पुरुषों के आकाश संप्रदाय तथा स्त्रियों के धरती-संप्रदाय के मिलन के रूप में देखते हैं। यहाँ इंद्र का अलग ही रूप देखने को मिलता है। वह उर्वरता से

संबंध रखता हैं तथा साधुओं की आश्रम-संबंधी व्यवस्था के बैरी हैं। शिव गृहस्थ तथा साधु के बीच संतुलन साधते हैं, वे ऐसे साधु हैं जो गृहस्थ बने हैं। विष्णु एक गृहस्थ हैं जो एक साधु की तरह विचार करते हैं।

- बाद में आने वाले क्षेत्रीय रामायण संस्करणों में, ख़ासतौर पर दक्षिण भारतीय तथा दक्षिण-पूर्व एशिया संस्करणों में, अहिल्या की तीन संतानें हैं। गौतम को संदेह है कि उनके पिता कौन हैं इसलिए वे उन्हें वानर बना देते हैं। वह कन्या अंजना है, हनुमान की माता तथा दो वानर, बाली और सुग्रीव हैं। अंजना अहिल्या की पुत्री हैं। बाली और सुग्रीव इंद्र तथा सूर्य के पुत्र हैं। कुछ संस्करणों में, अहिल्या अपनी पुत्री को उनका रहस्य खोलने पर श्राप देती हैं, जबकि गौतम लड़कों को श्राप देते हैं कि वे शांत क्यों रहे।

शिव का धनुष

महा तपस्वी शिव ने क्षुधा का नाश कर दिया था। इस प्रकार वे हिम से ढकी पर्वत शिला पर जा बैठे, जहाँ कोई वनस्पति नहीं उगती थी। वह कैलाश पर्वत था, जो ध्रुव नक्षत्र के तले स्थित था।

प्रकृति ने शक्ति का रूप धर कर, उनसे कहा, "क्षुधा से प्राणी के जीवित या मृत होने का पता चलता है। अगर आपके भीतर कोई क्षुधा नहीं रही तब तो आपको शव कहा जाना चाहिए।"

"एक पौधा भोजन के स्त्रोत की ओर उगता है। एक पशु भोजन की ओर दौड़ता है। एक व्यक्ति तपस्या के माध्यम से भोजन की माँग से ऊपर उठ सकता है। यही लक्षण मानवता को सबसे विलग करता है," शिव बोले।

"एक मनुष्य दूसरे की भूख को महसूस कर सकता है और यज्ञ के माध्यम से भोजन पैदा कर सकता है ताकि दूसरे की भूख शांत कर सके। यह लक्षण भी मानवता को सबसे अलग करता है," शक्ति ने कहा। "जब यज्ञ के बिना तपस्या की जाती है, निर्जनता की कामना की जाती है, कोई संबंध नहीं पनपते और समाज का पतन होता है। आप विनाशक हो गए हैं।"

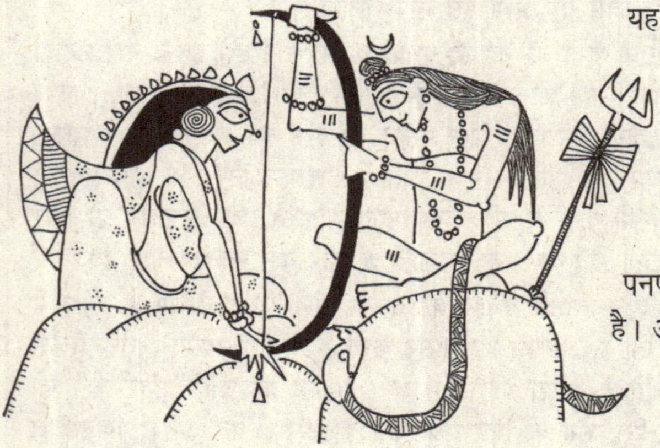

तब शिव बोले, "जब तप के अभाव में यज्ञ रचाया जाता है, तो हम अपनी क्षुधा शांत करने के लिए, दूसरों की क्षुधा का शोषण करते हैं। इस प्रकार एक भ्रष्ट समाज की रचना होती है।"

"सही कहा आपने, तपस्या तो धनुष के दंड की तरह है। यज्ञ इसकी प्रत्यंचा है। व्यक्तिगत रूप से, ये धनुष की रचना नहीं करते। अगर धनुष बनाना है तो दंड को लचीला बन कर मुड़ना होगा और प्रत्यंचा को सख़्त हो कर तनना पड़ेगा।"

"ज़्यादा ढीला धनुष अनुपयोगी होगा और अगर ज़्यादा कसा होगा तो वह टूट जाएगा," शिव ने वही शब्द दोहराए, जो विष्णु ने पृथु के राजा बंनने के दौरान कहे थे।

"आइए, हम मिल कर वह धनुष बनाएँ, जो यज्ञ और तपस्या का मेल करता है। इसे विवाह में सारे पुरुष तथा स्त्री के संबंधों का तथा राज्य में राजा व राज्य के संबंधों का प्रतीक बनने दें।" ऐसा कह कर शक्ति ने, पर्वत पुत्री पार्वती का रूप लिया और शिव को अपने साथ, ढलानों से नीचे, नदी किनारे बसी, चहल-पहल से भरी काशी नगरी में ले गईं। वहाँ उन्होंने अन्न की भगवती अन्नपूर्णा का रूप लिया और वे क्षुधा को भी वश में कर लेने वाले शिव के स्थान पर, शंकर गृहस्थ में रूपांतरित हुए, जो दूसरों की क्षुधा शांत करने का विचार करते हैं।

उनके इसी वार्तालाप के मध्य एक धनुष प्रकट हुआ। उस धनुष की प्रत्यंचा चढ़ाने वाले राजा को ही एक संपूर्ण राजा की संज्ञा दी जा सकती थी। शिव ने उपनषिद के सरंक्षक जनक को वह धनुष सौंप दिया। विश्वामित्र की भी यही इच्छा थी कि उनके शिष्य भी उस धनुष को देखें, हालाँकि वे इस विषय में पूरी तरह से आश्वस्त नहीं थे कि राम उसकी प्रत्यंचा चढ़ा सकेंगे या नहीं पर अपनी ओर से चेष्टा करने में भी कोई हानि नहीं थी।

- 1609 में, हाकोबो फ़िनिशियो नामक एक पुर्तगाली जेशुइट मिशनरी, जो कालीकट के ज़ैमोरिन दरबार का निवासी था और मलाबार बंदरगाह पर घूमने आया था, उसने पश्चिमी श्रोताओं के लिए, पहली बार हिंदू पौराणिक गाथाओं के अध्ययन पर आधारित दस्तावेज़ तैयार किया था। परंतु 1672 में बेलाड्यूस का अध्ययन अधिक लोकप्रिय हुआ था। इसमें, उसने सीता के जन्म का वाचिक दस्तावेज़ भी शामिल किया है। उसमें कहा गया है कि सीता ने लंका के अभिभावक के रूप में रक्षा की थी, एक दिन लंका के द्वार पर कुछ भस्म गिरी जिससे एक पेड़ उग गया, उस विशाल पेड़ की एक शाखा मिथिला पहुँच गई और जनक ने उसे काट कर यज्ञ में प्रयुक्त किया। अग्नि से एक कन्या प्रकट हुई, जिसके हाथ में एक धनुष था। उस धनुष पर लिखा था कि वह उसी से विवाह करेगी, जो उस धनुष को भंग करने में समर्थ होगा।
- यह भी महत्वपूर्ण है कि क्षुधा से परे, वनस्पतिहीन हिमाच्छादित कैलाश पर्वत पर बसने वाले शिव की पत्नी शक्ति है, जिन्हें काशी में अन्न की भगवती, अन्नपूर्णा के नाम से पूजा जाता है। काशी नगरी एक नदी के किनारे स्थित है। उनके रसोईघर में साधु और गृहस्थ दोनों ही आश्रय पाते हैं। भले ही साधु को भूख न हो किंतु उसे इतना करुणावान होना चाहिए ताकि वह उनकी देखरेख कर सके, जो उसकी तरह साधु नहीं हैं। वे काम को भस्म कर सकते हैं, इच्छाओं को नष्ट कर सकते हैं इसलिए कामांतक के नाम से जाने जाते हैं, परंतु वे कामेश्वरी हैं, कामाख्या हैं, वे ऐसी भगवती हैं जो इच्छाओं की प्रशंसा करते हुए, उन्हें संतुष्ट करती हैं।

- शिव और शक्ति के दो पुत्र हैं : गणेश, हाथी के मस्तक वाले लेखाकार, जो भोजन की चाह रखने वालों को संतुष्ट करते हैं और छह मुख वाले योद्धा कार्तिकेय, उनका रक्षण करते हैं, जिन्हें भय रहता है कि कहीं वे भोजन न बन जाएँ। इस प्रकार शिव के साथ, शक्ति ऐसे वन की रचना करती हैं, जिसमें शिकार करने वाले तथा शिकार होने वाले, दोनों ही प्रसन्न हैं।

सीता धनुष उठाती हैं

शिव का धनुष इतना भारी था कि दर्जनों लोग मिल कर भी उसे नहीं उठा पाते थे। उसे एक गाड़ी पर रख कर, मिथिला के शस्त्रागार में लाया गया और उस नगरी में आने वाले योद्धा व बाहुबली दूर से ही उसे देख कर, प्रशंसा किया करते। जनक प्रतिदिन उस पर भस्म का लेप करते और उसके आगे अपना सम्मान व श्रद्धा प्रकट करने के लिए दीपक जलाया करते।

एक दिन, सीता ने अपनी तीन बहनों तथा एक दर्जन दासियों सहित शस्त्रागार में प्रवेश किया। उन्हें सारे स्थान की साफ़-सफ़ाई का दायित्व सौंपा गया था। "कोई भी कोना, बरामदा, स्तंभ, छत, फ़र्श या दीवार सफ़ाई से न छूटे। और शस्त्रों को साफ़ करना मत भूलना। उन्हें पोंछना पड़ता है ताकि, लकड़ी पर दीमक न लगे और उनका लोहा कहीं जंग न खा जाए," उनकी माँ ने इन निर्देशों के साथ भेजा था। जब दूसरी कन्याओं ने तलवारों, भालों, चाकुओं, कवचों तथा धनुष-बाणों को पोंछना आरंभ किया तो सीता सीधा उस शिव धनुष की ओर बढ़ीं।

एक दासी बोली, "वह तो शिव धनुष है, उसे तो कई पुरुष भी मिल कर नहीं उठा पाते।"

"फिर भी इसकी सफ़ाई तो करनी ही होगी," सीता ने कहा, उन्होंने एक हाथ से उसे उठाया और दूसरे हाथ से उसके निचले हिस्से की झाड़-पोंछ करने लगीं।

यह आश्चर्यजनक ख़बर राजा-रानी तक भी पहुँची। वे शस्त्रागार में दौड़े आए और सीता से पुनः वह धनुष उठाने को कहा। उन्होंने बहुत आसानी से उसे उठा लिया और मन ही मन सोचने लगीं कि भला इसमें कौन सी बड़ी बात थी।

"वह बहुत ही बलशालिनी है। इससे कौन विवाह करेगा?" माँ के मुख पर मुस्कान पर हृदय में चिंता सवार हो गई।

"कोई उसके जैसा ही बलशाली या उससे भी अधिक बलशाली।" सीता के पिता बोले।

"और बुद्धिमान भी," सुनैना ने कहा। वे

जानती थीं कि उनके पति बल से ऊपर विवेक तथा बुद्धि को वरीयता देते थे। "एक संपूर्ण राजन्"।

जनक ने आर्यवर्त के सभी राजाओं तथा राजकुमारों को यह संदेश भिजवा दिया कि वे मिथिला नगरी में आमंत्रित हैं। जो भी आ कर शिव धनुष पर प्रत्यंचा चढ़ाने में सफल होगा, उसे ही वह धनुष देने के साथ-साथ उनकी पुत्री सीता का हाथ भी सौंप दिया जाएगा। अब नगरी में उपनिषद सभा की तरह, प्रज्ञा की चाह रखने वाले संतों व मुनियों की नहीं, बल्कि सत्ता, वैभव तथा आनंद से प्रेरित राजकुमारों की भरमार थी। वे सभी सीता को पाने की चाह रखते थे।

अनेक राजकुमार आए, अपना भाग्य आज़माया और असफल हो कर लौट गए।

अयोध्या में जितने भी पुरुष धनुष उठाने का प्रयत्न करने आए, उनमें से एक व्यक्ति लंका नामक सुदूर देश से भी आया था। वह राज्य के सभी पुरुषों से लंबा था, बाल घने और घुंघराले थे, छाती बहुत ही चौड़ी तथा पेट सपाट था। उसके शरीर पर भस्म का लेप था जो इस बात का सूचक था कि वह शिव भक्त था। किसी ने उसके मुख की ओर नहीं देखा, उसकी दृष्टि इतनी कड़ी थी कि कोई भी उसकी ओर देख नहीं सका। सबने अपनी नज़रें झुका लीं। वह शिव धनुष को उठाने के लिए झुका और लगभग सफल हो ही गया था ,परंतु तभी वह व्यंग्यात्मक ढंग से मुस्कुराया और अपना संतुलन खो बैठा; धनुष ने उसे किसी क्रोधित नाग की तरह अपने नीचे दबा लिया।

जनक व उनके योद्धा उसकी मदद के लिए भागे किंतु वे उसे उस धनुष के नीचे से नहीं निकाल सके। जब भस्म में लिपटा, लाल आग्नेय नेत्रों वाला अजनबी धनुष के नीचे दबा श्वास भी नहीं ले पा रहा था, तब सीता को बुलवाया गया। उन्होंने एक हाथ से धनुष उठाया और उसे एक ओर रख दिया। उस व्यक्ति ने कोई आभार प्रकट नहीं किया। वह गरजा, "यदि मैं ही इस धनुष को नहीं उठा सका, तब तो इसे कोई मनुष्य नहीं उठा सकेगा। जनक, तुम्हारी पुत्री को एकाकी चिर कुमारी के रूप में ही प्राणों का त्याग करना होगा।"

जनक उन शब्दों को सुन कर विचलित नहीं हुए और बोले, "हो सकता है कि उसे एकाकी जीवन व्यतीत करना पड़े, किंतु वह अकेली नहीं होगी, वह तुम्हारी तरह नहीं है।"

वह व्यक्ति ओझल हो गया और उसके बाद कभी नहीं दिखा। परंतु नगर की गलियों में, धीमे सुरों में बातें हो रही थीं कि वह मुनि विश्रवा का पुत्र तथा भयंकर राक्षसराज रावण था।

- वाल्मीकि रामायण में सीता को इस योग्य नहीं दिखाया गया कि वे धनुष को उठा सकें, परंतु यह जनश्रुति का एक अंग है। सीता स्वयंवर जैसी फ़िल्म (1976) में यह प्रसंग दिखाया गया था। परशुराम जनक को परामर्श देते हैं कि वे इस बात का विशेष ध्यान रखें कि सीता का वर वही होना चाहिए, जो उस धनुष को उठाने की शक्ति रखता हो, जिसे सीता सरलता से उठा सकती हैं।

- वाल्मीकि रामायण में, रावण द्वारा धनुष उठाने का प्रसंग भी नहीं मिलता परंतु यह भी जनश्रुति का अंग है। उड़ीसा, झारखंड तथा बिहार में, छाऊ नर्तकों द्वारा किए गए प्रदर्शन में इसे शामिल किया जाता है। यहाँ रावण के घमंड तथा आत्मविश्वास की अति को उसकी असफलता और पराजय का कारण बताया गया है।
- सीता में निहित शक्ति वाला विचार इसी सोच से उपजा होगा कि वे एक भगवती हैं। वे प्रकृति की रक्षक भगवती काली हैं जो मानवता के कल्याण के लिए एक शांत और शालीन गौरी रूप में आती हैं। अद्भुत रामायण तथा शाक्त साहित्य में इस विचार को प्रस्तुत किया गया है।
- गंगा के मैदानी इलाक़ों में गाए जाने वाले लोक-गीतों में, सीता, भगवती शक्ति से प्रार्थना करती हैं कि उन्हें सुयोग्य वर मिले। जब एक राक्षस उनके पास आता है तो वे उसके हाथ शक्ति की भगवती के पास संदेशा भेजती हैं। वे उसमें भगवती से आग्रह करती हैं कि दुष्ट राक्षस का वध कर दिया जाए। शक्ति दुर्गा का रूप धर कर, दुष्ट राक्षस का अंत कर देती हैं। इस प्रकार वे सीता और राम के विवाह के पथ में आने वाली बाधा का नाश करती हैं।

रावण का जन्म

राक्षस स्वयं को वन की जीवन-शैली का रक्षक या अभिभावक मानते थे, जहाँ बलशाली व चतुर को ही प्रश्रय दिया जाता था, जहाँ कोई नियम नहीं था, केवल निर्दयी बलप्रयोग ही प्रधान था। वे सहज भाव से, ऋषियों के यज्ञ तथा तप आदि की इतनी परवाह नहीं करते थे, जब तक सुमाली की भेंट कुबेर से नहीं हुई थी।

सुमाली रक्षकों के उस दल का नेता था, जो दक्षिण के वनों में विचरते थे।

एक दिन, उसका सामना यक्षों के नेता, कुबेर से हो गया, जिसने दक्षिणी सागर के मध्य, त्रिकूट द्वीप पर, एक स्वर्ण नगरी बसाई थी जिसे सोने की लंका कहा जाता था; वह एक उड़ने वाले विमान पर सवार हो कर, सारे संसार का चक्कर लगाता था, जिसे पुष्पक विमान कहा जाता था।

सुमाली को पता चला कि कुबेर की माता इडाविडा नामक यक्षिणी थी किंतु विश्रवा नामक ऋषि उसके पिता थे। अपने पिता से प्राप्त तपस्या, यज्ञ तथा वेदों के ज्ञान के बल पर कुबेर बहुत धनी तथा शक्तिशाली हो गया था। सुमाली भी अपने लिए कुबेर के समान बलशाली तथा समर्थ बालक

को पाने की इच्छा रखता था। उसने अपनी पुत्री कैकसी से कहा कि वह विश्रवा के पास जाए और उनसे एक पुत्र पाने की याचना करे। इस प्रकार रावण का जन्म हुआ।

विश्रवा ने रावण को भी तपस्या, यज्ञ तथा वेदों के विषय में सारा ज्ञान दिया। रावण ने अपने मन का इतना विस्तार कर लिया कि उसे अपनी बुद्धि को संजोने के लिए दस मस्तिष्कों तथा बल को संजोने के लिए बीस भुजाओं की आवश्यकता पड़ गई।

नाना सुमाली, निरंतर उसकी तुलना कुबेर के साथ करते रहते इसलिए वह बाल्यकाल से ही, कुबेर से अधिक बलशाली, उससे प्रतिभाशाली तथा श्रेष्ठ बनने की इच्छा के साथ बड़ा हुआ। वह मन ही मन ऐसा व्यक्ति बनना चाहता था, जिससे सभी भयभीत हों और कुछ कहे बिना अनुसरण करें। ऐसा होना सरल नहीं था, हैहय वंश के कार्तवीर्य की हजार भुजाएँ थीं जबकि उसकी तो केवल बीस ही थीं। किष्किंधा के वानर-राज बाली के पास तो एक ही पूँछ थी पर उस बलशाली पूँछ में रावण की सारी भुजाओं की शक्ति से कहीं अधिक शक्ति थी।

इस प्रकार रावण ने ब्रह्मा को तप से प्रसन्न किया और उनसे अमृत कलश ले कर, उसे अपनी नाभि में छिपा लिया। जब तक उसकी नाभि में यह अमृत छिपा था, कोई भी उसका वध नहीं कर सकता था।

इसके बाद रावण ने शिव की तपस्या की। उसने अपना सिर काट कर, उससे एक वीणा तैयार की, जिसे रुद्र वीणा का नाम दिया गया। इससे प्रसन्न हो कर, शिव ने उसे अर्धचंद्राकार खड्ग उपहार में दिया, चंद्रहास तलवार, किसी भी युद्ध में रावण को विजयी बनाने के लिए पर्याप्त थी।

चंद्रहास को लहराते हुए, रावण गरजता हुआ, अपने रक्षकों के दल के साथ, त्रिकूट द्वीप पर जा पहुँचा। उसने कुबेर को लात मार कर लंका से बाहर धकिया दिया और स्वयं को लंका तथा पुष्पक विमान का स्वामी घोषित कर दिया। यह देख कर सुमाली की प्रसन्नता तथा विश्रवा के दुःख की सीमा न रही।

कुबेर, उत्तर की ओर, पर्वतों की दिशा में चला गया और शिव के पास शरण ली। वहाँ उसने एक और लोकप्रिय नगरी का निर्माण किया, जिसे अलंका नाम दिया, यह लंका की विपरीत थी, इसे अलका नगरी के नाम से जाना जाता है।

एक दिन शक्ति ने शिव से पूछा, “दोनों ही आपके भक्त हैं परंतु आप रावण या कुबेर में से किसे वरीयता देते हैं?”

"दोनों में से, कोई भी एक-दूसरे से अलग नहीं है। रावण छीनता है जबकि कुबेर संचय करता है। दोनों का यही मानना है कि उनकी पहचान, उनकी संपत्ति से ही है। तभी तो वे विचारों के स्थान पर वस्तुओं को मान देते हैं। तभी तो उन्होंने अपनी बुद्धि के विस्तार से इंकार कर दिया है, जबकि दोनों ही ब्राह्मण की संतान हैं," शिव ने उत्तर दिया।

- रावण के जीवन के आरंभिक संस्करण उत्तर-कांड में आते हैं, जो रामायण का अंतिम अध्याय है।
- पंद्रहवीं सदी में, माधव कंडाली ने असमिया भाषा में सप्तकांड रामायण की रचना की, जहाँ उन्होंने रावण को ऐसे व्यक्ति के रूप में चित्रित किया है, जिसने यमदेवता का दंड, देवों के राजा का सिंहासन, सागर के भगवान का पाश व चंद्र भगवान की किरणें चुरा ली थीं। वह अपनी इच्छा से ग्रहों और नक्षत्रों की दिशा बदल देता था। सोलहवीं सदी में तुलसीदास कृत अवधी रामायण की तुलना में, असमी संस्करण में कंडाली रावण से अधिक सहानुभूति से पेश आते हैं तथा राक्षस-राज की संपदा तथा वैभव से अधिक प्रभावित दिखाई देते हैं।
- राक्षस तथा असुर शब्द को प्रायः एक ही अर्थ में प्रयुक्त किया जाता है किंतु वास्तव में वे अलग-अगल प्रकार के जीव होते हैं; असुर काश्यप की संतान हैं; वे धरती के नीचे रहते हैं तथा देवों से संघर्ष करते हैं। राक्षस पुलस्त्य की संतान हैं; वे वनों में रह कर मनुष्यों से लड़ते हैं। काश्यप तथा पुलस्त्य ब्रह्मा की मानस संतानें हैं।
- जहाँ रावण को एक राक्षस के रूप में दिखाया जाता है, वहीं कुबेर को देव का पद मिलता है। रावण को दक्षिण दिशा के साथ जोड़ा जाता है जो मृत्यु की दिशा मानी जाती है, जबकि कुबेर का संबंध उत्तर दिशा से है, जो स्थिरता और स्थायित्व की सूचक है। राक्षसों का संबंध चोरी और लूटमार से होता है, जबकि यक्ष संग्रह में विश्वास रखते हैं।
- विमलासुरी, जैन रामायण में कहते हैं कि रावण के पास दस शीश नहीं थे। जब उसका जन्म हुआ तो उसकी माता ने उसे कंठ में एक हार पहना दिया जिसमें नौ शीशे लगे हुए थे, जिनमें उसके सिर का प्रतिबिंब दिखता था। इस प्रकार माता उसे दशानन यानी दस सिर वाले के नाम से पुकारती थी, और यही नाम आगे चल कर उसका नाम बन गया।
- हिंदू, बौद्ध व जैन पौराणिक गाथाओं में कुबेर का नाम बहुत आदर से लिया जाता है। वे देवों के मोटी तोंद वाले खजांची हैं, वे एकमात्र पात्र हैं जिनका वाहन एक मनुष्य है।
- मंदिरों में दिखाई गई रूद्र-वीणा को, रावण के एक शीश के साथ दिखाया जाता है, जबकि संगीतज्ञ जिस रूद्र-वीणा को प्रयोग में लाते हैं, उसके दो शीश होते हैं।

गंगा का अवतरण

विश्वामित्र, कुशध्वज, अयोध्या के दो कुमार तथा मिथिला की चारों राजकुमारियाँ गंगा के किनारे से होते हुए, दक्षिण से विदेह की ओर चल दिए। मार्ग में, विश्वामित्र ने सबको गंगा की कथा सुनाई।

राजा सगर अश्वमेध यज्ञ संपन्न कर रहे थे, जिसमें राजसी अश्व को यूँ ही विचरने के लिए

छोड़ देते हैं; जितने भी क्षेत्रों में अश्व को कोई चुनौती नहीं देता, वे राजा की विजित संपत्ति माने जाते हैं और उसके अधिकार क्षेत्र में आ जाते हैं। इंद्र को भय सताने लगा कि कहीं वह अश्व अमरावती में आ गया, तो सगर उसके भी स्वामी हो जाएँगे। उसने अश्व को चुराया और उसे कपिल नामक ऋषि के आश्रम में छिपा दिया।

जब सगर पुत्रों ने अंततः अश्व का पता लगा लिया तो उन्होंने कपिल ऋषि पर अश्व चुराने का आरोप लगाया। कपिल तब तक अपने तप में लीन थे, उन्होंने खीझ कर ज्योंही अपने नेत्र खोले, तप के प्रभाव से उत्पन्न ज्वाला से सगर के पुत्र जीवित ही भस्म हो गए। देखते ही देखते वहाँ राख का ढेर बन गया।

"क्या अब मेरे पुत्र कभी जीवित नहीं होंगे?" सगर विलाप करने लगे।

"वे जीवित होंगे, परंतु तुम्हें उनकी भस्म को गंगा में डुबोना होगा, यह नदी अमरावती में प्रवाहित होती है, अमरावती देवों की नगरी है और यह वही नदी है जिसे तुम आकाश गंगा के रूप में देखते हो।"

सगर इतने अशक्त हो गए थे कि अब तप नहीं कर सकते थे और न ही उनमें इतनी शक्ति थी कि इंद्र को स्वर्गनिवासिनी गंगा को धरती पर भेजने के लिए विवश कर सकें। उनके पास कोई पुत्र भी नहीं बचा था, जो उनके लिए यह काम कर पाता। उनकी पुत्रवधुएँ भी अभी निःसंतान थीं। उन्हें अपने पुत्रों के लिए आशा की कोई किरण दिखाई नहीं दे रही थी।

सगर के एक पुत्र की दो पत्नियाँ थीं, उन्होंने संकल्प लिया कि वे संतान उत्पन्न करेंगी। उन्होंने एक ऋषि को बुलवा कर, यज्ञ का आयोजन करवाया ताकि वे यज्ञ प्रसाद को खा कर गर्भवती हो सकें। जब यज्ञ से संतान पैदा करने का प्रसाद मिला तो एक रानी ने पत्नी के रूप में वह प्रसाद खाया और दूसरी रानी ने उसके स्वर्गीय पति के स्थान पर शारीरिक संबंध बनाए। उनके संयोग से एक बालक का जन्म हुआ। पर इस गर्भाधान में कोई पुरुष शामिल नहीं था, इसलिए बालक के शरीर में स्नायु व हड्डियाँ नहीं थीं, केवल माँस और रक्त ही दिख रहा था। रानियों ने माँस व रक्त के उस लोथड़े को लिया और कपिल मुनि के पास ले गईं। उन्होंने अपने तपोबल से उस बालक को परिपूर्ण कर दिया। इस प्रकार वह बालक भगीरथ के नाम से जाना गया।

भगीरथ ने तपस्या की और इंद्र से गंगा को माँग लिया ताकि वे धरती पर प्रवाहित हो सकें। गंगा हँस दीं, "जब मैं धरती पर गिरूँगी, तो मैं सारे पर्वतों को तोड़ते हुए, सारे वनों को संग बहा ले जाऊँगी, मेरे भीतर इतना बल है।"

भगीरथ यह सुन कर भयभीत हो गए। वे शिव को प्रसन्न करने के लिए तप करने लगे। उन्होंने शिव से विनती की कि वे स्वर्गीय नदी को अपने बालों की जटाओं में स्थान दें। शिव ने स्वीकृति दे दी। गंगा आकाश से उछलीं और सीधा भगवान शिव के सिर में आ कर उतरीं। इससे पहले कि वे कुछ समझ पातीं। वे शिव की जटाओं में उलझ कर, उनमें ही फँस गई थीं। वे चिल्लाईं, "मुझे जाने दो।"

"जाने की अनुमति तभी मिलेगी, जब तुम धरती के साथ सम्मान से पेश आओगी," शिव बोले।

जब गंगा ने हामी भरी, तो शिव ने उन्हें कोमलता से प्रवाहित होने दिया। वे सागर की ओर जाते हुए, अपने दोनों ओर, उर्वर किनारे तैयार करती गईं। भगीरथ ने उनके जल में अपने पूर्वजों की अस्थियों को डुबोया, और उन्होंने सुना कि वे सब उनके प्रति आभार प्रकट कर रहे थे।

विश्वामित्र सबसे बोले, "जिस प्रकार गंगा मानवता और वनस्पति को पुनर्जन्म देने में सफल रहीं, एक महिला भी परिवार के पुनर्जन्म के योग्य होती है, वह अपनी देह में, आगामी पीढ़ी के आने की संभावना रखती है।"

"यदि किसी महिला को पत्नी बनाना हो, तो उसे उसी तरह अधीन करना चाहिए, जिस प्रकार शिव ने गंगा को अपने अधीन किया?" उर्मिला ने पूछा "नहीं, इस विचार को लिंग विशेष से परे ले जा कर देखो, एक अच्छा दंपत्ति बनने के लिए, चाहे वह पति हो या पत्नी, गंगा की चंचलता को, शिव के गांभीर्य के साथ संतुलित करना होगा। तभी विवाहरूपी नदी, उर्वर किनारे पैदा कर सकती है।"

विश्वामित्र ने देखा कि जब भी जनक की पुत्रियाँ कोई प्रश्न करतीं तो इससे उनकी प्रखर प्रज्ञा का परिचय मिलता था। निश्चित ही उनसे विवाह करने वाला सौभाग्यशाली होगा।

- प्रारंभिक वैदिक ग्रंथों में पंजाब, राजस्थान व जम्मू की नदियों का उल्लेख मिलता है। बाद के वैदिक ग्रंथों में गंगा के मैदानी इलाक़ों का परिचय आता है जो इस बात का सूचक है कि यह संस्कृति पूर्व की ओर विकसित हुई। कुछ लोग इसका संबंध, पश्चिम में, सरस्वती नदी (अब यह घग्घर नामक छोटी नदी है) के सूखने से जोड़ते हैं, जिसने संस्कृति को पूर्व की ओर मोड़ दिया। ज्यों-ज्यों जनसंख्या में बढ़ोतरी हुई, संस्कृति का प्रसार दक्षिण की ओर होता चला गया।
- गंगा की कथा पुनर्जन्म की मान्यता को प्रश्रय देती है, जो भारत में जन्मे दर्शनों की आधारशिला है। प्रारंभिक वैदिक ग्रंथों में, पुनर्जन्म का उल्लेख आता है और इसे निरंतर इंगित किया गया है। उपनिषद काल में यह विषय-वस्तु और भी प्रधान हुई। पुनर्जन्म का

यह विश्वास, अस्थिरता में विश्वास के साथ उपजा है। कुछ भी शाश्वत नहीं : न तो जीवन और न ही मृत्यु! तपस्वी और श्रमण, पुनर्जन्म के चक्रों से मुक्ति, मोक्ष या कैवल्य पाने का प्रस्ताव रखते हैं। जीवन तथा मरण के ये दो पड़ाव, कपिल के नेत्रों से निकली अग्नि तथा गंगा के अवतरण से प्राप्त जल से दर्शाए गए हैं। ज्वाला उठती है, पुनर्जन्म के चक्रों से मोह को जला देती है; जल पुनः नीचे की ओर प्रवाहित होता है ताकि मृतकों को पुनः जन्म मिल सके।

- विश्वामित्र राम को सगर व नदी की जो कथा सुनाते हैं, वह उनकी शिक्षा का महत्वपूर्ण अंग है। राम को यह सीखना है कि जीवन एक चक्र है। उन्हें बताया गया है कि एक पुरुष के रूप में उनका कर्तव्य बनता है कि वे विवाह करें तथा राजाओं की अगली पीढ़ी को जन्म दें, क्योंकि कुछ भी अनंत काल के लिए नहीं होता, यहाँ तक कि उनका अपना राज्य भी नहीं रहेगा।
- पद्म पुराण के बंगाली संस्करण तथा कृत्तिवास की बंगाली रामायण में, दो रानियों द्वारा भगीरथ के जन्म का प्रसंग दर्शाता है कि एक ही लिंग में बनने वाले संबंध भी उन दिनों अस्तित्व रखते थे। यह प्रसंग एक तांत्रिक मान्यता पर आधारित है कि माँस व रक्त जैसे कोमल उत्तक, स्त्री के लाल बीज से बनते हैं तथा पुरुष के श्वेत बीज से हड्डियाँ व स्नायु आदि कठोर उत्तक बनते हैं। कृत्तिवास रामायण में, हड्डियों से रहित भगीरथ अष्टावक्र को देख दूर से हाथ हिलाते हैं। अष्टावक्र अपनी विकृत देह के लिए बहुत ही संवेदनशील थे। वे देवों का स्मरण कर विनती करते हैं कि यदि वह युवक उनकी कुरूपता का उपहास कर रहा है तो उसे राख की ढेरी में बदल दें और यदि वह सही मायनों में विकृत अथवा विकलांग है तो उसे आरोग्य प्रदान करें। इस तरह भगीरथ को आरोग्य प्राप्ति होती है।

धनुष भंग

जब विश्वामित्र और कुमार मिथिला पहुँचे, तो सुनैना अपनी पुत्रियों से भेंट करने के लिए बाहर दौड़ी आईं, उनकी पुत्रियों ने उन्हें उत्साहपूर्वक बताया कि उन्होंने आश्रम की इस यात्रा के दौरान क्या देखा व सुना।

जनक ने विश्वामित्र और उनके दो युवा शिष्यों का स्वागत किया, "आप दोनों वास्तव में भाग्यशाली हैं कि आपको वशिष्ठ तथा विश्वामित्र, दोनों ही महर्षियों का शिष्यत्व पाने का सौभाग्य मिला," उन्होंने राम व लक्ष्मण से कहा। "मुझे बताएँ कि इनमें से क्या अधिक महत्व रखता है: वशिष्ठ का सैद्धांतिक ज्ञान अथवा विश्वामित्र का व्यावहारिक प्रशिक्षण?"

"इनमें से कुछ भी श्रेष्ठ अथवा निकृष्ट नहीं है। सैद्धांतिक ज्ञान मन को विकसित करता है, जबकि व्यावहारिक प्रशिक्षण शरीर को विकसित करता है। दोनों का ही मोल है और दोनों के लिए ही मोल चुकाना होता है। अहं ही इनके बीच अच्छे या बुरे का भेद पैदा करता है। आत्मा यह सब देखती है, और मुस्कुराती है।" राम ने उत्तर दिया।

वे शब्द जनक के कानों को किसी संगीत की तरह सुनाई दिए। युवक केवल बलशाली और

आज्ञाकारी ही नहीं, बल्कि बुद्धिमान भी था। वे भी मन ही मन यही मनाने लगे कि काश वह धनुष भंग करने में सफल हो जाए!

जब उन्होंने शस्त्रागार में प्रवेश किया, तो जनक ने विश्वामित्र से आग्रह किया कि वे राम का औपचारिक परिचय दें। "शिव के धनुष को ज्ञान होना चाहिए कि उसकी प्रत्यंचा चढ़ाने का प्रयत्न करने कौन आया है।"

इस तरह विश्वामित्र राम की वंशावली का परिचय देने लगे। "आरंभ में, नारायण अपनी मोहनिद्रा में थे और संसार का कोई अस्तित्व नहीं था। जब वे उठे, तो उनकी नाभि से एक कमल उपजा, जिसमें ब्रह्मा जी विराजमान थे, वे संसार में अकेले रहने के नाम से इतने भयभीत हुए कि उन्होंने अपने मानस पुत्रों की रचना कर ली। उनमें से एक पुत्र दक्ष भी थे। दूसरे पुत्र मनु थे। शिव ने दक्ष का शीश काट दिया। मनु के दो पुत्र थे; इक्ष्वाकु और इला। इक्ष्वाकु से सूर्यवंशी राजाओं का आगमन हुआ और इला से चंद्रवंशी राजाओं का आगमन हुआ। इक्ष्वाकु वंश में, रघु नामक राजा हुए, जिन्होंने अनेक यज्ञ संपन्न करवाए। उनके नाम से रघुवंश या रघुकुल का आरंभ हुआ। उनके ही वंश में, एक सगर राजा हुए, जिनके पुत्रों ने खोए हुए अश्व की तलाश में, धरती में इतना गहरा गड्ढा खोद दिया था कि उसमें वर्षा का जल एकत्र हो कर, सागर में बदल गया। उनके ही वंश में एक राजा भगीरथ हुए, जो गंगा को आकाश से लाए थे, ताकि वे धरती पर प्रवाहित हो सकें। इसी वंश में एक दिलीप नामक राजा भी हुए, जिन्होंने एक भूखे शेर से गाय की रक्षा करने के लिए, अपना माँस उसके आगे डाल दिया था। इसी वंश में, एक राजा हरिश्चंद्र हुए, उन्होंने अपनी सारी संपत्ति, अपना सौभाग्य, अपनी मर्यादा व यहाँ तक कि अपना पुत्र भी गँवा दिया किंतु अपने वचन का मान बनाए रखा। इसी वंश में एक राजा अज हुए, उन्हें अपनी पत्नी इंदुमती से इतना प्रेम था कि उनकी मृत्यु होते ही, तत्क्षण अज ने भी देह त्याग दी। अज से दशरथ का जन्म हुआ और दशरथ से राम ने जन्म पाया।"

"क्या मैं धनुष...?" राम ने जनक से अनुमति चाही

जनक ने हामी भर दी। उन्होंने देखा कि राम धनुष को स्पर्श करने से पूर्व, अपने पूर्वजों, माता-पिता व अपने गुरुओं को प्रणाम निवेदित कर रहे थे। इसके बाद ही, दशरथ के ज्येष्ठ पुत्र ने धनुष को हाथ लगाया। उन्होंने, उसे धीरे से उठा लिया, वे आश्चर्यचकित दिखे कि उस धनुष को जितना भारी बताया जा रहा था, ऐसी तो कोई बात नहीं थी। जब राम ने दंड के निचले हिस्से को अपने दाहिने अंगूठे से संभाला तो जनक दम साधे देखने लगे। इसके बाद

राम ने दाहिने हिस्से से डोरी को खींचते हुए, अपने बाएँ हाथ से दंड को मोड़ा, वे धनुष के दूसरी ओर लटक रही डोरी को बाँधना चाह रहे थे।

सारे कक्ष में एक विचित्र सी प्रत्याशा और उद्वेग की गंध थी। सीता भयातुर थीं। नियम स्पष्ट थे : वे उस व्यक्ति से विवाह नहीं कर सकती थीं, जो शिव के धनुष की प्रत्यंचा न चढ़ा सके। परंतु उनके हृदय को नियमों की परवाह नहीं थी; वह तो स्वयं को, राम के चरणों में सौंप चुका था। वे उनमें ही अपना सारा संतोष पा लेतीं किंतु यदि वे सफल न हो सके तो?

तभी एक घटना घटी। राम ने सीता की आँखों में देखा; एक क्षणांश के लिए उनका ध्यान विचलित हुआ, उन्होंने धनुष पर आवश्यकता से अधिक बल दे दिया और उसके दो खंड हो गए।

धनुष भंग होने का स्वर ऐसा था मानो, हज़ारों बिजलियाँ एक साथ कड़की हों। इसे सबने सुनाः आकाश में विराजमान देव तथा पाताल में स्थित नाग। सभी स्तब्ध हो उठे। राम सफल रहे या असफल हो गए? सबके नेत्र जनक की ओर थे।

और वे बोले, "राम! आज से तुम जानकीवल्लभ कहलाओगे, अर्थात जंनक की पुत्री सीता के प्रिय।" सारी सभा में हर्षोल्लास की लहर दौड़ गई।

- नवीं सदी (कुछ विद्वान बारहवीं शताब्दी कहते हैं) में, मंदिर के एक संगीतज्ञ तथा संत-कवि नामालवर के अनुयायी कम्बन ने तमिल में इरामवतारम् की रचना की। यह रामायण का प्रथम आंचलिक पुनर्लेखन था, जो दस हज़ार छंदों व गीतों से भरपूर था। पहले इसे श्रीरंगम मंदिर में अर्पित किया गया और कथा के अनुसार, इष्ट नरसिम्हा इतने प्रसन्न हुए कि वे अपने स्तंभ से बाहर आए और संतुष्टि प्रकट की। राजा ने यह कार्य दो कवियों को सौंपा था, परंतु जब कम्बन के मन में इसे लिखने की प्रेरणा उत्पन्न हुई, तब नियत समय पूरा होने में केवल दो सप्ताह का समय शेष रह गया था। उन्होंने दिन-रात एक करते हुए कठोर परिश्रम से लेखन किया, भगवती स्वयं उनके लिए दीपक थामे बैठी रहीं ताकि उनके लेखन में बाधा न आए और वे सही समय पर अपना लेखन राजा के सम्मुख प्रस्तुत कर सकें। कम्बन ने अपने लेखन में, मानसिक चित्रण किया कि राम और सीता धनुष भंग होने से पूर्व, एक लता-कुँज में भेंट करते हैं और उनके बीच प्रेम अंकुरित हो उठता है। प्रेम का यह विचार, संस्कृत के नाटकों में प्रधान था। सीता केवल पुरस्कार की वस्तु नहीं; वे विवाह करने से पूर्व, प्रेम भी करती हैं।

- जब ब्रह्मा अपनी ही पुत्री का पीछा करते हैं तो शिव अपने पिनाक नामक धनुष से बाणों की वर्षा करते हुए, उन्हें आकाश में ही जड़ कर देते हैं। इससे ही तीन जगतों, त्रिपुर का नाश हुआ था, यही कारण है कि शिव को पिनाकी (पिनाक को धारण करने वाला) तथा त्रिपुरांतक (तीन पुरों का संहारक) भी कहते हैं। यह धनुष एक तीक्ष्ण मस्तिष्क का रूपक है, जो योग रूपी बाण का संधान करने में सक्षम है ताकि प्रकृति, संस्कृति व ब्रह्मानंद का मेल हो सके।
- राम की वंशावली से प्रकट होता है कि उनके पूर्वज अपनी सत्यनिष्ठा तथा नैतिकता के लिए जाने जाते थे। इनमें से दशरथ के पिता अज, उल्लेखनीय हैं, उन्होंने अपनी पत्नी इंदुमती के प्राण त्यागते ही, अपने प्राणों का त्याग कर दिया था। ग्रंथों में पति व पत्नी के बीच ऐसे प्रेम के उदाहरण नहीं मिलते। आकाश मार्ग से जा रहे मुनि की कंठमाला इंदुमती के कंठ में आ गिरी तो उनका प्राणांत हो गया। उस पुष्प ने उन्हें स्मरण करवाया कि वे एक अप्सरा थीं जो एक श्राप के प्रभाव से धरती पर रह रही थीं। यह स्मृति वापिस आते ही उनका निधन हो गया। और उनकी मृत्यु से अज का हृदय टूट गया। यह कथा कालिदास की रघुवंशम् में दी गई है।

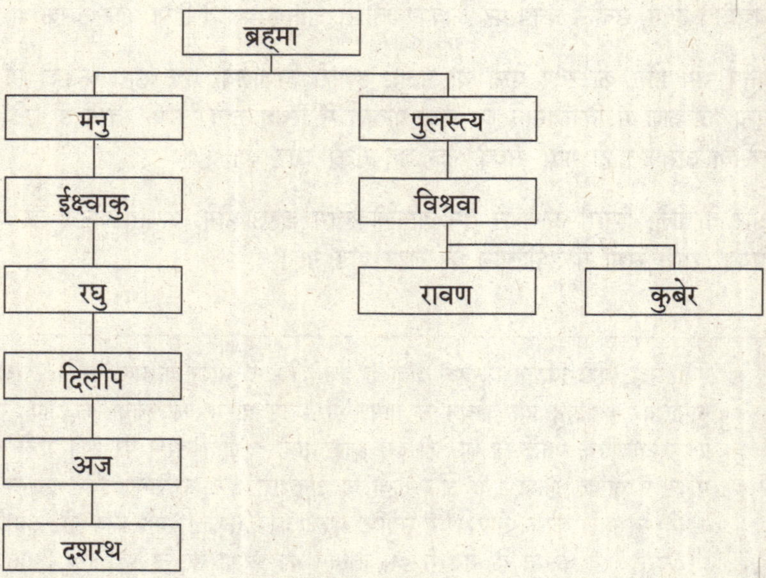

–संक्षिप्त परिवार वृक्ष

परशुराम का रोष

धनुष भंग होने का स्वर सुन, परशुराम ने अपना फरसा उठाया और मिथिला की ओर दौड़े। उनकी उपस्थिति ने सबको भयभीत कर दिया। "कौन है यह मनुष्य, किसने किया इतना

साहस, जब केवल शिव के धनुष को मोड़ने की बात तय थी तो उसने इसे भंग कैसे किया?" परशुराम गरजे।

जनक उठ कर, क्रुद्ध तेजस्वी महात्मा के रोष को शांत करने ही वाले थे कि विश्वामित्र ने उन्हें बाँह से थाम कर रोक लिया। "यह युवक स्वयं ही सब संभाल लेगा।" उन्होंने जनक के कान में धीमे से कहा।

राम के मुख पर भय की एक भी रेखा नहीं दिखी, वे बोले, "यह धनुष मैंने भंग किया।"

"तुम कौन हो?"

"कौशल्या पुत्र राम, रघु वंश का वंशज, अयोध्या का राजकुमार।"

"वही जिसने पाप कर्म में लिप्त होने वाले व्याभिचारिणी अहिल्या का उद्धार किया। क्या तुम जानते हो कि मैं कौन हूँ?"

"आप मेरे जैसे नाम वाले, भृगु वंश के राम हैं, जिन्हें अपने परशु के कारण, परशुराम भी कहा जाता है, जिन्होंने अपने पिता के कहने से अपनी माता रेणुका का शीश काट दिया था क्योंकि वे परपुरुष का विचार अपने मन में लाईं थीं।"

"जब किसी योद्धा से धनुष को केवल मोड़ने के लिए कहा जाता है, और वह उसे तोड़ देता है तो इससे पता चलता है कि उसका मन पर वश नहीं है, जैसे मेरी माता अपनी इच्छा को वश में नहीं कर सकीं, और जैसे कार्तवीर्य अपने लोभ को वश में नहीं रख सका," परशुराम ने घोषणा की।

"उस प्रकार के मन को क्या कहेंगे, जो अपने रोष को वश में न रखते हुए; एक के बाद एक राजाओं, एक के बाद एक पीढ़ियों तथा एक के बाद एक वंशों को केवल इसलिए मृत्यु के घाट उतार रहा है क्योंकि उसे आशा है कि बार-बार दण्ड देने से, एक संपूर्ण संसार की रचना की जा सकती है?" राम ने पूछा।

परशुराम के पास कोई उत्तर नहीं था। उन्होंने इस युवक के मुख से ऐसे तीखे पलटवार की अपेक्षा नहीं की थी। वायुमंडल में तनाव व्याप्त था। उनके आसपास खड़े लोग, मारे भय के, खुल के श्वास तक नहीं ले पा रहे थे। "क्या तुम कहना चाहते हो कि दमन करना अनुचित है?" परशुराम ने पूछा।

"दमन या नियंत्रण से पशुओं को अधीन किया जा सकता है। समाज का उद्देश्य यह नहीं होता कि मानवता को पालित बना दिया जाए, समाज मानवता को प्रेरित करने के लिए बना है।" राम ने उत्तर दिया।

"ऐसे में संस्कृति की रचना कैसे होगी? फिर तो हमें भी राक्षसों की तरह जीना चाहिए? किसी भी प्रकार के नियमों के अभाव में, बलशाली दुर्बल पर राज करेगा और कोई भी असहाय जन का सहाय नहीं होगा," परशुराम चिल्लाए।

"नियमों को इस तरह लागू नहीं किया जा सकता कि वे लोगों को देख-रेख करने के लिए विवश कर सकें। इस तरह तो केवल भय उत्पन्न होगा। सारी संस्कृति का चरम उद्देश्य यही है कि इस भय से उबरा जाए ताकि हमें किसी का कुछ भी छीनने, नियंत्रित करने या किसी को अधीन करने का विचार भी मन में न आए। आपकी माता का शिरोच्छेदन इसलिए नहीं हुआ कि उन्होंने परपुरुष की चाहना की थी, ऐसा इसलिए हुआ क्योंकि आपके पिता ने स्वयं को अधूरा महसूस किया। आपने कार्तवीर्य का वध किया और इसके कारण, उनके पुत्रों में प्रतिशोध की भावना का बीजवपन हुआ, जिस तरह जमदग्नि की हत्या से आपके भीतर प्रतिशोध का बीज अंकुरित हुआ। आप इसे न्याय कहते हैं किंतु कितने दण्ड को पर्याप्त कहा जा सकता है - जबकि क्षमा दे कर, आगे बढ़ने का अवसर उपस्थित हो? जो समाज अधूरेपन को स्थान नहीं देता, वह कभी एक प्रसन्नतापूर्ण समाज नहीं बन सकता।"

राम के ये वचन सुन परशुराम मुदित हो उठे। धरती पर प्रत्येक राजा कार्तवीर्य की तरह नहीं था। अब भी आशा की किरण शेष थी। वे मुस्कराए। सबने राहत की साँस ली।

परशुराम राम को अपना धनुष देते हुए बोले, "तुमने शिव का धनुष, पिनाक भंग किया है। मैं देखना चाहता हूँ कि तुम वैष्णव धनुष, सारंग को संभाल पाते हो अथवा नहीं?"

राम ने धनुष लिया, उस पर बाण चढ़ाया और सहज भाव से डोरी को पीछे खींच दिया। परशुराम प्रभावित हो उठे। वह धनुष अनेक पीढ़ियों से भृगु वंश के पास था। उनके अतिरिक्त कोई दूसरा उसे उठा तक नहीं सकता था, उसे चलाना तो बहुत दूर की कौड़ी रही।

"मैंने इस धनुष पर बाण चढ़ाया है। अब मुझे इसे कहाँ छोड़ना चाहिए? यह बाण व्यर्थ नहीं जा सकता।" राम बोले।

"इस बाण को मेरे मन पर छोड़ दें क्योंकि मैंने यह मान लिया था कि मैं अकेला ही, नियमों को लागू करते हुए, संसार की सारी समस्याओं को हल कर दूंगा। आप मेरे मन की सीमाओं को नष्ट कर दें, मुझे यह समझने में सहायता करें कि अगर एक प्रसन्न समाज की रचना होनी है तो नियमों का पालन स्वेच्छा से होना चाहिए।"

राम ने जो बाण छोड़ा, वह परशुराम के मन में जा कर लगा और उन्हें सारी सीमाओं से मुक्त कर दिया। आज से पहले सबने भौतिक लक्ष्य ही देखे थे। आज वे किसी मानसिक लक्ष्य के संधान के साक्षी बने थे।

परशुराम इतने प्रसन्न हुए कि उन्होंने संसार को त्यागने की घोषणा कर दी। "जब कार्तवीर्य ने मेरे पिता की गाय चुराने का प्रयत्न किया और नरेशों के प्रति हमारा विश्वास भंग किया, उसके साथ ही कृत युग का अंत हुआ। अब मैं देख सकता हूँ कि राम के आगमन के साथ ही त्रेता युग का आरंभ हुआ है, जो राजाओं के प्रति मानवता के विश्वास को पुनः जागृत करेंगे। अब मैं न तो क्षत्रियों का वध करूँगा और न ही उन्हें कल्याणकारी बनने के लिए भयभीत करूँगा, क्योंकि अब उनके बीच एक ऐसा व्यक्ति है, जो उन्हें यह दिखाएगा कि एक संपूर्ण राजा कैसा होता है। मेरा कार्य पूरा हो गया है।"

परशुराम ने अपना परशु, सागर में डाल दिया और महेंद्र पर्वत पर चले गए, उन्होंने सदा के लिए हिंसा का त्याग कर दिया था।

- विभिन्न रामायणों में राम व परशुराम की आपसी भेंट का वर्णन अलग-अलग रूप में किया गया है। भवभूति के महावीर-चरित में यह मौखिक वाद-विवाद है। गंगा के मैदानी इलाक़ों में लोकप्रिय रामलीलाओं के प्रदर्शन में, सीता परशुराम से, 'अखंड सौभाग्यवती' रहने का आशीर्वाद पाती हैं, जिसका अर्थ है कि उनके पति सदैव उनसे अधिक आयुष्मान होंगे। यही कारण है कि परशुराम राम की कोई हानि नहीं कर पाते।
- कुछ परंपराओं में, विष्णु के अवतारों में एक अनुक्रम दिखाई देता है : राम परशुराम से महान हैं तथा कृष्ण राम से महान हैं। केवल कृष्ण ही धरती पर विष्णु के पूर्णावतार कहलाते हैं।
- वैदिक विचारधारा के अनुसार, प्रत्येक समाज को चार चरणों अथवा युगों से हो कर गुज़रना पड़ता है। इन्हें विपरीत क्रम में दिखाया गया है : कृत (4), त्रेता (3), द्वापर (2) तथा कलि (1) इसके बाद प्रलय आती है और फिर से 4,3,2,1 का क्रम आरंभ होता है। प्रत्येक समाज आदर्श रूप से आरंभ होता है और अंततः उसका पतन हो जाता है। हर युग का अंत एक विभिन्न अवतार के साथ होता है। : कृत में परशुराम, त्रेता में राम, द्वापर में कृष्ण व कलि में कल्कि।
- परशुराम भारत के पश्चिमी तट से निकटतम संबंध रखते हैं, जो गुजरात से केरल तक फैला है। कहा जाता है कि जब परशुराम ने अपना रक्त-रंजित परशु सागर में फेंका तो सागर मारे भय के सिकुड़ गया, जिससे पश्चिमी तट का अस्तित्व सामने आया।
- साधारण बोलचाल की भाषा में, 'राम-बाण' शब्द उस बाण के लिए आया है, जो कभी अपने निशाने से नहीं चूकता और किसी भी समस्या के सटीक समाधान व रोग से मुक्ति पाने की ओर संकेत करता है।

चारों भाईयों के लिए चार वधुएँ

राम ने सबको मोहित कर दिया था : सबका यही मानना था कि सीता के लिए उनसे सुयोग्य वर हो ही नहीं सकता था। इस प्रकार विश्वामित्र तथा परशुराम की उपस्थिति में, सीता ने दशरथ के ज्येष्ठ पुत्र के गले में जयमाल पहना दी। वे उनकी पत्नी बनीं और राम उनके पति कहलाए।

अयोध्या में संदेशवाहक भेजे गए और दशरथ अपने गुरु वशिष्ठ तथा, अन्य दो पुत्रों सहित आ गए। जनक के पास उनके लिए एक प्रस्ताव था : "आपके तीन और पुत्र हैं और मेरे परिवार में अभी तीन अविवाहित पुत्रियाँ हैं। क्यों न चारों भाईयों से चारों बहनों का विवाह संपन्न हो और आपका और मेरा परिवार सदा के लिए एकता के सूत्र में बंध जाए!"

दशरथ ने उनका यह प्रस्ताव स्वीकार कर लिया और चारों युगल जोड़ों के विवाह के लिए भव्य विवाह समारोह आयोजित किया गया। लक्ष्मण का विवाह उर्मिला से, भरत का विवाह मांडवी से तथा शत्रुघ्न का विवाह श्रुतकीर्ति से हुआ।

वर तथा वधुओं को हल्दीयुक्त जल से स्नान करवाया गया। विवाह के आकांक्षी युवकों ने श्वेत पोशाक धारण की, जो इस तथ्य का स्मरण दिलाती थी कि उनके शरीर में श्वेत बीज है। वधुओं को लाल रंग की पोशाक पहनाई गई, जो उनकी देह में लाल बीज का स्मरण करवाती थी। वे मिल कर अगली पीढ़ी को जन्म देंगे, जिससे मृतक पूर्वजों का पुनर्जन्म संभव हो सके।

जनक ने अपनी पुत्रियों को दशरथ के पुत्रों के हाथों सौंपते हुए कहा, "मैं तुम्हें लक्ष्मी सौंप रहा हूँ, जो तुम्हारे लिए आनंद और संपन्नता का वरदान लाएंगी। मुझे सरस्वती, विवेक बुद्धि प्रदान करो। मैं त्याग के इस आनंद का उपभोग कर सकूँ।" यही अनुष्ठान कन्या-दान कहलाता है, जिसमें कन्या का पिता अपनी अविवाहिता कन्या का दान करता है। दक्षिणा में, बदले में धन की चाहना होती है, भिक्षा में, शक्ति माँगी जाती है जबकि दान में, बदले में केवल विवेक माँगा जाता है।

चारों युगल जोड़ों ने अपने घर के बुजुर्गों के सम्मुख सात बार प्रदक्षिणा की। इस प्रकार वे जन्म-जन्मांतर के साथी बन गए, जो एक साथ वस्तुओं का उपभोग करेंगे - घर, अग्नि, जल, आय, संतान, आनंद व वार्तालाप। उन्होंने अपनी हथेलियों को परस्पर साथ रखते हुए, अग्नि में घी तथा समिधा की आहुति दी ताकि वह धूम्र उन्हें, आकाश से ऊपर के लोक में ले जाए, जहाँ देव उनकी दी गई आहुति से संतुष्ट और मुदित हों। गौ, श्वान, कौए, सर्प, केले व बरगद के गाछ, चट्टानों व जल आदि को भी भोग लगाया गया, जो इस बात का सूचक था कि मानवता एकांतसेवी नहीं होती।

दशरथ के पुत्रों ने एक भी प्रश्न किए बिना, वही किया जो उन्हें करने को कहा गया। जनक पुत्रियाँ मुस्कुराईं, क्योंकि उनसे जो भी अनुष्ठान निभाने को कहा गया, उसके विषय में वे बहुत

पहले, सभी प्रश्नों के उत्तर पा चुकी थीं इसलिए अब वे उन संकेतों की बोली भली-भाँति समझती थीं। जब उनकी विदा का क्षण आया, तो जनक अपनी पुत्रियों को आशीर्वाद देते हुए बोले, "तुम जहाँ भी जाओ, प्रसन्नता सदा तुम्हारे साथ हो।"

सुनैना कुछ नहीं बोलीं। उन्होंने हर पुत्री को दो-दो गुडियाँ दीं। लाल चंदन से बनी उन गुड़ियों के जोड़ों में नर व मादा गुड़ियाँ थीं। वे गृहस्थ जीवन के परमानंद का प्रतीक थीं जिन्हें उनके प्रांगणों के सबसे पवित्र कोने में रखा जाना था।

अंततः, विदेह की चारों राजकुमारियों को एक-एक मुट्ठी धान दिया गया। उन्होंने उसे अपने सिर के पीछे से उछाल दिया। सुनैना फूट-फूट कर रो दीं। किसी भी प्रकार के वचनों से उन्हें दिलासा नहीं दिया जा सकता था। वे धान, इस बात का सूचक थे कि पुत्री ने माता-पिता के ऋण को उतार दिया था। अब वह दूसरे स्थान पर अपने नए जीवन का शुभारंभ करने के लिए मुक्त थी। गर्भनाल काटी जा चुकी थी। सीता, उर्मिला, मांडवी और श्रुतकीर्ति पीछे मुड़ कर देखना चाहती थीं, परंतु वे नहीं मुड़ीं। वे जनक की पुत्रियाँ थीं। वे जानती थीं कि अतीत को त्याग कर, भविष्य को अंगीकार करना ही विवेक कहलाता है।

हाथी, अश्वों, बैलों व खच्चरों का बड़ा सा कारवाँ मिथिला से अयोध्या के लिए रवाना हुआ, जिस पर वे सभी उपहार लदे थे, जो वधुओं के घर से, भेजे गए थे। उनमें वस्त्र, आभूषण और शस्त्र शामिल थे। अनेक कलाकार तथा उनके परिवार भी, विदेह धरती से कौशल की ओर चले ताकि अपने कौशल का प्रदर्शन कर सकें। सीता ने विशेष रूप से अनाज, दालों, सब्ज़ियों, फलों, मसालों व जड़ी-बूटियों के बीजों की रक्षा की। वे सब उनके पति के घर के बाग में उगाए जाने थे ताकि उनके मन में मायकी की स्मृति बनी रहे। जब भी कोई वधु अपने पति के घर में प्रवेश करती है तो वह अपने साथ एक नई पीढ़ी का वचन ही नहीं लाती, वह अपने साथ नया आहार, एक नई संस्कृति तथा नए विचार भी लाती है, जो उसके पति की गृहस्थी को भरा-पूरा बनाते हैं।

- प्रायः कोई राजा किसी एक राजकुमार से ही अपनी सारी पुत्रियों का विवाह कर देता था। यहाँ दशरथ के सभी पुत्रों के साथ जनक की पुत्रियों का विवाह, इस महाकाव्य के आदर्श का स्मरण दिलाता है : एक ही स्त्री से विवाह, यह प्रथा अधिकतर कथाओं में नहीं दिखाई देती।
- वैदिक काल से ही, विवाह को केवल एक स्त्री तथा पुरुष का संयोग ही नहीं माना गया, यह दो संस्कृतियों के आपसी विलयन का भी एक अवसर होता है ताकि एक पुराने घर में नई मान्यताओं व विश्वासों को प्रवेश मिल सके और उनका पुनः उद्धार हो।
- भारत के वैवाहिक अनुष्ठानों में, ऐसे प्रतीक मिलते हैं, जिनकी जड़ें कृषि अभ्यासों से जुड़ी हैं, जिन्हें आधुनिक मन अरुचि से नकार सकता है, इन विचारों के अनुसार पुरुष एक कृषक है, जो बीज बोता है तथा स्त्री खेत के रूप में बीज को अंकुरित करती है।
- तमिलनाडू, आंध्रप्रदेश व कर्नाटक में, कन्याओं को उनके प्रथम मासिक-धर्म अथवा विवाह के समय, लाल चंदन की लकड़ी से बनी नर-मादा गुड़ियाँ उपहार में देने का चलन है। ये राजा-रानी गुड्डे-गुड़ियाँ, नवरात्रि उत्सवों के दौरान दर्शाए जाते हैं और गृहस्थ जीवन के आनंद का सूचक होते हैं।
- महाकाव्य में जनक को एक पात्र के रूप में लेते हुए, वाल्मीकि ने स्पष्ट कर दिया कि वे राजाओं, चरवाहों तथा कृषकों के विचारहीन भौतिकवाद पर प्रश्नचिन्ह लगाना चाहते हैं। जनक की पुत्रियों से अपेक्षा की जाती है कि वे वस्तुओं से नहीं, विचारों के माध्यम से, प्रसन्नता पाने की चेष्टा करेंगी।
- मिथिला (सीता का घर), अयोध्या (राम का घर) का दक्षिण है तथा अयोध्या मथुरा (कृष्ण का घर) के दक्षिण में है। ये तीनों ही गंगा के मैदानी इलाक़ों में हैं। सांस्कृतिक रूप से, यहाँ तक कि आज भी, इन तीनों की संस्कृति बहुत विशिष्ट रही है। मिथिला की संस्कृति का संबंध ग्रामीण कला व शिल्प से रहा; अवध या अयोध्या शहरी परिष्कृत संस्कृति का सूचक रहा; व्रज या ब्रज भक्ति का केंद्र रहा। इनमें से प्रत्येक की अपनी बोली है : मैथिली, अवधी व ब्रजभाषा।
- अनेक विद्वानों के अनुसार ईश्वर के अवतार राम, तथा नायक राम में अंतर है। वे पहले और सातवें अध्याय यानी बाल-कांड व उत्तर-कांड को, बाद में लिखा हुआ मानते हैं। उनका कहना है कि वे मूल का अंश नहीं हैं। हालाँकि रामायण का जादू, एक मनुष्य के उन संघर्षों से उपजता है, जो अपनी दैवीय संभावना को साकार करना चाह रहा है। क्या हम अहम् से ऊपर उठ कर आत्म का अनुभव पा सकते हैं? क्या अहम् अनिवार्य रूप से स्वार्थी तथा आत्म अनिवार्य रूप से न्यायी है? इनमें से कौन अधिक स्नेही, न्यायी व देख-रेख करने वाले हैं - नायक राम अथवा दैवीय राम? इस तरह एक मानवीय प्रश्न उपजता है, जिसमें एक व्यक्ति एक अधूरे जगत में संपूर्ण जीवन जीने की चेष्टा कर रहा है, जहाँ प्रत्येक की विचारधारा तथा मत भिन्न हैं।
- नेपाल के जनकपुर में जानकी मंदिर स्थित है, जहाँ सत्रहवीं सदी के संत सुरकिशोरदास जी को भगवती की सुवर्ण प्रतिमा मिली थी, उन्होंने ही सीता-उपासना पर बल दिया। यहाँ प्रतिवर्ष नवंबर-दिसंबर माह में सीता का विवाह रचाया जाता है।

खंड तीन

वनवास

''वे पति की अनुगामिनी बनीं ताकि उनके पति
स्वयं को कभी अधूरा अनुभव न करें।''

अयोध्या में प्रवेश

तीन रानियाँ, अयोध्या के द्वार पर खड़ी थीं ताकि उन चार स्त्रियों का स्वागत कर सकें, जो उनके पुत्रों को पुरुषों में बदल देंगी। शंख ध्वनि की गई और जीभ को मुख में घुमाते हुए, उलूक ध्वनि की गई ताकि सकारात्मक ऊर्जाओं को आकर्षित करते हुए, नकारात्मक ऊर्जाओं को दूर भगाया जा सके। सारे वायुमंडल में संगीत व्याप्त था : ढोल, दमामे, नगाड़े और झाँझ बज रहे थे। सारी नगरी को पत्तियों, पुष्पों व दीपकों से सुसज्जित किया गया था। प्रत्येक घर के सम्मुख, वधुओं के स्वागत के लिए अल्पना बनाई गई थी, जिन्हें सब, धन की भगवती लक्ष्मी के, लघु रूप में देख रहे थे।

देवियों की भाँति वधुओं ने भी कमल पुष्प धारण किए हुए थे। उनके कंठों में मोतियों की मालाएँ, हाथों की अंगुलियों में अंगूठियाँ तथा कलाईयों में चूड़ियाँ थीं। उनके केशों में सिंदूर लगा था, जो इंद्र के लिए इस बात का सूचक था कि वे विवाहित स्त्रियाँ थीं, उन पर केवल उनके पति का अधिकार था।

द्वार पर धान से भरे पात्र रखे गए, और वधुओं से कहा गया कि वे उन्हें पैर से धकेल कर, भीतर प्रवेश करें। उन्हें लाल रंग पर चलने को कहा गया और उनके पैरों की छाप, सूती मलमल के वस्त्र पर संजो ली गई। उनके हाथ लाल महावर से रंगे गए और उन्हें कहा गया कि वे श्वेत गौओं की देह पर अपने हाथों की छाप अंकित करें। उन्हें घर के प्रत्येक हिस्से में ले जाया गया, बाहरी प्रांगण, जहाँ घर के पुरुष निवास करते थे और फिर अंतःपुर, जहाँ घर की स्त्रियों के निवास थे। उन्हें गौशाला, अश्वशाला, हाथियों के बाड़े, रसोईघर की बगिया तथा अंततः रसोईघर में ले जाया गया। उन्हें हरी शाक से भरे बर्तनों में, कड़छी चलाने को कहा गया, जिन्हें आग पर पकाने के लिए रखा हुआ था। उन्हें आँच पर रखे दूध में आए उबाल को देखने के लिए कहा गया। उन्हें पिंजरे में बंद शुक-शुकी को देखने के लिए कहा गया और फिर उनसे कहा गया कि वे उसे पिंजरे की क़ैद से मुक्त कर दें। इसके बाद उन्होंने मुक्त पंछियों को एक साथ आकाश में उड़ान भरते देखा।

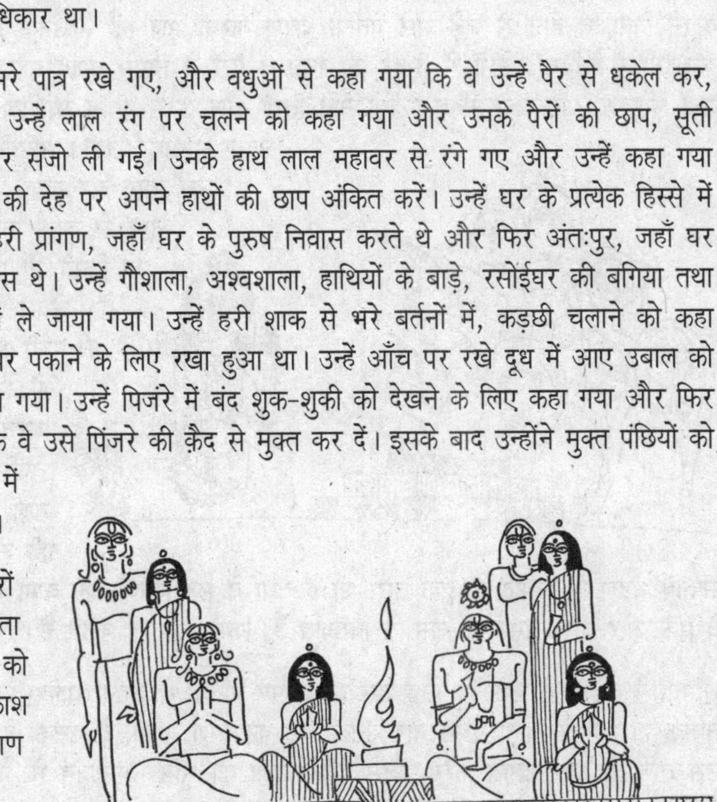

चारों राजकुमारों को उनकी वीरता का प्रदर्शन करने को कहा गया। आकाश की ओर बाण बरसाए गए; वे

बाण पुष्पमालाओं में बदल गए और, सड़क के दोनों ओर खड़ी, जय-जयकार करती भीड़ के बीच, लोगों के कंठ में आ गिरे। बड़ी दक्षता व निपुणता के साथ तलवारबाज़ी तथा भालों के संचालन का प्रदर्शन हुआ। कौशल के इस अभूतपूर्व दृश्य को देख दर्शक चकित हो उठे।

अंततः, उनके नाक छेद कर, मोती व हीरे के लौंग पहनाए गए, वधुओं की बाईं नासिका तथा वरों की दाईं नासिका का छेदन किया गया।

अयोध्या में प्रत्येक प्रजावासी आश्वस्त था भविष्य सुरक्षित तथा उर्वर होने वाला था।

वशिष्ठ युवकों से बोले, "जब तक तुम सबके जीवन में पत्नियों का प्रवेश नहीं हुआ था, तुम शिष्य थे, जिनका संपत्ति पर कोई अधिकार नहीं था। जब तक पत्नी साथ है, तभी तक तुम संपत्ति पर अपना अधिकार रख सकते हो। उसके बिना, तुम यज्ञ नहीं कर सकते; तब केवल तपस्या ही की जा सकती है।"

वशिष्ठ की पत्नी, भगवती अरुंधती भी वधुओं से भेंट करने आईं व उन्हें अपनी कथा सुनाते हुए कहा, "वन में हम सात जोड़े रहते थे। हमारे पति ऋषि थे, जो यज्ञ व तप आदि में निष्णात थे, हम उनकी निष्ठावान पत्नियाँ थीं। एक दिन, हम सब स्नान के पश्चात्, यज्ञ-शाला में अग्नि की उपासना करने गईं। अन्य पत्नियाँ, अपना कार्य शीघ्र समाप्त करने की चेष्टा में, अपने विवाहित होने से जुड़े सारे प्रतीक धारण करना भूल गईं - उनके गले में मंगल-सूत्र, कलाईयों में चूड़ियाँ, केशों में सिंदूर की रेखा व पैरों में बिछुए आदि नहीं थे। अग्नि देव ने उन्हें भूलवश, पतियों से रहित स्त्रियाँ मान लिया और उनसे संबंध स्थापित कर लिए। मैं इस घटना से अछूती रही। ऋषियों ने अपनी पत्नियों का त्याग कर दिया; अब वे मातृका के नाम से जानी जाती हैं, वनदेवियाँ, वे किसी भी पुरुष से नहीं बँधीं हैं। केवल मैं, वशिष्ठ ऋषि की पत्नी अरुंधती, यज्ञ-शाला में अपने पति की सेवा करती हूँ, अन्य छह तपस्विन् हो गई हैं तथा किसी स्त्री से भेंट नहीं करतीं। मेरे नाम से सप्तर्षि मंडल के निकट ही एक तारा भी है तथा वे छह स्त्रियाँ, जो कभी मेरी बहनें भी थीं, वे एक और तारा-समूह के नाम से विख्यात हैं, जिसे कृत्तिका कहते हैं।"

सुमित्रा ने वधुओं से कहा कि उन्हें उस रात अपने पतियों से कहना चाहिए कि वे उन्हें अरुंधती नामक तारा दिखाएँ। वे प्रथम बार उनकी देह का स्पर्श करेंगे, वे उनका हाथ थाम कर उन्हें उस तारे की ओर इंगित करेंगे, जिसे वैदिक प्रज्ञा की भूमि, आर्यावर्त में, वैवाहिक निष्ठा का प्रतीक माना जाता है।

"परंतु कुछ समय के लिए अलग ही रहना होगा," कैकेयी बोलीं। क्योंकि कन्याएँ अभी अल्पायु थीं। उन्हें उनके निजी निवास नहीं दिए जाएँगे। वे अपने पतियों की माताओं के साथ रहेंगी और उनके पति, अपने पिता के निवास स्थान में रहने चले जाएँगे।

जब उचित समय आने पर, कमल विकसित होंगे, तो प्रेम के भगवान, काम-देव को स्मरण किया जाएगा, कि वे युवा हृदयों पर काम बाण चलाएँ और वर युवकों को, भौरों के रूप में उनकी वधुओं की पुष्पों से सुसज्जित शैय्या पर आमंत्रित किया जाएगा।

- भारतीय गृहस्थ जीवन में दहलीज़ का विशेष महत्व है। यह घरेलू जीवन को बाहरी परिवेश से अलग करती है। इस प्रकार जब कोई पुत्री घर की देहरी से बाहर क़दम रखती है और पुत्रवधू प्रवेश करती है तो बहुत भय उत्पन्न होता है। दोनों ही घटनाओं को अनेक सकारात्मक ऊर्जाओं के आगमन से जोड़ने का प्रयास किया जाता है ताकि नकारात्मक शक्तियों को दूर रखा जा सके।
- यहाँ तक कि आज भी, अनेक समुदायों में वर से अपेक्षा की जाती है कि वह विवाह समारोह के दौरान अपने साथ एक तलवार रखेगा, यह प्रथा उन दिनों का स्मरण दिलाती है, जब वधुओं को उनके दहेज सहित, चोरों द्वारा लूटने व अपहरण करने का भय बना रहता था।
- जगन्नाथ पुरी में, कृष्ण को नाक के दाहिनी ओर आभूषण पहने दिखाया गया है। प्राचीन काल में, अनेक समुदायों में पुरुषों द्वारा भी नाक में आभूषण पहनने का प्रचलन था, जो समय के साथ-साथ लुप्त हो गया।
- सप्तर्षि मंडल को अंग्रेज़ी में ग्रेटी बीयर कहते हैं; अरुंधती को अल्कोर तथा कृत्तिका को पिल्याडेस या सिक्स सिस्टर्स कहते हैं। उर्सा मेजर में अल्कोर व मिज़ार को, अरुंधती व वशिष्ठ तारे के नाम से जाना जाता है। अरुंधती का अस्तित्व वशिष्ठ से थोड़ा धुँधुला होता है।
- कृत्तिका या सिक्स वर्जिन गॉडेसिस (कई बार सात) भयंकर वनदेवियाँ हैं, जो महिलाएँ संतान उत्पन्न नहीं कर पातीं या जिनकी संतान ज्वर आदि से ग्रस्त होती है, वे उनसे भयभीत हो कर, उन्हें पूजती हैं। उनके खुली हवा में बने तीर्थ, पूरे भारत के ग्रामीण इलाक़ों में पाए जाते हैं। महाभारत में, उन्होंने मिल कर शिव के वीर्य को धारण किया और शिव के छह शीश वाले पुत्र, कार्तिकेय को जन्म दिया, जिसने देवासुर संग्राम में देवों की सेना का नेतृत्व किया। बाद में आने वाली कथाओं में, वे उदार धात्री के रूप में वर्णित हैं। वे सामाजिक नियमों जैसे विवाह आदि के अधीन न रहने वाली, प्रकृति की उद्दाम शक्ति का प्रतीक हैं।
- वाल्मीकि की रामायण में राम व सीता अल्पायु हैं किंतु बाद वाले लेखनों में उनकी आयु अधिक दिखाई गई है। संभवतः प्रत्येक समुदाय ने अपने यहाँ विवाह योग्य आयु के अनुसार ही यह अंतर किया होगा।
- बाल विवाह को तत्काल संपन्न नहीं माना जाता। भारत के अनेक हिस्सों में विवाह दो भागों में संपन्न होता है। पहले चरण में यह संबंध औपचारिक होता है क्योंकि वर तथा वधू की आयु बहुत कम होती है। दूसरे चरण में, जब कन्या शारीरिक व मानसिक रूप से परिपक्व

हो जाती है तो विवाह समारोह को संपन्न माना जाता है। तब वह अपनी माता या अपनी सास के साथ रहती है। इसका एक कारण यह भी था कि उसे बाल्यकाल से ही घर के कामकाज के लिए निपुण बनाया जा सके। समारोह के साथ उसके पूर्ण यौवना होने का संकेत दिया जाता है और वर अपनी पत्नी पर अधिकार लेने आ जाता है। यह अनुष्ठान, बिहार में 'गौना' कहलाता है। ऐसे अनेक लोकगीत मिलते हैं जिनमें बचपन में ब्याही गई युवतियाँ, मायके में प्रतीक्षा करती हैं कि उनके पति उन्हें लिवाने कब आएँगे। औपचारिक अनुष्ठान तथा वास्तविक विवाह के बीच अंतर को न समझ पाने के कारण ही अनेक सामाजिक समस्याओं ने जन्म लिया है।

कैकेयी, महाराज की सारथी

सीता कौशल्या के साथ रहीं, मांडवी कैकेयी के साथ रही। उर्मिला और श्रुतकीर्ति सुमित्रा के साथ रहने लगीं। वे दिन-रात, अपने पतियों की माताओं के मुख से, उनके बचपन के किस्से सुना करतीं।

कौशल्या बोलीं, "एक बार, राम ने रात को सोने से इंकार कर दिया। वह चाहता था कि चंद्रमा को भी उसके साथ सुलाया जाए। हार कर, उसे बहलाने के लिए, हमने उसके पलंग पर पानी से भरा पात्र रखा। उस जल में चंद्रमा का प्रतिबिंब दिखा। इस प्रकार चंद्रमा को अपने साथ पाकर, उसने सोने की हामी भरी। तभी से हम उसे रामचंद्र कह कर पुकारते हैं, अर्थात चंद्रमा के राम, जबकि इस परिवार में सूर्य की उपासना की जाती है।"

सुमित्रा ने अपनी पुत्रवधुओं को उनके पतियों के भ्रातृ-प्रेम के विषय में चेतावनी देते हुए कहा, "तुम्हें अपनी ओर से कड़ा परिश्रम करना होगा, ताकि वे अपने भाईयों के स्थान पर तुम्हारे साथ समय बिताने लगें।"

"हाँ, कम से कम रात्रि तो तुम्हारे साथ ही बिताएँ।" कैकेयी दबी हँसी के साथ बोलीं। सारी पुत्रवधुएँ लजा कर रह गईं।

तीनों रानियों के साझे प्रांगण में, कैकेयी की माँग सबसे अधिक रहती थी। वे सबसे सुंदर तथा साहसी रानी मानी जाती थीं।

कक्ष की दीवारों पर भित्ति चित्र सजे थे, जिनमें उन्हें महाराज की सारथी के रूप में दिखाया गया था, जब महाराज

को देवराज इंद्र की ओर से, असुरों से युद्ध के लिए जाना पड़ा था। उन्होंने बाणों की वर्षा से महाराज की रक्षा की और उन्हें अपने शब्दों से प्रेरित करते हुए, समरांगन में रथ को भी कुशलतापूर्वक संभाला। उसी समय, रथ के पहिए की धुरी टूट गई। एक क्षण का भी संकोच किए बिना, वे झुकीं और पहिए में अपना हाथ झोंक दिया, वे अपनी बाजू के अगले हिस्से को धुरी के स्थान पर रख कर, रथ संभालती रहीं।

कैकेयी की कथाएँ बहुत ही आनंददायक थीं, विशेष रूप से उन्हें अश्वों के बारे में बहुत जानकारी थी। वे उत्तर-पश्चिम में अश्वों की भूमि से आई थीं। उनकी दासी मंथरा, जिसने एक दाई की तरह उन्हें बाल्यकाल से पाला-पोसा और फिर उनके पुत्र भरत की भी धाय-माँ रही, वह बहुत अच्छा भोजन पकाती थी। इस तरह कन्याओं का बहुत सारा समय रसोईघर में बीतने लगा, जहाँ वे कैकेय, कौशल तथा विदेह में, अलग-अगल तरह से बनाए जाने वाले पकवानों का प्रशिक्षण लेने लगीं।

कौशल्या ने उन सबके लिए गुड़ियाँ बनाईं। सुमित्रा उनके बाल सँवारते हुए, उन्हें नाना जतनों से सजातीं, परंतु वे कैकेयी के किस्सों तथा मंथरा के हाथों तैयार भोजन की ओर सर्वाधिक आकर्षित होतीं।

"वे जानती हैं कि सबके हृदयों पर एकछत्र राज कैसे किया जाता है!" सुमित्रा कहतीं।

"भले ही वे महाराज की प्रिय रानी हों," कौशल्या बोलीं, "किंतु राम उनका सबसे प्रिय पुत्र है।"

मंथरा ने यह बात सुन ली और दुर्घटनावश उबलते दूध में नींबू का रस का निचोड़ बैठी, जिससे सारा दूध फट गया।

- सारे भारतवर्ष में राम के चंद्रमा अनुराग की कथा सुनाई जाती है। राम को रामचंद्र भी कहते हैं क्योंकि शूर्पणखा तथा सीता के विषय में उनके लिए गए निर्णयों ने उनकी सूर्यवंशी कीर्ति को कलंकित कर दिया था।
- बाद में लिखी गई रामायणों से कैकेयी द्वारा दशरथ की प्राण-रक्षा वाला प्रसंग मिलता है।
- वाल्मीकि रामायण में कैकेयी को दशरथ की सबसे प्रिय रानी माना गया है, संभवतः ऐसा इसलिए था क्योंकि उसके द्वारा एक यशस्वी पुत्र को जन्म देने की भविष्यवाणी हुई थी और वे ऐसा ही पुत्र पाने के अभिलाषी थे।
- कैकय भारत के उत्तर-पश्चिम में, अफ़गानिस्तान व पाकिस्तान के निकट स्थित है। महाकाव्यों की अनेक रानियाँ जैसे महाभारत की गांधारी तथा माद्री भी इसी प्रदेश से थीं। यह स्थान अश्वों से संबंध रखता है इसलिए कैकेयी के पिता, अश्वपति यानी अश्वों के स्वामी कहलाते थे।

तीन रानियाँ

सीता जानती थीं कि लोग उन्हें जनक पुत्री, मिथिला निवासिनी तथा विदेह भूमि से होने के नाते, जानकी, मैथिली तथा वैदेही के नाम से पुकारते थे। परंतु उनका एक नाम भी था, सीता। वे यही विचार करती रहतीं कि कौशल्या का वास्तविक नाम क्या रहा होगा, क्योंकि उनके नाम का तो केवल इतना ही अर्थ था कि वे कौशल देश की राजकुमारी थीं।

दशरथ उत्तर-कौशल के नरेश थे, जिनकी राजधानी साकेत में थी। कौशल्या के भाई, दक्षिण कौशल के महाराज थे, जिनकी राजधानी काशी में थी। उन दोनों के बीच कई बार युद्ध हुए। जब दक्षिण कौशल की राजकुमारी ने, उत्तर कौशल के महाराज से विवाह के लिए आग्रह किया, तब जाकर उनके बीच संधि स्थापित हो सकी। जब कौशल्या दशरथ की रानी बनीं, तो दोनों राज्य मिल कर एक हो गए और साकेत को अयोध्या के नाम से जाना गया, जहाँ युद्ध नहीं लड़े जाते।

सीता यह भी सोचती थीं कि कैकेयी का नाम क्या रहा होगा, उनके नाम का भी तो यही अर्थ निकलता था, 'कैकेय देश की राजकुमारी'। उनके पिता, अश्वपति अपने अश्वों के स्वामित्व के लिए प्रसिद्ध थे। उनके भाई, युद्धजित एक महान योद्धा थे। कैकेयी प्रायः अपने भाई के साहस की कथाएँ सुनातीं; उनके बीच बहुत आत्मीयता थी क्योंकि कैकेयी अभी बहुत छोटी थीं, जब उनकी माता का निधन हो गया था।

सुमित्रा ने एक बार उर्मिला और श्रुतकीर्ति को कैकयी की माता के बारे में बताया था। महाराज अश्वपति को यह वरदान था कि वे पशु-पक्षियों की बोली समझ सकते थे परंतु उन्हें यह चेतावनी दी गई थी कि यदि उन्होंने पक्षियों के मुख से सुनी बात को किसी से बाँटा तो वे तत्क्षण मारे जाएँगे। एक दिन, अश्वपति कैकेयी की माता के साथ झील के किनारे बैठे थे, तभी उन्होंने एक हंसों के जोड़े को आपस में बातें करते सुना। उस बातचीत को सुन कर उनके मुख पर हँसी खेल गई। उनकी महारानी जानना चाहती थीं कि हंसों ने क्या कहा। महाराज ने उन्हें बताया कि ऐसा करने से उनके प्राण जा सकते हैं। महारानी बोलीं, "यदि आप मुझसे सच्चा प्रेम करते हैं, तो आपको मुझे बताना ही होगा कि हंस आपस में क्या बात कर रहे थे।" महाराज को लगा कि उनकी पत्नी मूर्खा थी, जिसे अपनी बात का अर्थ समझ नहीं आ रहा था या उसे उनके प्राणों का मोह नहीं था। जो भी हो, वे उसे अपने साथ नहीं रखना चाहते थे। उन्होंने उसे उसके मायके भिजवा दिया। कैकेयी और युद्धजित को, धाय माँ मंथरा के हाथों सौंप दिया गया, जिसने दोनों को पाल-पोस कर बड़ा किया।

और सुमित्रा? यह तो स्पष्ट था कि वे कहीं की राजकन्या नहीं थीं। एक दिन, मंथरा ने दबे स्वरों में मांडवी को, चक्की पर गेहँ पीसते हुए बताया था, "किसी राजवंश से नहीं हैं। किसी ब्राह्मण की भी कन्या नहीं हैं। संभवतः किसी व्यापारी, चरवाहे या फिर सारथी की पुत्री होंगीं। किसी अनुचर की पुत्री भी हो सकती हैं। कहते हैं कि नीची जाति की कन्या से विवाह करने से, संतान का मुख देखना सहज हो जाता है। परंतु यह टोटका भी काम नहीं कर सका इसलिए महाराज को संतान प्राप्ति के लिए यज्ञ रचाना पड़ा। यही कारण है कि उनके पुत्र दासों की

तरह विनीत हैं।"

एक दिन, जब चारों वधुएँ अपने वरों के साथ, रानी माँ के अंतःपुर में बैठी थीं, तो सीता ने तनिक सकुचाते हुए राम से पूछा, "आपके पिता की तीन रानियाँ हैं, जिनमें से एक का वे बहुत सम्मान करते हैं, एक से अतिशय प्रेम करते हैं तथा तीसरी उनकी सेवा करती है। मैं इनमें से आपकी कौन सी रानी रहूँगी?"

राम ने एक क्षण को भी सोचे बिना उत्तर दिया, "भले ही उनकी तीन पत्नियाँ हों किंतु मेरी एक ही पत्नी रहेगी। मेरी यह पत्नी मुझे जो भी प्रदान करेगी, मैं उससे ही संतुष्ट रहूँगा और आशा करता हूँ कि वह भी मेरे दाय से संतुष्ट रहेगी।"

सीता ने पति के औपचारिक सुर को सुना और मुस्कुराते हुए कोमलता से बोलीं, "मैंने आपसे पत्नियों के विषय में नहीं, रानियों के बारे में पूछा था।"

राम का सुर अब भी औपचारिक था, वे कोमलता से बोले, "मैं अब एक पति हूँ, जिसकी एक पत्नी है। अगर मैं राजा बनूँगा तो मेरी पत्नी रानी होगी। सीता, ये दोनों बातें एक ही नहीं हैं। मेरी पत्नी मेरे हृदय में वास करती है, उसकी संतुष्टि के लिए ही मेरा अस्तित्व है। रानी राजा के सिंहासन पर विराजमान होती है और उसका अस्तित्व राज्य की संतुष्टि के लिए होता है,"

"क्या यह पति अपनी पत्नी को जानता है?" सीता ने पूछा।

"पत्नी को यह प्रश्न पूछने की क्या आवश्यकता है? क्या उसे संशय है?"

"इस पत्नी ने सही मायनों में अपने पति से बात तक नहीं की।" सीता बोलीं।

"वास्तव में," राम अचानक विचारमग्न हो उठे। अभी तक उनका संबंध परस्पर वार्तालाप से नहीं बल्कि रीति-रिवाज़ों, अनुष्ठानों व नियमों के अधीन था। उन्होंने एक-दूसरे का हाथ थामा, क्योंकि वे एक अनुष्ठान निभा रहे थे। वे एक-दूसरे के साथ बैठे, क्योंकि एक रीति को निभाने के लिए ऐसा करना अनिवार्य था। उन्होंने एक-दूसरे के मुख में भोजन का ग्रास दिया क्योंकि यह परंपरा थी। वे उनके साथ चलीं, क्योंकि ऐसा ही होता है। परंतु क्या वे सही मायनों में अपनी पत्नी को जानते थे? क्या वे उन्हें जानती थीं? क्या उन्होंने परस्पर भेंट की? उन्होंने परस्पर क्या देखा : मन अथवा शरीर? वे अब भी राजकुमार और राजकुमारी थे, अभी तक पति और पत्नी नहीं बने थे।

राम ने सीता को कौतूहल और जिज्ञासा के साथ देखा। उनकी आँखें एक अद्‌भुत विस्मय से चमक उठीं। सीता उसी समय दूसरी ओर देखने लगीं, वे लजा गईं और स्वयं को संभालने का जतन किया, वे उन कोमल नेत्रों की गहराई से लरज उठी थीं।

- जैन व बौद्ध प्रलेखन के अनुसार दशरथ पहले काशी पर राज करते थे और वे बाद में अयोध्या आ गए थे।
- साकेत अयोध्या का ही प्राचीन नाम है परंतु इसे एक अलग स्थान के रूप में भी जाना जाता है।
- वाल्मीकि रामायण के दक्षिणी पाठ्य में, दशरथ के सारथी व परामर्शदाता सुमंत्र, कैकेयी के पिता द्वारा उनकी पत्नी के परित्याग की कथा सुनाते हैं। इस कथा को, ओड़िशा तथा आंध्रप्रदेश की लोकगाथाओं में विस्तार से सुनाया जाता है। इस तरह की पृष्ठभूमि कथाएँ, लोगों के व्यवहार की परिचायक हैं क्योंकि भारत में सारे कर्मों को पिछले प्रसंगों का परिणाम ही माना जाता है। ऐसा कुछ नहीं है, जो अकारण घटता हो।
- जैन पौमाचर्या में, सुमित्रा, कमलासनकुलपुरा के राजा, सुबंधु-तिलक की पुत्री हैं। आंचलिक पुनर्लेखनों में सुमित्रा को भी एक राजकुमारी की तरह मान्यता दी गई है परंतु उनके राजवंश के बारे में विस्तार से नहीं बताया गया। कौशल्या और कैकेयी का नाम उन राज्यों पर आधारित है, जहाँ से वे आई हैं : कौशल तथा कैकेय! सुमित्रा के राजवंशीय इतिहास के विषय में लेखक मौन हैं।
- सुमित्रा का नाम सुमंत्र से मिलता-जुलता है इसलिए यह अनुमान भी लगाया जाता है कि संभवतः वे उनकी पुत्री न हों। गंगा के मैदानी इलाक़ों में गाए जाने वाले लोक-गीतों में, सीता की परिकल्पना एक सौभाग्यशाली तथा लाडली पुत्रवधु के रूप में की गई है, जिनके लिए, उनके श्वसुर, पति व देवर घर में ही कुआँ खुदवाते हैं। उन्हें पानी भरने के लिए गाँव के कुएँ या नदी पर नहीं जाना पड़ता।
- प्राचीन भारत में, किसी पुरुष व ख़ासतौर पर, किसी राजा के लिए बहुत सारी रानियाँ रखना एक आम बात मानी जाती थी। वैसे तो द्रौपदी के पाँच पति थे किंतु इसे एक अपवाद माना जाना चाहिए। भारत के हिमालय में तथा दक्षिण के निचले इलाक़ों में ऐसी कुछ जातियाँ हैं, जहाँ महिलाएँ बहुत सारे भाईयों से विवाह करती हैं, परंतु यह कभी एक आम चलन नहीं रहा।

श्रवण का शिकार

दशरथ बहुत प्रसन्न थे। तीन पत्नियाँ, चार वीर पुत्र, चार वधुएँ। कौशल का भविष्य सुरक्षित था। एक व्यक्ति इससे अधिक और क्या कामना कर सकता था?

वे आनंदपूर्वक शिकार खेलने निकल पड़े। उन्होंने आकाश में उड़ते पक्षियों तथा धरती पर भाग रहे खरगोशों को अपना निशाना बनाया। उन्होंने एक बाघ का पीछा किया और उस पर घात लगाने में सफल रहे। उन्होंने एक हिरण का पीछा किया। फिर अपनी निपुणता की परख के

लिए, उन्होंने तय किया कि वे अपने नेत्रों पर पट्टी बाँध कर, शब्दभेदी बाण से संधान करेंगे। उन्हें लगा कि निकट के ताल से, किसी हिरण के पानी पीने का स्वर सुनाई दे रहा था, उन्होंने उसी दिशा में बाण चला दिया। उसी समय, एक मनुष्य का मर्मभेदी चीत्कार सुनाई दिया।

दशरथ आँखों पर बँधी पट्टी को उतार, उस आवाज़ की दिशा में लपके। उनका भय निराधार नहीं था, एक हिरण के भुलावे में उन्होंने किसी युवक पर अपना बाण चला दिया था। बाण उसकी छाती के पार हो गया था। अब उसके पास जीवन के कुछ ही क्षण शेष थे। वह किसी तरह बोला, "मेरे माता-पिता, हे अनजान दयालु व्यक्ति! मेरे माता-पिता, उन्हें किसी सुरक्षित स्थान पर छोड़ दो। जिस शिकारी ने मुझे अपने बाण से निशाना बनाया है, वह उन्हें भी मार सकता है।" इतना कहते ही उसकी मृत्यु हो गई।

दशरथ ने देखा कि जल में एक पात्र तैर रहा था। उन्होंने जो आवाज़ सुनी थी, वह इसी पात्र में से आई होगी। वहाँ कोई हिरण पानी नहीं पी रहा था।

दशरथ आत्म-ग्लानि के भार से दब गए, उन्होंने शव को बाँहों में उठाया और उसके माता-पिता को खोजने लगे। तभी किसी पुरुष का दुर्बल स्वर सुनाई दिया, "आ गए बेटा श्रवण?" तुम्हारी पदचाप इतनी भारी क्यों सुनाई दे रही है? तुमने क्या उठा रखा है?"

दशरथ ने युवक के माता-पिता को देखा : वे बूढ़े और लगभग नेत्रहीन थे। वे दो टोकरियों में बैठे थे, जिन्हें बहंगी की तरह लंबे डंडे के दोनों ओर लटकाया गया था। जिस युवक को उन्होंने मारा, वह अपने माता-पिता को कंधों पर उठाए चलता होगा। "मैं कौशल का राजा दशरथ हूँ। आप लोग वन में क्या कर रहे हैं?" उन्होंने कहा।

युवक की माँ बोली, "हमारा बेटा, हमें तीर्थयात्रा पर ले जा रहा है। वह थोड़ा जल लेने के लिए तीर्थयात्रियों के लिए बने पथ से इस ओर आ गया था। हमें बहुत प्यास लगी थी। श्रवण ने एक बाघ और हिरण को साथ जाते देखा। उसे लगा कि वे दोनों निश्चित रूप से किसी जल के स्त्रोत की ओर ही जा रहे होंगे इसलिए वह अपना पात्र लिए उनके पीछे गया है। बस लौटने ही वाला होगा।"

"क्षमा कर दें, मुझे!" यह कह कर दशरथ वृद्ध माता-पिता के चरणों में जा गिरे। फिर उन्होंने उन दोनों को बताया कि कुछ देर पहले क्या अनर्थ हुआ था।

उन दोनों ने दशरथ के हाथों से अपने पुत्र की देह को खींच कर उसकी हृदय

गति और नब्ज़ देखी। वह तो वास्तव में मर चुका था। माता विलाप करने लगी और पिता ने रोष में आ कर दशरथ को श्राप दिया, "जिस प्रकार मेरी पत्नी विलाप कर रही है, उसी प्रकार तू भी अपने पुत्र के वियोग में विलाप करेगा। जिस तरह मेरा हृदय मारे शोक के फटने को आ रहा है, उसी तरह तेरा कलेजा भी दो टूक होगा, जब तेरे आनंद का स्त्रोत तुझसे दूर कर दिया जाएगा।"

"कृपया, मुझे आपकी सहायता करने दें। कृपया इसे समझने की चेष्टा करें।"

"नहीं, हमसे दूर रहो। हमें इसी तरह अपने पुत्र के शव को गोद में लिए, प्राणों का त्याग करने दो। बाघ हमें जीते-जी खा जाए। हमारी मृत देह को गिद्ध नोच-नोच कर खा जाएँ। तुमने जो पीड़ा दी है, उसकी तुलना में, कम से कम वह पीड़ा सहनीय तो होगी।"

दशरथ वहाँ से दुत्कार दिए गए और ग्लानि और भय के साए में लिपटे, महल लौट आए। "मेरे पुत्र... मेरे पुत्रों को मेरे पास लाया जाए," उन्होंने आदेश दिया। राम और लक्ष्मण, उस समय हाथियों के बाड़े में थे, पिता के पास दौड़े आए। "भरत और शत्रुघ्न कहाँ हैं? क्या उन्हें कुछ हो गया है?" दशरथ ने पूछा

"पिता श्री, आपको स्मरण नहीं?" राम बोले। "आपने ही तो मृगया पर जाने से पूर्व उन्हें विदा दी थी। युद्धजित मामा ने कैकेय से रथ भेजा था ताकि उन्हें ननिहाल ले जाया जा सके। वृद्ध महाराज अश्वपति रोगी हैं, वे अंतिम श्वास पूरे करने से पहले, अपने नातियों से मिलना चाहते थे।"

"और यदि आज मेरा प्राणांत हो जाए?" अनुचरों ने उनके मस्तक से पसीना पोंछा, उन्हें पानी पिलाया और उनके चरण दबाने लगे। सभी एक-दूसरे को देख रहे थे।

महाराज को हो क्या गया था? वे इतने भयभीत क्यों थे? "नहीं, अब अगला राजा नियुक्त करने का समय हो गया है। अयोध्या को एक युवा राजन चाहिए; अब वृद्ध राजा को सेवानिवृत्त किया जाए। हम्म, इससे पूर्व कि कोई मुझे मेरे पुत्रों से विलग करे, मुझे इस सिंहासन से विलग होना है।"

कोई समझ नहीं पा रहा था कि महाराज निरंतर क्या बुदबुदा रहे थे। परंतु जब वशिष्ठ आए तो दशरथ ने उन्हें स्पष्ट शब्दों में कहा : "कल सुबह, मैं अपने ज्येष्ठ पुत्र राम के शीश पर राजमुकुट रखना चाहता हूँ। मैं चाहता हूँ कि कल राम का राज्याभिषेक कर दिया जाए। अब वह विवाहित है। वह वध करने और क्षमा देने का अनुभव पा चुका है। वह रघु वंश का नेतृत्व करने में सक्षम है। और मैं भी सेवानिवृत्त होने के लिए प्रस्तुत हूँ, मैं सुख से बैठ कर, उसे शासन करता देखूँगा और उसके पुत्रों को उसी प्रकार प्रशिक्षित करूँगा जिस प्रकार कौशिक ने मेरे पुत्रों को प्रशिक्षित किया था।"

वशिष्ठ मुनि को भी यही लगा कि यह एक उत्तम विचार था। महाराज वैदिक समाज की आश्रम व्यवस्था को आदर दे रहे थे, जिसके अनुसार प्रत्येक मनुष्य को अपने जीवन को चार

आश्रमों में विभाजित करना चाहिए। आयु का प्रथम चतुर्थांश एक ब्रह्मचारी के रूप में बिताना चाहिए, दूसरे चतुर्थांश में एक उत्पादक गृहस्थ के रूप में जीवनयापन करना चाहिए, तीसरे चतुर्थांश में अपने पुत्र को सहयोग देते हुए, पौत्र को प्रशिक्षण देना चाहिए तथा चौथे चतुर्थांश में एक संन्यासी का जीवन जीते हुए, घर तथा पत्नी का त्याग कर देना चाहिए। इस व्यवस्था में पीढ़ियों के वर्चस्व वाला समाज नहीं रहता, हर पीढ़ी, आने वाली पीढ़ी के लिए स्थान बनाती है। परंतु वे महाराज की इस अधीरता के प्रति सशंकित थे।

- वाल्मीकि रामायण में भी दशरथ द्वारा श्रवण के वध का प्रसंग आता है, परंतु उसमें युवक का नाम यज्ञदत्त है। उसकी माता जाति की शूद्र तथा पिता वैश्य हैं। जाति के प्रति यह संदर्भ बहुत महत्व रखता है क्योंकि यदि वह युवक ब्राह्मण होता तो उसकी हत्या निश्चित रूप से महाअपराध की श्रेणी में आ जाती।
- श्राप तथा वरदान के माध्यम से कथा में कर्म को अभिव्यक्त किया जाता है: प्रत्येक कर्म का अपना एक परिणाम होता है।
- वाल्मीकि रामायण के अनुसार, राम के विवाह तथा उनके राज्याभिषेक का निर्णय लेने के बीच बारह वर्ष का समय बीत गया था किंतु बाद में लिखी गई रामायणों में यह निर्णय तत्काल ही ले लिया गया है।
- दशरथ अपने भाग्य को बदलने के लिए संघर्षरत हैं। पहले वे तीन स्त्रियों से विवाह रचाते हैं और फिर भी निःसंतान रहने पर, एक ऋषि के माध्यम यज्ञ संपन्न करते हैं ताकि पुत्रलाभ हो सके। इसके बाद वे अपने पुत्रों को किसी भी प्रकार की हानि होने से पूर्व, उसका तत्काल राज्याभिषेक कर देना चाहते हैं। परंतु ऐसा करते हुए ही, वे ऐसी घटनाओं की श्रंखला रच देते हैं, जिसमें अनहोनी घट कर रहती है।
- किसी पुत्र द्वारा वृद्ध माता-पिता को अपने कंधों पर लाद कर, तीर्थयात्रा पर ले जाना, नेकी और भार का प्रतिबिंब है। जो बच्चे अपने बूढ़े माता-पिता की सेवा करते हैं, उन्हें अक्सर श्रवण कुमार कहा जाता है।
- काँवड़ या कंधे के दोनों ओर बाँस से झूल रहे पात्र, गृहस्थी के उत्तरदायित्वों का प्रतीक हैं जिन्हें नवयुवक, शिव से जुड़े मंदिरों के अनुष्ठानों के रूप में निभाते हैं। दक्षिण में, शिव के पुत्र मुरूगन के भक्त इस अनुष्ठान को पूरा करते हैं। उत्तर में, शिव भक्त काँवड़ में, गंगा जल भर कर, अपने स्थानीय मंदिरों में लाते हैं, वे सारे मार्ग में इस बात का विशेष ध्यान रखते हैं कि उनकी काँवड़ का धरती से स्पर्श न हो।
- उत्तरप्रदेश के उन्नाव ज़िले में, श्रवण नामक स्थान है, जिसका संबंध श्रवण की मृत्यु से जोड़ा जाता है। वहाँ एक पाषाण प्रतिमा है, जिसकी नाभि को कभी जल से भरा नहीं जा सकता, जो कर्तव्यपारायण पुत्र की अधूरी और कभी न बुझने वाली प्यास का प्रतीक है, जिसे दशरथ के हाथों इस संसार से विदा लेना पड़ा।

मंथरा का विष

महाराज के दरबार से होते हुए, सारी नगरी और फिर सारी भूमि तक समाचार प्रसारित हो उठा। अगले ही दिन, भोर बेला में, एक नए महाराज का राज्याभिषेक होगा और वृद्ध महाराज अवकाश ग्रहण करेंगे; इस प्रकार अयोध्या नगरी व कौशल प्रदेश के लिए निरंतरता व स्थिरता का आश्वासन बना रहेगा।

इस समाचार ने एक उत्सव सा रच दिया, एक कभी न समाप्त होने वाला, निरंतर चलने वाला एक समारोह। कृषक अपने खेतों से जल्दी लौट आए, चरवाहे पशुओं को शीघ्र ही वापिस ले आए और मछुआरों ने भी नदियों से बाहर आने में समय नहीं लगाया, वे सभी समारोह का अंग बनना चाहते थे। घरों को साफ़-सुथरा कर, पुष्पों से सुसज्जित किया गया। मार्ग जैसे धो-पोंछ कर चमका दिए गए और सब जगह जल का छिड़काव किया जाने लगा ताकि धूल न उड़ सके। दीपकों से जगमग रोशनी कर दी गई। अनेक प्रकार की पताकाएँ व ध्वज तैयार किए गए, ताकि प्रातःकाल उन्हें लगाया व फहराया जा सके। विशेष प्रकार के व्यंजन तैयार किए जाने लगे - कुछ भी खट्टा नहीं, सभी प्रकार के मिष्टान्न, सभी मक्खन व शुद्ध घी में तैयार किए जाने लगे! स्त्री और पुरुषों ने अपने सबसे नवीन और सुंदर वस्त्र व परिधान निकाले ताकि नए राजा की शोभायात्रा के समय, उनका अभिनंदन करने जा सकें। वे जानते थे कि नए महाराज राज्याभिषेक समारोह के बाद, अपने राजसी रथ में सवार हो कर, हाथी दाँत से बने छत्र तले, नगर का दौरा करने निकलेंगे। नगर के चौक में एक भव्य दावत का आयोजन किया जा रहा था। कुश्तीबाज़, मनोरंजन करने वाले तथा संगीतज्ञ, नगरी की ओर लपके ताकि इन सभी समारोहों में हिस्सा ले सकें, उत्सव की उमंग में झूम सकें।

महारानियों के अंत:पुरों में भी यह समाचार पाते ही हर्ष की लहर दौड़ गई। कौशल्या बोलीं, "परंतु क्या हम भरत और शत्रुघ्न के लौटने की प्रतीक्षा नहीं कर सकते?"

"सही कहा, मैं भी यही सोच रही थी कि अचानक इतनी अधीरता क्यों? अथवा यह सब पूर्व नियोजित था?" मंथरा ने सोचा। और ज्यों-ज्यों वह इस विषय का गहनता से विश्लेषण करने लगी, उसके विचार मंद बयार से, तेज़ तूफ़ान में बदल गए। अचानक उसे वह सब दिखने लगा, जो शायद अब तक किसी ने नहीं देखा था। और इन ढाँचों ने उसे बुरी तरह से भयभीत कर दिया। वह कैकेयी की ओर दौड़ी। जा कर देखा तो वह अपने प्रिय आभूषण छाँटने में मग्न थी।

मंथरा ने द्वार बंद किया, वह कैकेयी के सामने बैठ कर, छाती कूटते हुए, फ़र्श को ताकने लगी। वह लगातार, तेज़ी के साथ यह सब तब तक दोहराती रही, जब तक कैकेयी की दृष्टि उस पर नहीं पड़ी। "यह क्या माँ, क्या कर रही हो?"

"तुम एक सुंदरी, वीरांगना और बुद्धिमान हो, तुम्हें तो राजमाता बनना चाहिए था। तुम्हें एक महान राजा की प्रथम पत्नी होना चाहिए था। परंतु नहीं, तुम्हारे पिता ने तुम्हें इस अधम के हाथों सौंप दिया, जिसकी पहले से एक पत्नी थी। उसने तुम्हारे पिता से वादा किया था कि तुम्हारा पुत्र ही उसका उत्तराधिकारी होगा। इसके बाद उसने तुम पर आरोप लगाया कि तुम

उसे पुत्र नहीं दे सकीं। अपने-आप को राजा कहता है किंतु अपनी ही अनुर्वरता का दायित्व नहीं ले सकता। यहाँ तक कि उस अनुचर की पुत्री की कोख भी, उसके दुर्बल बीज को अंकुरित नहीं कर सकी। तब उसने मुनि को बुलवाया और पुत्र पाने के लिए यज्ञ रचाया। देवों ने उसे यज्ञ का प्रसाद दिया ताकि वह पिता बन सके। और पिता भी कैसा! जो अपनी पहली पत्नी के पुत्र के आगे किसी को कुछ नहीं जानता! वह उसे महल में अपने पास रख कर, तुम्हारे पुत्र को उस नीच विश्वामित्र के साथ वन में भेजना चाहता था। और फिर तुम्हारे पुत्र का विवाह एक निकृष्ट युवती से कर दिया, जो बड़ी वधु की छोटी बहन है, वह भी रानी बनने का अधिकार नहीं रखती। और अब, जब तुम्हारा पुत्र राज्य से बाहर है, तो उसने प्रिय राम के राज्याभिषेक की तैयारी कर ली है।

इस तरह कौशल्या तो राजमाता हो जाएगी और तुम कहाँ जाओगी? तुम्हारा पुत्र महाराज का दास होगा और तुम, मेरी सुंदर, वीर, बुद्धिसंपन्न व उर्वर कैकेयी, कौशल्या की दासी बनोगी। और मैं दासी की दासी बनूँगी। मैंने भारी हृदय के साथ दूसरी रानी की दासी बनना इसलिए स्वीकार कर लिया था कि एक दिन तुम राजमाता बनोगी। परंतु आज, सारी आशाएँ निष्फल हो गईं। यह सब इसलिए हुआ क्योंकि तुम महाराज को लुभा नही सकीं, वह कौशल्या तुमसे बाज़ी मार ले गई।"

कैकेयी, जो अब तक बहुत प्रसन्नमना थी, उसने तो इन बातों को इस तरह सोचा ही नहीं था, जैसे मंथरा बता रही थी, अचानक उसके मन में भय के साए रेंगने लगे। क्या वह राजा के लिए कोई मोल नहीं रखती थी? क्या उसके पुत्र का कोई मोल नहीं था? क्या अब वह महाराज की प्रिय रानी नहीं रही; उसे राजमाता की दासी बनना होगा और भरत? क्या वह राम का परिचारक होगा? फिर उसने सोचा : परंतु राम ही तो सबसे अच्छा और बड़ा पुत्र है। वह एक वीर, बलशाली तथा बुद्धिमान युवक है। अयोध्या पर उसका ही शासन होना चाहिए। एक योग्य राजा और उसकी नेक माता की सेवा करने में हर्ज़ ही क्या है?

मंथरा की यंत्रणा जारी रही, "बलिदान देना अच्छी बात है। निर्धन सदा से धनिकों के लिए त्याग करते आए हैं। दुर्बल बलशालियों के लिए तथा अनुचर अपने स्वामी के लिए बलिदान करते ही हैं। हमें कौशल्या के चरणों में अपने स्थान, अपनी नियति को स्वीकार कर लेना चाहिए। चूँकि तुम्हारा पालन-पोषण, तुम्हारी राजवंश में जन्मी माँ के नहीं, बल्कि मेरे हाथों हुआ, यही कारण है कि तुम्हें भी विवश हो कर मेरी तरह एक परिचारिका के गुणों व योग्यता का प्रदर्शन करना होगा।"

कैकेयी ने किसी क्रुद्ध नागिन की तरह फन उठा लिया, जिसकी पूँछ पर किसी ने भूल से पाँव धर दिया हो। "कभी नहीं, मैं किसी की दासी नहीं। मैं एक रानी हूँ और सदा रहूँगी। मैं अपने पति के पास जा कर कहूँगी कि वे ऐसा न करें। वे मेरी बात अवश्य सुनेंगे। वे सदा मेरी बात का मान रखते हैं।"

"हाँ, यह तो सत्य है किंतु अभी ऐसा नहीं होगा, इस समय तो वशिष्ठ और कौशल्या उन्हें घेरे बैठे हैं। उन्हें यहाँ तुम्हारे पास एकांत में आने दो। तब उनसे माँग करना कि वे अपना वचन पूरा करें।"

"वचन, कैसा वचन?"

मंथरा ने कैकेयी को उन दो वचनों का स्मरण कराया, जो दशरथ ने उसे, युद्धक्षेत्र में उसके प्राणों की रक्षा करने पर दिए थे, वे अभी तक माँगे नहीं गए थे। "अरे हाँ।" कैकेयी के मुख पर धूर्त मुस्कान खेल गई।

- इच्छाओं से ही सारी समस्याएँ जन्म पाती हैं। और सभी इच्छाएँ भय से उपजती हैं। मंथरा को अपने कल्याण की चिंता है और यह चिंता कैकेयी को सताती है। दोनों में से किसी को भी दशरथ पर विश्वास नहीं। प्रत्येक राम के राज्याभिषेक के परिणामों की कल्पना करती है और सामने आने वाली उस छवि से उसे प्रसन्नता नहीं मिलती।
- प्राचीन काल में, रानियों के अंतःपुर में कोपभवन नामक एक स्थान विशेष रूप से रहता था। जहाँ जा कर रानी अपना रोष प्रकट करती थी। कैकेयी भी वहीं जाती है; वह अपने भव्य वस्त्राभूषणों का त्याग कर, साधारण वस्त्रों में, धरा पर लोटते हुए, अपने शोक का प्रदर्शन करती है।
- मंथरा एक साहित्यिक कल्पना है, जहाँ सर्वेसर्वा के व्यक्तित्व का एक पक्ष, कथा के पात्र में बदल जाता है। मंथरा कैकेयी के भीतर छिपे भय का स्वर व मूर्तिमान रूप है।
- अनेक पुनर्लेखनों में, मंथरा और कैकेयी ने जो किया, उन्हें वैसा करने के लिए विवश होते हुए दिखाया गया है ताकि राम वन में जा कर राक्षसों का वध कर सकें। उदाहरण के लिए, अध्यात्मरामायण में ज्ञान की भगवती सरस्वती दोनों स्त्रियों को अपने वश में कर लेती हैं। ऐसे कथानकों में खलनायकों का मानवीकरण करने का प्रयत्न किया गया, ताकि दिखाया जा सके कि वे कथानक के प्रवाह में मोहरे भर हैं।
- कथा में महल का आंतरिक तनाव स्पष्ट है। प्रत्येक संगठन में कुछ अनुक्रम होते हैं, जो सत्ता को निश्चित करते हैं। उत्थान के लिए, कुछ लोग प्रतिभा का उपयोग करते हैं, कुछ लोग निष्ठा पर बल देते हैं तथा कुछ लोग संपर्कों को प्रयोग में लाते हैं। ज्येष्ठ पुत्र को ही राजसिंहासन का अधिकार मिलना चाहिए, यह नियम स्वयं मनुष्यों ने रचा है। प्रकृति में, सबसे बलशाली ही दल का नेतृत्व करता है। जिन कथाओं में राम को केवल ज्येष्ठ ही नहीं बल्कि बलशाली तथा सबसे अधिक बुद्धिमान भी दर्शाया गया है, वे सिंहासन पर उनके दावे को पुष्ट करती हैं।

- भवभूति की महावीर-चरित वर्णन करती है कि किसी प्रकार राम के मामा तथा मंत्री माल्यवान राम के विरुद्ध षड़यंत्र रचते हैं। पहले वे परशुराम को राम से युद्ध के लिए उकसाते हैं। इसके बाद वे शूर्पणखा को मंथरा की देह में प्रवेश करने को कहते हैं ताकि कैकेयी को प्रभावित किया जा सके। उन्हें लगता है कि इस प्रकार राम के वन में प्रवेश करने के बाद वे, वानर-राज बाली के अधीन हो जाएँगे और उन्हें शूर्पणखा से विवश हो कर विवाह करना पड़ेगा। तब रावण आसानी से सीता को अपने अधीन कर लेगा। मुरारि के संस्कृत नाटक अनर्घ राघव में भी यही कथा है।

कैकेयी के लिए दो वरदान

जब किसी राजा की कई रानियाँ हों तो उसे अपना सारा समय समान रूप से सभी रानियों को देना चाहिए, जबकि वे अपनी अधिकतर रातें, कैकेयी के साथ बिताना पसंद करते थे, यही बात अंतःपुर में तनाव का कारण बनती थी। परंतु कौशल्या इतनी उदार थीं कि कभी विद्रोह की नौबत नहीं आई और सुमित्रा का स्वभाव भी सौम्य था।

उस रात, अधिकांश रातों की तरह, महाराज ने कैकेयी के महल में प्रवेश किया। उन्होंने तो अपेक्षा की थी कि सुगंधित वातावरण तथा मंथरा के हाथों पके भोजन की गंध से उनका स्वागत होगा, विशेष तौर पर आज, जब सारी नगरी मह-मह महक रही थी और अगले दिन की तैयारियों में व्यस्त थी। परंतु अंधकार और सन्नाटे ने उनका स्वागत किया।

मंथरा एक कोने में कुबड़ निकाले बैठी, दोनों हाथों से छाती पीट रही थी और बीच-बीच में अपना सिर भी दीवार पर दे मारती थी। और कैकेयी धरती पर सुबकियाँ भरते हुए लोट रही थी, केश खुले हुए थे, परिधान अस्त-व्यस्त थे, सारे आभूषण यहाँ-वहाँ बिखरे थे। यह सब हो क्या रहा था?

"आप अपना वचन पूरा नहीं कर सके और रघुकुल के लिए लज्जा का कारण बने, मैं उसी कलंक को स्मरण करते हुए शोक मना रही हूँ," कैकेयी बोली।

"ऐसा कदापि नहीं होगा। ऐसा हो ही नहीं सकता! तुम ऐसा कैसे कह सकती हो?"

"मैं कुछ चाहती हूँ, कुछ ऐसा, जिसे देने का वचन आपने मुझे अनेक वर्षों पूर्व किया था, पर अब आप उसे मुझे देना नहीं चाहते," कैकेयी ने अपने शब्दों का जाल बनाते हुए, महाराज को वश में करना चाहा।

"रघुकुल का वंशज होने के नाते, मैं सदा अपने वचन का मान रखूँगा ताकि कभी मेरे परिवार की मर्यादा खंडित न हो, तुम यह भली-भाँति जानती हो," दशरथ ने लाड़ से कहा, वे राम को सारे राजकीय दायित्व सौंपने के बाद, अपना अधिकतर समय कैकेयी के साथ बिताने की संभावनाओं में मग्न थे।

"तो आप मुझे वे दो वरदान दें, जो आपने मुझे देव-असुर संग्राम में आपकी प्राणरक्षा करने के बदले में दिए थे। आपको राम को वन में भेजना होगा, जहाँ वह एक साधु के रूप में चौदह वर्ष का समय व्यतीत करेगा। मेरा भरत अयोध्या का राजा होगा।"

दशरथ इस तरह चिहुँके जैसे किसी वृश्चिक ने डँसा हो। उन्होंने कैकेयी की ओर देखा। नहीं, वह उपहास नहीं कर रही थी। यह सब तो वास्तव में घट रहा था। रघुकुल का वंशज होने के नाते, उन्हें अपने दिए हुए वचन का मान रखना ही होगा। श्रवण के पिता का श्राप फलित होता दिख रहा थ। उनकी टाँगें दुर्बल हो उठीं। वे नीचे बैठ गए। वे हौले से बुदबुदाए, "मुझे राम से पूछना होगा।"

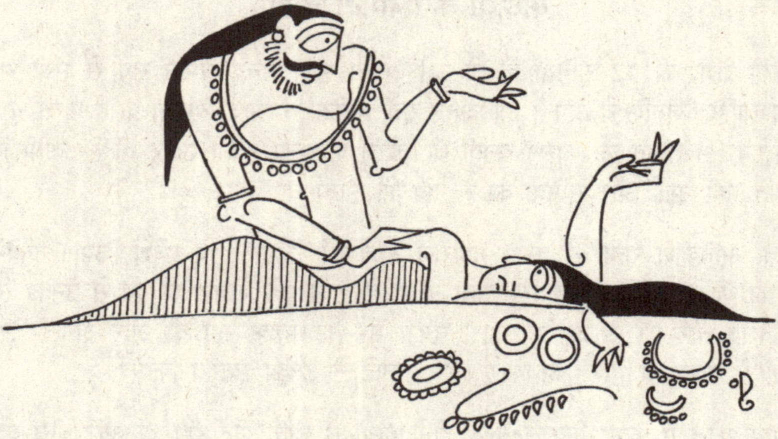

"मंथरा अभी जा कर, राम को ला सकती है। देखें कि वह रघुकुल का सच्चा वंशज है अथवा नहीं," कैकेयी ने महाराज की व्याकुलता का आनंद उठाते हुए कहा। "क्या वह बुला लाए?" महाराज ने अनमने मन से हामी भर दी।

मंथरा कौशल्या के महल में दौड़ी गई और राम को देखा, उनकी माता उन्हें भोजन करवा रही थी। मंथरा ने प्रणाम निवेदित कर कहा, "महाराज आपसे मिलना चाहते हैं। थोड़ी शीघ्रता दिखानी होगी।"

"राम को भोजन तो कर लेने दो।" सुमित्रा ने कहा, जो भावी महारानी, सीता को भोजन परोस रही थीं। परंतु राम उसी क्षण उठ खड़े हुए। कौशल्या ने बुरा नहीं माना; वे अपने पुत्र के व्यवहार तथा राजसी परिवार के नियमों से अवगत थीं।

- कैकेयी ने राम को चौदह वर्षों के लिए ही वनवास क्यों दिया? उन्हें सदा के लिए वन में क्यों नहीं भेजा? यह एक ऐसा रहस्य है, जिसे सुलझाना सरल नहीं है। इससे पता चलता है कि कैकेयी राम की राज्य में वापसी चाहती थी। विभिन्न लेखनों में, यही बात अलग-अलग

तरह से की गई है। एक संस्करण के अनुसार, देवों का एक पखवाड़ा, मनुष्यों के चौदह वर्षों के तुल्य होता है और कैकेयी को यही लगा कि राम को रावण के वध में इतना ही समय लगेगा। असम में प्राप्त एक और संस्करण के अनुसार, ऐसी भविष्यवाणी की गई थी कि उन चौदह वर्षों के दौरान, अयोध्या के राजसिंहासन पर जो भी बैठेगा, उसकी मृत्यु हो जाएगी, कैकेयी राम की रक्षा करना चाहती थी, भले ही उसके अपने पुत्र भरत के प्राण क्यों न चले जाएँ। यहाँ कथालेखकों के भीतर एक तरह की व्यग्रता दिखाई देती है जो ये चाहते हैं कि कैकेयी को समझते हुए, उसे क्षमा कर दिया जाए और उसकी निंदा न हो, भारतीय कथाओं में यह गुण विशिष्ट रूप से पाया जाता है।

- भास के प्रतिमा नाटक में कैकेयी भरत से कहती हैं कि वे राम को चौदह दिन के लिए वनवास देना चाहती थीं किंतु उनके मुख से भूलवश चौदह वर्ष निकल गया। इस नाटक में कैकेयी पर लगे कलंक के धब्बे को हटाने का प्रयत्न किया गया है।
- बौद्ध रामायण में, राम को उनके पिता द्वारा वन में इसलिए भेजा जाता है ताकि वे उसकी महत्वाकांक्षी विमाता से उसकी रक्षा कर सकें। दशरथ चाहते हैं कि राम उनकी मृत्यु के बाद लौटें और बलप्रयोग से अपने अधिकार की माँग करें।
- जैन पौमाचर्या में, दशरथ राम को वन में जाने के लिए इसलिए कहते हैं कि कहीं भरत भी उनकी तरह तपस्वी न बन जाए।
- जब राम को कैकेयी की ओर से बुलावा आता है, तो वाल्मीकि की रामायण में, उन्हें नगरी के वृद्धजन के बीच बैठा दिखाया गया है और वे पूर्ण चंद्रमा की भाँति दिख रहे हैं, वहीं सीता किसी तारा मंडल के समान दिख रही हैं।

रघु कुल की प्रतिष्ठा का मान

राम ने कैकेयी के महल में प्रवेश करते ही देखा, पिता बहुत ही व्याकुल भाव से, असंगत प्रलाप कर रहे थे। उनके स्थान पर कैकेयी ने कहा, "तुम्हारे पिता, अयोध्या नरेश, रघुकुल के वंशज ने मुझे वचन दिया था कि वे मुझे एक नहीं दो-दो वरदान देंगे। आज, मैंने उन्हें अपनी इच्छा बताई है। मैं चाहती हूँ कि तुम चौदह वर्ष तक साधु बन कर वनवास करो और मेरे पुत्र भरत को अयोध्या का राजसिंहासन सौंपा जाए। इस विषय में तुम कुछ कहना चाहते हो? तुम्हारे पिता अभी इस बारे में कुछ निर्णय नहीं ले पा रहे।"

राम का मुख, यथावत् शांत रहा, वे बोले, "दिए गए वचन को तो अवश्य निभाना चाहिए। मैं तत्काल वन जाने की तैयारी करता हूँ और अपने भाई के लिए

राजसिंहासन खाली करने में मुझे हर्ष का अनुभव हो रहा है। ऐसा न हो कहीं कोई कह दे कि रघुवंश के किसी सदस्य ने अपने वचन का मान नहीं रखा। प्रजा कभी अयोध्या के नरेशों की सत्यनिष्ठा पर संशय न करने पाए।"

दशरथ बुरी तरह से बिखर गए। यदि उनके पुत्र ने इस प्रस्ताव का विरोध कर दिया होता तो सब कुछ कितना आसान हो जाता, काश उसने अपनी ओर से कोई सफ़ाई माँगी होती या कम से कम थोड़े रोष का ही प्रदर्शन कर देता।

कैकेयी ने चुटकी ली, "इसमें कोई संदेह नहीं, यह आपका सबसे प्रिय पुत्र क्यों है। यह तो कोई भी प्रश्न किए बिना, आपकी हर आज्ञा का पालन करता है।"

"दुष्ट स्त्री! तू नेत्रहीन हो गई है। यहाँ एक पुत्र पिता की आज्ञा का पालन नहीं कर रहा। रघुवंश का राजकुमार, राजकीय प्रतिष्ठा का मान रख रहा है।"

कैकेयी को इन बातों को सुनने की परवाह नहीं थी। और मंथरा कौशल्या के अंतःपुर की ओर, उमगती हुई दौड़ी, सबको यह शुभ समाचार भी तो देना था।

- समाज में किसी मनुष्य का मोल, उसकी प्राप्तियों के आधार पर ही किया जाता है। परंतु राम इस तरह अपना मूल्यांकन नहीं करते। वे अयोध्या के सिंहासन को अपनी संपत्ति नहीं मानते। इस तरह वे उसे सहजता से छोड़ सकते हैं। यह उनकी प्रज्ञा का सूचक है। तपस्या मनुष्य को इस योग्य बनाती है कि वह सुनिश्चित कर सके, वह स्वयं को कैसे मोल देना चाहता है; इस प्रकार यह पता चलता है कि वह समाज में किस प्रकार का यज्ञ रचाएगा। परंतु राम द्वारा अयोध्या के प्रति विरक्ति का जो भाव पहले भला लगता है, वही महाकाव्य के अंत तक आते-आते भयंकर लगने लगता है, जब राम स्वयं को अपनी पत्नी से भी विमुख व विरक्त कर देते हैं। यह महाकाव्य विरक्ति के गहरे अंधकार से भरे पक्ष की ओर भी इंगित करता है। यह सब उतना कल्याणकारी नहीं होता, जितना इसे सदा बनाने का प्रयत्न किया जाता है।
- राम को मर्यादा पुरुषोत्तम के रूप में पूजा जाता है, जो नियमों का पालन करते हैं। इस प्रकार उनके निर्णय भावों पर नहीं, किसी राजकुमार से अपेक्षित सामाजिक व्यवहार पर आधारित होते हैं। यह भेद बहुत ही आलोचनात्मक है। राम भावनाओं के स्थान पर नियमों को अधिक प्रश्रय देते हैं, यही कटु सत्य उस समय नग्न रूप में आ जाता है, जब वे अपनी पत्नी का त्याग करते हैं। नियमों का पालनकर्ता अपने राजसी वचन तथा राजसी प्रतिष्ठा का मान बनाए रखता है। इससे उसे कोई अंतर नहीं पड़ता कि उसके इस निर्णय से उसके पिता व पत्नी का हृदय पीड़ित हो रहा है। नियमों का पालनकर्ता न तो आज्ञाकारी पुत्र है और न ही स्नेही पति; वह तो केवल अपने नियम निभाना जानता है। इस तरह यह समाज की आदर्श व्यवस्था का अभियोग दिखाई देता है, जहाँ नियमों व तंत्र को व्यक्तियों से अधिक मान दिया जाता हो।
- वाल्मीकि रामायण में स्पष्ट रूप से लिखा है कि दशरथ ने कैकेयी को अपनी पत्नी बनाते समय, यह वचन दिया था कि उनका पुत्र ही राजसिंहासन का वास्तविक उत्तराधिकारी होगा।

राम को इस विषय में जानकारी थी इसलिए वे कभी कैकेयी पर अभियोग नहीं लगाते।

- पाँचवीं सदी ई. तक, राम को एक महामानव नायक माना जाता था, यहाँ तक कि वाल्मीकि की रामायण में भी राम को अपनी दिव्यता का भास होने का संकेत दिया गया है, परंतु इसे कभी प्रकट नहीं किया गया। पाँचवीं सदी ई. के बाद से, राम को धरती पर विष्णु के अवतार, एक आदर्श राजा के रूप में देखा जाने लगा, जो अपने वचन को सबसे अधिक मान देते हैं। दसवीं सदी तक, राम के दैवीय स्वरूप के विषय में कोई संदेह नहीं रहा। कम्बन के तमिल रामायण संस्करण इरामवतारम् (इस अवतार को राम कहा गया है) में राम अपनी ही दिव्यता से संघर्षरत हैं तथा धीरे-धीरे मौन में चले जाते हैं, क्योंकि उनके कर्म प्रायः, उन दैवीयता से रखी जाने वाली अपेक्षाओं से ठीक विपरीत जान पड़ते हैं। बारहवीं सदी तक, वेदांत विद्वान रामानुज के लेखन के बाद, राम को ईश्वर के समतुल्य माना जाने लगा और इस तरह राम-भक्ति का आरंभ हुआ, जहाँ राम को ईश्वर के रूप में दर्शाया गया है और उन्हें अपने ईश्वरत्व का प्रमाण नहीं देना पड़ता। महाकाव्य में यह सभी को ज्ञात है कि वे स्वयं भगवान हैं और सभी उनसे, इसी रूप में व्यवहार करते हैं।

राम के साथी

कौशल्या और सुमित्रा कैकेयी के महल में दौड़ी आईं और उनके पीछे ही लक्ष्मण, सीता व उर्मिला भी आ गए। अब तक अंधकार में डूबे महल में दीपक जलाए जा चुके थे। उन्होंने टिमटिमाती लौ के बीच, महाराज को कैकेयी के पलंग पर और राम को उनके चरणों के निकट बैठा देखा। महाराज बहुत व्याकुल दिख रहे थे, कैकेयी के चेहरे पर विजयी भाव थे और राम सहज व स्वाभाविक दिखे। वे अपने आभूषणों को खोल कर, वहीं धरती पर ढेर करते जा रहे थे।

कौशल्या तो यह दृश्य देख बेसुध सी होने लगीं, परंतु सुमित्रा ने थाम लिया। यह सारा दृश्य सच था!!

लक्ष्मण ने घोषणा की, "मैं आपके साथ चलूँगा। मैं महल में भी सदा आपके साथ छाया की भाँति रहा हूँ। वन में भी आपकी छाया बना रहूँगा।" राम ने एक भी शब्द नहीं कहा।

"मैं भी साथ चलूँगी," सीता बोलीं

"नहीं," राम चिल्लाए और सभी स्तब्ध हो उठे। इसके बाद उन्होंने अपने सुर को थोड़ा नीचा करते हुए सीता को समझाया, "वन राजकुमारियों के लिए नहीं बने। यहीं महल में रह कर मेरी प्रतीक्षा करो।"

"मुझे साथ चलने के लिए आपकी अनुमति नहीं चाहिए। मैं आपकी पत्नी हूँ और मुझे सदा आपके साथ होना चाहिए, भले ही आप सिहांसन पर हों, युद्धभूमि में हों या किसी वन में! आप जो खाएँगे, मैं भी वही खाऊँगी, आप जहाँ सोएँगे, मैं भी वहीं विश्राम करूँगी। आप उस धनुष की मूठ हैं, जो हमारा विवाह है; आपको उसे पूरा करने के लिए डोरी चाहिए। मेरा स्थान केवल आपके साथ है, वह कहीं और नहीं है। भयभीत न हों, मैं आप पर भार नहीं बनूँगी; मैं अपना दायित्व स्वयं ले सकती हूँ। जब तक मैं आपके साथ और आपके पीछे हूँ, आपको किसी चीज़ की आवश्यकता नहीं होगी।"

किशोरी सीता के वचनों को सुन महल में सभी आश्चर्यचकित हो उठे। वह तो सही मायनों में जनक की पुत्री थी, धरती से जन्मी, ऋषियों के बीच पली-बढ़ी, जो उस शिव धनुष को अकेले ही उठा लेती थी, जिसने बाक़ी सबको कुचल कर रख दिया था।

"और मैं अपने पति के साथ चलूँगी," उर्मिला बोली।

लक्ष्मण ने अपनी पत्नी को एक ओर ले जा कर कहा, "तुम यहीं रह कर, मुझे अपना सहयोग दो। मैं अपने भाई तथा उनकी पत्नी की सेवा के लिए वन में जा रहा हूँ। अगर तुम साथ चलोगी, तो मेरा ध्यान भटक जाएगा।"

"आपकी सेवा कौन करेगा?" उर्मिला ने पूछा

"तुम यहीं रह कर मेरी सेवा करो। मुझे अपने हृदय में धारण करो।"

सुमित्रा ने वह कहा, जो सभी कहना चाहते थे, "वन में चौदह वर्ष! क्या तुम्हें इसका अर्थ पता है? चँवर के बिना चौदह वर्षों की भीषण गर्मी, ओढ़ने के बिना चौदह वर्षों की शीत और छत्र के बिना चौदह वर्षों की वर्षा ऋतु।"

सीता बोलीं, "माँ, आप अपने पुत्रों की चिंता न करें। गर्मियों में, मैं छायादार वृक्ष खोज लूँगी, जिनके तले वे विश्राम कर सकेंगे। सर्दियों में, मैं उनके शरीरों को गरमाहट देने के लिए अलाव जलाए रखूँगी। वर्षा ऋतु के दौरान मैं ऐसी कंदराएँ खोज लूँगी जिनमें रहने से वे भीगेंगे नहीं। वे मेरे साथ पूरी तरह से सुरक्षित हैं।"

कौशल्या का हृदय स्नेह-विगलित हो उठा : 'यह बच्ची नहीं जानती कि भाग्य ने इसके लिए क्या-क्या लिख रखा है', उन्होंने सोचा। उन्हें लगा मानो उनकी प्रसन्नता से ईर्ष्या रखने वाले किसी व्यक्ति ने उनके कलेजे को कचोट दिया हो। मुख पर अश्रुओं की धार बह निकली, उन्होंने अपनी बाजू से रक्षा कवच उतारा और उसे सीता की भुजा पर बाँध दिया।

उर्मिला सीता के कंठ से लग कर, सुबकियाँ भरने लगी। वह अचानक स्वयं को अकेला महसूस करने लगी थी।

- वाल्मीकि की *रामायण* में, राम के वनवास गमन को बहुत विस्तार के साथ नाटकीय रूप में प्रस्तुत किया गया है। पहले दशरथ राम को कैकेयी के महल में बुलवाते हैं। फिर राम यह समाचार देने के लिए, पहले कौशल्या के महल में और फिर सीता के महल में जाते हैं। अंततः वे दशरथ के महल में आ कर, वन में जाने के लिए प्रस्तुत होते हैं।
- क्या सीता राम के साथ इसलिए जा रही हैं क्योंकि यह उनका कर्तव्य बनता है अथवा यह निर्णय राम के प्रति प्रेम व उनकी चिंता की उपज है? यह निर्णय सामाजिक नियमों पर आधारित है अथवा भावनाओं पर? महाकाव्य इन तथ्यों को स्पष्ट नहीं करता। परंतु जहाँ राम का झुकाव नियमों की ओर है, वहीं सीता भावप्रधान होते हुए, उन्हें संतुलित करने की चेष्टा करती हैं। वे संतुलन साधते हैं; सीता इस बात को समझती हैं।
- पारंपरिक कथाओं में सीता को एक विनीत तथा आज्ञाकारी पत्नी के रूप में चित्रित किया गया है जबकि वाल्मीकि की *रामायण* में सीता व्यक्तिगत सोच रखती हैं। दरअसल, वे राम को फ़टकारती हैं कि वे पुरुष होते हुए भी भयभीत हैं और अपनी पत्नी को साथ नहीं ले जाना चाह रहे।
- *अध्यात्म रामायण* में, राम सीता को अपने साथ ले जाने के लिए इस तर्क पर अपनी सहमति जताते हैं कि पिछली सभी *रामायणों* में भी सीता राम के साथ वनवास को गई थीं। इस तरह इस कथानक के अनेक पुनर्लेखनों की ओर संकेत है, या पूर्व जन्मों का उल्लेख है, जहाँ वे पहले भी राम थे। इस प्रकार कथा में इस मान्यता को बल दिया गया है कि *रामायण* एक कभी न समाप्त होने वाली चक्रीय कथा है, जो बार-बार, भिन्न-भिन्न युगों में एक साथ, एक ही क्रम में घटती है और विभिन्न कवियों द्वारा सुनाई जाती है, और हम, इसके अनेक संस्करणों में से, केवल एक तक ही पहुँच रखते हैं।
- वैष्णव साहित्य में जब विष्णु धरती पर अवतरित होते हैं तो उनके साथी आदि शेषनाग भी हैं, जिन पर वे विश्राम करते हैं तथा उनके अस्त्र-शस्त्र भी मानव रूप धारण करते हैं। जब वे राम के रूप में आते हैं, तो आदिशेष लक्ष्मण का रूप लेते हैं व उनके अस्त्र-शस्त्र चक्र व गदा, उनके भाई भरत व शत्रुघ्न के रूप में अवतरित होते हैं।

वल्कल वस्त्र

सब कुछ बहुत तेज़ी से घट रहा था। संध्या समय महल में समारोह की तैयारियाँ चल रही थीं। आधी रात होने तक, यह विषाद स्थल बन गया था। अनुचर महल में घूम-घूम कर, संगीतज्ञों को मना कर रहे थे कि वे अब संगीत न छेड़ें, रसोईयों को मना किया गया कि वे पकवान तैयार न करें, दासियों को मालाएँ गूँथने से मना किया गया, सहायकों से कहा गया कि वे दीपमाला न करें और पंडितों को मंत्रोच्चार रोकने के संकेत दे दिए गए। अगले दिन के लिए तैयारी में व्यस्त, मनोरंजन करने वालों की चहल-पहल, अब चिंता से भरी फुसफुसाहटों में बदल गई थी।

शीघ्र ही किसी अष्टभुजी समुद्री जीव के पैरों की तरह, यह समाचार महल से पूरी नगरी में फैल गया। यह तो अकल्पनीय घटा था : जिस राम को भोर-बेला में राज्याभिषेक करने के बाद,

सिंहासन सौंपा जाना था, उन्हें ही नगर से बहिष्कृत कर दिया गया और उन्हें चौदह वर्ष तक वनवास करने व एक साधु की तरह रहने का आदेश दे दिया गया। अगले दिन की तैयारियों के लिए जागे हुए अयोध्यावासियों ने अपने सारे काम छोड़े और महल की ओर आने लगे। उन्हें यह पुष्टि करनी थी कि बात सच्ची थी अथवा किसी ने उनके साथ ऐसा क्रूर उपहास किया था।

इस दौरान, मंथरा ने राम, लक्ष्मण व सीता के लिए वल्कल वस्त्रों का प्रबंध किया। राम ने बहुत ही सहज भाव से अपने राजसी वस्त्र त्याग दिए क्योंकि वे वशिष्ठ ऋषि के आश्रम में भी इसी तरह के वस्त्र धारण कर चुके थे। सीता ने उपनिषद के लिए आए अनेक ऋषियों को उन्हें पहने हुए देखा था परंतु स्वयं कभी वल्कल वस्त्र नहीं पहने थे इसलिए वे थोड़ी भ्रमित दिखीं।

“मैं तुम्हारी सहायता करता हूँ,” राम बोले।

कौशल्या ने सीता को देखते हुए कहा, “रुको! मेरी प्यारी पुत्रवधू! राम को एक मुनि के वेष में रहने को कहा गया, तुम्हें नहीं! तुम तो रघुवंश की लक्ष्मी का मूर्तिमान रूप हो। तुम्हें कभी निर्धन या असहाय अवस्था में नहीं दिखना चाहिए, तुम्हें सदैव अपने आभूषणों व श्री सहित दिखाई देना चाहिए। यदि ऐसा न हुआ तो देव कुपित होंगे और तुम्हारे पति के घर में दुर्भाग्य का साया पड़ सकता है। कैकेयी, यह बात कहो इससे, या तुम चाहती हो कि तुम्हारे पुत्र के राज्य को भगवती के कोप का सामना करना पड़े?”

घटनाओं के अनपेक्षित व अद्‌भुत रूप के मद में चूर कैकेयी ने उदारता प्रदर्शन का निर्णय लिया और बोली, “हाँ, राम को मुनि वेष में रहना होगा। सीता, तुम्हें वधू के वेष में ही रहना चाहिए। तुम वन में भी रघुवंश की प्रतिष्ठा का प्रतीक रहोगी। राम, इसकी हर प्रकार से रक्षा करना। अपने शस्त्र साथ ले जाना मत भूलना। कभी भरत को तुम्हारी निष्ठा पर संदेह न होने पाए।”

मंथरा दबी हँसी के साथ बोली, “हे ईश्वर, यह कन्या वन में युवती होगी। तब क्या एक साधु, वास्तव में साधु रह पाएगा?”

“दुष्ट डायन, मैं तेरी ज़ुबान काट लूँगा,” लक्ष्मण ने कहा

राम ने कम शब्दों में, लक्ष्मण से कहा, “मैं चलता हूँ, अगर मेरे साथ आना चाहो, तो अभी चलो। अगर यहीं रह कर ज़ुबानें काटना चाहते हो, तो वह भी तुम्हारी इच्छा है।”

राम वल्कल वस्त्र धारण कर, कैकेयी के महल से

बाहर आ गए, उनके पास अपनी तलवार, एक परशु, धनुष तथा बाणों से भरे तूणीरों के अतिरिक्त कुछ नहीं था। सीता उनके पीछे चलीं, वे लाल परिधान तथा आभूषणों से इस तरह सुसज्जित थीं मानो अपने पति, राजा के साथ सिंहासन पर विराजने वाली कोई रानी हों। लक्ष्मण उनके पीछे चले किंतु वे अपने रोष को छिपाने में असमर्थ थे। राजकुमार के लिए छत्र व चामर लिए खड़े सहायक स्तब्ध खड़े थे, उन्हें समझ नहीं आ रहा था कि वे क्या करें।

यदि वे युद्ध के लिए जा रहे होते, तो कोई शोक न करता। परंतु यह तो असहनीय था, यहाँ तक कि अस्वीकार्य था : बच्चों को वन में रहने के लिए भेजा जा रहा था और माता-पिता महल में निवास करेंगे। ज्योंही उन्होंने महल की देहरी लांघी, दशरथ अपने को वश में न रख सके। राजसी मर्यादा को त्याग, एक पिता विलाप कर उठा। कौशल्या और सुमित्रा, जो अब तक उन्हें सांत्वना देने का प्रयत्न कर रही थीं, अब उनके धैर्य का बाँध भी टूट गया, वे भी रोने लगीं। उन्हें रोता देख, उनकी दासियाँ व अनुचर भी रोने लगे, योद्धा रोने लगे, पंडित रोने लगे, सभी बूढ़े - बुजुर्ग रोने लगे। ऐसा लग रहा था जैसे महल में किसी का निधन हो गया और सभी समवेत स्वर में शोक मना रहे हों।

- बरगद व केले के पेड़ की भीतरी छाल की रेशेदार पट्टियों को पीट-पीट कर इस योग्य बना दिया जाता है कि उससे तन ढाँपने के वस्त्र बन सकें।
- राम ने वट वृक्ष के रस से अपने केशों की जटाएँ बनाईं।
- मिनिएचर कला में, राम को प्रायः पत्तों से बने वस्त्र पहने दिखाया गया है और वे अपनी देह के चारों ओर पशु चर्म भी लपेटते हैं। भिक्षुक ऐसे ही वस्त्र पहनते थे।
- सभी संस्करण इस बात पर एकमत नहीं हैं कि सीता राजसी परिधान में राम के साथ गईं अथवा उन्होंने भी वल्कल वस्त्र धारण किए। कम्बन की रामायण में, वे वल्कल वस्त्र पहनती हैं।

प्रस्थान

जब अयोध्यावासियों ने, महल के अंतःपुर से उठते विलाप के सुरों को सुना, तो उन्होंने महल का द्वार अवरुद्ध कर दिया। वे राम को जाने ही नहीं देंगे। भले ही महल में जो भी राजनीति चल रही हो, यह उनके भविष्य का भी प्रश्न था। वे मौन साक्षी बने नहीं खड़े रहेंगे।

द्वार पर हो रहे कोलाहल से बचाव के लिए, यह निर्णय लिया गया कि राम, लक्ष्मण व सीता को राजसी रथ पर, नगर से बाहर ले जाया जाए। इस प्रकार उनके लिए भीड़ से बच कर निकलना सरल होगा। राजा के सारथी सुमंत्र ने योद्धाओं को आदेश दिया कि वे कोड़ों तथा लाठियों की मार से, लोगों को पीछे धकेलने व मार्ग बनाने की चेष्टा करें।

परंतु ज्योंही रथ बाहर निकला, सारी भीड़ आगे की ओर आ गई, उन्होंने भयभीत होने से इंकार कर दिया था। उन्होंने धमकी दी कि वे रथ के पहियों के नीचे कुचल कर, अपने प्राण

दे देंगे। 'हम कैकेयी का वध कर देंगे। हम भरत का वध कर देंगे। राम, आप विद्रोह करो, हम आपके साथ हैं। इस अन्याय के आगे घुटने मत टेको।' वे बोले।

अंततः राम अपने स्थान से उठे व स्पष्ट और कोमल स्वर में बोले, "आप सब यह जान लें, अयोध्या मेरी या भरत की संपत्ति नहीं, जिसे किसी को भी दिया जा सके; अयोध्या रघुवंश की संपत्ति नहीं, उसका उत्तरदायित्व है। यदि रघुकुल के राजा अपने वचन का मान नहीं रख सके, तो यह अन्याय होगा, यदि कैकेयी माता की इच्छा का मान नहीं रखा गया तो यह अन्याय होगा। मेरे पिता ने उनकी इच्छाओं की पूर्ति का वचन दिया था और अब वे उसे पूरा करने का दायित्व रखते हैं और वही दायित्व मुझ पर भी है। कैकेयी को दोष न दें, वे अपना दाय माँग रही हैं। हाँ, प्रसंग भले ही दुर्भाग्यपूर्ण है परंतु यह हमारे जीवन की एक घटना ही तो है; यदि हम चाहें तो इसे त्रासदी का नाम दे सकते हैं। दोषारोपण से किसी का कल्याण नहीं होता; हमें इसका उत्तरदायित्व लेना चाहिए। जीवन में कुछ भी तो अनायास नहीं होता : यह पूर्व कर्मों का फल है। यह क्षण ठीक वैसा ही है, जैसा इसे होना चाहिए। मैं अपने अतीत का भार चुका रहा हूँ और आप भी चुका रहे हैं। हम अपने जीवन की परिस्थितियों को नहीं चुन सकते, परंतु अपने चुनाव तो कर ही सकते हैं। मैंने अपने वंश के प्रति सत्यनिष्ठा को चुना है। मेरी पत्नी ने, मेरी पत्नी के रूप में अपनी भूमिका को चुना है। मेरे भाई ने अपनी भावनाओं के प्रति सत्य रहने का विकल्प चुना है। हमें हमारे चुनावों के अनुरूप चलने की अनुमति प्रदान करें। हमारे निर्णयों का आदर करें। आप किसी रानी या उसके पुत्र, अथवा राजा से रुष्ट नहीं हैं, आप कुपित हैं कि जीवन उस रूप में, आपके सामने नहीं आ पा रहा, जिस रूप में इसे आना चाहिए था। आप जिस संसार का अनुचित लाभ लेते हैं, वह एक पल में कैसे भस्मीभूत हो जाता है। अपने मानस का विस्तार करें और समझें कि पीड़ा आपकी धारणाओं व अपेक्षाओं से उपजती है। घृणा के स्थान पर प्रेम का चुनाव करें, मानवता के उन भय तथा दुर्बलताओं को स्वीकारें, जिनके कारण ऐसी परिस्थितियाँ सामने आती हैं। यह क्षण किसी श्राप का फल है या हो सकता है कि यह कोई प्रतीक्षारत वरदान ही हो, कौन जाने? वरुण के हज़ार नेत्र हैं, इंद्र के सौ नेत्र हैं, परंतु मेरे और आपके तो केवल दो ही नेत्र हैं।"

इसके बाद वहाँ किसी तरह का प्रतिरोध नहीं हुआ। रथ सरलता से आगे बढ़ता चला गया और प्रजा पीछे की ओर हटते हुए, स्थान देती गई।

जब रथ नगर द्वार से बाहर निकला, तो लोगों को ऐसा लगा मानो उनके हृदय रिक्त हो उठे हों और वे अनायास ही रथ का पीछा करने लगे। वे रथ को नहीं रोक सके किंतु वे अपने पैरों को भी तो नहीं रोक पा रहे थे। शीघ्र ही सारी नगरी वीरान दिखने लगी और एक रथ के पीछे चल रही प्रजा की लंबी क़तारें दिखाई देने लगीं जो राजसी पताका फहराते हुए, कौशल प्रदेश की सीमाओं की ओर बढ़ा जा रहा था।

दशरथ अपनी पत्नियों का सहारा ले कर, स्वयं को कैकेयी के महल से घसीटते हुए बाहर ले गए। उन्होंने महल के द्वार से अपने पुत्रों को बाहर जाते देखा। वे अपने पंजों के बल खड़े, गर्दन उचकाए, तब तक रथ को देखते रहे, जब तक वह क्षितिज पर कहीं विलीन नहीं हो

गया। वे बोले, "राम चला गया। भरत यहाँ नहीं है। लक्ष्मण और शत्रुघ्न भी नहीं हैं। यदि मैं नहीं रहा तो अयोध्या का क्या होगा?"

"कुछ नहीं होगा। सूर्य पुनः उदित होगा। पक्षी फिर चहचहाएँगे और नगरी अपना सारा कामकाज पहले की तरह करेगी। मेरे पतिदेव, संसार को हमारी नहीं, हमें संसार की आवश्यकता है। आइए, हम भीतर चल कर भरत के राज्याभिषेक की तैयारी करें। सौभाग्य तथा दुर्भाग्य तो आते-जाते रहेंगे किंतु जीवन निरंतर चलायमान रहेगा।" कौशल्या ने उत्कंठित होते हुए कहा

- *रामायण* और *महाभारत* में प्रायः यह दृश्य दिखाई देता है कि प्रिय रथ में बैठ कर, विदा ले रहे हैं। राम रथ में बैठ, अयोध्या से जा रहे हैं और लोग उन्हें रोकने की चेष्टा करते हैं। कृष्ण रथ में आसीन हो, वृंदावन से जाना चाह रहे हैं और ग्वाल-बाल रथ के आगे लेट कर, उन्हें रोकने की चेष्टा करते हैं। कृष्ण ने तो वापिस आने का वचन नहीं निभाया किंतु राम अपना वचन निभाते हैं व अयोध्यावासियों के पास लौट कर आते हैं।
- बुद्ध का प्रस्थान गुप्त रूप से हुआ, किंतु राम सार्वजनिक रूप से गृह-त्याग करते हैं, वहाँ सभी विलाप कर रहे हैं कि उनके प्रिय राम अपने कर्तव्य के निर्वाह हेतु जाने को विवश हैं।
- विदा के समय राम का सौम्य व प्रशांत रूप, अधिकतर प्रजावासियों की दृष्टि में उन्हें दैवीय बना देता है। उन्होंने जो किया, वह कोई साधारण मनुष्य कभी न करता; वे मानवीय संभावना की पराकाष्ठा का प्रदर्शन करते हैं।
- कश्मीरी रामायण के अनुसार, दशरथ वियोग में इतना रोते हैं कि वे नेत्रहीन हो जाते हैं।

केवट गुहा

रथ गंगा नदी के किनारे जा कर ठहर गया। राम बोले, "हमें विश्राम करना चाहिए।" सभी प्रजाजन रथ के आसपास घेरा बना कर बैठ गए।

धीरे-धीरे रात गहराने लगी। लोग जम्हाईयाँ लेते हुए, अंगड़ाईयाँ लेने लगे। शीघ्र ही वे गहरी निद्रा की गोद में समाने लगे। सीता ने देखा कि राम अपनी प्रजा को मातृवत् स्नेह से निहार रहे थे। "आप भी कुछ समय के लिए सो क्यों नहीं जाते?" सीता ने पूछा

"नहीं, वन हमारी प्रतीक्षा में है।" जब चारों ओर से गहन निद्रा के संकेत मिलने लगे तो राम अपने स्थान से उठे और सुमंत्र से कहा, "इनकी निद्रावस्था के दौरान ही हम इनसे विदा लेंगे। जब वे उठें तो अयोध्या के नर-नारियों को मेरा संदेश देना, यदि वे सच्चे अर्थों में मुझसे स्नेह रखते हैं तो उन्हें अपने घरों को लौटना होगा। मैं आपसे और उन सबसे, चौदह वर्ष पश्चात् पुनः भेंट करूँगा। कोई भी ग्रहण सदा नहीं रहता।"

राम नदी के ऊपरी हिस्से की ओर चल दिए। सीता और लक्ष्मण उनके पीछे चलने लगे। सुमंत्र उन्हें झाड़ियों के पीछे ओझल होने तक ताकते रहे। जब तक वे मछुआरों के गाँव पहुँचे, आकाश में लालिमा छा गई थी; सूर्य के उदय होने में बहुत समय नहीं रह गया था। राम ने धीमे सुर में पुकारा, "गुहा!"

"कौन है?" एक कर्कश कंठ ने उत्तर दिया। एक उल्टी पड़ी नाव के नीचे से, मछुआरों का मुखिया बाहर आ गया। वह राम को पहचानते ही दमका। "आप इस भोर बेला में यहाँ क्या कर रहे हैं?" तब उसने उनके पीछे सीता और लक्ष्मण को भी खड़े देखा और राम व लक्ष्मण के वस्त्रों को देख चकित हो उठा, "क्या यह कोई राजसी खेल है अथवा अनुष्ठान? क्या आप वन-विहार को निकले हैं?"

राम ने उत्तर दिया, "हाँ, चौदह वर्षों के लिए।" इसके बाद राम ने गुहा को महल में घटी घटनाओं से अवगत करवाया। फिर उन्होंने गुहा से सहायता की याचना करते हुए कहा, "हमें उस पार ले चलो। और आज सारा दिन किसी और को नदी के दूसरी ओर मत ले जाना। मैं नहीं चाहता कि कोई भी हमारा अनुसरण करे।"

"आप हमारे साथ, यहीं क्यों नहीं रह जाते? मेरी कुटिया कोई महल नहीं, और यह किसी वन जितनी ही बुरी है, परंतु मैं आपके प्रवास को आरामदेह बना दूँगा।"

"नहीं, मैं ऐसा नहीं कर सकता। किसी ऐसे स्थान को वन की संज्ञा दी जाती है, जहाँ से हमें मनुष्यों की बस्ती के दीपकों की रोशनी तक न दिखाई दे।"

"मनुष्यों को इस तरह नहीं रहना चाहिए। कम से कम राजकुमार और राजकुमारियों को तो किसी हाल में इस तरह नहीं रहना चाहिए," गुहा ने सीता की ओर देख कर कहा। वे कितनी अल्पायु तथा सुकुमार थीं। वे वन में कैसे रह सकेंगी? यह तो कोरी मूर्खता थी।

“गुहा, नाव लाओ।” राम ने कहा। उनका कड़ा सुर किसी आदेश से कम न था।

“कम से कम जाने से पूर्व थोड़ा भात तो खा लेते। मैं अपने हाथों से रांध कर, उसमें थोड़ी काली मिर्च डाल कर उसे स्वादिष्ट बना दूँगा,” गुहा ने आग्रह किया

“तपस्वी पका हुआ भोजन नहीं करते। हम वृक्षों से टूटे फल अथवा धरती से निकले कंद ही खा सकते हैं।”

“मुझे अपने साथ ले चलें। मैं आपकी सेवा करूँगा।”

“तपस्वी अपने साथ कोई अनुचर नहीं रखते।”

ज्यों-ज्यों वनवास की कठोरता सीता के आगे आ रही थी, वे उतनी ही आश्वस्त होती जा रही थीं कि वे इन कष्टों को सहने तथा अपने पति व देवर की पीड़ा को कम करने योग्य क्षमता जुटा लेंगी। वे कभी राम के सम्मुख ऐसा अवसर नहीं आने देंगी, जहाँ उन्हें पत्नी को अपने साथ लाने के विचार पर ख़ेद हो। जनक ने विदा से पूर्व जो आशीर्वाद दिया था, वे उसे ही साकार करने की चेष्टा करेंगी, “तुम जहाँ भी जाओ, प्रसन्नता तुम्हारे क़दम चूमे।”

गुहा ने अपनी नाव को जल की ओर घसीट कर ले जाते हुए, परिस्थिति की गंभीरता को हल्का करने के लिहाज़ से कहा। “सुना है, आपके पैरों के स्पर्श से पाषाण शिला, नारी में बदल गई थी। आशा करता हूँ कि आप मेरी इस नाव को कुछ और तो नहीं बना देंगे; यह मेरी आजीविका का एकमात्र स्त्रोत है।”

राम मुस्कराए और उस दयालु केवट, गुहा को कंठ से लगा लिया, फिर वह उन तीनों को, नदी के दूसरे किनारे पर ले गया, जहाँ से राक्षसों की सीमा, दंडक वन का आरंभ होता था।

सूर्य उदय हुआ और राम कौशल प्रदेश की अंतिम झलकी पाने के लिए मुड़े। उन्होंने दूसरे किनारे पर, अयोध्या की प्रजा को देखा। प्रजा को उनकी अनुपस्थिति का पता चल गया था और वे चुपचाप पीछे चलते हुए, मछुआरे के गाँव तक आ पहुँचे थे, परंतु उन्होंने विरोध का एक भी स्वर जताए बिना, राम को जाने दिया। राम ने, उनके विवेक के सम्मान में, उन्हें झुक कर प्रणाम किया और वे भी उनकी सज्जनता के आगे नतमस्तक हो उठे।

- वाल्मीकि *रामायण* में, राम अयोध्यावासियों की निद्रा दौरान ही प्रस्थान करते हैं और रथ को अयोध्या वापिस भेज दिया जाता है। नींद से जागने पर अयोध्यावासियों को लगता है कि संभवतः राम ने अपना निर्णय बदल दिया हो और वे राज्य की ओर लौट गए हों। जबकि राम गंगा नदी पारकर, वन में प्रवेश कर जाते हैं।
- वन में प्रवेश करने के लिए राम गंगा व यमुना नामक दो नदियों को पार करते हैं, वे दोनों आर्यवर्त से जुड़े मैदानी क्षेत्रों को सींचती हैं। नदी संस्कृति को प्रकृति से तथा मनुष्यों के लोक को पशुलोक से अलग करती है।
- गुहा को भक्ति संगीत व साहित्य में एक विशिष्ट स्थान प्राप्त है। राम उन्हें मित्रवत् स्नेह देते हैं, वे उन्हें अपना अनुचर नहीं मानते और गुहा अपने भोलेपन में, पूछ बैठते हैं कि कहीं राम के चरण स्पर्श से उनकी काठ की नाव भी किसी नारी में तो नहीं बदल जाएगी जैसे उन्होंने चरण के स्पर्श से पाषाण शिला को अहिल्या बना दिया था।

निद्रा देवी

वे सारा दिन चलते रहे और एक बार भी पीछे मुड़ कर नहीं देखा। इस तरह वे अपने प्रदेश से बहुत दूर आ गए। राम केवल मुड़ कर यह देख लेते थे कि सीता को कोई असुविधा तो नहीं और सीता मार्ग में मिलने वाले बेर तथा फल आदि जमा करने में व्यस्त थीं। शब्दों का कोई आदान-प्रदान नहीं हुआ, परंतु उन तीनों ने अपने-अपने दायित्व संभाल लिए थे : राम सबके लिए मार्ग नियत करते, सीता भोजन व पानी एकत्र करतीं और लक्ष्मण वन के घातक पशुओं से बचाव के लिए रखवाली करते।

उन्हें झील के निकट एक बड़ी सी गुहा दिखाई दी। “हम रात्रि यहीं व्यतीत करेंगे,” राम बोले। वे सब पिछली रात्रि की घटनाओं तथा सारा दिन पैदल चलने के कारण बहुत क्लांत हो उठे थे। राम और सीता तो अपनी आँखें तक खुली नहीं रख पा रहे थे।

परंतु लक्ष्मण ने सोने से इंकार कर दिया। निद्रा भगवती उनके आगे प्रकट हुईं व कहा, “तुम्हें सोना चाहिए। यह प्रकृति का नियम है।”

“यदि मैं सो गया तो मेरे भईया और भाभी की रक्षा कौन करेगा? नहीं, मैं सोना नहीं चाहता।” लक्ष्मण ने निद्रा भगवती से विनती की कि वे अयोध्या नगरी में उसकी पत्नी उर्मिला के पास जाएँ और उससे कहें कि वह अपने पति के स्थान पर निद्रा ले। “उससे कहें कि वह दिन में मेरे लिए तथा रात को अपने लिए नींद पूरी करे।”

जब निद्रा ने उर्मिला के सम्मुख लक्ष्मण की इच्छा प्रकट की, तो वह पति की सहायता के लिए प्रसन्नता से तत्पर हो उठी। “उनकी क्लांति भी मुझ पर हावी हो जाए ताकि वे सदा तरोताज़ा और सक्रिय व सजग बने रहें क्योंकि वे अपने भईया-भाभी की सेवा में निरत हैं।”

इस प्रकार यह तय हुआ कि आने वाले चौदह वर्षों के दौरान उर्मिला सारा दिन व सारी रात सोएगी, जबकि लक्ष्मण सोए बिना ही, सदा राम की सेवा में तत्पर रहे।

- चौदह वर्षों तक लक्ष्मण के निरंतर जागने तथा उर्मिला के सोने का प्रसंग बुद्धा रेड्डी की *रंगनाथ रामायण* में मिलता है।
- अनेक कवियों ने उर्मिला की स्थिति के विषय में विचार किया है, पति द्वारा त्यागी गई ऐसी पत्नी, जिसका पति अपने बड़े भाई के प्रति कर्तव्य निर्वाह को अधिक महत्व देता है। उर्मिला के माध्यम से, उन्होंने भारतीय नारी की स्थिति को दर्शाया है, जो पति की परिवार नामक वृहद् संस्था के प्रति विनीत व सेवा-भाव रखती है। पति स्वयं अपने परिवार के प्रति समर्पित है। भारतीय सामाजिक व्यवस्था में, व्यक्ति परिवार से हीन या छोटा होता है। वैयक्तिक्ता केवल तपस्वी ही प्रदर्शित कर सकता है; अन्य लोगों को तो एक गृहस्थी की जीवनशैली का पालन करना ही पड़ता है। इस प्रकार गृहस्थ जीवन एक बंधन है, जिससे व्यक्ति मुक्ति पाने को तरसता है। *रामायण* में, इस बंधन का मानसिक चित्रण, यज्ञ के रूप में किया गया है, जिसे दूसरों के प्रति संवेदनशीलता रखते हुए रचाया जाता है। वहीं दूसरी ओर, तपस्वी या साधु, ऐसे व्यक्ति के रूप में देखा जाता है, जो अन्य व्यक्तियों की क्षुधा अथवा आवश्यकताओं के प्रति उदासीन होता है।
- रवींद्रनाथ टैगोर ने अपने लेखन में, वाल्मीकि की निंदा की है कि उन्होंने उर्मिला के योगदान को उपेक्षित किया, जिससे कवि मैथिलीशरण गुप्त जी प्रेरित हुए और अपनी साकेत नामक *रामायण* में उर्मिला नामक पात्र को महत्ता प्रदान की।

भरत से भेंट

राजकुमारों को अनुभव हो गया था कि वह वन कोई वन-विहार क्षेत्र नहीं था। वशिष्ठ तथा विश्वामित्र के साथ वनों में यात्रा करना, दशरथ के साथ मृगया के लिए आना अथवा अनुचरों के साथ वन का अन्वेषण करना अलग बात थी। अब वन में घूमने का अर्थ था कि उन्हें असमतल भूमि पर तीखे और नुकीले पत्थरों व काँटेदार झाड़ियों के बीच, सर्पों व बिच्छुओं से बचाव करते हुए, स्वयं अपने लिए भोजन और जल की खोज करते हुए, वृक्षों तले धरती पर सोना व खुले आकाश के चंदोवे के नीचे रहना था। निरंतर शिकार करने वाले पशुओं से सावधान रहना भी ज़रूरी था क्योंकि वन के पशु नहीं जानते थे कि वे दशरथ की संतान हैं।

कभी-कभार उनकी भेंट तपस्वियों से हो जाती, जैसे वे गंगा तथा यमुना के संगम, प्रयाग पर

भारद्वाज ऋषि से मिले, जिन्होंने उनकी परिस्थिति के लिए सहानुभूति प्रकट की और उन्हें परामर्श दिया कि उन्हें वन में अपना समय सार्थक रूप से कैसे बिताना चाहिए।

वनवास में दो चंद्र, राम व सीता, वट वृक्ष के तले विश्राम कर रहे थे। लक्ष्मण एक शाखा पर बैठे पहरेदारी कर रहे थे। अचानक उन्हें शंख तथा नगाड़ों की ध्वनि सुनाई दी। फिर उन्हें अपनी ओर कुछ पताकाएँ फहराती हुई दिखीं, यह तो वही मार्ग था, जिससे वे अयोध्या से आए थे। वे उन पताकाओं को पहचान गए : वे उनके पिता के ध्वज थे।

"जान पड़ता है, पिता श्री हमें लिवाने आ रहे हैं।" लक्ष्मण बोले।

"नहीं, हमें उनके वचन को निभाना है। रानी माँ की इच्छा को पूरा करते हुए, चौदह वर्ष का समय वनवास में ही बिताना होगा।"

जब वे ध्वज निकट आ गए तो लक्ष्मण को पिता श्री कहीं नहीं दिखे। तभी उन्हें एक रथ पर सवार भरत व शत्रुघ्न दिखाई दिए। वे चिल्लाए, "वे हमें मारने आ रहे हैं।"

"नहीं," राम बोले, इस दौरान वे भी एक वृक्ष पर चढ़ गए थे। "सावधानी से देखो, उनके पास कोई शस्त्र नहीं हैं। और देखो, उनके सिर मुँडे हुए हैं।"

लक्ष्मण ने मुड़ कर राम की ओर देखा, उनका मुख म्लान हो उठा। "क्या आपको लगता है...?"

राम वृक्ष से नीचे उतरे। उनके कंधे ढुलक गए थे। "ऐसा लगता है कि पिता श्री इस संसार में नहीं रहे।" सीता उन्हें सांत्वना देने दौड़ीं। इससे भी विकट परिस्थिति क्या हो सकती थी? वे ऐसा कर सकते हैं, हो सकता है कि भरत योद्धाओं के दल के साथ आ रहा हो। यह सोच कर लक्ष्मण ने अपना धनुष उठा लिया। राम बोले, "नहीं, लक्ष्मण। भरत पर विश्वास रखो। वह भी तो दशरथ का पुत्र है,"

"और कैकेयी का भी," लक्ष्मण ने कहा, तलवार की मूठ पर उनकी पकड़ गहराती चली गई।

राम को देखते ही रथ रुक गया। भरत रथ से उतरे और अपने बड़े भाई की ओर लपके, उनके हाथों में कोई शस्त्र नहीं था, गालों से अश्रुधार बही जा रही थी। वे राम के गले से लग कर रो दिए, "भईया!"

- वह स्थान जहाँ राम व भरत की भेंट हुई, वनवास के बाद, राम का वह प्रमुख डेरा, चित्रकूट के नाम से जाना जाता है।
- भारतवर्ष में ऐसे अनेक नगर हैं, जिन्हें *रामायण* में हुई घटनाओं के आधार पर विभाजित किया गया है। उदाहरण के लिए, वाराणसी में, नगर के कुछ भागों को अयोध्या (राम नगर) तथा कुछ को लंका के रूप में जाना जाता है। वे दोनों गंगा नदी के दोनों किनारों पर स्थित हैं। इसके बाद कुछ निश्चित स्थानों को चिन्हित किया गया है, जैसे चित्रकूट, जहाँ राम व भरत की भेंट हुई। पंचवटी से सीता का अपहरण हुआ। इस प्रकार यह महाकाव्य सुनिश्चित और आत्मीय हो जाता है। इसी तरह का प्रारूप केरल के वेन्नाड में भी पाया जाता है।
- *भरत मिलाप* (1942) एक लोकप्रिय हिंदी फ़िल्म है, जो राम व भरत की भेंट पर आधारित है।
- बौद्ध *दशरथ जातक* में, दशरथ वाराणसी के राजा हैं और वे राम को वनवास इसलिए देते हैं ताकि वे दूसरी महत्वाकांक्षी रानी से अपने पुत्र की रक्षा कर सकें। ज्योतिषी दशरथ को बताते हैं कि वे बारह वर्षों तक जीवित रहेंगे अतः वे राम से कहते हैं कि वे बारह वर्ष के वनवास के बाद ही लौटें। परंतु जब दशरथ की मृत्यु नवें साल में ही हो जाती है तो भरत राम को वापिस लेने जाते हैं, राम अपने वचन को पूरा करने के लिए अडिग हैं। वे जाने से इंकार करते हैं और कहते हैं कि बारह वर्ष संपूर्ण होने से पहले नहीं लौटेंगे। वे सभी वस्तुओं की अस्थिरता के बारे में बात करते हैं और इस प्रकार स्वयं को एक बोधिसत्व के रूप में प्रकट करते हैं। निष्ठा का यह प्रदर्शन उन्हें और भी सम्मानीय व आदर का पात्र बना देता है।
- *दशरथ जातक* में राम व सीता को भाई-बहन के रूप में बताया गया है। यह धारणा इस बात की सूचक है कि कौटुंबिक व्यभिचार की उपस्थिति ने हिंदू धर्मपारायणता पर आघात किया है। मीडिया का ध्यान अपनी ओर खींचने वाली ऐसी कामोत्तेजक व्याख्याओं से परे, इस कथा में संभवतः इंडिक विचारधारा के उस प्राचीन विश्वास की गूँज सुनाई देती है, जिसके अनुसार एक स्वर्ण युग था (सुषमा-सुषमा युग या जैन विश्व विज्ञान का युगालिया युग, उदाहरण के लिए) जहाँ दंपत्ति पति व पत्नी नहीं, भाई-बहन हुआ करते थे, सही मायनों में जुड़वाँ, उन दिनों किसी भी प्रकार के यौन संबंध बनाने की आवश्यकता नहीं होती थी क्योंकि उनके मानस ही इतने उन्नत थे कि शरीर में कोई काम वासना जागृत नहीं होती थी और केवल विचार से ही संतान उत्पन्न हो जाती थी। समय के साथ-साथ, प्रदूषण बढ़ने लगा और दैहिक संबंध बनने लगे, जिनके कारण विवाह संबंधी नियम बने तथा कौटुंबिक व्यभिचार को निषिद्ध किया जाने लगा। इस प्रकार जैन अगम में बताया गया है कि ऋषभ की दो पत्नियाँ थीं, सुमंगला, जो उनकी जुड़वाँ थीं, और सुनंदा जिनके जुड़वाँ की एक दुर्घटना में मृत्यु हो गई थी। इसके पश्चात्, भारत में, जब बालविवाह प्रचलन में थे, तो पति व पत्नियाँ एक-दूसरे को भाई-बहन का ही संबोधन देते थे, यह संबोधन तब तक जारी रहता था, जब तक वे बड़े होकर वैवाहिक संबंध में नहीं बंधते थे।

दशरथ का अंतिम संस्कार

जब अश्रुओं की बाढ़ थमी, तो भरत ने राम को बताया कि उनके नगरी से जाने के बाद, वहाँ कैसी भयंकर घटनाएँ घटीं।

भरत माँ का संदेश पाते ही, तुरंत कैकेय से अयोध्या के लिए रवाना हो गए। जब वे नगरी आए तो वहाँ आनंद का लवलेश तक नहीं था। न संगीत, न मुस्कुराहटें, न सुगंधें, न रंग! जहाँ देखो, वहीं विषादग्रस्त मुख। महल के द्वार पर, मंथरा ने उनका स्वागत किया, परंतु वहाँ कोई और नहीं था। उन्होंने अपनी माता के महल में जा कर देखा कि उनके केश मुँडे हुए थे, उन्होंने एक विधवा की तरह वस्त्र धारण कर रखे थे। महाराज की मृत्यु कैसे हुई, यह बताने की अपेक्षा, वह उसे अति उत्साह से बताने लगी कि अब वह अयोध्या का राजा होगा। जब भरत ने अपने पिता के विषय में जानने का आग्रह किया, तो कैकेयी ने बताया किया कि किस तरह वे राम के वनगमन के तुरंत बाद, महल की देहरी पर गिर कर चल बसे। उस समय उनका कोई भी पुत्र अथवा प्रजा उनके पास नहीं थी। उनकी मृत देह को तैल से भरे पात्र में संरक्षित रखा गया है ताकि उनके पुत्रों में से कोई एक, उनका अंतिम संस्कार संपन्न कर सके,"

भरत बोले, "किंतु मैंने अंतिम संस्कार नहीं किया।" सुमंत्र ने स्पष्ट शब्दों में पिता की अंतिम इच्छा प्रकट कर दी थी। वे नहीं चाहते थे कि कैकेयी का पुत्र उनके शव को मुखाग्नि दे। सबसे छोटे भाई शत्रुघ्न को वह सब करना पड़ा, जो एक बड़े भाई को करना चाहिए था।

तब शत्रुघ्न ने कहा, "हाँ, अंतिम संस्कार के सारे अनुष्ठान तो पूरे हो गए परंतु पिता की आत्मा ने वैतरणी लांघने से इंकार कर दिया है। यम के कौए दाह संस्कार में चढ़ाया गया भोग ग्रहण नहीं कर रहे। मैं बुरे-बुरे सपने देख रहा हूँ। पिता एक सींग वाले गैंडे का माँस चाहते हैं, जिसका शिकार उनके चारों पुत्रों द्वारा मिल कर किया गया हो। यही कारण है कि हम आपसे भेंट करने आए हैं।"

राम समझ गए कि पिता अपने चारों पुत्रों को एक साथ देखने के लिए व्यथित थे। "चलो, हम मिल कर शिकार करें। हमें मिल कर कार्य करना होगा ताकि पिता को उनका मनोवांछित भोजन दिया जा सके।"

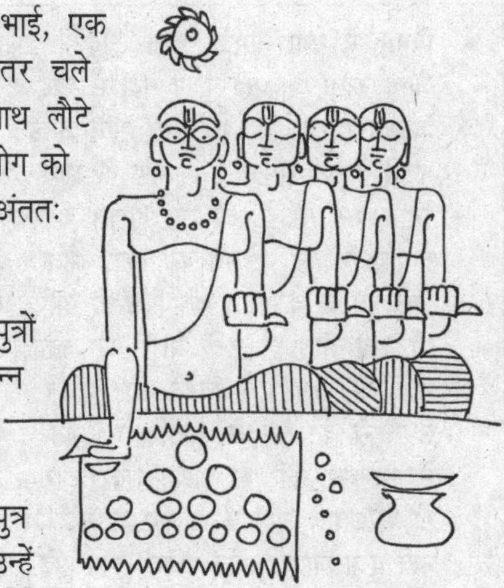

राजसी दल ने वहीं प्रतीक्षा की और वे चारों भाई, एक सींग वाले गैंडे की तलाश में, घने वन के भीतर चले गए। वे कुछ समय बाद ही पशु के शव के साथ लौटे तथा अनिवार्य संस्कार पूरे किए। कौओं ने उस भोग को स्वीकारा, जो इस बात का सूचक था कि दशरथ अंततः जीवितों की धरती को छोड़ने के लिए प्रस्तुत थे।

दशरथ की आत्मा ने जाने से पूर्व, अपने पुत्रों के कान में हौले से कहा, "शीघ्र ही पुत्र उत्पन्न करना।" हालाँकि वे भी यह जानते थे कि जब तक राम चौदह वर्ष का वनवास काल पूरा करके नहीं लौट आते, तब तक उनके चारों पुत्र तपस्वियों के समान जीवन व्यतीत करते रहेंगे। उन्हें तब तक धीरज रखना होगा। कुपित भाव से, उन्होंने वैतरणी पार करने से पूर्व, वायु को, वन के कुछ वृक्षों को जड़ से उखाड़ने को कहा, अब उन्हें मृतकों की भूमि से पुनः जन्म पाने के लिए प्रतीक्षा करनी थी।

- पारंपरिक रूप से, बड़ा पुत्र ही पिता का अंतिम संस्कार संपन्न करता है। वाल्मीकि *रामायण* में, राम की व्यथा दर्शाई गई है कि वे ज्येष्ठ पुत्र होते हुए भी, पिता के दाह-संस्कार को संपन्न नहीं कर सके।
- कम्बन *रामायण* में विस्तार से वर्णित है कि दशरथ भरत को अपने दाह-संस्कार से जुड़े किसी भी अनुष्ठान में शामिल होने से मना करवा देते हैं।
- गैंडे के शिकार का यह प्रसंग, ओड़िशा के ग्रामीण क्षेत्रों में दिखाए जाने वाले *रामायण* नाटक से लिया गया है।
- हिंदुओं की मान्यता है कि वैतरणी नदी, जीवित तथा मृतकों की भूमि को अलग करती है। जीवितों की धरती में पुत्र निवास करते हैं। मृतकों की भूमि में पूर्वज या पितृ वास करते हैं। पितृ, पुत्र के माध्यम से ही पुनः जन्म पाते हैं। जो लोग पुत्र उत्पन्न नहीं कर पाते, वे विवश हो कर पूत नामक नर्क में निवास करते हैं। विद्वान इस विषय में एकमत नहीं हैं कि पुत्र और पितृ शब्द को लिंग के प्रति तटस्थ शब्द माना जाना चाहिए अथवा ये शब्द विशेष तौर पर पुत्र व पूर्वजों के लिए ही प्रयुक्त किए गए हैं।
- भास के नाटक, *प्रतिमा-नाटक* में रावण उस अवसर का लाभ उठाता है, जब राम पिता का अंतिम संस्कार संपन्न करने के लिए अकुलाए हुए हैं। वह अंतिम संस्कार करवाने में निपुण ब्राह्मण का वेष धर कर, राम को परामर्श देता है कि उन्हें हिमालय में पाया जाने वाला सुवर्ण मृग भेंट करना चाहिए, तभी उनके पिता की अतृप्त आत्मा को शांति मिल सकेगी और वे प्रसन्न होंगे। इस प्रकार राम आश्रम को छोड़ हिमालय की ओर प्रस्थान करते हैं और इस दौरान रावण सीता का हरण कर लेता है।

- बिहार में गया नामक स्थान, हिंदुओं द्वारा अपने पितरों के अंतिम संस्कार करने के लिए जाना जाता है। वहाँ फल्गू नदी में कोई जल नहीं है, हालाँकि ऊपरी व निचली धारा में जल दिखता है, क्योंकि यहाँ जल भूमिगत है। नदी के ताल को खोदने से जल दिखाई देता है। कहते हैं कि राम यहाँ लक्ष्मण के साथ दशरथ का श्राद्ध संपन्न करने आए थे और जब वे स्नान कर रहे थे, तो उस दौरान दशरथ की आत्मा सीता के सम्मुख प्रकट हुई और उन्हें तत्काल भोजन परोसने को कहा। सीता के पास धान या काले तिल नहीं थे, इसलिए उन्होंने उन्हें रेत के कणों से बने पिंड ही अर्पित कर दिए। इससे दशरथ प्रसन्न हो उठे। जब राम लौटे तो सीता ने उन्हें सारी बात बताई, वे मानने को तैयार नहीं थे। सीता ने वट वृक्ष, नदी, गौ, तुलसी के बिरवे और पंडित को अपने साक्षी बना कर प्रस्तुत किया। दुर्भाग्यवश, उनमें से वट वृक्ष के अतिरिक्त किसी ने भी सीता के पक्ष में साक्षी नहीं दी। सीता ने रोष में आ कर नदी को श्राप दिया कि गया क्षेत्र में, उसके भीतर जल नहीं रहेगा, आगे से, गौ के अगले भाग की बजाए, उसके पिछले हिस्से की पूजा होगी, गया में तुलसी का बिरवा नहीं पूजा जाएगा और पंडित सदा भूखे रहेंगे। उन्होंने वट वृक्ष को आशीर्वाद दिया कि उसके पास मृतक माता-पिता के अतिरिक्त मृतक मित्रों, शत्रुओं, अपरिचितों तथा निःसंतान होने की दशा में व्यक्ति के स्वयं के अंतिम-संस्कार संबंधी भोग को ग्रहण करने की क्षमता होगी।

राम की चरण–पादुका

मृत्यु के सभी संस्कार दक्षिण की ओर मुख कर पूरे किए गए। जब शोक का काल समाप्त हुआ तो दशरथ के पुत्रों से कहा गया कि वे पूर्व की ओर मुख करें तथा जीवन से जुड़े अनुष्ठान आरंभ करें। भरत बोले, "अब घर लौटने का समय हो गया। आप इस मूर्खता का त्याग करें। आप उसी तरह अयोध्या नरेश होंगे, जैसे आपको होना चाहिए और मैं आपकी सेवा में रहूँगा।"

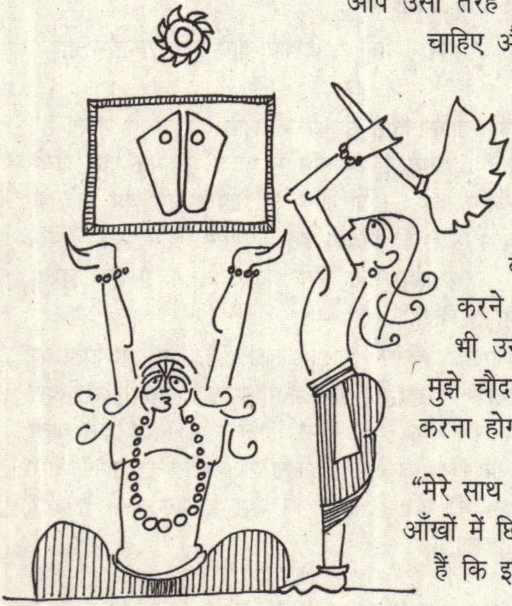

राम के हृदय में पिता की स्मृतियाँ उमड़ आईं और वे अपने सभी भाईयों को बाँहों के घेरे में बाँध रोने लगे। अब वे अनाथ हो गए थे। फिर वे बोले, "हमारे पिता ने वचन का पालन करने के लिए ही अपने प्राण दे दिए। हमें भी उनके दिए वचन का पालन करना होगा। मुझे चौदह वर्ष तक का समय वन में ही व्यतीत करना होगा।"

"मेरे साथ आई प्रजा के मुख की ओर देखें। उनकी आँखों में छिपी प्रत्याशा को देखें। वे सब यही चाहते हैं कि इस बुरे सपने का अंत हो जाए। चलिए,

वापिस चलें ताकि सब कुछ पहले की तरह हो सके।"

"नहीं भरत," राम शांतिपूर्वक बोले

"तब मैं भी सीता व लक्ष्मण की तरह वन में आपके साथ ही रहूँगा।" भरत बोले।

"यदि ऐसा होगा तो अयोध्या की देख-रेख कौन करेगा? भरत, हम राजवंश से हैं, हमें संवेदनाओं की बलिवेदी पर उत्तरदायित्व की बलि नहीं चढ़ानी चाहिए। पिता श्री हमारी माता को वरदान देने के लिए विवश नहीं थे; परंतु उन्होंने ऐसा किया और माता श्री को एक नहीं, दो-दो वरदान दिए। उनकी प्राण-रक्षा करने वाली पत्नी के प्रति आभार प्रकट करते हुए, वे भूल गए कि वे एक राज्य के नरेश भी थे और उनके दिए वरदानों के दूरगामी परिणाम हो सकते थे। अब हमें उसी असावधानी के परिणामों का सामना करना होगा। रघुवंश को ऐसे कुल के रूप में न देखा जाए जो अपनी सुविधा के अनुसार नियमों में फेर-बदल करता हो। हमें विश्वसनीय शासक बनना है।"

"परंतु मुझे अपनी प्रजा की देख-रेख करने के लिए राजसिंहासन पर बैठने की आवश्यकता नहीं है। मैं अपनी माँ द्वारा छल से दी गई हर वस्तु व अधिकार का त्याग करता हूँ। मैं आपके प्रतिनिधि के रूप में अयोध्या का राजकाज संभालूँगा और आपकी वापसी की प्रतीक्षा करूँगा।"

राम जानते थे कि भरत अपनी धुन के पक्के हैं। उन्हें किसी भी दशा में रोका नहीं जा सकता था। उन्हें अयोध्या नरेश बनने के लिए विवश नहीं किया जा सकता था। उससे पहले, कभी किसी ने राजवंश के ऐसे राजकुमार नहीं देखे थे, जो एक-दूसरे के लिए राजसिंहासन रिक्त रखना चाहते थे। उन्होंने अनुभव किया कि रघुवंश सच्चे अर्थों में यशस्वी, सूर्य वंश की योग्य शाखा के रूप में क्यों जाना जाता था।

तब भरत ने राम से आग्रह किया कि वे उन राजसी सुवर्ण चरण-पादुकाओं को एक बार धारण करें, जिन्हें अयोध्या के नरेशों द्वारा पहना जाता है। "इन्हें एक बार पहन कर, राज्य पर अपना उत्तराधिकार घोषित करें। मैं इन चरण-पादुकाओं को आपके आने तक राजसिंहासन पर प्रतिष्ठित कर दूँगा। ये आपका प्रतीक होंगी। मैं भी तब तक एक तपस्वी की भाँति जीवनयापन करूँगा, क्योंकि एक दास को उन सभी सुख-सुविधाओं का उपभोग नहीं करना चाहिए, जिनसे उसके स्वामी को वंचित कर दिया गया हो।"

- भारत में प्रायः किसी बड़े-बुज़ुर्ग, पवित्रमना व्यक्ति, राजा या गुरु की चरणपादुकाओं को पूजने की परंपरा रही है।
- दक्षिण भारत के विष्णु मंदिरों में, भक्तों को इष्ट के चरण-स्पर्श करने की अनुमति नहीं होती। आशीर्वादस्वरूप पुरोहित, भक्तों के सिर पर एक टोप का स्पर्श करवाते हैं, जिस पर उनके इष्टों के चरणों की छाप अंकित होती है। इस प्रकार भक्त प्रत्यक्ष तौर पर इष्ट के चरण स्पर्श नहीं करते किंतु इष्ट की चरणपादुक स्वतः उनके मस्तक का स्पर्श कर लेती है।

- कुछ संस्करणों में, राम भरत को, वन में पहनी जाने वाली पादुकाएँ देते हैं, जो कुशा घास से बनी हैं। दूसरे संस्करणों में, वे उन राजसी चरणपादुकाओं में एक बार अपने पैर डाल देते हैं, जिन्हें भरत अपने साथ लाए थे।
- पूरे भारतवर्ष में, रामायण से जुड़े स्थानों पर, तीर्थयात्रियों को रामचिन्ह अर्थात राम के पैरों की छाप के दर्शन करवाए जाते हैं, जिन्हें पूरी श्रद्धा के साथ पूजा जाता है।
- भरत अयोध्या में प्रवेश नहीं करते। वे नगर की बाहरी सीमा पर स्थित, नंदीग्राम नामक गाँव से ही राज्य का संचालन करते हैं, जिसका मुख वन की ओर है।

जाबालि

ज्योंही राज्य की ओर से आए हुए दल ने प्रस्थान की तैयारी की, भरत के साथ वन में आए एक ऋषि बोल उठे : "तुम अपने पिता की ओर से दिए गए वचन तथा पारिवारिक प्रतिष्ठा

को बहुत मान दे रहे हो। यह तुम्हारे लिए भार बन रहा है, तुम्हें जीवन का आनंद लेने से रोक रहा है। मूल्य कृत्रिम हैं, जो मनुष्यों द्वारा मनुष्यों के लिए बने हैं। उन्हे तभी तक मानना चाहिए, जब तक वे एक प्रसन्न समाज का निर्माण करें; यदि वे दुःखदायी समाज की रचना कर रहे हों तो उन्हें त्याग देना चाहिए। प्रकृति में, पादप व पशु जगत का केवल एक ही उद्देश्य है कि वे पोषण तथा उत्तरजीविता पा सकें, भले ही ऐसा दूसरों की क़ीमत पर क्यों न हो। अपने लिए आनंद की तलाश करने व जीवन का आनंद पाने में कोई बुराई नहीं है। इन पीड़ादायी संकल्पों को भुला दो, अपनी नगरी लौट जाओ, उस सुविधा का उपभोग करो, जो तुम्हें एक राजवंश में जन्म पाने के कारण, संयोगवश मिल गई है।"

राम ने उनके आगे दंडवत प्रणाम करते हुए कहा, "आप एक नरेश या राजा के जीवन की कामना रखते हैं, जिसे मैंने आपके सम्मुख नकारा है। आप मुझे एक शोषित के रूप में देख रहे हैं, जिसे एक अद्भुत जीवन से वंचित कर दिया गया है। आप मुझे मूर्ख समझ रहे हैं कि

मैं आपकी दृष्टि से जीवन को देखने की बजाए, अपने पिता के दिए वचनों का पालन कर रहा हूँ। आपको लगता है कि आपके सारे मूल्य सच्चे और मेरे सारे मूल्य झूठे हैं। परंतु आपके और मेरे, हम दोनों के ही मूल्य काल्पनिक हैं। अंतर केवल इतना है कि आप मेरा दृष्टिकोण बदलना चाहते हैं, आप चाहते हैं कि मैं संसार और इसके मूल्यों को आपके नज़रिए से देखूँ, जबकि मैं यह समझना चाहता हूँ कि दूसरे मेरे नज़रिए से इन चीज़ों को क्यों नहीं देखते। मैं स्वयं को शोषित नहीं मानता। मैं किसी राजा की तरह शान से जीवन नहीं बिताना चाहता। मुझे नहीं लगता कि राजसी शान और सुविधाओं से दूर, अधिकार और सुविधा को त्याग कर, वनवास करना कोई त्रासदी है। मुझे लगता है कि यह मेरे लिए एक अवसर है, और मैं यह सोचता हूँ कि लोग मेरे दृष्टिकोण से इन घटनाओं को समझने की चेष्टा क्यों नहीं करते? मैं समझना चाहता हूँ कि एक राज्य में ऐसा क्या आकर्षण है कि कैकेयी इसे पाना चाहती हैं और वन में ऐसा क्या भयंकर है, जिससे कौशल्या भयभीत हैं। समाज से दूर, उत्तरदायित्वों से दूर, मुझे अंततः तपस्या करने का अवसर मिलेगा ताकि जब मैं वापिस आऊँ तो कहीं बेहतर रूप से यज्ञ रचा सकूँ।"

इन शब्दों से विस्मित जाबालि बोले, "अधिकतर व्यक्ति जीवन का आनंद पाना चाहते हैं। अधिकतर लोग व्यक्तियों व संपत्ति पर अपना अधिकार चाहते हैं। अधिकतर व्यक्ति आनंद और वर्चस्व के बिना जीवन को अधूरा मानते हैं। परंतु तुम ऐसे नहीं हो। तुम एक ऋषि हो, जो जीवन को समझना चाहता है। तुम जनक के सुयोग्य दामाद हो। मैं तुम्हें प्रणाम करता हूँ।"

जाबालि ने राम के चरण-स्पर्श किए। अयोध्या से भरत के साथ आए सभी लोगों ने भी ऐसा ही किया, जो उन्हें अपने साथ अयोध्या लिवाने आए थे। राम कोई बालक नहीं थे। वे कोई नायक नहीं थे। वे तो ईश्वर थे, प्रत्येक मनुष्य ऐसा बनने की क्षमता रखता है।

- जाबालि भौतिकवाद व सुखवाद दर्शन के प्रतीक हैं और चार्वाक के रूप में जाने गए। वे आत्मा, ईश्वर तथा जीवन के किसी भी उद्देश्य को स्वीकार नहीं करते। वे सारे कर्मकांडों व विचार-मनन की खिल्ली उड़ाते हैं।
- यह संसार उससे कहीं अधिक है, जो हमें दिखता है तथा जीवन का एक अर्थ है, इसी आधार पर संसार के अधिकतर दर्शन व विचार रचे गए हैं। परंतु सभी विचारों की तरह, इन्हें भी उन दर्शनों व धारणाओं का सामना करना पड़ता है, जो यह कहती हैं कि संसार का कोई भी महान उद्देश्य, योजना अथवा अर्थ नहीं होता। *रामायण* भारतीय उपमहाद्वीप में लोकप्रियता अर्जित कर सकी क्योंकि इसने अपने कथानक के साथ, लोगों को अस्तित्व की प्रकृति का अनुमान लगाने के योग्य बना दिया। राम आदरणीय बने क्योंकि, वे उन नियमों के आधार पर चलते हैं, जो केवल संग्रह या आनंद के भोग से संबंध नहीं रखते; वे जीवन का अर्थ तथा उद्देश्य पाने से जुड़े हैं।
- *रामायण* परिपक्वता तथा समानुभूति के कुछ निश्चित नियमों के आधार पर परिवार तथा समाज का निर्माण करना चाहती है। महाकाव्य, उन सामाजिक नियमों को निभाने के लिए चुकाई गई क़ीमत व सभ्यता के कृष्ण पक्ष की ओर भी संकेत करता है।

मंथरा का पूर्व तथा अगला जन्म

जब भरत और अयोध्या के प्रजाजन ने कौशल की ओर प्रस्थान किया तो एक महिला वहीं रुक गई। वह मंथरा थी। उसके मुख से विजय की ज्योति लुप्त हो चुकी थी। पीठ का कूबड़ पहले से भी ज़्यादा हो गया था, उसकी दशा युद्ध में हारे हुए सिपाही जैसी हो गई थी। वह राम के चरणों में सिर पटकते हुए, विलाप करने लगी, "मैं ही दोषी हूँ। मैंने, एक दासी ने, महान रघुकुल को नष्ट कर दिया। मैं सबकी पीड़ा का कारण बनी। मुझे क्षमा कर दें।"

"नहीं मंथरा, तुम्हारा कोई दोष नहीं है। तुमने कैकेयी माता के मन में छिपे भय को उजागर किया और उन्होंने मेरे पिता के अनुत्तरदायित्व को प्रकट किया। वे चाहते तो माता को इस तरह के वरदान न देते। वे चाहतीं तो उनसे इस तरह के वरदान न चाहतीं। सभी अपने-अपने कर्मों के लिए उत्तरदायी हैं। मैं तुम्हें दोष नहीं देता और न ही तुम्हें इसके लिए दोषी पाता हूँ। जाओ, शांति से घर जाओ।"

परंतु कूबड़ के भार से झुकी, बूढ़ी और क्षीणकाय मंथरा निरंतर रोते हुए, अपने माथे पर दोहत्थड़ बरसाती रही। सीता ने उसे दिलासा देना चाहा और अनुभव किया कि मंथरा कितनी अकेली पड़ गई थी। अपनी विकृत देह व कुरूपता के कारण माता-पिता की ओर से दुत्कारी गई, कभी किसी प्रिय ने नहीं दुलारा; उसकी सारी शान और आन, केवल कैकेयी की सेवा में ही थी, वह इस तरह कैकेयी की रक्षा करती थी जैसे कुत्ते अपने इलाक़े की रखवाली करते हैं। वह कैकेयी के नाम पर लोगों से लड़ने लगती। वह सदा अपनी रानी की स्वीकृति चाहती और कैकेयी की ओर से अप्रसन्नता प्रकट होने पर उलाहने देने लगती। क्या उसे केवल इसलिए त्याग दिया जाना चाहिए कि उसकी निष्ठा विषाक्त हो गई थी?

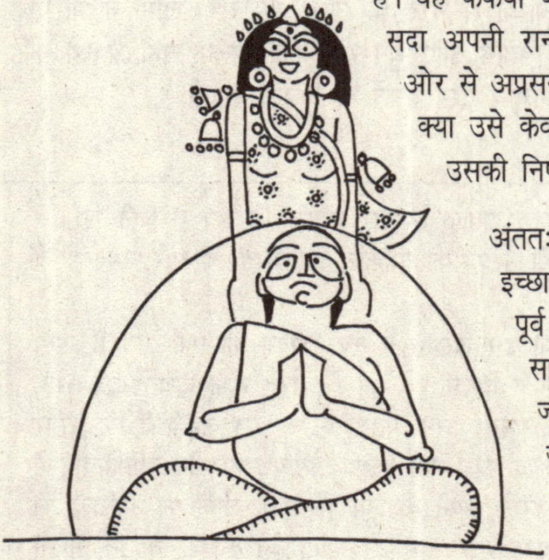

अंततः राम बोले, "सुनो मंथरा, तुम ब्रह्मा की इच्छा के अनुसार ही चल रही हो। अपने पूर्व जन्म में तुम एक गंधर्वी थीं और हमारे सामूहिक पिता ने तुम्हें मंथरा के रूप में जन्म लेने को कहा ताकि तुम रघुकुल के ज्येष्ठ पुत्र को वनवास दिलाने में सहायक हो सको और वह राक्षसी जीवनशैली का अंत करते हुए, उनके मनस् का विस्तार कर सके और वे अपनी पाश्विक वृत्तियों से ऊपर उठ सकें। अपने अगले जन्म में, तुम पुनः एक कुरूप कुब्जा के रूप में जन्म लोगी। तुम्हें कुब्जा या त्रिवक्रा के नाम से जाना जाएगा। तब तुम पुनः मुझसे भेंट करोगी। मैं कृष्ण के रूप में आऊँगा। मैं तुम्हें बहुत स्नेह से आलिंगन में लूँगा, जिससे तुम्हारी पीठ का कूबड़ दूर हो जाएगा और तुम फिर से सुंदरी बन जाओगी। मैं तुम्हें यह वचन देता हूँ।"

सीता और लक्ष्मण यह सुन कर विस्मित हो उठे।

राम ने इससे आगे कहा, "विष्णु के रूप में, इंद्र के स्वर्ग की रक्षा के प्रयोजन से, मैंने भृगु की पत्नी तथा शुक्र की माता का शीश काट दिया था, जो असुरों को संरक्षण दे रही थीं। उसी अपराध के फलस्वरूप, मुझे राम के रूप में धरती पर जन्म लेने, कठिनाईयों से भरा जीवन जीने तथा महलों के सुख त्याग, वन में तपस्वी की तरह जीवन बिताने का श्राप मिला था। जिस प्रकार मैंने भृगु को उनकी पत्नी के साथ से वंचित किया, उसी प्रकार मुझे श्राप मिला कि मुझे भी पत्नी-सुख नहीं मिलेगा। यही कारण है कि सीता, मेरी पत्नी होने के बाद भी, मुझसे सदा एक बाँह की दूरी पर रहेगी, ताकि मैं एक तपस्वी के रूप में जीने का वचन निभा सकूँ। मुझे यह भी भय है कि उसकी संगति का आनंद भी अंततः राक्षसों द्वारा मुझसे छीन लिया जाएगा। इसी तरह अयोध्या भी इससे वंचित रहेगी परंतु हम अपने कष्टों के लिए किसी दूसरे को दोष नहीं दे सकते, हमारे सारे संकट, हमारे पिछले कर्मों का ही फल हैं। हमें अपने जीवन में आने वाले हर अच्छे या बुरे क्षण के लिए स्वयं ही उत्तरदायित्व लेना होता है। हम ही कारण हैं और हमें ही परिणाम भुगतने होते हैं। यही कर्म का विधान है।"

- मंथरा का पिछले जन्म में एक गंधर्वी होना, यह प्रसंग, महाभारत के रामोपख्यान में आता है।
- *रामायण* भी विस्तृत कथाओं का एक अंग है, यह बात पुराणों में मिलने वाली उन कथाओं से स्पष्ट हो जाती है, जहाँ विष्णु भृगु की पत्नी की हत्या कर देते हैं।
- हिंदू दर्शन कर्म की अवधारणा पर आधारित है। प्रत्येक घटना, पिछली घटना की प्रतिक्रिया होती है। इस प्रकार राम का वनवास भी पहले से नियत था। मंथरा और कैकेयी भी कर्म के हाथों का खिलौना हैं। किसी भी व्यक्ति को दोष देना या उसे परखना कोरी मूर्खता है क्योंकि हम उन सभी अज्ञात बलों के प्रति अनभिज्ञ हैं, जो किसी घटना के घटने का कारण बनते हैं।
- वनवास जाते समय राम का कोमलतापूर्ण व उदारमना विवेक ही उन्हें एक मनुष्य से दैवीय जीव के रूप में रूपांतरित कर देता है। वे स्वयं को एक पीड़ित के रूप में नहीं देखते।

हालाँकि, यह बात भी महत्व रखती है कि जब बाद में सीता का वन में परित्याग किया जाता है, तो महाकाव्य के लेखक, उन्हें वैसी प्रज्ञा नहीं सौंपते। वे यही प्राथमिकता रखते हैं कि सीता स्वयं को कोई साध्वी मानने की अपेक्षा एक पीड़िता ही जानें। लिंग के आधार पर यह भेदभाव, अनेक आधुनिक लेखनों में भी निरंतर चला आ रहा है।

- संस्कृत नाटकों में, राम एक न्यायी नायक के रूप में सामने आते हैं। आंचलिक साहित्य में, राम को ईश्वर के मूर्तिमान रूप में प्रकट किया गया है। परंतु विद्वान इस विषय में मतभेद रखते हैं कि वाल्मीकि ने उन्हें किस रूप में दर्शाया है। कुछ मनीषियों का मानना है कि वाल्मीकि रामायण के राम दैवीय स्वरूप नहीं रखते। कुछ ने निष्कर्ष निकाला है कि वे अपनी दिव्यता से अपरिचित हैं। कुछ अन्य का मत है कि राम अपनी दिव्यता से परिचित हैं। यह सारा प्रसंग, कृष्ण के ठीक विपरीत जाता है, जो जन्म से ही अपनी दैवीयता के विषय में पूर्णतया सजग हैं। यही कारण है कि राम की तुलना में, कृष्ण को विष्णु का अधिक लोकप्रिय अवतार माना जाता है और वे पूर्णावतार अथवा संपूर्ण अवतार के रूप में जाने जाते हैं।
- वाल्मीकि रामायण की पंक्तियों पर आधारित, ज्योतिषीय गणनाओं के आधार पर, राम वर्ष 5089 ई.पू. में वनवास के लिए गए, जिसका अर्थ है कि वनवास के समय उनकी आयु पच्चीस वर्ष के लगभग रही होगी।

खंड चार

अपहरण

'उनकी देह भले ही बंदी रही, परंतु उनका मन कभी बंदी नहीं बन सका!'

दंडक वन में

सीता, दशरथ पुत्रों सहित, चित्रकूट के वनों को छोड़, नदियों व पर्वतों को लांघते हुए, दंडक वन में जा पहुँचीं।

यह स्थान कभी जनस्थान कहलाता था, जिस पर एक दंड का शासन था। एक दिन, दंड को मृगया के दौरान, एक अरुजा नामक सुंदरी दिखी और उसने उस पर बल-प्रयोग करना चाहा। वह रोते-रोते अपने पिता के पास गई, वे शुक्र नामक ऋषि थे। "जिस भूमि पर सीमाओं का आदर न होता हो, वह स्थान वन के समान ही है।" रोष में आ कर ऋषि शुक्र ने श्राप देते हुए कहा कि धूल और आंधी से भरे तूफ़ानों के कारण दंड का जनस्थान पूरी तरह से नष्ट हो जाएगा, उसका कोई चिन्ह तक शेष नहीं रहेगा और वह स्थान वन में बदल जाएगा। इस प्रकार वह स्थान एक भयंकर वन में बदल गया, जहाँ जाने का साहस, बड़े-बड़े साहसी भी नहीं कर पाते थे।

वन में कोई सीमाएँ या नियम नहीं होते। ज्योंही राम ने वन में क़दम रखा, उन्होंने अपने पूर्वजों का स्मरण किया और बोले, "राम ने भले ही अयोध्या का त्याग किया हो परंतु अयोध्या राम का त्याग कभी नहीं करेगी।" फिर वे सीता की ओर देख कर बोले, "जिस प्रकार विदेह ने कभी सीता का परित्याग नहीं किया।"

- दंडक आर्यवर्त के दक्षिण में, एक विशाल वन था, जो गंगा के मैदानी इलाक़े तक पसरा हुआ था।
- शुक्र ने अपनी पुत्री का बलात्कार होने के बाद, एक राज्य को बीहड़ वन में बदल दिया, यह तथ्य सीमाओं की पवित्रता की ओर संकेत करता है। मनुष्य ही सीमाएँ रचता है और उन्हें तोड़ता है। सीमाओं का सम्मान करना, मानवता का मापदंड है, धर्म का सूचक! उनका अपमान करने का अर्थ है कि मनुष्य पशुवत् होते हुए, अधर्म के पथ पर अग्रसर है। पशु,

जिनके पास कल्पना की शक्ति नहीं होती, वे न तो सीमाएँ रचते हैं और न ही उनका लंघन करते हैं। तभी तो वे निष्पाप कहे जाते हैं।

- *रामायण* महाकाव्य दक्षिण-पथ अथवा दक्षिणी राजमार्ग के साथ चलता है जो उत्तरी व दक्षिणी भारत को आपस में जोड़ता है, जबकि महाकाव्य महाभारत, उत्तर-पथ पर चलता है जो पश्चिमी भारत को पूर्वी भारत से जोड़ता है। इस प्रकार ये दो महान महाकाव्य, भारत के विशद रूप को अपने भीतर समेटे हुए हैं।
- वाल्मीकि संस्कृत *रामायण* में मिले विवरणों के आधार पर, अनेक विद्वानों का मत है कि रामायण मध्य भारत से परे कहीं घटित नहीं हुई। परंतु श्रद्धालुओं के लिए, तीर्थस्थानों की घटनाओं के आधार पर, रामायण के घटना-स्थल सारे उपमहाद्वीप तथा उससे भी परे, श्रीलंका तक फैले हैं। वहाँ राम के चरण-चिन्हों के अतिरिक्त, राम द्वारा स्थापित शिव मंदिर भी मिलते हैं।

शांता से भेंट

उन तीनों ने भयंकर वन की सीमा पर रात्रि व्यतीत करने का निर्णय लिया। राम सो नहीं सके। हवा का मधुर संगीत बहता रहा, वे सितारों को टकटकी बांधे देखते रहे और उन्हें यह भी पता था कि सीता भी अपलक उन्हें ही देख रही थीं। वे बोलीं, “यह सब भी बीत जाएगा।” राम भी यह जानते थे किंतु यह ज्ञान ही व्याकुलता को मिटा तो नहीं सकता। उनका मन किसी व्यथित धूमकेतु की भाँति हो रहा था। सीता बोलीं, “स्वामी, हमारे पास जो भी हो, हमें उसका ही आनंद उठाना चाहिए। हमारे पास क्या था और क्या हो सकता है, इस बारे में विचार करने से कुछ लाभ नहीं होगा। आइए, इन सितारों के दृश्य का आनंद लें,” और जब लक्ष्मण अग्नि की ओर देख रहे थे तो राम और सीता आकाश में दृष्टि गड़ाए लेटे रहे और अंततः निद्रा भगवती ने उन्हें अपने आश्रय में ले लिया। यद्यपि नेत्र मूँदने से पहले, राम ने सदा की तरह, अपने व अपनी पत्नी के बीच अपना धनुष रख दिया था।

भोर बेला में सीता जगीं तो राम व लक्ष्मण को एक सुंदर स्त्री के चरण-स्पर्श करते देखा। विशाल नेत्रों, उदार मुस्कान तथा मोहक देहयष्टि वाली वह स्त्री कौन थी? उस स्त्री ने सीता को देख कर पुकारा, “यहाँ आओ, प्यारी बिटिया! मैं तुम्हारे पति की बड़ी बहन शांता हूँ।”

शांता ने सीता को अपनी गोद में बिठा लिया और बोलीं, “तुमने वन में पति का साथ देने का निर्णय लिया, यह बहुत ही अच्छी बात है। परंतु एक वधू के रूप में, वन में यात्रा करना सरल नहीं होगा, तुम्हारे साथ दो मनमोहक युवक हैं परंतु दोनों में से कोई भी तुम्हारी ओर नहीं देखता, एक तपस्वी है और दूसरा तुम्हें इसलिए नहीं देख सकता क्योंकि तुम उसके भाई की पत्नी, उसके लिए माता समान हो। तुम्हें अपने चारों ओर, संभोग के लिए व्याकुल पशुओं की पुकार सुनाई देगी। तुम सर्पों, मेंढकों, हिरणों व बाघों को मैथुन रत देखोगी और तुम देखोगी कि पुष्प अपनी गंध से मधुमक्खियों व तितलियों को अपनी ओर आकर्षित कर रहे हैं। तुम्हारी देह पुकार उठेगी; सीता तुम अपनी इंद्रियों की पुकार को कैसे उपेक्षित करोगी?

और ये राक्षस, वे तो निष्ठा और ब्रह्मचर्य का अर्थ तक नहीं जानते। वे तुम्हें विवश करेंगे कि तुम और मेरे ये दो भाई उनकी तृष्णा शांत करें, उनके लिए तो यह स्वाभाविक सी बात है। तब तुम क्या करोगी, सीता? तुम अपनी इच्छाओं तथा अपने आसपास मिलने वाले पुरुषों से अपना रक्षण कैसे करोगी? सीता वन में कोई सीमाएँ नहीं होतीं। जहाँ सीमाएँ नहीं होतीं, वहाँ लंघन भी नहीं कहलाता।"

सीता सोचने लगीं कि शांता वे सब बातें उन्हें क्यों कह रही थीं। उन्होंने उन सब भावनाओं के विषय में रोमानी कथाओं तथा चारणों के मुख से गाए जाने वाले लोकगीतों में सुना था, जिनके बारे में शांता बता रही थीं, परंतु स्वयं कभी उन्हें अनुभव नहीं किया था। हाँ, विवाह समारोह के समय तथा अंतःपुर में एकाध बार राम ने जिस दृष्टि से उन्हें देखा, वह उन्हें बहुत भाई थी परंतु अब वे उसे देखते ही नहीं, कम से कम वैसी दृष्टि से तो नहीं देखते। क्या शांता इसी बारे में बात कर रही थीं या और कोई बात कह रही थीं?

उनके विचारों को भाँप कर शांता बोलीं, "मेरी बच्ची, तुम अभी छोटी हो किंतु तुम्हारी देह पूर्णयौवना होने जा रही है। मैं इसे देख सकती हूँ। तुम्हें भी शीघ्र ही इसका अनुमान हो जाएगा। मानो तुम्हारे वन में आगमन से इसके शीघ्र आने की संभावना बन गई है। तुम सही मायनों में धरती पुत्री हो।"

- सीता व शांता की भेंट को दर्शाने वाले गीत प्रायः दक्षिण भारतीय लोकगीतों का अंग होते हैं।
- एक अस्पष्ट सी मान्यता यह भी रही है कि राम और सीता के बीच, वनवास के दौरान दांपत्य संबंध रहे। वास्तव में, इसे कुछ संस्कृत नाटकों में और भी मुखर किया गया, परंतु इस तथाकथित संयोग से कोई संतान उत्पन्न नहीं होती, जबकि वे दोनों ही अपने यौवन के चरम पर थे, ऐसी अवस्था में यह तथ्य उचित नहीं लगता। यही लगता है कि राम ने ब्रह्मचर्य का पालन किया होगा, राम ने तपस्वी बने रहने का संकल्प लिया था, सीता एक तपस्वी की पत्नी की तरह संयम से जीवन बिता रही थीं और लक्ष्मण पर ऐसा कोई दबाव नहीं था किंतु वे भी राम और सीता के साथ रहते हुए, अपने लिए ब्रह्मचारी जीवन का चुनाव करते हैं। यही ब्रह्मचर्य कथा में तनाव उत्पन्न करता है।
- तमिल मंदिर लोकगाथाओं व श्री वैष्णव परंपरा के अंग के रूप में, राम अपने व सीता के बीच धनुष रख कर सोते हैं, जो इस बात का सूचक है कि वे ब्रह्मचर्य का पालन कर रहे हैं।

अनसूया व अत्रि

शांता सीता को अनसूया व अत्रि मुनि के आश्रम में ले गईं। अनसूया, अरुंधती की तरह अपने पातिव्रत्य और सतीत्व के लिए विख्यात थीं। वे रेणुका की तरह नहीं थीं, उन्होंने कभी स्वप्न में भी परपुरुष के बारे में विचार नहीं किया था। न ही वे अहिल्या की तरह थीं, जिन्होंने व्यभिचार का सहारा लिया।

एक बार, तीन मोहक तपस्वी उनके पास आए, उस समय अनसूया के पति बाहर गए हुए थे। वे तीनों बोले, "हम पिछले बारह वर्षों से उपवासी हैं। हमें अपना उपवास तोड़ने के लिए, किसी मुनि की पत्नी का स्तनपान करना होगा। क्या आप हमारी सहायता कर सकेंगी?" अनसूया ने हामी भर दी। उन्होंने उन तीन युवाओं को अपनी संतानों के रूप में देखा, जो उनके पास कभी थी ही नहीं। उन्होंने ज्योंही अपना आंचल नीचे किया, वे तीनों युवक नवजात शिशुओं में बदल गए।

तब उन तीनों की पत्नियाँ अपने पतियों की ओर से क्षमायाचना करने आईं और अनसूया ने जाना कि उनका इस माँग के पीछे क्या अभिप्राय था : वे उन्हें लुभाना चाहते थे, धरती पर सबसे पवित्र और शुचिवान होने की प्रतिष्ठा को धूल-धूसरित करना चाहते थे। अनसूया ने बिना किसी शर्त के उन तीनों को क्षमा कर दिया, उनके अनुसार तपस्या करने के बावजूद, वे तीनों अभी नवजात शिशुओं के समान ही थे, जो छल-कपट से आनंदित होते थे। उन्होंने उनका मोहक रूप लौटा दिया और रसोई से भिक्षान्न दे कर, उनका उपवास समाप्त करवाया।

आभार वश, उन तीनों युवकों ने अनसूया को आशीर्वाद दिया कि वे दत्त नामक महान पुत्र की माता होंगी, जिन्हें किसी गुरु की आवश्यकता नहीं होगी; वे सब कुछ देखने से ही सीख जाएँगे। वे आकाश, धरती, अग्नि, जल, वायु, चट्टानों, नदियों, पौधों, पशुओं, पक्षियों, कीटों, पुरुषों तथा स्त्रियों से ही ज्ञान पा लेंगे और आदिनाथ के नाम से जाने जाएँगे।

अनसूया ने जनक पुत्री का स्वागत किया और उसे एक पुष्पित वृक्ष के नीचे ले गईं। वहाँ उन्होंने उन्हें उनकी काया के वे रहस्य बताए, जो अब प्रकट होने लगे थे। उन्होंने सीता को एक वस्त्र, एक माला तथा उबटन का पात्र दिया। वह वस्त्र कभी मलिन नहीं होगा, वह माला कभी नहीं कुम्हलाएगी तथा उबटन सदा उनकी त्वचा को कोमल बनाए रखेगा।

"यदि तुम महल में होतीं, तो यह एक भव्य उत्सव का कारण बनता। तुम्हारे पिता और माता की ओर से तुम्हें उपहार भेजे जाते। तुम्हारे पति की माताएँ तुम्हें हल्दी का उबटन लगा कर, स्नान करवातीं, पुष्पों से तुम्हारा श्रंगार करतीं। तुम्हें निजी महल दिया जाता और जब तुम स्वयं को मिलन के लिए तैयार समझतीं, तो तुम अपने पति को पान के पत्तों में लिपटी सुपारी भेजतीं ताकि वे तुम्हें आकर अरुंधती सितारा दिखाएँ। परंतु हाय, वह सब करने के लिए तुम्हें चौदह वर्षों तक प्रतीक्षा करनी होगी। मैं इसकी क्षतिपूर्ति के लिए तुम्हें क्या दे सकती हूँ?

सीता बोलीं, "आप मुझे इन चौदह वर्षों के वनवास के दौरान अपनी देह तथा मन के प्रति सच्चा रहने का बल व आशीष प्रदान करें। मेरी बड़ी ननद शांता का कहना है कि यह सब इतना सरल नहीं होगा,"

"यदि अपने सतीत्व को एक भार के रूप में लोगी तो यह कठिन होगा, अन्यथा ऐसा नहीं होगा। अगर तुम अपनी देह की इच्छाओं को जान कर, उन्हें स्वीकृति दोगी, उनका दमन नहीं करोगी और यह विचार करोगी कि जीवन में तुम्हारे लिए क्या महत्व रखता है, तो यह सब इतना कठिन भी नहीं होगा।"

अत्रि मुनि ने देखा कि उनकी पत्नी सीता का पुष्पों से श्रंगार कर रही थीं। उन्होंने राम व लक्ष्मण से पूछा, "बसंत ऋतु है और चारों ओर पुष्प खिले हैं। क्या भौंरा मकरंद का लोभ नहीं करेगा?"

पहले लक्ष्मण ने उत्तर दिया : "मेरा पुष्प तो अयोध्या में सो रहा है। वह तो चौदह वर्ष बाद खिलेगा।"

इसके बाद राम बोले, "मैं कोई भ्रमर नहीं। न ही मैं कोई तितली हूँ। मैं रघुकुल का वंशज हूँ, जिसे चौदह वर्षों तक वन में तपस्वी की तरह जीवन बिताना है। मेरा मन किसी भी चीज़ से विचलित नहीं होगा।"

अत्रि सोचने लगे कि क्या वे शब्द उन्हें प्रभावित करने को कहे गए थे या वास्तव में एक युवा राजकुमार के विवेक से फूटे थे, उन्होंने कहा, "यदि मन विचलित हो भी जाए, तो स्वयं को दंडित मत करना। केवल मनुष्य ही परख़ करते हैं, प्रकृति ऐसा नहीं करती।"

- लोकगाथाओं में, अनसूया को पथभ्रष्ट करने के उद्देश्य से आने वाले वे तीन तपस्वी ब्रह्मा, विष्णु व महेश हैं।
- अत्रि पुत्र, दत्त अथवा दत्तात्रेय को आदिनाथ, आदि गुरु के रूप में पूजा जाता है और वे ब्रह्मा, विष्णु व शिव के अवतार माने जाते हैं। वे आदिनाथ कहलाते हैं क्योंकि उनका कोई गुरु नहीं और उन्होंने अपने आसपास के जगत से ही विवेक प्राप्त किया है, भागवत पुराण की अवधूत गीता में उनके विषय में यही जानकारी मिलती है।
- अनसूया द्वारा सीता को दिए गए उपहार व सौंदर्य प्रसाधन, इस बात पर बल देते हैं कि वैदिककाल में शरीर के सौंदर्य व श्रृंगार को बहुत महत्व दिया जाता था।

शरभंग का स्वर्ग

अनसूया व अत्रि से विदा लेने के बाद, सीता और दशरथ के पुत्र, एक वयोवृद्ध ऋषि शरभंग के आश्रम में आए, जहाँ उन्होंने एक अद्‌भुत दृश्य देखा। उन्होंने देखा कि इंद्र उनके आश्रम से निकल रहे थे, वे अपने श्वेत हाथी पर सवार थे, जिसकी सात सूँडें तथा छह दाँत थे।

जब उन्होंने इंद्र के आगमन के बारे में पूछा तो ऋषि ने बताया, "इंद्र मुझे, देवों की नगरी अमरावती में बने नंदन-कानन के लिए निमंत्रण देने आए थे, अमरावती सितारों के बीच बसी है, जहाँ कल्पतरु वृक्ष है, जिसके नीचे खड़े होते ही सारी इच्छाएँ पूर्ण हो जाती हैं। परंतु मुझे वह सब पाने की कोई इच्छा नहीं है।"

लक्ष्मण ने मुनि से पूछा, "क्या तपस्या व यज्ञ का यही अभीष्ट नहीं होता कि वह सब पाया जा सके, जो इंद्र के स्वामित्व में है?"

"नहीं पुत्र! इंद्र के पास सब कुछ है किंतु फिर भी उसके मन में निरंतर उसे खोने का भय समाया रहता है। स्वर्ग भले ही देवलोक है किंतु मुझे वहाँ नहीं जाना।"

"आप कहाँ जाने की इच्छा रखते हैं?"

"मैं वहाँ जाने की इच्छा रखता हूँ, जहाँ किसी को क्षुधा नहीं सताती।"

"क्या ऐसा भी कोई स्थान है?"

"ध्रुव तारे के तले, शिव हिमाच्छादित शिखर पर विराजमान हैं। वहाँ कभी घास नहीं उगती किंतु उनका बैल नंदी, कभी शिकायत नहीं करता। नंदी को यह भय

भी नहीं सताता कि शक्ति का बाघ उसे खा न जाए। शिव के कंठ से लिपटे सर्पों को यह भय नहीं सताता कि कार्तिकेय का वाहन मोर उन्हें खा जाएगा और वह मोर, गणेश के वाहन चूहे को भी नहीं खाना चाहता। स्पष्ट है, यही वह स्थान है जहाँ क्षुधा का नाम मात्र भी नहीं है। स्वर्ग में एश्वर्य भले ही हो किंतु शांति नहीं है। मुझे शांति की कामना है। मैं अपने लिए कैलाश चाहता हूँ। वही सच्चे अर्थों में देवलोक होगा।"

"ईश्वर करे कि इन चौदह वर्षों के दौरान हम भी सभी क्षुधाओं से उबरने की क्षमता पा लें," राम बोले।

"ब्रह्मा ने मनुष्य की क्षुधा शांत करने के लिए यज्ञ रचा। दक्ष ने समाज के नियम बनाए ताकि लोगों को एक-दूसरे की भूख शांत करने के लिए विवश किया जा सके। उन दोनों का ही शीश शिव के हाथों काटा गया, वे अपेक्षा रखते हैं कि मनुष्य स्वयं अपनी क्षुधा से उबरने की क्षमता विकसित करे।"

सीता बोलीं, "प्रत्येक शिव तो नहीं हो सकता। हमें ऐसे व्यक्ति चाहिए, जो हमें भोजन दे सकें, आराम पहुँचा सकें, हमें अर्थ दे सकें। हमें ऐसे लोग चाहिए जो दूसरों की देख-रेख कर सकें।"

"तुम विष्णु की बात कर रही हो : उनके पास भी शिव की तरह क्षुधा तो नहीं, किंतु उन्हें दूसरों की क्षुधा की चिंता सताती रहती है। वे नियमों के अनुसार नहीं चलते। वे स्नेहवश कार्य करते हैं।"

"परंतु जब तक सभी विष्णु नहीं बन जाते, तब तक समाज को नियमों की आवश्यकता है। अन्यथा सभी इंद्र बन कर रह जाएँगे," राम बोले

"सत्य वचन!" मुनिवर युवा राजकुमार तथा उसकी पत्नी से प्रभावित हो गए थे।

"ब्रह्मा, इंद्र, विष्णु तथा शिव। हम इन्हें कहाँ पा सकते हैं?" लक्ष्मण ने पूछा

"लक्ष्मण, तुम्हारे मन के भीतर। हम सभी ब्रह्मा हैं। हम सभी इंद्र हैं। हम सभी दक्ष हैं। हम शिव हो सकते हैं। हम विष्णु हो सकते हैं," मुनि आँखें बंद कर मंद स्मित के साथ बोले।

- इंद्र एक ऐसे देव हैं, जिन्हें यूरोपियन विद्वानों ने ग्रीक अर्थों में, एक निम्न देव के रूप में रूपांतरित कर दिया। परंतु हिंदू पौराणिक गाथाओं के अनुसार, यह शब्द एक विशेष श्रेणी से संबंध रखता है, जिन्हें सराहा जाता है परंतु मंदिरों में उनका पूजन नहीं होता। गहन अध्ययन से पता चलता है कि इंद्र मनुष्य के मन की एक अवस्था है, जो अपने लिए भोग, आनंद व सत्ता से भरपूर जीवन चाहती है।
- वैदिक ऋचाओं में, इंद्र की प्रशंसा एक महान योद्धा के रूप में की गई है, परंतु पौराणिक ग्रंथों में, वे एक ऐसे असुरक्षित भाव रखने वाले देव के रूप में दर्शाए गए हैं, जो तपस्या करने वाले साधुओं से भयभीत रहते हैं और उन्हें यज्ञ रचाने वाले राजा भी नहीं सुहाते।

यूरोपियन विद्वानों ने मैसोपोटामियाई पौराणिक गाथाओं के अनुरूप यह निष्कर्ष निकाला, कि इंद्र एक वृद्ध व प्राचीन देव हैं, जिनका स्थान शिव तथा विष्णु जैसे नए देवों ने ले लिया था। परंतु हिंदू इसे थोड़ा अलग रूप में देखते हैं। इंद्र एक ऐसे देव हैं, जो भौतिक आनंद का उत्सव मनाते हैं और दैवीय अनुक्रम का अनिवार्य अंग हैं, भले ही वे निम्न स्तर पर क्यों न हों।

- कार्मिक चिट्ठे के आधार पर, विभिन्न जीवों द्वारा बहुसंख्यक स्वर्गों की अवधारणा ही जैन, बौद्ध व हिंदू ग्रंथों का प्रमुख अंतर है। किसी भी स्वर्ग में स्थायी वास नहीं मिलता। प्रत्येक स्वर्ग में अलग-अलग मात्रा में आनंद व पीड़ा की प्राप्ति होती है। सबसे उच्चतर स्वर्ग में पीड़ा या आनंद, किसी का भी अस्तित्व नहीं होता, केवल प्रज्ञा का साम्राज्य होता है। इसकी तुलना, ईसाई व इस्लाम धर्म में लोकप्रिय स्वर्ग और नर्क की धारणा से की जा सकती है, जो नैतिक व नीति संबंधी मूल्यों पर आधारित है, इससे भी अधिक महत्वपूर्ण तथ्य यह है कि वह विश्वास पर बहुत बल देते हैं। विश्वास लाने वाले स्वर्ग की ओर जाएँगे और विश्वास न करने वालों को नर्क का दंड भुगतना होगा।

सुतीक्ष्ण का आग्रह

इसके बाद, सीता, राम व लक्ष्मण सुतीक्ष्ण मुनि के आश्रम की ओर चले, जिन्होंने उनका स्वागत किया व उन मुनियों के संकट से अवगत करवाया, जो दक्षिण की ओर प्रस्थान कर गए थे। उन्होंने सबको इस विशाल स्तर पर होने वाले प्रवास की कथा सुनाई।

"शक्ति के मनाने पर, पहले शिव ने अपने नेत्र खोले और फिर वे अपने मुख से वेदों का सार बखानने लगे। उन्हें सुन कर, सारे मुनिगण उत्तर की ओर चले गए, जिससे धरती एक ओर झुक गई। उत्तर व दक्षिण को अलग करने वाली विंध्य पर्वत श्रेणी शिव के वचनों को सुनने के लिए इतनी उत्सुक थी कि उसने अपना आकार बढ़ाना आरंभ कर दिया और अंततः सूर्य की राह में बाधा बन गई।

इसी संतुलन को पुनः पाने के लिए, शिव ने अपने पुत्र कार्तिकेय, भगवानों के सेनापति से दक्षिण की ओर जाने को कहा। अनेक मुनि उनके साथ गए, जिनमें विश्रवा तथा अगस्त्य भी थे।

विंध्य अगस्त्य का आशीर्वाद पाने के लिए उनके आगे झुका और उन्होंने उसे उसी मुद्रा में रहने को कहा, ताकि सूर्य की किरणों को आने-जाने में बाधा न हो। अगस्त्य अपने साथ कमंडल में गंगा नदी का जल ले गए थे। जब उन्होंने उसे वहाँ उड़ेला तो उसने दक्षिण की बलशाली कावेरी नदी का रूप ले लिया।

कार्तिकेय ने अपने भाले से विंध्य के कई हिस्से कर दिए। इस तरह उसमें घाटियाँ बन गईं, जिनसे हो कर वे दूसरी ओर जा सकते थे। शक्ति को लगा कि कहीं कार्तिकेय को अपने पर्वतीय घर की याद न सताए इसलिए उन्होंने असुर हिडिम्ब से कहा कि वह हिमालय की कुछ चोटियों को दक्षिण में ले जाए। वे पलनी की पर्वत श्रृंखलाएँ बनीं।

"दक्षिण में ऋषियों का सामना राक्षसों व यक्षों से हुआ। विश्रवा ने एक यक्षिणी व राक्षसी से विवाह किया तथा दोनों से ही संतान उत्पन्न की। उन्होंने अपने दोनों पुत्रों को वेदों का ज्ञान दिया। यक्षिणी के पुत्र, कुबेर ने एक सुवर्ण नगरी बनाई। राक्षसी पुत्र रावण, कुबेर से ईर्ष्या रखता था, उसने नगरी पर धावा बोला और छल से उसे अपने अधिकार में ले लिया। रावण परम शिवभक्त है किंतु उसका मानना है कि बलशाली ही राज करता है।

चूँकि वही सबसे बलशाली है, अतः उसे ही सही माना जाता है। बहुत समय से ऋषि उसे वेदों के सार की ओर वापिस लाने की चेष्टा कर रहे हैं, परंतु वह उन्हें अरुचि से दुत्कार देता है। वह यज्ञ करने वाले, तपस्या या सिद्धि पाने की चेष्टा करने वालों को अपना शत्रु मानता है; उसने सभी राक्षसों को ऋषियों के विरुद्ध कर दिया है। क्या ताड़का का स्मरण है? उसे विश्वामित्र के सिद्ध-आश्रम में किसने भेजा था? रावण !! राम, दक्षिण की ओर जाओ। तुम्हारे वनवास का यह संकट, वनवासियों के लिए लाभदायक हो जाए। राक्षसों को धर्म के पथ पर वापिस ले आओ, उन्हें रावण के चंगुल से मुक्त करो। उन्हें इस योग्य बनाओ कि वे अपने मनस् का विस्तार कर सकें," सुतीक्ष्ण ने आग्रह किया।

"क्या राक्षस दुष्ट व अधम नहीं होते, जिनका वध किया जाना चाहिए?" लक्ष्मण ने पूछा

"विश्वामित्र के शिष्यों, यह याद रखो, वे राक्षस हमारे जैसे मनुष्य ही हैं, जिन्हें हमने समझने या सहने से इंकार कर दिया है। यदि हम भी उन्हें उसी तरह अस्वीकार दें, जिस तरह उन्होंने हमें अस्वीकारा है, तो यह अधर्म होगा," ऋषि बोले।

- राम-कथा में प्रायः यही दिखाया जाता है कि किस प्रकार विष्णु ने राम का रूप ले कर, संसार को रावण के अत्याचारों से मुक्ति दिलवाई। शाब्दिक दृष्टिकोण के अनुसार, दक्षिण के ऋषियों के पथ के साथ-साथ राम की यात्रा को उपनिवेशवाद के रूप में देखना सरल है, अग्नि-पूजक वैदिक आर्यों का बढ़ता प्रसार। प्रतीकात्मक दृष्टिकोण से देखें, तो वन को अनियंत्रित, वन्य तथा भयभीत करने वाला माना जा सकता है, जब वहाँ राम तथा ऋषियों का आगमन होता है, तो धीरे-धीरे मानवीय संभावना का जागरण होने लगता है।
- कुछ लोग रावण को, राक्षसी संस्कृति के वाहक के रूप में देखते हैं, जो ऋषि संस्कृति को

विकसित नहीं होने देना चाहता। परंतु ऐसी भी क्या संस्कृति जो आदान-प्रदान और स्वागत से परे हो? दो संस्कृतियों में परस्पर संघर्ष क्यों होता है? क्या संस्कृतियों को परस्पर स्वतंत्र रहना चाहिए अथवा उन्हें परस्पर प्रभावित होते हुए रूपांतरित होना चाहिए? रावण के पिता को एक ऋषि तथा उसकी माता को एक राक्षसी के रूप में दिखाते हुए, वाल्मीकि इसी प्रश्न पर विचार करते दिखते हैं।

- राक्षसों का वर्णन अस्पष्ट है, कभी वे हिंसक, शस्त्रधारी, विषैले दंतों व भयावह नेत्रों के साथ रक्त व जमे हुए रक्त में लिपटे दिखते हैं। तो कभी-कभी, उन्हें सुंदर, विलासी व यहाँ तक कि उदारमना भी दिखाया जाता है। उनमें से कुछ आसानी से अपना रूप भी बदल सकते हैं।
- राक्षसों को भयावह तथा आसुरी दिखाने का कारण यही है कि उन्हें मनुष्यों से बहुत अलग दिखाते हुए, उनके वध को जायज ठहराया जा सके। सभ्य देश, युद्ध को जायज ठहराने के लिए यही तो करते हैं। यह प्रवृत्ति मनुष्य के मन की व्याकुलता तथा अनिवार्य पशु प्रकृति से उपजी है, जो अपने बैरी को मार, सुरक्षित स्थान व पद पाना चाहती है। यदि राक्षसों को वश में न किया गया या अपने साथ समायोजित न किया गया तो वे हमें अपने वश में कर लेंगे। इस प्रकार यह संग्राम होना अनिवार्य है।

अगस्त्य व लोपामुद्रा

जब सीता, राम व लक्ष्मण दक्षिण की ओर चले, तो उन्हें पहाड़ियों से घिरा एक विस्तृत पठार दिखाई दिया। एक मुनि ने उन्हें बताया कि बहुत पहले, पर्वतों के भी पंख हुआ करते थे और वे पक्षियों की तरह आकाश में उड़ानें भरते, परंतु उनके ऐसा करने से बहुत कोलाहल होता था इसलिए ऋषियों ने देवों को बुलवाया और कहा कि पर्वतों के पंख काट देने चाहिए। इस तरह वे सभी पर्वत धरती पर गिर गए और उसके बाद कभी हिल भी नहीं सके।

उन्हें इंसानी बस्तियों से दूर रहना था, इसलिए वे तीनों नदियों के किनारे नहीं चलते थे। सीता कद्दू के सुखाए खोल में जल का संग्रह करतीं परंतु कई बार जब उनके पास जल समाप्त हो जाता और कोई ताल भी दिखाई न देता, तो राम या लक्ष्मण धरती में तीर चला कर, किसी भूमिगत नाले से जल की व्यवस्था कर देते, जिसे देख सीता मुदित हो उठतीं।

वन में, सीता जनक की पुत्री या दशरथ की पुत्रवधू नहीं थीं। राम एक पति के रूप में उन पर अधिकार नहीं

रख सकते थे, क्योंकि वे एक तपस्वी के वेष में थे। वे एक स्त्री थीं, जो स्वेच्छा से कुछ भी कर सकती थीं। राम ने कभी उनके आगे कोई माँग नहीं रखी अतः जब वे उनकी सेवा करतीं तो वे यही सोचते कि सीता की प्रेरणा का स्त्रोत क्या है? क्या यह केवल एक दायित्व था?

क्या यह एक कर्तव्य का निर्वाह था? क्या यह दया थी? राम सीता को जितना देखते, उन्हें उतना ही एहसास होने लगता कि यह भावना है, जिसे कवियों ने प्रेम की संज्ञा दी है।

और सीता ने भी राम के विषय में बहुत कुछ लक्ष्य किया। वे सदा उनसे बात करते हुए, अपना मुख दूसरी ओर घुमाए रखते ताकि वे उनकी दृष्टि के बहकावे में न आ जाएँ। और फिर भी, वे अपने छोटे-छोटे हाव-भावों से स्नेह का प्रदर्शन करते थे, सीता के मार्ग से कंटक चुन देते, उसी दिशा को चुनते, जिसके मार्ग में खिले पुष्प सीता के मन को भाएँ, वे उन्हीं चट्टानों पर चढ़ने के बारे में योजना बनाते जो फिसलन से भरी न हों और सीता के लिए उन पर चढ़ना सुगम हो। सीता उनके भोजन समाप्त होने की प्रतीक्षा करती थीं, परंतु वे यह भी जानती थीं कि राम सदा थोड़ा कम खाते ताकि उनके लिए पर्याप्त मात्रा में भोजन बचा रहे।

अंततः सीता व दशरथ पुत्र, अगस्त्य ऋषि के आश्रम जा पहुँचे। वहाँ उन्होंने अद्‌भुत दृश्य देखा। बाघ बकरियों व भेड़ों के साथ खेल रहे थे; मानो वे कैलाश पर्वत पर आ गए हों, जिसके विषय में शरभंग मुनि ने बताया था कि वहाँ न तो क्षुधा होती है, न कोई हिंसक शिकारी होता है और न ही कोई शिकार। अगस्त्य ने कहा, "शिकारी अपने लिए भोजन चाहता है। शिकार अपने लिए रक्षा चाहता है। शिव के पुत्र, तोंदयुक्त, हाथी की सूँड वाले गणेश, भूखे शिकारी का पेट भरते हैं। शिव के दूसरे पुत्र, बलशाली कार्तिकेय भयभीत शिकार की रक्षा करते हैं। शिव सभी को भय तथा क्षुधा से उबरने में सहायता करते हैं,"

अगस्त्य उन्हें अपने घर ले गए। वह तो एक भव्य महल था! सीता ने सोचा कि उसे किसी मुनि के लिए तो उपयुक्त आवास नहीं माना जा सकता। तब अगस्त्य मुनि ने उन्हें अपनी कथा सुनाई।

एक बार एक स्वप्न ने अगस्त्य की तपस्या में बाधा दी : उन्होंने देखा कि उनके पूर्वज चमगादड़ों की तरह उल्टे लटके रो रहे थे, वे उनसे विनती कर रहे थे कि उन्हें मृतकों की भूमि से मुक्त करवाया जाए। उन्होंने उन्हें एक संतान का पिता बनने का आग्रह किया, "हमने तुम्हें जीवन

दिया अब तुम हमें जीवन-दान दो, हमें पुनः जन्म पाने में सहायक बन कर, अपने ऋण से उऋण हो जाओ।"

अगस्त्य विदर्भ देश के महाराज के पास गए और उनसे कहा कि वे अपनी एक पुत्री का विवाह उनसे कर दें। राजा ने अपनी पुत्री लोपामुद्रा का विवाह उनके साथ कर दिया, वे उनकी सभी पुत्रियों में से सुंदर थीं। वे अगस्त्य से बोलीं, "यदि आप कुछ पाना चाहते हैं तो आपको कुछ देना भी चाहिए। अगर आप चाहते हैं कि मैं आपकी संतान को जन्म दूँ तो पहले आपको मुझे आनंद और संतोष प्रदान करना होगा।"

अगस्त्य ने स्नान किया, अपनी बंधी हुई जटाओं को खोल दिया, अपनी शुष्क व खुरदुरी त्वचा को कोमल बनाया, अपनी देह पर भस्म के स्थान पर चंदन का लेप किया, अपने कंठ में उजले व सुगंधित पुष्पों की माला धारण की और उसी प्रकार अपनी पत्नी के पास गए, जिस प्रकार किसी प्रेमी को अपनी प्रेमिका के पास मिलन के लिए जाना चाहिए। उन्होंने चूल्हे में अग्नि जलाई; लोपामुद्रा ने उसे रसोईघर में बदल दिया। उन्होंने उसके लिए एक मकान बनाया, पत्नी ने उसे एक घर में बदल दिया। उन्होंने पत्नी को बीज दिया, पत्नी ने बीज को अपने गर्भ में धारण किया और एक संतान, को जन्म दिया, जो आगे चल कर एक कवि बना।

अगस्त्य बोले, "जब मैं अकेला था, तो मैं एक तपस्वी था किंतु लोपामुद्रा के साथ, मैं एक यजमान बन गया हूँ और मैंने उस यज्ञ को आरंभ किया, जो मेरा परिवार है। परंतु एक दिन, जब बालक बड़ा हो कर अपना परिवार आरंभ करेगा, तो उसे अपने माता-पिता की आवश्यकता नहीं होगी। मुझे पत्नी की आवश्यकता नहीं होगी और लोपामुद्रा को पति की आवश्यकता नहीं होगी। उस दिन, मैं पुनः अपने तपस्वी वेष में आ जाऊँगा, अपने घर को इसके प्रांगणों, रसोईघर तथा गौओं सहित दान दे दूँगा। हमारे पास जो होता है, वह अस्थायी है किंतु हम जो बनते हैं, वह स्थायी होता है।"

राम, लक्ष्मण व सीता अगस्त्य व लोपामुद्रा के पास रहे। उन्होंने देखा कि वे अपने शिष्यों को तमिल भाषा के अतिरिक्त भविष्य के अनुमान के लिए सितारों व नक्षत्रों की गणना व शरीर को आरोग्य व नवजीवन प्रदान करने के लिए जड़ी-बूटियों के रहस्य बता रहे थे। अगस्त्य

ने राम व लक्ष्मण को अनेक अस्त्र-शस्त्र प्रदान किए। लोपामुद्रा व सीता ने रसोईघर से लगी बगिया में कई घंटों का समय बिताया, वहाँ वे उन मसालों के विषय में चर्चा करती रहीं, जो पाचन तथा आरोग्य देने में सहायक होते हैं।

- पूरे भारतवर्ष के अलग-अलग हिस्सों में राम, लक्ष्मण व सीता से संबंधित गुफाएँ मिलती हैं। अनेक स्थानों पर, राम की गुफा को सीता व लक्ष्मण की गुफा से अलग दिखाया गया है, जो इस बात का संकेत देता है कि वे तपस्वियों की भाँति एकांतसेवी थे, भले ही वे तीनों एक साथ क्यों न हों।
- अगस्त्य, दक्षिण भारत के महान ऋषियों में से हैं, वे महान सिद्ध साधक हैं। वे भाषा, दर्शन, ज्योतिष, भूगोल विद्या तथा चिकित्सा के स्त्रोत हैं। उनके उत्तर से दक्षिण प्रस्थान के अनेक प्रसंग मिलते हैं, जो इस बात के स्पष्ट संकेत हैं कि वैदिक विचारों के प्रवास के बाद, दक्षिणवासियों से संपर्क होने पर, उनमें रूपांतरण आया।
- वैदिक ऋचाओं के आरंभिक संग्रह, ऋगसंहिता में, लोपामुद्रा की ऋचा आती है, जहाँ वे यह माँग रखती हैं कि उनके पति द्वारा उन्हें संतुष्ट करना, उनका अपना स्वार्थ नहीं होना चाहिए, उन्हें इसे कर्तव्य की तरह निभाना चाहिए।
- इंडिक विचारधारा, अनेक विचारों का मिश्रण है, जो विविध स्त्रोतों से आए जैसे पशुपालक चरवाहों से ले कर, स्थापित कृषकों तक, वन में रहने वाले क़बीलावासियों से ले कर, ग्रामों व नगरों के वासियों तक। यही कारण है कि यह विचारधारा अग्नि अनुष्ठानों से ले कर, मंदिर अनुष्ठानों में कथा वाचन तक रूपांतरित होती रही। अस्थिरता तथा अमरत्व की चाह व परिवर्तन को स्वीकारने से जुड़ी बुनियादी वैदिक मान्यता ज्यों की त्यों बनी रही। इसी आधारभूत सोच से कर्म (क्रिया-प्रतिक्रिया), काम (इच्छा), माया (बोध/भ्रम) व धर्म (एक संदर्भ में उचित मानवीय आचरण) जैसे विचारों ने जन्म पाया।

वन में होने वाले वार्तालाप

ज्यों-ज्यों वर्ष बीतने लगे, सीता व दशरथ पुत्रों ने उस भूमि को पार कर लिया, जो उनके अनुसार जम्बूद्वीप था क्योंकि उसका आकार जम्बू फल के समान था। वे प्रायः जल स्त्रोतों के निकट, वृक्षों तले या गुहा-कंदराओं में आश्रय लेते। कभी-कभी, वे कुछ समय के लिए पत्तियों तथा टहनियों की मदद से अस्थायी कुटिया भी बना लेते परंतु ऐसा अधिक समय के लिए नहीं होता था। तपस्वी होने के नाते, उनके लिए यह बहुत महत्वपूर्ण था कि वे किसी भी स्थान पर अधिक समय तक निवास न करें, केवल वर्षा ऋतु के दिनों में कहीं निवास किया जा सकता था क्योंकि उन दिनों सारी भूमि जलप्लावित होती और ऐसे में, घने वनों में यात्रा करना ख़तरे से खाली नहीं था।

सीता का अधिकतर समय मधुमक्खियों, तितलियों व कीटों के निरीक्षण में बीतता। उन्होंने सीखा कि मधुमक्खियों को सताए बिना, वन्य शहद कैसे जमा किया जाए और जब मादा चीता

अपने बच्चों को दूध पिला चुकी हो तो बचा हुआ दूध कैसे दूहा जाए। वे हाथियों के झुँड का पीछा कर, जल स्त्रोतों का पता लगा लेतीं, ये वे स्थान थे, जो सुदूर पर्वतों पर केवल महामाताओं को ही ज्ञात थे। उन्होंने प्रवासी पक्षियों व मछलियों के आवागमन को समझा। उन्होंने भालुओं, भेड़ियों तथा गिद्धों से संप्रेषण की कला सीखी। वे उन्हें बताते थे कि वे सबसे अधिक रसीले फल तथा बेर कहाँ से ले सकती थीं और धरती में सबसे बेहतर कंद किस स्थान पर पाए जा सकते हैं। वे खाने योग्य पत्तों तथा पोषणयुक्त वृक्ष छाल का पता लगातीं। संध्या समय, जब वे एक स्थान पर अलाव जला कर बैठते, तो वे राम और लक्ष्मण को दिन भर में बीती घटनाओं का विवरण देतीं और उन्हें बतातीं कि उन्होंने क्या-क्या सीखा। कई बार संध्या समय उन्हें बहुत ही सुंदर दृश्य देखने को मिलता, जब हिरण और चीता एक ही घाट पर पानी पीते दिखाई देते क्योंकि जब चीते का पेट भर जाता तो वह शिकारी नहीं रहता था और तब हिरण भी उसके लिए शिकार की भूमिका में न रहता।

सीता ने दशरथ पुत्रों से कहा, "पुष्प स्वयं को सुगंधित बना कर, अपने मकरंद का सेवन करने का आमंत्रण देते हैं, ऐसा क्यों? वे मधुमक्खियों को पोषण देना चाहते हैं, अपना परागण चाहते हैं अथवा दोनों ही कारण सत्य हैं? प्रकृति में, आपको कुछ पाने के लिए कुछ देना पड़ता है। यहाँ कोई दान नहीं मिलता। कोई शोषण, कोई स्वार्थपरता अथवा निःस्वार्थ भाव नहीं। यहाँ एक दूसरे को विकसित होने में सहायक हो कर, स्वयं विकसित होना होता है। क्या यह संपूर्ण समाज नहीं है?"

राम बोले, "मैं इन बातों को अलग दृष्टिकोण से देखता हूँ, मैं देखता हूँ कि पादप तत्वों से जीवित हैं, पशु पादप के कारण जीवित हैं और माँसाहारी पशु, शाकाहारी पशुओं को खा कर जीवित हैं। मैं उन्हें देखता हूँ जो खाते हैं और जिन्हें खाया जाता है। जो खाते हैं, उन्हें भय है कि हो सकता है कि उन्हें पर्याप्त मात्रा में न मिले। जिन्हें खाया जा सकता है, उन्हें यह भय सताता है कि उनका उपभोग हो जाएगा। मुझे हर स्थान पर भय दिखाई देता है। किसी भी संपूर्ण समाज में इस प्रकार का भय व्याप्त नहीं होना चाहिए। इसे प्राप्त करना ही सच्चे अर्थों में धर्म है।"

सारा दिन, जब वे वन में भ्रमण करते, तो सीता राम के पीछे तथा लक्ष्मण के आगे चलतीं। वे किसी का भी मुख नहीं देखती थीं। अनेक वर्षों के दौरान, उन्होंने राम के चौड़े कंधों व पीठ को सराहना सीख लिया था, जो वन प्रवास के दौरान एक बार भी नत नहीं दिखे, उनकी त्वचा का रंग तपते सूरज के कारण साँवला पड़ गया था, अब उनके केश उस प्रकार सुगंधित तैलयुक्त व घुँघराले नहीं थे जैसे महल में हुआ करते थे, अब उनक जटाएँ बनी हुई थीं। लक्ष्मण की दृष्टि सदैव सीता के पदचिन्हों पर रहती। वे उनसे बच कर चलने की चेष्टा करते, उन्होंने देखा कि सीता के पदचिन्ह सदा राम के बाईं ओर, उनके हृदय के निकट होते थे। वे सभी संध्या होने की प्रतीक्षा करते, जब वे अग्नि के सम्मुख बैठते और आपस में दिन भर की घटनाओं पर विचार-विमर्श करते।

एक दिन, सीता ने केले के गाछ के निकट ही बेर का झाड़ देखा। अचानक तेज़ हवा के झोंके की वजह से कांटों ने केले के मुलायम पत्तों को छेद दिया। "यहाँ अपराधी कौन है? कौन है खलनायक?" उन्होंने राम से पूछा।

राम बोले, "कोई भी नहीं, मनुष्य के नेत्र ही वस्तुओं को मोल देते हैं, वे ही प्राकृतिक घटनाओं को संघर्ष व समाधान से भरे, विशाल रोमांचों में बदल देते हैं। यही माया है, मापदंडों के जन्म से उत्पन्न भ्रम!"

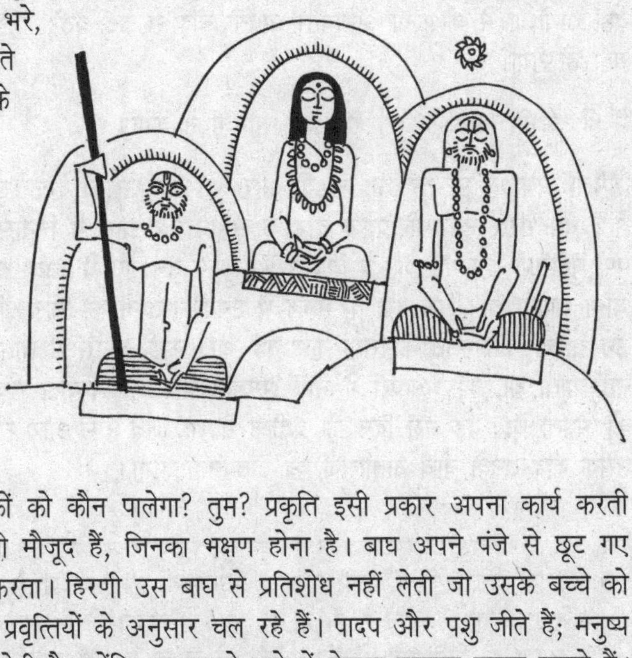

"किंतु उस बाघिन को तो दुष्टा कहा जा सकता है जो गर्भवती हिरणी को मार देती है।" लक्ष्मण तर्क देते हैं।

"तो क्या तुम यह चाहोगे कि बाघिन भूख से प्राण त्याग दे? तब उसके शावकों को कौन पालेगा? तुम? प्रकृति इसी प्रकार अपना कार्य करती है : यहाँ भक्षक तथा वे भी मौजूद हैं, जिनका भक्षण होना है। बाघ अपने पंजे से छूट गए हिरण के लिए शोक नहीं करता। हिरणी उस बाघ से प्रतिशोध नहीं लेती जो उसके बच्चे को खा जाता है। वे तो अपनी प्रवृत्तियों के अनुसार चल रहे हैं। पादप और पशु जीते हैं; मनुष्य को परख़ की आवश्यकता होती है क्योंकि हम अपने बारे में बेहतर महसूस करना चाहते हैं। यही कारण है कि हम नायकों, खलनायकों, दुष्टों व नेक लोगों, अपराधियों व शहीदों से जुड़ी कथाएँ रचते हैं," राम बोले।

"हमारे पूर्वज दिलीप अपने प्राणों का त्याग करने के लिए प्रस्तुत हो गए थे ताकि एक सिंह से गौ की प्राण रक्षा कर सकें। वे सही मायनों में एक वीर नायक हैं?" लक्ष्मण ने स्मरण दिलाया।

राम ने पूरी स्पष्टता के साथ उत्तर देते हुए कहा, "गौ अपने दुग्ध से मानवता का पोषण करती है, लक्ष्मण। हमें उसका रक्षण करना चाहिए। वे मनुष्यों के लिए नायक हैं क्योंकि उन्होंने मानवता के भोजन की रक्षा की। वे उस भूखे सिंह के लिए कोई नायक नहीं हैं, या उस हिरण के लिए भी नायक नहीं हैं, जिसे खा कर सिंह ने अपनी क्षुधा शांत की होगी।"

इस प्रकार के वार्तालापों के बीच सीता को उन ऋषियों का स्मरण हो आता, जिनके वार्तालाप वे अपने बाल्यकाल से सुनती आई थीं। प्रायः वे इन वार्तालापों के बीच अकेले ही होते परंतु कई बार कुछ ऋषिगण भी साथ आ जाते और वे उन्हें नायकों, खलनायकों, दुष्टों व नेक लोगों, अपराधियों व शहीदों से जुड़ी कथाएँ सुनाते। सीता उन कथाओं को सुन कर आंनदित होतीं किंतु उन्हें इस बात का भी एहसास था कि किस प्रकार उन कथाओं में सटीक मापदंड से किसी एक को नायक और दूसरे को दुष्ट बना कर प्रस्तुत किया जाता था। मापदंड के सभी स्तर, मानवीय भ्रम हैं, जिनके माध्यम से वह स्वयं को दूसरों से श्रेष्ठ समझ कर आनंद पाता है। प्रकृति में कोई पीड़ित या खलनायक नहीं होता, वहाँ केवल शिकारी और शिकार है, वे जो भोजन चाहते हैं और वे, जो भोजन बनते हैं।

वहाँ अयोध्या में कौशल्या अनायास अपनी नींद से उठ बैठीं, "क्या राम के लौटने का समय नहीं हो गया?"

"नहीं, अभी एक और वर्ष शेष है," सुमित्रा ने कहा।

उर्मिला अब भी सो रही थी, मांडवी और श्रुतकीर्ति उसकी देख-रेख करतीं। घर में कोई पुरुष नहीं था; भरत नगर के प्रवेश द्वार के समीप एक ग्राम में निवास करते थे। अब वे कन्याएँ पूर्ण युवतियाँ बन गई थीं। वे किशोर भी पुरुष बन गए थे। अब तक तो उन्हें माता-पिता बन जाना चाहिए था। अब तक तो महल में उनकी संतानों की किलकारियाँ गूँजनी चाहिए थीं किंतु उन महलों में सन्नाटे के सिवा कुछ नहीं था। कोई आपस में बात नहीं करता था, कोई गीत नहीं गाता था, कोई आपस में नहीं झगड़ता था। यह सन्नाटा सबसे अधिक कैकेयी के हृदय को भेदता था। वह उस दिन की प्रतीक्षा में थी, जब राम और सीता लौट कर आएँगे। तब, उसके बाद उनके बीच वार्तालापों का अंत नहीं होगा।

- अनेक पुनर्लेखनों में, राम, लक्ष्मण और सीता को अयोध्या से जाते हुए, किशोरावस्था में दिखाया गया है। वन में ही वे बड़े हुए। ये जीवन के विकासात्मक वर्ष होते हैं, जब मन बचपन की निश्चितताओं को चुनौती देने लगता है और सामाजिक ढाँचों की कृत्रिम प्रकृति को समझने लगता है। वन में पशु या पादप जीवन उनके साथ अलग तरह से पेश नहीं आए क्योंकि वे निष्ठावान हैं। उन्हें पीड़ित या शिकारी के रूप में ही देखा जाता है। इस तरह यह कथा ग्राम अथवा क्षेत्र और वन अथवा अरण्य के अंतर को दर्शाती है।
- मीमांसा का अर्थ है, आत्मपरीक्षण की ओर ले जाने वाली जाँच-पड़ताल। इसे वार्तालाप या किसी अनुष्ठान या परस्पर वार्तालाप द्वारा किया जा सकता है। पहला तरीक़ा पूर्व-मीमांसा

कहलाता था और दूसरा तरीक़ा उत्तर-मीमांसा कहलाता है, जिसे वेदांत के नाम से जाना जाता है। वनवास के दौरान उन तीनों को मीमांसा करने का अवसर मिला, और वे तीनों ऋषियों में परिवर्तित हो गए।

लक्ष्मण का संयम

वर्षा के दिनों में, सीता गुफा में निवास करने को प्राथमिकता देतीं। वे सदा तीन भागों वाली गुफा का चयन करते। उसका बीच वाला हिस्सा सीता के लिए तथा आसपास वाले हिस्से राम व लक्ष्मण के लिए रहते। कई बार वे घास, पत्तियों, तिनकों व टहनियों की मदद से कुटिया तैयार करते, जो केवल सीता के लिए होती। वे दोनों भाई खुले आकाश तले सोना सीख गए थे। उन्हें वृक्षों के नीचे छन कर आती सूर्य किरणें भाने लगी थीं।

एक दिन की बात है, राम मृगया के लिए गए हुए थे, सीता ने सोचा कि वे कुछ देर विश्राम कर लें और लक्ष्मण पहरे पर थे। सीता ने वृक्ष तले मृगछाल बिछाई और वहाँ लेट गईं। शीघ्र ही मंद स्मित बयार ने उन्हें गहरी नींद सुला दिया। बाद में जब वे गहरी नींद में थीं तो अचानक तेज़ हवा चली और उनके वस्त्र अस्त-व्यस्त हो गए। सीता अपनी उघड़ी देह से अन्जान, शांति से सोती रहीं।

जब राम लौटे तो सीता को इस दशा में पाया, वे सबसे बेख़बर सो रही थीं। लक्ष्मण उनकी ओर पीठ किए, वन की ओर मुख करके बैठे थे। राम बोले, "अरे, कौन है ऐसा, जो इस प्रकार वृक्ष तले बेसुध पड़े सौंदर्य को उपेक्षित कर सकता है?"

लक्ष्मण भाँप गए कि राम सीता की ओर संकेत कर रहे हैं, वे बोले, "वह जो दशरथ-सुमित्रा का पुत्र, राम का भाई व उर्मिला का पति है, वह निश्चित रूप से उस सौंदर्य के प्रलोभन से स्वयं को दूर कर सकता है जो राम के शब्दों में, वृक्ष तले बेसुध पड़ा है।"

राम मुस्कुराने लगे। उनके भाई की निष्ठा पर स्वप्न में भी संदेह नहीं किया जा सकता था।

परंतु इंद्र इतने प्रभावित नहीं थे। उसने लक्ष्मण की परीक्षा लेनी चाही और एक अप्सरा को भेज दिया ताकि उन्हें लुभाया जा सके। लक्ष्मण ने उसे खदेड़ दिया किंतु अप्सरा इंद्रकामिनी ने

सोचा कि क्यों न लक्ष्मण के साथ चाल चली जाए। जब वह जाने लगी तो उसने छल से अपने कुछ बाल वहीं गिरा दिए जो लक्ष्मण के वल्कल वस्त्रों से जा चिपके और वे जान भी नहीं सके।

सीता ने संध्या समय, सबके विश्राम के समय उन बालों को देखा तो वे सोचने लगीं कि वह क्या था। फिर वे बोलीं, "यह तो किसी स्त्री के बाल हैं। किसी सभ्य स्त्री के बाल लगते हैं क्योंकि इनसे सुगंधित तैल की गंध आ रही है। लगता है, तुमने अपने लिए यहाँ कोई पत्नी खोज ली है। यह तो स्पष्ट है, तुमसे उर्मिला की अनुपस्थिति सही नहीं जा रही।"

जो बात परिहास में कही गई थी, उसे गंभीरता से ले लिया गया। लक्ष्मण अपने पर लगे इस आरोप से इतने व्यथित हुए कि वे उसी अग्नि में कूद गए, जिसके आस-पास वे बैठे थे। राम किंकर्तव्यविमूढ़ हो उठे और सीता ज़ोर से चिल्लाईं। लक्ष्मण बोले, "देखिए, अग्निदेव ने भी मुझे कोई हानि नहीं पहुँचाई। क्या आपको किसी और प्रमाण की आवश्यकता है कि मैं अपनी पत्नी के प्रति पूर्णतया निष्ठावान हूँ?"

उस रात कोई नहीं बोला। सीता को एहसास हो गया था कि रघुवंश के पुरुषों की निष्ठा और ईमानदारी पर उपहास को भी हल्के स्तर पर नहीं लिया जाता था।

- महाराष्ट्र में नासिक तथा तमिलनाडू के रामेश्वरम जैसे तीर्थस्थलों तथा बिहार के हज़ारीबाग व ओड़िशा के सिमलीपाल में; राम, लक्ष्मण और सीता के नाम से राम-कुंड, सीता-कुंड और लक्ष्मण-कुंड बनाए गए हैं। वे एक-दूसरे के लिए बने सरोवरों में स्नान भी नहीं करते थे, इससे पता चलता है कि वे तपस्वी जीवनशैली के अनुसार जीते थे।
- सीता के अस्त-व्यस्त वस्त्रों व राम-लक्ष्मण के बीच संवाद का प्रसंग एकनाथ द्वारा लिखी गई मराठी *रामायण,* भावार्थ *रामायण* में आता है।
- बैगा *रामायण* में लक्ष्मण द्वारा अग्नि-परीक्षा देने का प्रसंग आता है, जिसमें इंद्रकामिनी नामक अप्सरा लक्ष्मण की सुंदरता से मोहित हो जाती है और जब वे उसके आकर्षण में बिंधने से इंकार कर देते हैं तो वह उन्हें अपमानित करने के लिए षड़यंत्र रचती है। यह दुर्लभ प्रसंग, जनजातीय लोकगाथाओं में पुरुषों की मर्यादा के प्रसंग को रेखांकित करता है। बैगा मध्य भारत के इलाक़े में निवास करते हैं।
- मध्य भारत के अन्य जनजातीय प्रसंगों में भी दिखाया गया है कि किस प्रकार राम, सीता व लक्ष्मण जनजातीय स्त्रियों पुरुषों के आकर्षण से अछूते रहे, जिससे यह संकेत मिलता है कि वे साधारण मानुष नहीं थे। उन्हें अपने नियम और उसूल इंद्रियों के आनंद से कहीं अधिक प्रिय थे।

- पितृसत्ता की सभी लोकप्रिय धारणाओं के विपरीत, जहाँ पुरुषों को सारी स्वतंत्रता दी जाती है, जो पुरुष ब्रह्मचारी होने का दावा करने पर भी, स्वयं पर संयम नहीं रख पाते, वे सम्मान के पात्र नहीं रहते। अप्सरा के आगे हार मानने को पराजय माना जाता है। परंतु जिस तरह पथभ्रष्ट स्त्रियाँ समाज के लिए संकट मानी जाती हैं, उसी प्रकार ब्रह्मचर्य को खंडित कर देने वाले पुरुषों से सामाजिक व्यवस्था को कोई भय नहीं सताता, क्योंकि वे समाज के सदस्य नहीं हैं। वे अपनी ही दृष्टि में या इससे अधिक आश्रम जीवनशैली की दृष्टि में असफल माने जाते हैं।

वेदवती

एक दिन, तीनों वनवासी एक स्त्री से मिले, जिसने अपना परिचय वेदवती के रूप में दिया। वह विष्णु की पत्नी बनना चाहती थी इसलिए उसने उन सभी युवकों को मना कर दिया, जो उसके माता-पिता के पास उसका हाथ माँगने आए थे। उन्हीं में से एक युवक ने उसके माता-पिता की हत्या कर दी। वह विष्णु से भेंट होने तक, वन में एक तपस्वी के पास रहने लगी। वह जहाँ भी गई, उसे चाहने वालों ने बहुत सताया किंतु उसने तो संकल्प ले रखा था कि विष्णु के अतिरिक्त किसी और से विवाह नहीं करेगी। जब वेदवती ने राम को देखा तो वह बोली, “आप इस धरती पर विष्णु के समान हैं। आप मुझसे विवाह करें। मैं अनेक वर्षों से आपकी प्रतीक्षा कर रही हूँ।”

राम बोले, “मेरे पास मेरी सीता है। उसका स्थान कोई नहीं ले सकेगा।”

वह बोली, “मुझे सीता की दासी ही बना दें।”

“नहीं, तुम मुझसे ऐसी अपेक्षाएँ रखोगी, जिन्हें मैं पूरा नहीं कर सकूँगा। कुछ समय तक और प्रतीक्षा करो। विष्णु एक दिन दूसरे अवतार में आएँगे और तुम्हें पत्नी के रूप में स्वीकार करेंगे।”

उस दिन के बाद, रावण ने भी वेदवती के साथ बलप्रयोग करना चाहा, वेदवती ने दुःखी हो कर अग्नि में छलांग लगा दी। उसे आस थी कि संभवतः अगले जन्म में उसे विष्णु की पत्नी बनने का सौभाग्य प्राप्त हो जाए।

- स्कंद पुराण में बताया गया है कि वेदवती पद्मावती के रूप में विष्णु से विवाह करती है, जो धरती पर अवतार ले कर, तिरुमला में, वेंकेटेश्वर बाला जी के रूप में निवास करते हैं।
- जम्मू में, वेदवती को वैष्णो भगवती के रूप में स्वीकारा गया है, जिन्होंने भैरव का मस्तक काट दिया था जो बल-प्रयोग से उन्हें अपनी पत्नी बनाना चाहता था। इसके बाद भैरव के कटे सिर ने उनसे क्षमा चाही और प्रकट किया कि वह कोई अनुष्ठान कर रहा था और उसके लिए एक स्त्री की आवश्यकता थी जो उसे जीवन-मरण के चक्र से मुक्ति दिलवाने में सहायक हो सके। तब उन्होंने भगवती का रूप ले कर कहा, "तुम मेरी पूजा करो। मैं तुम्हें जीवन-मरण के चक्र से मुक्त कर दूँगी।" वैसे तो भगवती के अधिकांश तीर्थों में रक्तबलि दी जाती है किंतु वैष्णो भगवती शाकाहारी हैं, यह उनके वैष्णववाद से निकट संपर्क का संकेत देता है।
- *रामायण* के परवर्ती संस्करणों में, वेदवती संकल्प लेती है कि वह उसे अपमानित करने वाले रावण की हत्या का कारण बनेगी। अग्नि-देव उसे स्वीकार नहीं करते, वे उसे छिपा लेते हैं और सीता के अपहरण से पूर्व, उसे सीता के स्थान पर रख देते हैं। इस प्रकार रावण सीता के स्थान पर, सीता के रूप में वेदवती को ही लंका ले जाता है। मूल सीता, सीता की अग्नि-परीक्षा के बाद लौट आती हैं।
- वेदवती और शूर्पणखा के प्रसंग को देखें तो दोनों ही राम से विवाह करना चाहती हैं। वेदवती राम की इच्छा का आदर करती है कि वे एक-पत्नीव्रता रहना चाहते हैं जबकि शूर्पणखा उनकी इच्छा का आदर नहीं करती; उसे अपनी इच्छा के आगे किसी की कोई परवाह नहीं है।

मन-बहलाव तथा रक्षण के लिए बने शस्त्र

राम और लक्ष्मण को मृगया में आनंद आता था। जब उनमें से एक शिकार पर जाता तो दूसरा सीता की पहरेदारी करता और सीता भोजन की तलाश करतीं। वे प्रायः हिरणों व बाघों का शिकार करते, उनकी खाल तथा सींगों को संभाल कर रख लिया जाता। वे उनमें से कुछ पशु चर्मों को अपने लिए रख लेते ताकि उन्हें ओढ़ने-बिछाने और पहनने के काम ला सकें और कुछ ऋषियों को भेंट में दे दी जातीं। वे सींगों की मदद से शस्त्र बनाते। अक्सर सींग तीरों के मुख बनाने के काम आते। वे माँस को वन में गिद्धों के भक्षण के लिए छोड़ देते। राम माँस भक्षण नहीं करते थे जो कि क्षत्रियों के लिए स्वादिष्ट भोजन था, उन्हें लगता था कि तपस्वी वेष में मांसाहार करना उचित नहीं होगा। यही कारण था कि लक्ष्मण भी शाकाहारी ही रहे।

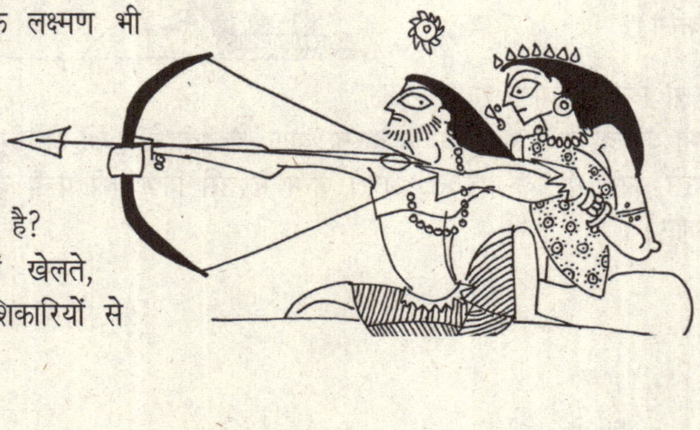

एक बार सीता ने पूछा, "क्या इन निर्दोष जीवों का वध करना आवश्यक है? क्या आप उन्हें वनों में खेलते, शिकार करते या अपने शिकारियों से

दूर भागता देख, प्रसन्न नहीं हो सकते?"

"हम नरेश, योद्धा व आखेटक हैं। हम यही करते आए हैं। हम इसी प्रकार अपने कौशल को निखारते आए हैं। सीता, यह मत भूलो कि यह कोई वाटिका नहीं, वन है। यहाँ हर कोने से कोई न कोई ख़तरा, कोई न कोई संकट हमारी ओर ताक रहा है। चूल्हे में जल रही अग्नि, हमारी कुटिया के आसपास की बाड़ तथा हमारे तूणीर के बाण हमारी रक्षा करते हैं।"

एक दिन, सीता राम के कंठमाल के लिए पुष्प चुन रही थीं, अचानक उन्हें पीछे से किसी राक्षस ने दबोच लिया। इससे पूर्व कि लक्ष्मण अपना धनुष उठा कर, उसे रोक पाते, वह सीता को अपने कंधों पर उठा कर दौड़ने लगा। लक्ष्मण उसके पीछे भागे और राम को पुकारने लगे। राम ने आगे आकर उस दुष्ट जीव का रास्ता रोक लिया और उस पर अपने बाणों से वर्षा कर दी। उन बाणों ने उसकी टाँगों को भेद दिया। वह गिर गया किंतु उसने सीता को छोड़ने से इंकार कर दिया। राम के बाणों ने उसकी भुजाओं को भी चीर दिया। तब सीता किसी तरह उसकी क़ैद से आज़ाद हो सकीं। उसके हाथों और पैरों से रक्त की धाराएँ प्रवाहित हो रही थीं, परंतु राक्षस ने मरने से भी मना कर दिया।

वह बोला, "मैं विराध हूँ। आपके अस्त्र-शस्त्रों से मेरी मृत्यु नहीं होगी। आप मुझे कृपया धरती में गहरा गाड़ दें, इतना गहरा गाड़ें कि कोई हिंसक पशु मुझे खोद कर न निकाल सके। इस तरह मैं शांति से प्राण त्याग सकूँगा। मुझे यहाँ धरती पर गिद्धों तथा सियारों का भोजन बनने के लिए निराश्रित न छोड़ें।"

इस प्रकार लक्ष्मण ने एक खड्डा बनाया और राम ने उस राक्षस को खड्डे में धकेल दिया जिसने सीता को छूने का दुःसाहस किया था। उन्होंने उस जगह को माटी और कीचड़ से भर दिया और उसी ढेर से अचानक एक सुंदर सा युवक बाहर निकल आया और बोला, "मैं तुंबरू हूँ, मुझे तब तक एक राक्षस के रूप में रहने का श्राप मिला था, जब तक कोई शिकारी की तरह मेरा शिकार नहीं करता। आपने मुझे मुक्त कर दिया। आपका बहुत-बहुत आभार!"

राम बोले, "देखा सीता! शस्त्रों तथा आखेट करने की कला का भी अपना ही उपयोग है।"

फिर एक दिन, लक्ष्मण एक वन्य सूअर का पीछा करते-करते बाँसों के घने झुरमुट में चले गए और अपने शिकार पर तलवार लहरा कर दे मारी। वह तलवार अपना निशाना चूक गई और एक तपस्वी का गला रेत दिया जो वहीं तपलीन थे। लक्ष्मण अपने आखेट में इतने मग्न थे कि उन्होंने शांत व स्थिर बैठे तपस्वी को लक्ष्य ही नहीं किया। जब उन्हें उस निष्पाप तपस्वी की हत्या

का पता चला तो दुःखी हो उठे। उन्हें लगा कि काश उन्होंने सीता की बात मानी होती और शिकार खेलने के इस शौक़ से दूर हो जाते।

परंतु इंद्र ने उनके पास आ कर, बधाई देते हुए कहा : "वह तपस्वी एक राक्षस था, रावण का भतीजा। यदि वह तपस्या पूरी कर लेता तो वह मुझे भी पदच्युत करने में सफल हो जाता। मैंने ही उस सूअर को तुम्हारी ओर भेजा था ताकि तुम उस पर अपने तीरों से वर्षा कर सको। तुम्हें लगता है कि तुम्हारे हाथों एक तपस्वी की हत्या हुई है, परंतु मेरा कहना है कि तुमने जो किया, वह उचित ही था।"

उस शाम, सीता और दशरथ पुत्र आपस में कर्मों के विषय में चर्चा करने लगे। लक्ष्मण बोले, "हमारे जीवन की सभी घटनाएँ पिछले कर्मों की प्रतिक्रियाएँ हैं। आज मैंने दुर्घटनावश एक व्यक्ति के प्राण ले लिए। इंद्र को लगा कि वह अच्छा हुआ किंतु मेरी दृष्टि में यह एक अपराध है। इसका भविष्य पर क्या प्रभाव होगा? यह मेरे लिए सौभाग्य का सूचक होगा अथवा दुर्भाग्य लाएगा?"

राम ने कहा, "घटनाएँ तो घटनाएँ होती हैं। मनुष्य ही उन्हें अच्छे या बुरे का दर्ज़ा देते हैं।"

सीता भी चुप नहीं रह सकीं व बोलीं, "हो सकता है कि वनवास के इन दिनों में तुम्हें वह घटना बुरी लगे परंतु मेरे विचार से ठीक ही हुआ। यहाँ वन में कितनी स्वच्छंदता है, यहाँ ऐसे कोई नियम, अनुष्ठान या रिवाज़ नहीं हैं, जिनसे हम घर में बंधे होते हैं।"

राम बोले, "सभी वस्तुएँ व घटनाएँ घटने के बाद ही अच्छी या बुरी जान पड़ती हैं।"

- क्या राम, लक्ष्मण व सीता ने वनवास के दौरान माँस-भक्षण किया था? इस प्रश्न को निरुत्तर ही रहने दें तो बेहतर होगा क्योंकि अगर कोई यह भी कह दे कि प्राचीन काल में माँस-भक्षण को बुरा नहीं माना जाता था, तो लोग बहुत ही हिंसक रूप में प्रतिक्रिया देते हैं। मिनिएचर पेंटिंग्स में प्रायः राम व लक्ष्मण को मृगया करते व पशु चर्म पहने दिखाया गया है; कुछ स्थानों पर तो उन्हें माँस भूनते हुए भी दिखाया गया है। यह तार्किक है क्योंकि क्षत्रिय जाति के लिए माँस-भक्षण अनुचित नहीं माना जाता था। संस्कृत में प्रायः माँस शब्द के प्रयोग को, फलों के माँस भक्षण से जोड़ा जाता है। बौद्ध और जैन धर्म के आने के बाद, शाकाहारवाद को प्रोत्साहन मिला और बाद में इसे वैष्णववाद ने बढ़ावा दिया। यदि तार्किक बातों को परे भी

कर दें, तो भारत में शाकाहरी भोजन का सेवन, अनुष्ठानिक शुद्धता व पवित्रता का सूचक माना जाता है और जाति अनुक्रम में व्यक्ति को ऊँचा स्थान दिलवाने में सहायक होता है।

- वाल्मीकि *रामायण* में वह प्रसंग आता है, जब सीता, राम व लक्ष्मण द्वारा आखेट पर जाने के लिए अप्रसन्नता प्रकट करती हैं।
- विराध द्वारा मृत्यु के बाद धरती में गाड़ने की इच्छा महत्वपूर्ण है क्योंकि यह दाह-संस्कार के सामान्य वैदिक अभ्यास के विपरीत थी। पारंपरिक हिंदू समाज में, केवल ऋषियों को ही धरती के नीचे स्थान दिया जाता है, जो अपने जीवन में ही जीवन-मरण के चक्र से छूट चुके हों।
- विराध राक्षस बनने से पूर्व एक गंधर्व था और जब उसने श्राप की भूमिका को, कर्म के साधन के रूप में स्वीकार किया तो वह फिर से गंधर्व बन गया।
- लक्ष्मण द्वारा अकस्मात् मारे गए राक्षस की कथा, उड़िया, तेलुगू, तमिल और मलयालम लोकगाथाओं में आती है, जो *रामायण* पर आधारित हैं।

शूर्पणखा का पति व पुत्र

लक्ष्मण ने जिस राक्षस का वध किया, वह लंका के राक्षसराज रावण की बहन, शूर्पणखा का पुत्र सनकुमार था।

एक बार, रावण की पत्नी मंदोदरी ने अपनी ननद शूर्पणखा को माँस परोसने से इंकार कर दिया जिससे उनके बीच कलह होने लगी। उनके पति अपनी-अपनी पत्नियों को समझाने लगे किंतु शूर्पणखा बहुत क्रोध में थी। उसने अपने पति को उकसाया तो उसके पति विद्युतजिह्वा ने अपनी लंबी जीभ बाहर निकाली व रावण को निगल गया। यह सब देखते ही देखते हो गया। क्षणांश में ऐसा अनर्थ हो गया था और सबको समझ आ गया कि इस घरेलू कलह ने कितना बड़ा सर्वनाश कर दिया था : रावण को निगल लिया गया था और उसके प्राणों की रक्षा करने का केवल एक ही मार्ग था : उस व्यक्ति का पेट चीर कर रावण को निकाला जाए, जिसने उसे निगला था। इस तरह रावण के प्राण तो बच जाते किंतु शूर्पणखा का पति मारा जाता।

रावण ने उसके पेट के भीतर से अपनी बहन से कहा, "तुम ऐसा ही करो। मैं तुम्हारे पुत्र

को अपना उत्तराधिकारी बना दूँगा और जिस पुरुष को चाहोगी, उसे तुम्हारा पति बना दिया जाएगा।" तब शूर्पणखा ने अपने तीखे नखों की सहायता से अपने पति का पेट चीर दिया और भाई की प्राण-रक्षा की।

वह विधवा हो गई किंतु उसे यह स्वतंत्रता दे दी गई कि वह वन में किसी भी पुरुष को अपने पति के रूप में चुन सकती थी। और वह प्रतीक्षा करने लगी कि रावण कब उसके पुत्र को अपने उत्तराधिकारी के रूप में चुनेगा। परंतु उसने ऐसा नहीं किया। जब उसका पुत्र बड़ा हुआ तो वह अधीर हो उठा, उसे लगा कि तपस्या करके, ऐसा कोई शस्त्र पाना चाहिए जिससे रावण का वध किया जा सके। तभी से वह वन में तपस्या कर रहा था, जिस दौरान लक्ष्मण ने उसकी हत्या कर दी, इस प्रकार अनजाने में ही रावण की प्राणरक्षा हो गई थी।

पहले अपने पति और अब अपने पुत्र को खो कर, शूर्पणखा बहुत ही भयंकर हो गई थी। वह अपने पति की मृत्यु के उत्तरदायी व्यक्ति से प्रतिशोध नहीं ले सकती थी क्योंकि वह उसका अपना भाई था, परंतु वह अपने पुत्र के हत्यारे, उस शिकारी की निश्चित रूप से हत्या करने का संकल्प ले चुकी थी।

उसने लक्ष्मण के पदचिन्हों का अनुसरण किया और गोदावरी के तट तक जा पहुँची। यह स्थान पंचवटी के निकट था, वहाँ उसने राम और लक्ष्मण को बैठा पाया। वे तो बहुत मनमोहक थे। अचानक ही उसके मन से प्रतिशोध का भाव जाता रहा और उसकी कामवासना जागृत हो उठी।

- वाल्मीकि *रामायण* में, विद्युतजिव्हा नामक मायावी का वर्णन आता है, जिसका अर्थ है विद्युत के समान जीभ वाला राक्षस। वाल्मीकि ने उसे कहीं भी शूर्पणखा के पुत्र या पति के रूप में परिचय नहीं दिया। शूर्पणखा का अर्थ है, ऐसी स्त्री जिसके नाखून सरकंडों जितने लंबे हों।
- शूर्पणखा के पति व पुत्रों की कथा, तमिल लोकगाथाओं में आती है। अधिकतर कथाओं में, रावण भूल से शूर्पणखा के पति का वध कर देता है, वह उस दौरान संसार विजय पर निकला है। थाई संस्करण में, रावण भूल से उस व्यक्ति की लंबी जीभ को किसी किले की दीवार समझ कर नष्ट कर देता है। यह प्रसंग कथा में अधिक आवेग और ऊर्जा उत्पन्न करता है।
- अनेक दक्षिणी मौखिक रामायणों में, शूर्पणखा के पुत्र को शंबूककुमार, डारासिंह, जपासुर, जंबूककुमार व सनकुमार आदि नामों से संबोधित किया गया है जिन्हें प्रायः कठपुतली छाया थियेटर के प्रदर्शनों में दिखाया जाता है।
- कुछ संस्करणों में, लक्ष्मण को हवा में तैरती हुई एक तलवार मिलती है। वह इसलिए प्रकट हुई है कि शूर्पणखा के पुत्र का वध किया जा सके, जो बाँस के झुरमुट के पीछे ध्यानस्थ है। लक्ष्मण को इस विषय में कुछ पता नहीं, ज्योंही वे तलवार को लहराते हैं, उससे असावधानी में तपस्वी-असुर का वध हो जाता है और इंद्र की प्रसन्नता की सीमा नहीं रहती।
- कम्बन की तमिल रामायण में असुरों को भी मानवीय भावों से ओत-प्रोत दिखाया गया है। लोकगाथाओं ने इस प्रवृत्ति को बढ़ावा दिया। वाल्मीकि की कविताओं में दिखाई जाने वाली

वासना के आवेग में मग्न युवती की बजाए, यहाँ शर्पूणखा उस स्त्री की तरह दिखाई गई है, जिसने अपने पति व पुत्र को खो दिया है। वह सुंदर नवयुवकों को देख कर आनंद पाना चाहती है किंतु उसे वहाँ भी निराशा के सिवा कुछ हाथ नहीं आता।

- इस कथा में यह भी बताया गया है कि जीवन किस प्रकार आपस में उलझ जाते हैं। यदि लक्ष्मण ने भूल से शूर्पणखा के पुत्र का वध न किया होता तो लक्ष्मण की ओर उसका ध्यान न जाता और इस तरह रावण का ध्यान भी उनकी ओर न जाता।
- कम्बन की रामायण में, कहा गया है कि शूर्पणखा ने राम और रावण के बीच कलह करवाई ताकि वह रावण के हाथों हुई अपने पति की मृत्यु का प्रतिशोध ले सके।

शर्पूणखा का अंग भंग

हम्म, वे तो ऋषियों के समान दिखते थे। उन्होंने अपने केशों की जटाएँ बांधी हुई थीं। उनकी देहों पर भस्म का लेप था। उन्होंने वल्कल वस्त्रों के साथ पशुओं की खालें पहन रखी थीं। और उनके पास शस्त्र भी थे, जैसे उत्तर वासियों के पास होते हैं। परंतु वे कितने सुंदर थे। लंबे व सुकुमार, गठी हुई देह वाले, उनके बदन सूरज की रोशनी में कैसे दमक रहे थे। उनके पसीने की गंध कितनी मादक थी। शूर्पणखा मारे वासना के बेसुध सी हो गई।

वह पहले राम के पास गई, वे उसे अधिक लंबे व चौड़े कंधों वाले जान पड़े, वह बोली, "आओ, प्रिय! मेरी वासना शांत करो।"

राम वासना के ऐसे कुत्सित और निर्लज्ज प्रदर्शन से चौंके और बोले, "मैं विवाहित हूँ।"

"उसका क्या अर्थ होता है?"

"इसका अर्थ है कि मेरे साथ पहले से एक स्त्री है और मैं किसी दूसरी स्त्री की ओर नहीं देखूँगा। तुम चाहो तो मेरे भाई से पूछ सकती हो, वह वन में अकेला है।"

जब वह लक्ष्मण के पास गई, तो लक्ष्मण ने कहा, "नहीं, जाओ यहाँ से। मुझे कोई रुचि नहीं है। मैं अपने भईया के अतिरिक्त किसी दूसरे की सेवा नहीं करता।"

शूर्पणखा समझ नहीं सकी। उन दोनों ने उसे दुत्कार क्यों दिया? क्या वह आकर्षक नहीं थी? क्या वे अकेले नहीं थे? तभी उसे राम के साथ बैठी सीता दिखीं और उसने अनुमान लगाया कि उसके कारण ही वे दोनों उसकी इच्छा पूरी नहीं करना चाहते।

वह उसकी प्रतिद्वंदी थी। उसे तो मार्ग से हटाना ही होगा। तो तेज़ गर्मी से अकुलाए पशु की भाँति, वह सीता की ओर दौड़ी, उसने तय कर लिया था कि वह उस स्त्री को चट्टान पर पटक कर, उसका सिर कुचल देगी। राम चिल्लाए, "रोको उसे!" और उन्होंने सीता को अपने पीछे खींच लिया।

लक्ष्मण शूर्पणखा को बालों से घसीट कर, पीछे की ओर ले गए। शूर्पणखा ने विरोध करते हुए, उन्हें पीछे की ओर धकेल दिया। वह बहुत ही बलशाली थी और किसी भी तरह अपना प्रयोजन पूरा करना चाहती थी।

सीता चिल्लाईं, "इसके प्राण मत लेना।" वे देख चुकी थीं कि राम और लक्ष्मण ने कितनी निर्दयता से विराध को मौत के घाट उतारा था।

"मैं इसे दंडित तो अवश्य करूँगा," लक्ष्मण बोले। "इसे ऐसा सबक दूँगा जिसे यह कभी भुला नहीं पाएगी।" उन्होंने कटार ली और एक ही झटके में उसकी नाक काट दी। शूर्पणखा ने हृदयविदारक चीत्कार किया। यह क्या था? वह स्तब्ध हो उठी। इतना सुंदर युवक ऐसा निर्दयी कैसे हो सकता था? वह वहाँ से विलाप करते हुए भागी, उसकी चीत्कार से सारा वन-प्रांतर गूँज उठा। वह अपने भाईयों खर-दूषण की तलाश करने लगी, जो ऐसे छली राक्षसों को सबक सिखाएँगे।

सीता काँप उठीं। "सीता भयभीत मत हो। हम तुम्हारी रक्षा करेंगे," राम बोले।

और सीता बोलीं, "मुझे हम सबकी चिंता है। स्वामी, वह कोई पशु नहीं थी। वह एक मनुष्य थी। और उसकी दृष्टि में आप एक खलनायक हैं और मैं कोई पीड़िता नहीं हूँ। इस क्रिया की जो प्रतिक्रिया होगी, वह सुखद नहीं होने वाली।"

- वाल्मीकि की *रामायण* में, शूर्पणखा को कुरूप, बदसूरत व आसुरी दिखाया गया है। कम्बन की *रामायण* में, वह विरह की मारी सुंदरी है। विभिन्न संस्करणों से उसकी अलग-अलग छवि देखने में आती है। गंगा के मैदानी इलाक़ों की रामलीलाओं में, उसे अपनी कामेच्छा के साथ वीभत्स व अश्लील रूप में दिखाया जाता है। इस कथा से प्राकृतिक इच्छा तथा सामाजिक नियमों के बीच का संघर्ष प्रकट होता है। इस तरह एक व्यक्ति के मन में प्रश्न उत्पन्न होता है कि उसे कामवासना से ग्रस्त स्त्री को किस रूप में देखना चाहिए - कौतुक, सहानुभूति अथवा विस्मय। महिलाओं की दृष्टि में यह क्या है - सहानुभूति या संशय? पुरुषों की दृष्टि में यह प्रसंग क्या है - रोष या ग्लानि? रामायण में बारंबार ऐसे गहरे भावों और विचारों को उकेरा गया है और इस तरह कथा सुनने वालों की मानवता को संबोधित किया जाता है।
- कुछ अन्य पुनर्लेखनों में राम शूर्पणखा की नाक काटने का आदेश देते हैं जबकि कुछ कथाओं में इसे लक्ष्मण की इच्छा कहा गया है। कुछ लेखक इस कृत्य को राम के साथ नहीं जोड़ना चाहते, इससे उनकी छवि खंडित होती है।

- अक्सर नाक के साथ कान काटने की भी बात आती है। कुछ क्रूर संस्करणों में तो नाक और कान के साथ स्तनों को काटने का प्रसंग आता है, इसे कम्बन की तमिल रामायण में देखा जा सकता है। दक्षिण भारतीय लोकगाथाओं में, मान्यता है कि स्त्रियों की सारी शक्ति उनके स्तनों में ही पाई जाती है।
- तमिल की मौखिक *रामायणों* में, जब शूर्पणखा के अंग भंग होते हैं तो रावण के सिर भी कट कर गिरने लगते हैं, उसे उसकी पीड़ा का आभास होता है और वह सोचने लगता है कि यह क्या हो रहा है। इस प्रकार बहन और भाई के संबंध को दिखाया गया है।
- पश्चिमी मानसिकता से घिरे आधुनिक साँचों में, कट्टर वर्गीकरण, स्थिर सत्ता समीकरणों, न्याय तथा सबसे महत्वपूर्ण तथ्य के रूप में, कथा को श्रोता से विलग कर दिया जाता है। इस प्रकार इसी पश्चिमी ढाँचे को प्रयुक्त करते हुए, विद्वान *रामायण* को केवल कुछ भावों, जातियों, समुदायों तथा लिंग के दमन के रूप में ही देखना चाहते हैं। वे धर्म की तुलना बाइबिल के धर्म-आदेशों से करते हैं। यह 'उनकी' और 'हमारी' कथा बन जाती है। दर्शक राम व शूर्पणखा, दोनों को एक साथ स्वीकृत व अस्वीकृत करते हैं। राम के कार्यों की क्रूरता का, उनकी दिव्यता के साथ निरंतर समायोजन करने को कहा जाता है। क्या ईश्वर न्यायी है? उसे न्यायी ही होना चाहिए? क्या मनुष्य न्यायी हो सकते हैं? यह निर्णय कौन लेता है कि क्या उचित है, सीता और शर्पूणखा, राम और लक्ष्मण? इस प्रकार विचारों को उत्तेजित कर, उपायों का मंथन किया जाता है।
- नाक कटने से पूर्व शूर्पणखा एक खलनायिका के रूप में आती है। इसके बाद वह एक पीड़िता है। क्या दंड की क्रूरता की तुलना, अपराध की गहनता से की जा सकती है। क्या अपनी इच्छा प्रकट करना अपराध है या विवाह से जुड़े नियमों को न मानना अपराधिक माना जाना चाहिए?
- विराध को इसलिए मांरा गया क्योंकि उसने सीता का स्पर्श किया था। शूर्पणखा का नाक कटा क्योंकि उसने सीता पर हमला किया था। रामायण जानने वाले विराध वध को भूल जाते हैं किंतु शूर्पणखा प्रसंग सबको स्मरण रहता है।

खर व दूषण का बल

अगले ही दिन, ज्योंही प्रकाश की पहली किरण ने आकाश में क़दम रखा, वायु में चारों ओर गरजते राक्षसों का कोलाहल गूँज उठा। खर-दूषण अपने राक्षसों के दल सहित बहन का प्रतिशोध लेने आ पहुँचे थे। राम और लक्ष्मण अपने धनुष और बाणों से लैस हुए और कुटिया के आसपास घेरा डाल दिया।

उनके बीच एक भयंकर युद्ध छिड़ गया, जो भोर बेला से ही आरंभ हो गया। राक्षस झुँड बना कर, बौराई मक्खियों की तरह, कुल्हाड़ियाँ, भाले व गदा लिए एक के बाद एक आते रहे और उनके चीत्कार से सारा वन दहलता रहा।

राम और लक्ष्मण ने उन पर अपने तीरों की बौछार कर रखी थी। उन्होंने वायु तथा जल की शक्ति को मंत्रोच्चार से जागृत किया और राक्षस पानी में फिसल-फिसल कर गिरने लगे। वे

वृक्षों व चट्टानों से टकरा कर, अपनी गर्दनें तुड़वा बैठे। राम और लक्ष्मण के बाणों में हाथियों का सा बल तथा तेंदुए जैसी तेज़ी थी। उन्होंने अपने बाणों के बल पर राक्षसों के झुँड को टुकड़ों में बदल दिया। जब तक आकाश में सूरज सिर तक आया, खर-दूषण अपने राक्षसों सहित यमलोक सिधार चुके थे। कई दर्जन शव, सीता की कुटिया के बाहर पड़े लोट रहे थे।

आकाश से गिद्ध तथा वनों से जंगली बिलाव अपना भोजन खाने आ गए। राम ने लक्ष्मण को आदेश दिया कि वे उन्हें वहाँ से भगा दें और फिर वे उन राक्षसों के दाह-संस्कार का प्रबंध करने लगे। "आप उन्हें बहुत अधिक मान दे रहे हैं," लक्ष्मण ने एक चिता को मुखाग्नि देते हुए कहा।

"केवल इसी उपाय से हम स्वयं को स्मरण दिलवा सकते हैं कि हम अब भी मनुष्य हैं," राम बोले। "वन तथा इसके भय को अपने पर हावी मत होने दो। धर्म के विचार पर अटल रहो। बुरी से बुरी परिस्थितियों में भी, अपना श्रेष्ठ प्रदर्शन देने से मत चूको, भले ही तुम्हें उस समय कोई भी न देख रहा हो।"

ज्योंही अग्नि की लपटें ऊँची उठीं, लक्ष्मण ने चैन की श्वास ली। "चलो, सब निपट गया।" उनकी देह पसीने और रक्त से लथपथ थी किंतु नेत्रों में विजय का उल्लास झलक रहा था।

"नहीं, अभी सब समाप्त नहीं हुआ," राम बोले। वे शूर्पणखा को देख चुके थे जो सुदूर पहाड़ी पर ख़ड़ी, इन जलती चिताओं को ताक रही थी। "बल काम नहीं कर सका। अब वे छल-बल से काम लेंगे। शिकार पर निकले भूखे पशुओं की तरह वे अपने शिकार को पाने तक पीछे नहीं हटेंगे। हमें यहाँ से प्रस्थान करना चाहिए।"

- ताड़का का संबंध दो पुरुषों, मारीच और सुबाहु से है; शूर्पणखा का संबंध खर और दूषण से है कभी उन्हें उसके भाई कहा जाता है तो कभी पुत्र कहा जाता है। मन में विचार यह आता है कि यह संबंध संयोग है या कोई महत्व रखता है। प्रायः भगवती के मंदिरों में उन्हें दो पुरुष योद्धाओं के साथ दिखाया जाता है, जो उनके द्वारपाल, भाई या पुत्र बताए जाते हैं। क्या *रामायण* की ये राक्षसी राजमाताएँ, वन देवियों का प्रतीक हैं, जो बहुत ही भयंकर और शक्तिशाली होती थीं, जो अपने आनंद के लिए आग पर चलने या काँटों के झूले पर चढ़ने के लिए कहती हैं, जिन्हें भोग में माँस, मदिरा व नींबू भाते हैं? क्या वैदिक संतों को दक्षिण भारत के वनों में प्रवेश करने के बाद, ऐसी ही वन देवियों का सामना करना पड़ा होगा? इन उत्तरों के बारे में कोई अनुमान नहीं लगाया जा सकता।

- खर और दूषण, केवल उत्पात मचाने वाले राक्षस नहीं हैं। वे ऐसे पीड़ित हैं जो अपने लिए प्रतिशोध और न्याय चाहते हैं। यहाँ न्याय करने वाले देव, स्वयं पीड़ित होने के साथ-साथ पीड़क भी हैं। इस तरह ईश्वर के विचार के लिए भी चर्चा का मार्ग खुलता है।
- जैन *रामचंद्र चरित पुराण* को कन्नड़ भाषा में नागचंद्र द्वारा लिखा गया, रावण अवलोकिनिविद्या को सिंह की तरह गर्जना करने को कहता है। लक्ष्मण, खर तथा दूषण से युद्ध करने में व्यस्त होने के कारण सुन नहीं पाते। राम को इसे सुन कर लगता है कि लक्ष्मण संकट में हैं। वे सीता को छोड़ कर लक्ष्मण की सहायता के लिए आते हैं। सीता की सुरक्षा में यह कमी पाते ही, रावण अपने उड़ने वाले विमान में आ कर, सीता का अपहरण कर ले जाता है।

सुवर्ण मृग का छल

वे अपने डेरे को, गोदावरी नदी के तट से हटा कर, चट्टानों से घिरे सुरक्षित स्थान पर ले गए, जहाँ से राम व लक्ष्मण, किसी भी तरह के भेदिए को, दूर से ही देख सकते थे। इस तरह वन थोड़ा परे हो गया था। वहाँ सीता के लिए एक कुटिया बनाई गई। वे भाई सारा दिन चट्टानों पर बैठ कर पहरेदारी करते।

दिन सप्ताहों में, सप्ताह महीनों में बदल गए। विराध और शूर्पणखा की स्मृति क्षीण हो चली थी। एक बार फिर से, वन अपने फलों और फूलों के साथ पुष्पित हो उठा था। नदियों और पर्वतों के पास सुनाने के लिए अपनी ही कथाएँ थीं। एक बार फिर, उन तीनों पर नीरसता हावी होने लगी और वे सोचने लगे कि सारा दिन बिताने के लिए क्या किया जाए। भोजन भी भरपूर था इसलिए भोजन की तलाश में भी जाने की आवश्यकता नहीं थी। और मृगया पर जाने से सीता अप्रसन्न होती थीं। उस स्थान के आसपास कोई ऋषि नहीं थे, जिनसे वार्तालाप कर मन रमाया जा सके, और आकाश के सारे तारे भी तो परिचित हो चले थे।

"क्या पशु भी उकता जाते हैं?" लक्ष्मण ने पूछा

"क्या वृक्ष भी नीरसता का अनुभव करते हैं?" राम ने विचार किया

"चलिए हम मिल कर, समय बिताने के लिए पट्टों पर विशेष प्रकार के खेल तैयार करें। इस तरह हमारा मन ऊब से बचा रहेगा," सीता ने कहा। और तभी उनकी दृष्टि, सुवर्ण की तरह जगमग करते हिरण पर पड़ी। उसके दो सिर व लंबे सींग थे। ज्योंही उसने छलांग भरी, उसके खुरों से सीता का लगाया घास का टुकड़ा उखड़ गया और उसने अपने

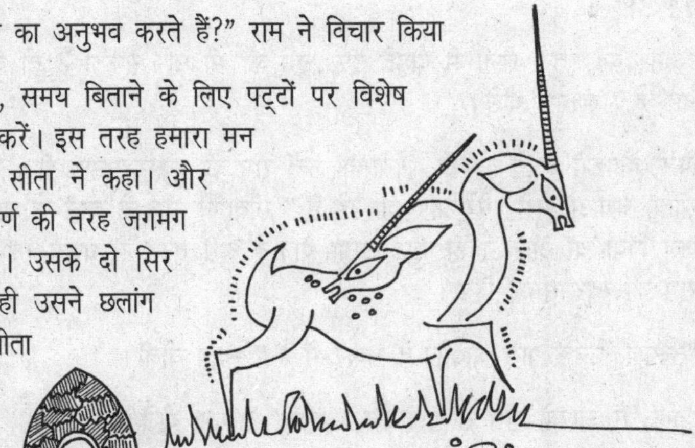

सींगों से पुष्पों से लदी लता को भी जड़ से उखाड़ा फेंका, जो सीता की प्रिय थी।

राम बोले, "सीता, मैं तुम्हारे लिए इसे पकड़ लाता हूँ। यदि जीवित मिल गया तो यह तुम्हारा पालित होगा और जीवित नहीं मिल सका तो इसकी छाल से तुम्हारे लिए सुंदर बिछौना बनेगा," सीता ने राम को नहीं बरजा। वे तो उस जीव को देख मंत्रमुग्ध हो उठी थीं। वे उसे पाना चाहती थीं। और राम ने उनके नेत्रों में छिपी इस लालसा को भाँप लिया था। इतने वर्षों के दौरान, पहली बार, वे अपने लिए कुछ पाना चाहती थीं। "मैं अभी इसे तुम्हारे लिए ले कर आया," उन्होंने वचन दिया, वे उस राजकुमारी को प्रसन्न करना चाह रहे थे जिसने अपनी ओर से कभी असंतोष का भाव तक प्रकट नहीं किया था।

"हो सकता है कि यह हिरण पूरे झुँड का नेता हो," सीता बोलीं, उनके नेत्र सैंकड़ों सुवर्ण हिरणों को एक साथ चौकड़ी भरते देखने की संभावना से दिपदिपा उठे।

लक्ष्मण ने चेतावनी दी, "सुवर्ण हिरणों का कोई अस्तित्व नहीं होता। यह तो अस्वाभाविक और अप्राकृतिक़ सा जीव है।"

"यह भी तो हो सकता है कि आज तक किसी ने पहले इस अनूठे और अद्वितीय मृग को देखा ही न हो," सीता इस बात पर पूरी तरह से विश्वास करना चाहती थीं कि वह हिरण वास्तव में अस्तित्व रखता था और उसे पकड़ कर, पालतू बनाया जा सकता था, उसे अपने अधीन किया जा सकता था।

सीता अपनी इच्छा-पूर्ति होने पर कैसी भीनी मुस्कान देंगी, इसी संभावना से मुदित राम उसी समय वन की ओर निकल पड़े। "लक्ष्मण! तुम सीता का ध्यान रखना, मैं इस हिरण का शिकार करके आता हूँ।" उन्होंने उस सोने के रंग वाले हिरण के पीछे जाते-जाते लक्ष्मण से कहा।

अभी सूर्य पूरी तरह से उगा भी नहीं था, राम कुटिया से दूर निकल गए। जब दोपहरी होने को आई तो सीता की व्याकुलता बढ़ने लगी। "वे इतना समय तो कभी नहीं लगाते थे, हो क्या रहा है?"

"अगर वह इतनी तेज़ी से दौड़ते हुए, राम को भी छल सकता है तो वह कोई साधारण मृग नहीं है," लक्ष्मण बोले।

फिर, दोपहरी ढलने को थी, अचानक उन्हें राम की पुकार सुनाई दी : "लक्ष्मण, मुझे बचाओ, सीता, बचाओ मुझे। मेरे प्राण जा रहे हैं," सीता ने राम के जाने के बाद से, न तो एक घूँट जल पिया था और न ही कुछ खाया था। वे बुरी तरह से घबरा गईं। उन्हें एक बार फिर राम का स्वर सुनाई दिया।

"लक्ष्मण, उनके पास जाओ। वे संकट में हैं," सीता बोलीं।

"नहीं, मैं आपके पास से नहीं हट सकता।" लक्ष्मण बोले।

"परंतु राम को तुम्हारी आवश्यकता है।"

"मैं उनकी आज्ञा का पालन करूँगा और आपको इस दुर्गम वन में अकेला नहीं छोडूँगा।"

"लक्ष्मण, तुम्हें क्या हो गया है? क्या तुम चाहते हो कि तुम्हारे भईया इस संसार में न रहें?"

लक्ष्मण इन शब्दों को सुन चिहुँके, "अवश्य ही यह कोई चाल है। यह वन ऐसे राक्षसों से भरा है, जो किसी के भी उच्चारण का अनुसरण कर सकते हैं। मुझे नहीं लगता कि राम किसी संकट में हैं। यह वात का प्रभाव होगा। भूख तथा प्यास के कारण हमारा मन अनूठी कल्पनाएँ कर रहा है।"

सीता क्रुद्ध हो उठीं। "जाने क्यों, तुम्हारे भीतर भाई के प्राणों की रक्षा के लिए कोई व्यग्रता नहीं दिख रही? क्या तुम चाहते हो कि उनके प्राण चले जाएँ, वन में, जब नर प्रमुख की मृत्यु हो जाती है तो, दूसरा नर उसकी साथिन को अपने अधीन कर लेता है। क्या तुम भी यही चाहते हो?"

लक्ष्मण अपने कानों पर विश्वास नहीं कर सके, यह उन्होंने क्या सुना? उनकी ऐसी कुलीन और स्नेही भाभी, अपने भय के कारण, अधम व अनर्गल प्रलाप पर उतर आई थीं, ताकि अपनी बात मनवा सकें। क्या वह इतनी भयभीत हो गई थीं? क्या उन्हें राम पर भरोसा नहीं? वे नहीं चाहते थे कि परिस्थितियाँ इससे भी विकृत रूप धारण करें, लक्ष्मण ने निर्णय लिया कि वे राम की खोज में जाएँगे।

परंतु उन्होंने जाने से पूर्व, सीता की कुटिया के आसपास एक रेखा खींच दी। "यह लक्ष्मण द्वारा खींची गई, लक्ष्मण-रेखा है। मैंने इसे उन मंत्रों की शक्ति से जागृत कर दिया है जो मैंने विश्वामित्र तथा वशिष्ठ मुनि के आश्रम में सीखे थे। जो भी व्यक्ति इस रेखा को बलात् पार करना चाहेगा, वह उसी क्षण आग की लपटों में जल कर भस्म हो जाएगा। इसी रेखा के भीतर रहना। इसके भीतर अयोध्या है और आप राम की पत्नी हैं। इसके बाहर सब जंगल है और आप एक अबला स्त्री हैं, जिसे कोई भी अपने अधीन कर सकता है।"

- सुवर्ण मृग प्रसन्नता के अंत का सूचक है। इसके बाद राम व सीता की भेंट युद्ध के बाद होती है, जब निष्ठा व सामाजिक औचित्य का प्रश्न उनके संबंधों को ग्रस लेता है।
- ओड़िशा के चित्रपटों में अक्सर दो सिर वाले हिरण को दिखाया जाता है। यह प्रसंग गुजरात में रहने वाले भीलों की रामायण में भी पाया जाता है।
- अनेक कथावाचकों को यह बात पसंद नहीं कि सीता राम से सुवर्ण मृग लाने को कहती हैं। इस तरह भील रामायण, *राम-सीता-नी-वार्ता* में हमें बताया गया है कि दो सिर वाला सोने का हिरण सीता का बाग उजाड़ देता है जिससे सीता को बुरा लगता है और राम को इतना गुस्सा आता है कि वे उसका शिकार करने निकल पड़ते हैं।
- यह मृग मारीच है, जो एक बहरूपिया मायावी राक्षस है, यह राम और रावण के युद्ध के

बीच निर्दोष पीड़ित है। वह एक अनुचर का प्रतीक है, जिसे अपने स्वामी के लिए अपनी बलि देनी पड़ती है।

- सीता अपनी ओर से, लक्ष्मण को भाई के अवज्ञापालन के लिए हर संभव उकसाती हैं। वे भयभीत हो कर, लक्ष्मण पर ऐसा आक्षेप करती हैं, जो बहुत ही हृदयविदारक है। सीता को स्त्रैण मर्यादा का मूर्तिमान रूप माना जाता है इसलिए उनके विषय में ऐसी कल्पना करना भी कठिन जान पड़ता है।
- भारत के अनेक समुदायों व विशेष तौर पर, उत्तर-पश्चिम तथा गंगा के मैदानी इलाक़ों में यह परंपरा चली आ रही है कि यदि किसी स्त्री के पति की मृत्यु हो जाए तो उसका विवाह छोटे देवर से कर दिया जाता है। यह एक बहुत ही अस्पष्ट सा संबंध है, जहाँ पति के जीवित रहने पर बालक और देखरेख करने वाला का नाता होता है वहीं पति के जाने के बाद यह नाता आश्रित और आश्रय देने वाले का संबंध हो जाता है। अनेक लोकगाथाओं में ऐसे संबंधों के कामजनित तनाव को दर्शाया जाता है। यह विचार आगे चल कर और भी स्पष्ट रूप से सामने आता है, जब सुग्रीव, बाली के वध के बाद तारा को अपनी पत्नी के रूप में स्वीकारता है, और विभीषण रावण के वध के बाद, मंदोदरी को पत्नी के रूप में स्वीकार करते हैं।
- वाल्मीकि *रामायण* में, लक्ष्मण-रेखा का कोई प्रसंग नहीं आता। इसे सबसे पहले तेलुगू व बंगाली *रामायणों* में दिया गया, जो वाल्मीकि *रामायण* के हज़ारों वर्षों बाद लिखी गईं। सीता के अपहरण का प्रसंग देने वाले अनेक आरंभिक संस्कृत नाटकों में किसी लक्ष्मण-रेखा की चर्चा नहीं की गई।
- बुद्धा रेड्डी की तेलुगू *रंगनाथ रामायण* में, लक्ष्मण सीता की कुटिया के बाहर, एक नहीं, सात रेखाएँ डालते हैं और जब भी रावण उन रेखाओं को पार करने का प्रयास करता है तो उसे आग की लपटों का सामना करना पड़ता है।

मुनि की भिक्षा

लक्ष्मण के जाने के कुछ ही देर बाद, सीता की कुटिया के बाहर, हाथ में भिक्षा-पात्र लिए, एक तपस्वी आ पहुँचा। उसकी सारी देह पर भस्म का लेप था। "क्या तुम्हीं प्रसिद्ध रघुकुल वंशज राम की भार्या हो?"

"जी, मैं वही हूँ।" सीता बोलीं।

"महान रघुकुल तो अपने आतिथ्य-धर्म को निभाने के लिए जाना जाता है, न?" उसने अपनी ओर से पुष्टि चाही।

"जी, सत्य कहा आपने।"

"तब तो तुम्हें निश्चित रूप से मेरी सेवा करनी चाहिए। मैं कई दिनों से भूखा हूँ और इस उजाड़ वन में खाने के लिए कोई बेर, फल या कंद-मूल तक नहीं जुटा सका। मैं तुमसे भिक्षा

की याचना करता हूँ, तुम्हारी कुटिया में जो कुछ भी भक्ष्य है, उसे मेरे आगे परोस दो।"

"आप कुटिया के भीतर आ जाएँ," सीता बोलीं।

"मैं भीतर नहीं आ सकता, तुम्हारे घर के आसपास कोई पुरुष सदस्य नहीं दिख रहा। वे वन में अथवा नदी पर गए होंगे। तुम इस समय घर में अकेली हो। ऐसे समय में, कुटिया के भीतर प्रवेश करना अनुचित होगा। कोई भी तुम पर रेणुका या अहिल्या की तरह होने का लांछन लगा सकता है। नहीं, यही श्रेष्ठ होगा कि तुम बाहर आ कर मुझे भोजन परोस दो।" ऋषि ने कहा और फिर कुटिया से थोड़ी दूरी पर अपनी मृगछाल बिछा कर, धरती पर ही आसन जमा दिया। वह भिक्षान्न पाने के लिए तत्पर था।

सीता ने कुटिया के भीतर से कुछ फल और बेर एकत्र किए और बाहर आने ही वाली थीं कि उन्हें कुटिया के बाहर बनी उस रेखा का स्मरण हो आया। वे अनायास ही एक दुविधा से घिर गईं। जब तक वे उस रेखा के भीतर थीं, पूर्णतया सुरक्षित थीं। कुटिया के बाहर आते ही उनकी सुरक्षा पर आसानी से आघात हो सकता था।

परंतु यदि ऋषि उनकी कुटिया के द्वार से भूखे लौट गए तो वे वन में स्थान-स्थान पर जा कर, प्रचारित करेंगे कि रघुकुल की पुत्रवधु वंश की प्रतिष्ठा का मान नहीं रख सकी। "वे स्वयं को कुलीन कहते हैं किंतु उनके द्वार से भूखा याचक रीता ही लौट गया। "जब भी तुम रघुकुल के किसी सदस्य से भेंट करो तो सीता को याद रखना, और उससे किसी भी प्रकार के आतिथ्य की अपेक्षा मत रखना," वे कहेंगे। इस परिस्थिति में क्या अधिक महत्वपूर्ण था, वे स्वयं या रघुकुल की आन व मर्यादा का सम्मान, वे विचार करने लगीं। उन्हें रेखा से बाहर आने का संकट मोल लेना ही होगा, उनके पास कोई दूसरा विकल्प शेष नहीं था।

इस तरह सीता ने तपस्वी को भिक्षा देने के लिए, लक्ष्मण की ओर से खींची गई रेखा को पार कर लिया।

रावण उन्हें देख कर मुस्कुराया व बोला, "उस रेखा के भीतर तुम किसी की पत्नी थीं। उस रेखा से बाहर आते ही तुम एक स्त्री हो, जिसे कोई भी बलशाली अपने अधीन कर सकता है।"

सीता चीत्कार कर उठीं। उसने उन्हें भुजा से पकड़ा और अपने कंधे पर लाद लिया व अपने विमान को पुकारा। वह विमान आकाश में उड़ सकता था।

- यद्यपि वाल्मीकि *रामायण* में निःसंशय, यह प्रसंग आता है कि रावण ने सीता को शारीरिक रूप से पकड़ा था जबकि हज़ारों वर्षों बाद लिखी गई आंचलिक रामायणों में कहा गया कि रावण ने अपहरण करते हुए, सीता का स्पर्श नहीं किया था। कम्बन की रामायण में, उसने धरती का वह टुकड़ा ही उखाड़ लिया था, जिस पर सीता खड़ी थीं, वह सीता को कुटिया समेत ही लंका ले गया था। ये संस्करण दर्शाते हैं कि मध्ययुगीन काल में, भारतीय समाज में स्पर्श मात्र से दूषित व अपवित्र होने का विचार प्रधान हो गया था।
- दक्षिण भारतीय पुनर्लेखनों में स्वीकारा गया है कि रावण सीता के प्रेम में था। राम एक संयमित, सभ्य और निष्ठावान प्रेमी हैं, जो नियमों का पालन करते हैं जबकि रावण असंयमी और आवेगों से युक्त प्रेमी है, जो किसी भी तरह की अस्वीकृति सहन नहीं कर सकता।
- नवीं सदी में शक्तिभद्र के संस्कृत नाटक, *आश्चर्य चूड़ामणि* में, राम और सीता को ऋषियों ने उपहार में आभूषण दिए थे, सीता को केशों में लगाने के लिए चूड़ामणि आभूषण और राम के लिए मुद्रिका! वे विशेष आभूषण थे। जब तक वे उन्हें धारण किए रहेंगे, कोई भी राक्षस उनका स्पर्श नहीं कर सकता और वे मायावी राक्षसों को पहचान लेंगे। नाटक में, रावण सीता के पास, किसी मुनि के वेष में नहीं, राम के वेष में आता है। वह रथ पर सवार है, लक्ष्मण सारथी है और सीता से कहा जाता है कि उन्हें उसी समय अयोध्या के लिए प्रस्थान करना होगा क्योंकि अयोध्या पर शत्रुओं ने आक्रमण कर दिया है। सीता उस पर विश्वास करते हुए, रथ पर सवार हो जाती हैं। रावण सीता को उसकी चूड़ामणि के भय से स्पर्श नहीं करता, परंतु जब सीता रावण का स्पर्श करती हैं तो उन्हें तत्काल रावण का असली रूप पता चल जाता है। इसी तरह शूर्पणखा राम से सीता के वेष में मिलती है। वह भी उस मुद्रिका के कारण राम का स्पर्श नहीं कर सकती, जब वे उसे स्पर्श करते हैं तो वह उसी समय अपने आसुरी रूप में आ जाती है।
- शक्तिभद् ने राम के जीवन पर आधारित अपना यह नाटक, महान वेदांत आचार्य शंकर को भेंट दिया था। शंकर ने मौनव्रत ले रखा था इसलिए उन्होंने उसे पढ़ने के बाद भी कुछ नहीं कहा। यह देख कर शक्तिभद्र की अप्रसन्नता की सीमा न रही और उसने निराश हो कर पांडुलिपि को जला दिया। जब शंकर ने मौन व्रत तोड़ा तो उन्होंने लेखन की प्रशंसा की और शक्तिभद्र ने बताया कि वे पांडुलिपि का क्या हश्र कर चुके थे। शंकर की कृपा से, चमत्कारिक रूप से, शक्तिभद्र अपनी स्मृति से सारा नाटक पुनः रचने में सफल रहे।
- रावण का रथ या यूँ कहें, कुबेर का रथ, पुष्पक विमान कहलाता है। यह एक विमान या रथ है, जो उड़ने की क्षमता रखता है, जिससे यह विश्वास और भी मजबूत हो जाता है कि प्राचीन भारतीय वैमानिकी शास्त्र में निपुण थे। दरअसल, इस विषय पर लंबे निबंध भी मिलते हैं कि प्राचीन विमानों में ईंधन कैसे भरा जाता था। इसे प्राचीन काल में, भारत की

उन्नत और महान तकनीकी उपलब्धि के रूप में देखा जाता है।

- सिहंली में, रावण के विमान को दांडु मोनारा कहते हैं, जिसका अर्थ है, उड़ने वाला मोर। श्रीलंका में, महियानगण से लगभग दस किलोमीटर की दूरी पर स्थित वेरगणटोटा को रावण के हवाई अड्डे के रूप में मान्यता दी गई है।

जटायु के पंख

सीता नहीं जानती थीं कि वह विचित्र तपस्वी कौन था। वह कोई तपस्वी था भी या नहीं?

"हे सुंदरी! यह जान लो, तुम्हारे पति ने जिस स्त्री के अंग-भंग किए, मैं उसका भाई तथा जिन राक्षसों को तुम्हारे पति ने मारा, उनका नेता, लंका का राजा रावण हूँ। तुम्हें उसके पापों का दंड भुगतना होगा। जब वह अपनी कुटिया में लौटेगा तो तुम उसे वहाँ नहीं मिलोगी और न ही उसे कोई पदचिन्ह मिलेंगे, जिनका अनुसरण किया जा सके। वह किसी मूर्ख प्रेमी की तरह वर्षों तक वनों की ख़ाक छानता फिरेगा और फिर विवश हो कर यही मान लेगा कि तुम्हें कोई जंगली पशु या पक्षी खा गया, इसके बाद वह तुम्हारे वियोग को स्वीकार कर, अपने जीवन में दूसरी युवती को शामिल कर लेगा, संभवतः वह मेरी बहन को ही स्वीकार कर ले, उसने उसके साथ कितना निर्दयतापूर्ण व्यवहार किया किंतु इसके बावजूद वह अब भी उस दुष्ट युवक के आकर्षण से बिंधी है।

सीता ने अपने अपहरणकर्ता की ओर आँख तक नहीं उठा कर देखा। वे उसे यह संतुष्टि कभी नहीं देंगी कि वह उन्हें रोते-चीख़ते या मारे भय के प्रकंपित होते हुए देखे। उन्होंने नीचे की ओर देखा - वृक्षों का गलीचा सा बिछा दिखाई दिया। वे वास्तव में आकाश में उड़े जा रहे थे। सीता सोचने लगीं कि क्या वह उसे देवों की नगरी, अमरावती की ओर ले जा रहा था।

मानो रावण ने उनके मन की बात जान ली, वह बोला, "मैं तुम्हें इस धरती की सबसे अद्भुत और विलक्षण नगरी, लंका में ले जा रहा हूँ, वह सुवर्ण नगरी, सागर के ठीक मध्य में स्थित है, जो कि हर प्रकार की मानवीय आबादी से बहुत-बहुत दूर है।"

सीता का मन अनायास ही भय और दुःख से भर आया। वे अपने लिए नहीं, राम व लक्ष्मण के लिए दुःखी थीं। उनकी अनुपस्थिति में वे दोनों कितने व्यग्र हो उठेंगे, स्वयं को लज्जा व ग्लानि से घिरा अनुभव करेंगे। वे योद्धा थे, गर्वीले पुरुष, जिन्हें लगेगा कि वे अपने कर्तव्य निर्वाह में असफल रहे। और अकस्मात् विचार आया कि जब वे कुटिया पर वापिस आएँगे, तो कौन उनकी प्यास मिटाने के लिए जल लाएगा और उनके विश्राम के लिए फूस का बिछौना तैयार करेगा। सीता दशरथ पुत्रों की संभावित दशा का अनुमान लगा कर बहुत दुखित हुईं, उन्हें अपनी कोई चिंता नहीं थी। वे तो सब संभाल लेंगी, किंतु उनके पति व देवर पर क्या बीतेगी?

वे सोचने लगीं कि राम को कैसे पता चलेगा कि उनकी पत्नी का किसी ने अपहरण कर लिया है। यह तो स्पष्ट था कि उन्हें दक्षिण की ओर ले जाया जा रहा था। उन्होंने अपने पैरों के नुपुर, हाथों में पहने गए बाजूबंद, कंठ में पड़े हार व कानों के आभूषणों को उतारा और उन्हें नीचे गिराने लगीं। उन्हें लगा कि शायद उन आभूषणों की निशानी से राम को, उनकी दिशा का कुछ अनुमान हो जाए। इस तरह उन्हें सीता का पता लगाने में आसानी होगी। उन्होंने अपने केशों में सजे चूड़ामणि के अतिरिक्त सारे आभूषण नीचे फेंक दिए। उन्हें अपनी माँ की दी सीख भूली नहीं थी। माँ ने कहा था, "जब तक तुम अपने पति की विवाहिता स्त्री तथा परिवार की कुलवधू हो, तुम्हारे केश सदा बंधे रहने चाहिए। उन्हें कक्ष के एकांत में, केवल अपने पति के सम्मुख ही खोलना, कक्ष से बाहर आने के बाद, केश सदा बंधे रहने चाहिए।"

अचानक उस रथ के सामने एक पक्षी प्रकट हो गया। वह एक जटायु नामक बूढ़ा गिद्ध था, जो अक्सर उनकी कुटिया की पहरेदारी करता था। उसने अपने पंख फैलाए और उड़ने वाले विमान का मार्ग रोकना चाहा। उसने रावण को द्वंद्व युद्ध के लिए ललकारा। रावण ने अपनी चंद्रमा के आकार की खड्ग निकाली और युद्ध के लिए प्रस्तुत हो गया। जटायु ने अपने पंखों से उस पर वार किया, अपनी तीक्ष्ण चोंच से उसकी भुजाओं पर काट खाया, अपने पंजों से उसका माँस नोच लिया परंतु रावण बहुत फुर्तीला था और जटायु एक बूढ़ा पक्षी था। रावण ने अपनी तलवार लहराई और एक ही झटके में पक्षी को पंखों से विहीन कर दिया। जटायु आकाश से फड़फड़ाता हुआ धरती पर गिरने लगा।

तैयार नहीं हो जाती। इसके बाद, वह तुम्हारी शैय्या पर अधिकार जमा लेगी, मंदोदरी! और तुम उसकी दासी बन कर सेवा करोगी।"

"मुझे चुनौती स्वीकार है," मंदोदरी ने मुस्कुरा कर कहा।

केवल सीता ही समझ सकीं कि मंदोदरी ने क्या किया था; उन्होंने महल में अपना पद सुरक्षित रखते हुए, दूसरी स्त्री की स्वतंत्रता की भी रक्षा कर ली थी।

- ओड़िशा में, छाया कठपुतलियों के माध्यम से *रामायण* का प्रदर्शन होता है, जिसे रावणच्चछाया या रावण की छाया कहते हैं, क्योंकि एक कथा के अनुसार, यह सीता से प्रेरित थी, जिन्होंने रावण का प्रतिबिंब उस समय देखा था, जब वह उन्हें सागर पार, लंका ले जा रहा थ। लोकप्रिय मान्यता के अनुसार, समुद्र में घूमने वाले नाविकों ने पर्दे के पीछे दीपकों के प्रकाश की सहायता से इस कला को जन्म दिया, इस तरह वे अपनी कथाओं के लिए परछाईयाँ बना लेते। लंबी यात्राओं में इन कथाओं से मनोरंजन होता, जो प्रायः भारतीय तट से सुवर्णभूमि तक होती थीं, दक्षिण-पूर्व एशिया को उन दिनों इसी नाम से पुकारा जाता था।
- अनेक विद्वानों ने इस तथ्य को चुनौती दी है कि श्री लंका द्वीप, रावण की लंका नहीं है। एक कारण यह है कि वह स्थान पारंपरिक तौर पर सिंहल कहलाता था, सिंहों का देश (संभवतः नायक पुरुषों के कारण ही इस देश को सिंहों का देश कहा जाता होगा क्योंकि वहाँ सिंहों का वास तो नहीं है।), और लंका नाम का विवरण बारहवीं सदी के आसपास मिलता है। एक और कारण यह भी है कि, वाल्मीकि *रामायण* में वर्णित लंका के इष्ट दक्कन प्रांत से जुड़े हैं। फिर भी अनेक व्यक्तियों की मान्यता है कि दक्षिणी द्वीप एक उपमा की तरह है, जैसे आधुनिक भाषा नें कह दिया जाता है, 'दक्षिण की ओर जाना', जो किसी नकारात्मकता की ओर संकेत देता है। परंतु श्री लंका में पर्यटक गाइड उन स्थानों पर ले जाते हैं, जहाँ सीता को बंदी बनाया गया और जहाँ रावण अपने पुष्पक विमान, उड़ने वाले रथ को खड़ा करता था।
- लंकावतार सूत्र नामक दस्तावेज़ (लगभग चौथी सदी) में, लंका में बुद्ध तथा महामति (गणमान्य) के बीच हुए वार्तालाप को दर्शाया गया है, विद्वानों के अनुसार वही रावण है, जो पात्र तथा भारत के सभी हिस्सों में राम की कथा की लोकप्रियता का सूचक है। इस पाठ्य ने तिब्बती, चीनी व जापानी महायान बौद्ध धर्म के विकास में महत्वपूर्ण भूमिका निभाई है व मानसिक जगत की रचना में चेतना की भूमिका के विषय में बात करता है, जिसे हमने वास्तविक मान रखा है।

अशोक वाटिका

रावण सीता को अपने महल के निकट बनी वाटिका में ले आया और उसे एक वृक्ष के नीचे उतार दिया। उसने अपने महल की स्त्रियों से कहा, "यह यहीं रहेगी। इसकी आवश्यकताओं का ध्यान रखना और अपनी ईर्ष्या को वश में रखना। मैं इस बात का आश्वासन देता हूँ कि

तुम सबको कभी शिकायत का अवसर नहीं मिलेगा। मैं तुम सबको संतुष्ट करूँगा और वह मुझे संतुष्ट करेगी।" जब उसने ऐसा कहा तो सारी स्त्रियाँ समवेत सुर में खिलखिला उठीं, क्योंकि रावण सदा अपने वचन निभाता था।

लाल वस्त्रों में लिपटीं तथा केशचूड़ामणि के अतिरिक्त अन्य आभूषणों रहित सीता ने वृक्ष की ओर मुख किया और उसे इस प्रकार आलिंगन में भर लिया मानो वह राम हों, जो युद्ध कर, उन्हें उस क़ैद से मुक्त करवाएँगे। जब किसी से उसकी स्वतंत्रता छीन ली जाती है, तो इससे बड़ा दुर्भाग्य कोई नहीं होता।

उन्हें जिस वाटिका में रखा गया था। उसमें चारों ओर अशोक के वृक्ष लगाए गए थे, मध्यम ऊँचाई के, आम के वृक्ष की पत्तियों जैसी पत्तियों वाले वृक्षों पर लाल-संतरी रंग के पुष्पों के गुच्छ फलते थे। सीता उन्हें अपने पिता के घर व अयोध्या में देख चुकी थीं। वे प्रेम के भगवान, काम को समर्पित वृक्ष माने जाते थे। जब शीत ऋतु का समापन होता, तो स्त्रियों को उन वृक्षों का आलिंगन करने को कहा जाता। मालियों की मान्यता थी कि ऐसा करने से वृक्ष संपूर्ण रूप से पुष्पित हो उठते थे और बसंत छा जाता था। उन्हें बंदी बनाने के लिए कैसा निर्मोही स्थान चुना गया था, वह तो पिंजरे की क़ैद से भी बदतर था, वह उन्हें सदा राम की याद दिलाता रहेगा, प्रेम की उन सभी संभावनाओं की याद दिलाएगा, जिन्हें पहले कैकेयी की क्रूरता ने और अब रावण के रोष ने पूरा नहीं होने दिया।

सीता ने स्वयं को रावण के परिवार की स्त्रियों से घिरा पाया : उसकी पत्नी मंदोदरी; उसकी माता कैकसी; उसकी बहन शूर्पणखा, उसकी भाभी सरमा, उसके भाई विभीषण की पत्नी; उसकी भतीजी त्रिजटा, विभीषण की पुत्री; और उसकी पुत्रवधू सुलोचना, इंद्रजित की पत्नी। उन सबको सीता की देख-रेख करने के निर्देश दिए गए थे।

वे उनके लिए जल, भोजन, वस्त्र व मन बहलाव के लिए गुड़ियाँ ले कर आईं। परंतु सीता को किसी भी वस्तु में रुचि नहीं थी। वे तो राम और लक्ष्मण के लिए व्यथित थीं। उन्हें भोजन कौन दे रहा होगा? उनकी सेवा कौन करता होगा? वे उनके दुःख की कल्पना मात्र से दयनीय अनुभव कर रही थीं! वे निश्चित रूप से वन का कोना-कोना तलाश रहे होंगे। क्या उन्हें टूटे हुए पंख वाला पक्षी जटायु मिला होगा? क्या

उन्हें वे आभूषण मिल जाएँगे, जिन्हें वे निशानी के लिए धरती पर गिरा आई थीं? क्या वे उनका पता लगा लेंगे, क्या वे उनकी रक्षा कर सकेंगे?

सीता की पहरेदारी के लिए भी राक्षसी स्त्रियों को नियुक्त किया गया था। उनमें से कुछ दयालुता से पेश आतीं। कुछ रुक्ष व्यवहार करतीं। कुछ उन्हें समझातीं कि उन्हें रावण की बात मान लेनी चाहिए। कुछ चेतावनी देतीं कि अगर सीता ने रावण की बात नहीं मानी तो भयंकर परिणाम भुगतने होंगे। "क्या तुम्हें लगता है कि तुम हमसे श्रेष्ठ हो? या तुम्हें लगता है कि वह तुम्हारे योग्य नहीं है?"

सीता इन तानों का कोई उत्तर न देतीं। वे केवल अपने आसपास रखे कुशा के दो तिनकों को देखती रहतीं, जिन्हें उन्होंने अपने दाईं और बाईं ओर रखा हुआ थ। उन्होंने दाईं ओर पड़ी कुशा का देख कर कहा, "वे मेरे राम हैं।" और बाईं ओर पड़ी कुशा को देख कर बोलीं, "वे मेरे देवर लक्ष्मण हैं।" उन्हें पूरा विश्वास था कि वे दोनों उनकी रक्षा करेंगे।

"उसके पास कोई सेना नहीं। वह रावण की हज़ारों राक्षसों वाली सेना का सामना कैसे करेगा?"

सीता ने कोई उत्तर नहीं दिया। वे जानती थीं कि राम अपने राज्य के बिना भी, राजा थे। यदि उन्हें लगे कि सीता की रक्षा के लिए सेना चाहिए तो वे शून्य से भी सेना खड़ी कर देंगे।

जब शूर्पणखा बाग में सीता को कोसने और धमकाने आई, तो मंदोदरी उसे देख कर अपने गुस्से को शांत नहीं रख सकी और बोली, "क्या यही ठीक नहीं था कि तुम्हारा भाई इस युवती के प्राण ले लेता, ताकि इसका पति सांत्वना पाने के लिए तुम्हारी बाँहों में आ जाता। वह इसे यहाँ क्यों ले आया? मूर्ख लड़की, क्या तुझे एहसास भी है, तेरे प्रतिशोध की आड़ में, तेरे भाई ने अपनी वासना पूर्ति का साधन जुटा लिया है?"

"रावण मुझसे बहुत स्नेह रखता है।" शूर्पणखा बोली।

"रावण अपने अतिरिक्त किसी दूसरे से प्रेम नहीं करता," मंदोदरी ने कहा। "झूठा दिखावा करने से क्या होगा, हम उसके पालित जीवों से अधिक कुछ नहीं हैं!

- अनेक संस्कृतियों में यह धारणा पाई जाती है कि परिवार की मर्यादा की रक्षा के लिए भाई होना चाहिए, इसी तरह सीता की मर्यादा की रक्षा के लिए उनके भाई की परिकल्पना की गई है। हिब्रू बाइबिल में, जैकब की बेटी दिनाह को एक कैनानाइट राजकुमार लुभाने का प्रयत्न करता है। इसके बाद वह अपने पिता से आग्रह करता है कि वे उस संबंध को औपचारिक रूप दे दें। वह वधू के घर के रीति-रिवाज़ों का पालन करते हुए, अपना ख़तना करवाने के लिए भी हामी भर देता है। जबकि लड़की के भाई को लगता है कि राजकुमार की ओर से किया गया यह प्रयास किसी बलात्कार से कम नहीं था। विवाह समारोह के दौरान वे वर तथा उसके सारे साथियों की हत्या कर देते हैं।
- वाल्मीकि *रामायण* में, जब शूर्पणखा अपने भाई रावण से सहायता माँगने जाती है, तो उसे

सीता के सौंदर्य का वर्णन करने की आवश्यकता महसूस होती है। मानो वह मन ही मन जानती है कि केवल उसके प्रतिशोध के लिए रावण कोई पहल नहीं करने वाला, जब तक उसे अपने लिए कोई लाभ नहीं दिखेगा।

- अशोक के वृक्ष सदा हरे-भरे दिखते हैं। शास्त्रीय संस्कृत साहित्य में इन्हें बहुत पवित्र माना गया है। इसके पत्र घर के दरवाज़ों के बाहर लटकाए जाते थे ताकि धन की भगवती को आमंत्रित किया जा सके। वर्तमान में अशोक के पत्तों का स्थान आम्र पत्रों ने ले लिया है। लोग प्रायः अशोक के वृक्ष को ले कर भ्रमित हो जाते हैं। इनमें से एक पर लाल और संतरी रंग के पुष्प आते हैं और दूसरा लंबा सीधा तना वृक्ष होता है, जिस पर हरे रंग के पुष्प आते हैं।
- वाल्मीकि की *रामायण* में, लंका में सीता की तुलना एक डूबी हुई नाव, टूटी हुई शाख व कीच में लिपटे कमल से की गई है।
- वाल्मीकि की *रामायण* में एक बूढ़ी राक्षसी त्रिजटा का वर्णन आता है, इसके अलावा विभीषण की कला नामक पुत्री तथा सरमा नामक स्त्री सीता की सखियाँ हैं। *रामायण* के परवर्ती संस्करणों में, सरमा को विभीषण की पत्नी कहा गया और त्रिजटा, राक्षसी की मैत्री का मूर्तिमान रूप बन जाती है, कई बार उसे विभीषण की पुत्री भी कहा गया है।
- दसवीं सदी की इंडोनेशियाई *रामायण काकाविन* में, (जिसका अर्थ जावा की प्राचीन भाषा के अनुसार काव्य या गीत है।), और तेरहवीं सदी में जयदेव रचित संस्कृत नाटक *प्रसन्न-राघव* में, सीता स्वयं को अग्नि के हवाले करते हुए, आत्मदाह करने का विचार मन में लाती हैं किंतु त्रिजटा उन्हें समझा कर मना लेती है कि वे ऐसा न करें।
- *रामायण* में परिवार एक महत्वपूर्ण भूमिका निभाता है। राम, सीता और यहाँ तक कि रावण भी एक परिवार के पारिस्थितिकीतंत्र में अस्तित्व रखते हैं।

रावण का महल व पत्नी

लंका की स्त्रियों ने सीता को बताया कि रावण परम शिव भक्त था।

शिव एक तपस्वी थे और उन्हें महल निर्माण कला के विषय में कोई जानकारी नहीं थी। पार्वती ने उनसे कहा कि वे यह कार्य किसी वास्तुशिल्पी को सौंप दें। रावण को बुलाया गया क्योंकि वह वास्तुशास्त्र की अच्छी विशेषज्ञता रखता था। रावण ने पार्वती के लिए, कैलाश पर्वत पर बहुत सुंदर महल की रचना की, जिसे देख कर पार्वती प्रसन्न हो उठीं। रावण उनकी पत्नी की प्रसन्नता का कारण बना, यह देख शिव जी ने रावण से कहा कि वह कोई भी मुँहमाँगा वरदान पा सकता था। रावण ने वह महल ही माँग लिया, जो उसने पार्वती के लिए तैयार किया था क्योंकि वह उसे भी इतना भा गया था कि वह उसे छोड़ना ही नहीं चाहता था। इस तरह पार्वती के खिन्नमना होने के बावजूद, रावण कैलाश पर्वत स्थित उस महल को, लंका के मध्य, त्रिकूट पर्वत पर ले गया।

एक बार रावण ने अपने शीश को वीणा के लिए प्रयुक्त किया, अपनी एक भुजा से उसका दंड तथा भुजा के स्नायु से वीणा के तार बना कर, शिव को वीणा भेंट की। इस वाद्य यंत्र से

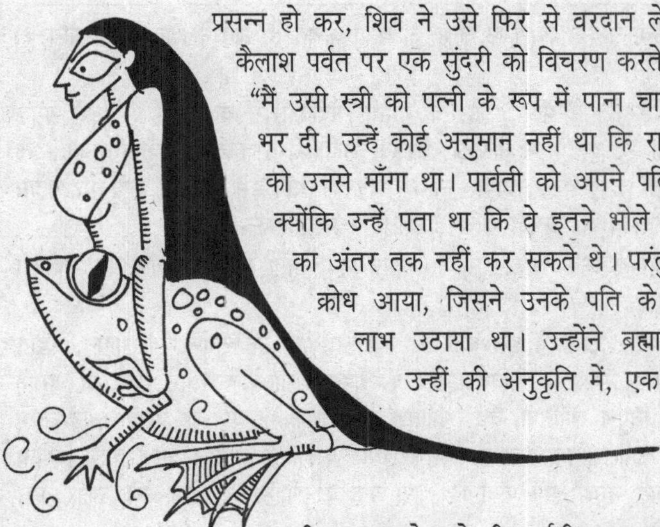

प्रसन्न हो कर, शिव ने उसे फिर से वरदान लेने को कहा। रावण ने कैलाश पर्वत पर एक सुंदरी को विचरण करते देखा था। उसने कहा, "मैं उसी स्त्री को पत्नी के रूप में पाना चाहता हूँ," शिव ने हामी भर दी। उन्हें कोई अनुमान नहीं था कि रावण ने उनकी ही पत्नी को उनसे माँगा था। पार्वती को अपने पति पर क्रोध नहीं आया क्योंकि उन्हें पता था कि वे इतने भोले थे कि पत्नी और स्त्री का अंतर तक नहीं कर सकते थे। परंतु उन्हें रावण पर बहुत क्रोध आया, जिसने उनके पति के भोलेपन का अनुचित लाभ उठाया था। उन्होंने ब्रह्मा जी से कहा कि वे उन्हीं की अनुकृति में, एक मादा मेंढक को युवती बना दें। उसका नाम मंदोदरी था, वह दिखने में पार्वती जैसी थी। रावण ने उसे ही पार्वती समझा और अपने साथ रानी बना कर, लंका ले गया।

ये कथाएँ भी सीता को प्रभावित नहीं कर सकीं।

"तुम उसे शिव का परम भक्त कह रही हो और उसे शिव जी का महल और उनकी पत्नी माँगने में ही लज्जा नहीं आई? कैसी अतृप्त इच्छाएँ लिए डोलता है, उसने शिव की भक्ति से भी कुछ नहीं सीखा, जो सारी क्षुधाओं से ऊपर उठ गए हैं?"

"वह ज्योतिष शास्त्र की विद्या में पारंगत है। उसने रावण-संहिता की रचना की है, जिसमें यह बताया गया है कि ग्रहों व नक्षत्रों की गणना से भविष्य में होने वाली घटनाओं का पूर्वानुमान कैसे लगाया जा सकता है अथवा रत्नों की सहायता से भविष्य की चाल कैसे बदली जा सकती है," त्रिजटा बोली।

"जो भविष्य की गणना में प्रवृत्त होता है, वह असुरक्षित है। जो भविष्य को अपने वश में करना चाहता है, वह असुरक्षित है। अरे, तुम्हारा रावण, मेरे राम के चरणों की धूल के समान भी नहीं," सीता बोलीं।

जब उन्हें यह पता चला कि किस प्रकार लंका को कुबेर ने यक्षों के निवास के लिए बनाया था और फिर रावण ने उसे खदेड़ कर, लंका नगरी को राक्षसों का आवास बना दिया था, तो वे मुस्कुराईं, वे एक ऐसे घर से थीं जहाँ भाई एक-दूसरे को अपना सब कुछ देने को तत्पर थे और कोई भी दूसरे का अधिकार नहीं रखना चाहता था। रावण का कुल, रघु-कुल नहीं था। रावण का व्यवहार, उन बलशाली प्रभुत्वसंपन्न पशुओं के समान था जो अपने प्रतियोगियों को दूर खदेड़ देते हैं। ऐसा व्यवहार मनुष्यों को शोभा नहीं देता। यह निश्चित रूप से धर्म का स्वभाव नहीं है।

- महाराष्ट्र के लोककथा गायक रावण के लोभ की कथा बाँचते हैं, जिसने शिव के ही धाम को पाना चाहा।
- मेंढकी की कथा, (संस्कृत में मेंढक) जो एक युवती (मंदोदरी) में बदल गई थी, इसे *मंडूक शब्द* से लिया गया है, यह नृत्य नाटिका, तेरहवीं सदी की राजनर्तकी लकुमा भगवती के लिए, *नृत्य रत्नावली* के लेखक, जयपाल नायक ने रचा था। इसे सत्रहवीं सदी में, महान आंध्र सम्राट कृष्णदेवराय के सम्मुख कुचिपुड़ी शैली में प्रस्तुत किया गया था।
- राजस्थान में, जोधपुर के निकट मंडोर में, वह स्थान पाया जाता है, जहाँ रावण तथा मंदोदरी का विवाह हुआ था।
- *रामायण* के सभी पुरा-लेखनों में इस बात को स्वीकारा गया कि रावण एक महान विद्वान था, जिसे वेद, तंत्र, शास्त्र तथा विविध प्रकार की गुह्य विद्याओं का ज्ञान प्राप्त था, इसके अतिरिक्त वह एक निपुण ज्योतिषी, वैद्य, संगीतज्ञ तथा नर्तक भी था। वह प्रशांत और सौम्य राम की तुलना में कहीं अधिक तेजस्वी, रसिक तथा उपलब्धियाँ हासिल करने वाला दिखता है। तभी तो वह यह समझ नहीं पाता कि ऐसा क्या कारण है कि सीता उसे नकार कर, राम को चाहती हैं।
- भारतीय दर्शन में मनुष्य को उसकी संपत्ति से अलग करके देखा जाता है। हम विचारों का समूह हैं और हमारे पास वस्तुओं का समूह है। राम को अपने विचारों से बल मिलता है, वे जो हैं, उनसे ही हैं और रावण को अपनी संपत्तियों से बल मिलता है, जो उसके पास है। रावण के पास ज्ञान है किंतु ज्ञान होने के बावजूद विवेक नहीं है। प्रायः भाँड रावण के माध्यम, उन पढ़े-लिखे ब्राह्मणों की ओर ध्यान दिलाते हैं, जो वेदों की सारी ऋचाएँ तोते की तरह सुना सकते हैं किंतु न तो उनके अर्थ जानते हैं और न ही उनके कारण स्वयं को रूपांतरित कर पाते हैं।
- *लाल किताब*, यह उर्दू किताब हिंदू ज्योतिष विज्ञान, हस्तरेखा शास्त्र तथा मुख देख कर भविष्य बताने की कला की जानकारी देती है और माना जाता है कि, यह लंका के राजा रावण द्वारा रचित है, जिसने अपने दर्प के चलते इसे गँवा दिया था। यह पुनः अरब में पाई गई और बाद में इसे फ़ारसी विद्वानों द्वारा पुनः भारत लाया गया।

मंदोदरी की पुत्री

मंदोदरी के विषय में कहा जाता था कि जब उसने इंद्रजित नामक पुत्र को जन्म दिया, उससे बहुत पहले, उसने एक पुत्री को भी जन्म दिया था। उसने भूलवश, रक्त से भरे पात्र को, जल-पात्र समझ कर पी लिया था। वह ऋषियों का रक्त था, जो रावण ने कर के रूप में लिया था ताकि वह भगवती को प्रसन्न करने का अनुष्ठान संपन्न कर सके और मनोवांछित वर पा सके।

जब कन्या का जन्म हुआ, तो ज्योतिषियों ने भविष्यवाणी की कि वह रावण की मृत्यु का कारण होगी। इस प्रकार उस कन्या को एक पिटारे में बंद कर, पिटारे को सागर में प्रवाहित कर दिया गया। मंदोदरी जब भी सीता को देखती तो उसके मन में विचार आता, "क्या सागर भगवान ने मेरी पुत्री को धरती-माँ को सौंप दिया था और धरती माँ ने जनक को, और जनक ने उसे

राम को दे दिया था। यही कारण था कि वह अपनी ओर से हरसंभव प्रयत्न कर रही थी कि सीता को रावण की क़ैद से मुक्त करवा सके।

"एक स्त्री, याद है न, भविष्यवाणी के अनुसार एक स्त्री ही आपकी मृत्यु का कारण होगी?" उसने रावण से कहा।

मंदोदरी ने रावण को वेदवती नामक युवती का स्मरण भी करवाया, जिसने रावण के कामालिंगन में बंधने की बजाए मृत्यु का वरण करना श्रेयस्कर समझा। क्या उसने कसम नहीं खाई थी कि वह अपने अगले जन्म में रावण के वध का कारण होगी?

मंदोदरी ने उसे रंभा नामक अप्सरा की याद दिलाई, जो कुबेर के पुत्र नलकुबेर की पत्नी थी। रावण ने उसके साथ भी बलात् संभोग करना चाहा और नलकुबर ने उसे श्राप दिया था कि यदि उसने पुनः किसी भी स्त्री पर बल-प्रयोग किया तो उसके शीश के हज़ारों खंड हो जाएँगे।

प्रत्येक रात्रि, मंदोदरी तथा अन्य स्त्रियाँ रावण के लिए नृत्य-संगीत का कार्यक्रम प्रस्तुत करतीं। उसे नाना प्रकार से लुभाने की चेष्टा करतीं, उन्हें आस थी कि शायद रावण का ध्यान सीता की ओर से हट जाए परंतु सीता जितना नकार रही थीं, रावण की वासना बढ़ती ही जाती थी।

मंदोदरी को बुजुर्गों का कहा स्मरण हो आया, "जब भी बुरा समय आता है, तो हम स्वयं को मूर्खतापूर्ण कृत्य करने से रोक नहीं पाते।"

- सीता मंदोदरी और रावण की पुत्री हो सकती थीं, यह प्रसंग नवीं सदी के जैन पाठ्य, गुणभद्र रचित *उत्तरपुराण* में पाया जाता है।
- तिब्बती व खोतान *रामायण* में, किसानों व ऋषियों के बारे में बताया गया है, जिन्हें एक परित्यक्त कन्या मिली थी। कश्मीरी रामायण में, उस परित्यक्त कन्या को जनक द्वारा पाला-पोसा जाता है।
- जावा के *सेरात खांडा* में, मंदोदरी को उस कन्या शिशु का त्याग करने को कहा जाता है, जो उसके पति की मृत्यु का कारण हो सकती है और विभीषण मेघ से एक नवजात उत्पन्न कर, उस कन्या के स्थान पर रख देते हैं। वह बालक, मेघों से उत्पन्न होने तथा मेघों के

समान गर्जना करने के कारण, मेघनाद के नाम से जाना जाता है।

- क्षेमचंद्र के *दशावतार चरित्र* में, रावण को कमल के भीतर एक शिशु कन्या मिलती है और वह उसे ला कर मंदोदरी को सौंप देता है। परंतु नारद मंदोदरी को चेतावनी देते हैं कि जब वह कन्या बड़ी होगी तो रावण उसके ही प्रेम में पड़ जाएगा, अतः मंदोदरी उसे एक संदूक में डाल कर बहा देती है। वही संदूक जनक के हाथ लगता है और वे उस कन्या को अपनी पुत्री की तरह पाल लेते हैं।
- संस्कृत की *अद्भुत रामायण* में, रावण ऋषियों का रक्त एकत्र करता है क्योंकि उनके पास कर में देने के लिए रक्त के अतिरिक्त कुछ नहीं होता। मंदोदरी उस रक्त को अनजाने में पी जाती है और सीता उसके गर्भ में आ जाती है। वह गर्भपात द्वारा शिशु कन्या को त्याग कर, उसे कुरुक्षेत्र के मैदान में दबा देती है। जनक को सीता मिल जाती है और वे उसे अपनी पुत्री बना कर घर ले आते हैं।
- संस्कृत की *आनंद रामायण* में, लक्ष्मी नामक राजकुमारी, अग्नि में प्रवेश करती है, जब उसके स्वयंवर में आए युवक, क्षुब्ध हो कर, उसके पिता पदमाक्ष का वध कर देते हैं। कई वर्षों बाद, वह अग्नि से बाहर आती है तो उसे रावण देख लेता है इसलिए वह पुनः अग्नि में चली जाती है। रावण उस आग को बुझा देता है और उसमें सुलग रहे कोयलों को एक संदूक में डाल देता है। जब मंदोदरी उसे खोलती है तो उसे उसमें एक शिशु कन्या मिलती है। संकट को भाँप कर, वह बच्ची समेत संदूक को माटी में दबा देती है; जो मिथिला में जनक को मिलता है।
- सीता रावण की पुत्री थी, संभवतः इस बात को पुष्टि देने के लिए ही कहा गया हो कि उसने बंदी बनी सीता से सदैव एक हाथ की दूरी रखी, अन्यथा अन्य कथाओं में तो उसे एक प्रेम में डूबे हुए, आवेग से भरे प्रेमी के रूप में ही दिखाया गया है।

मोहने के प्रयास

सबसे बड़ा समरांगन कौन सा है? किसी स्त्री का हृदय, जो दूसरे पुरुष से प्रेम रखती हो। उसे उसके प्रियतम से अलग करना और इस तरह उसके हृदय में स्थान बनाना कि वह स्वेच्छा से आपकी अंकशायिनी बने, यह अपने-आप में किसी बड़ी चुनौती से कम नहीं होता। और इस तरह रावण ने अपनी ओर से, इस प्रयत्न में कोई कमी नहीं रखी कि सीता उससे प्रेम करने लगें।

उसने उनके लिए गीत गाया। लंका की सारी स्त्रियाँ रावण के सुरों की प्रशंसिकाएँ थीं परंतु सीता ने कान तक नहीं दिया।

उसने सीता के लिए नृत्य किया। लंका की स्त्रियाँ उसके देह लास्य पर लार टपकाती थीं किंतु सीता ने उस ओर देखा तक नहीं।

उसने उसे अनेक कथाएँ सुनाईं। लंका की स्त्रियाँ सारी रात मंत्रमुग्ध भाव से सुनती रहीं, किंतु सीता टस से मस न हुईं।

उसने अपने-आप को पीड़ित के रूप में भी प्रस्तुत किया और कथाओं के माध्यम से बताना चाहा कि किस प्रकार उसके पिता सदा कुबेर से उसकी तुलना करते रहते थे और वह स्वयं को बाली और कार्तवीर्य के सम्मुख अधूरा अनुभव करता। लंका की सारी स्त्रियाँ उसे सांत्वना देने के लिए आगे आ गईं किंतु सीता का हृदय नहीं पिघला।

उसने सीता पर उपहारों की वर्षा कर दी - मनमोहक पुष्प, अति उत्तम आभूषण तथा वस्त्र, एक से एक बढ़ कर एक स्वादिष्ट पकवान। लंका की स्त्रियों को लगा कि वह कितनी सौभाग्यशाली थी किंतु सीता ने उन उपहारों की ओर झाँका तक नहीं।

"वह तुमसे बहुत प्रेम करता है।" एक दिन त्रिजटा ने कहा।

"तो उसे मेरी प्रसन्नता से अधिक अपनी प्रसन्नता की इतनी परवाह क्यों है?" सीता ने कहा। "वह मुझे जाने क्यों नहीं देता?"

"एक स्त्री किसी पुरुष से इससे अधिक क्या चाह सकती है? उसने तुम्हें वह सब दिया, जो तुम चाह सकती हो। उसने तुम्हें मान दिया, तुम्हारी क़द्र की, तुम्हें दिल से चाहता है।" कैसे ईर्ष्या भाव के साथ तुम्हारी रक्षा करता है और तुम्हें किसी भी तरह की हानि नहीं होने देता।"

"यह प्रेम नहीं है। वह मुझे नहीं चाहता। वह तो मुझ पर अपना अधिकार चाहता है और जब मैं इस बात के लिए स्वीकृति नहीं देती तो वह कुंठित हो जाता है। प्रेम को बल से नहीं जोड़ा जा सकता; प्रेम में तो हम समर्पण और स्वीकृति देते हैं। अपने प्रिय के लिए सब कुछ अर्पित कर देते हैं। प्रेम तो परस्पर अनुभूति का दूसरा नाम है। मैं राम को अनुभव करती हूँ। वे मुझे अनुभव करते हैं। मैं चाहती हूँ कि राम को मेरी अनुभूति हो और राम चाहते हैं कि मुझे उनकी अनुभूति हो। मैंने राम को उनकी सारी संवेदनाओं सहित जाना है और वे भी मुझे इसी रूप में जानते हैं। रावण किसी दूसरे को प्रेम कर ही नहीं सकता क्योंकि वह किसी को महसूस नहीं करता, यहाँ तक कि वह अपने भीतर तक नहीं झाँकता।"

"वह तुम्हें बलात् अपना बना सकता है।"

"क्या यह मुझे भयभीत करने के लिए कहा जा रहा है? तुम इस देह को मुझसे कहीं अधिक मोल देती हो। मैं मेरी देह नहीं हूँ। मैं कभी दूषित अथवा अपवित्र नहीं हो सकती।"

- नागचंद्र द्वारा कन्नड़ में रचित जैन *रामचंद्र-चरित पुराण* में, रावण को सीता से भेंट होने से पूर्व एक तपस्वी के रूप में दिखाया गया है और इसके बाद वह प्रेम और वासना के आवेग से घिर जाता है।
- रावण चाह कर भी सीता के साथ बल-प्रयोग नहीं कर सका, इसी से जुड़े अनेक प्रसंग रचे गए ताकि दर्शकों को सीता की शुचिता के संबंध में आश्वस्त किया जा सके। यह भूलना नहीं चाहिए कि हिंदू व्यवस्था में अनुष्ठान संबंधी प्रदूषण व शुद्धता, अनुक्रम उत्पन्न करते हैं। अनुक्रम की इन्हीं मान्यताओं के आधार पर ही, विविध समुदायों के सदस्यों को कुँओं व मंदिरों से दूर रखा जाता था और उनकी मानवीय मर्यादा का हनन किया जाता था। तो भले ही शारीरिक संबंध न बने हों, केवल स्पर्श मात्र से ही प्रतिष्ठा व पद में कमी आ सकती थी।
- सीता रेणुका नहीं, जिसने कार्तवीर्य को चाहा या वे अहिल्या नहीं, जो इंद्र के आकर्षण में आ गईं। उन्हें राम के प्रति अपने प्रेम पर पूरा विश्वास है। उनकी निष्ठा का राम या विवाह से जुड़े नियमों से भी कोई संबंध नहीं है; यह उनके अपने होने की अभिव्यक्ति है। जिसे प्रायः पत्नी द्वारा लिए गए शुचिता के पालन के सकंल्प अथवा पतिव्रता होने से जोड़ा जाता है परंतु सीता एक पत्नी से की जाने वाली अपेक्षाओं की तुलना में, एक व्यक्ति के भावात्मक निर्णयों के अधीन दिखती हैं।
- *रामायण* में पूछा गया है, 'प्रेम क्या है?', 'क्या यह मोह है?', 'क्या यह नियंत्रण है?', 'क्या यह स्वतंत्रता है?', 'क्या प्रेम रूपांतरण करने की क्षमता रखता है?', 'क्या यह भौतिक, भावात्मक या बौद्धिक होता है?' 'राम का मौन प्रेम का सूचक है अथवा रावण का मौखिक आलाप?'
- *रामायण* के खलनायक, रावण की अनेक पत्नियाँ हैं। राम अपने अगले जन्म में, कृष्ण बन कर आते हैं, जिनकी अनेक पत्नियाँ होती हैं। रावण का प्रेम वासना, वर्चस्व तथा नियंत्रण से भरपूर है तथा कृष्ण का प्रेम स्नेह, आपसी समझ व स्वतंत्रता के अधीन है।
- सीता उन व्यक्तियों में से नहीं थीं जो *रामायण* की कथा सुनते हुए, स्टॉकहोम सिंड्रोम से ग्रस्त हो जाते हैं (मनोविज्ञानियों के अनुसार, ऐसे लोग बंधकों की तरह अपना ही हरण करने वाले से प्रेम करने लगते हैं और उनका पक्ष लेते हैं।), ऐसे श्रोता, रावण के भी गुणों को सराहने लगते हैं, जिसने सीता को छल से हरा और अपने पास बल से बंदी बना लिया।

सीता द्वारा तैयार किए गए खेल

सीता के शब्द बहुत विचित्र थे। त्रिजटा ने उनके मुख से सुना एक-एक शब्द, लंका की स्त्रियों तक पहुँचा दिया। "वह स्वयं को पुरुषों से हीन नहीं मानती, हालाँकि वह स्वेच्छा से, अपने पति के पीछे चलती है। उसका कहना है कि वे सामाजिक नियम हैं जो कृत्रिम, प्रासंगिक, क्रियात्मक व अनिवार्य हैं।"

एक दिन सुलोचना हठात् बोल उठी, "मैं तो चाहूँगी कि पुरुष मेरा अनुसरण करें।" ऐसा बोलते ही, वह अपने हृदय की गुप्त इच्छा के प्रकट होने से सकुचा उठी।

"वह भी तो एक प्रकार का संगठनात्मक रूप ही हुआ, जहाँ भी ऐसी इच्छा होगी, वहाँ प्रेम संभव हो ही नहीं सकता।" सीता बोलीं।

लंका की स्त्रियाँ झुंड बना कर, सीता से भेंट करने के लिए उमड़ पड़ीं; वे सुदूर उत्तर से आई उस विचित्र स्त्री को देखना चाहती थीं, जिसने उनके रावण का हृदय तो विजित किया किंतु उसका कोई मोल नहीं जानती थी। वे उसके लिए फल, फूल, भोजन, वस्त्र व गंध आदि उपहार लाने लगीं। "परंतु मेरे पास तो तुम सबको बदले में देने के लिए कुछ भी नहीं है।" सीता बोलीं।

"हमें अपने संसार के विषय में जानकारी दो," वे बोलीं।

तो सीता ने उन्हें अपने जीवन की कथाएँ सुनाईं, उन्हें अपने पिता व अपने पति के घरों के तौर-तरीक़ों के बारे में बताया : वे लोग क्या पहनते हैं, भोजन कैसे पकाते हैं और कैसे जीवनयापन करते हैं। उन्होंने प्रतिदिन संपन्न होने वाले अनुष्ठानों की जानकारी दी, पूजे जाने वाले देवों तथा शक्तियों के बारे में भी बताया, जिनका वे स्मरण करती हैं। "हम अपने गृहस्थ घरों की मातृ-सत्ताएँ व पुजारिनें होती हैं। हर सुबह, हम अपने घर का पूजन करते हैं, जल से धरती को धो-पोंछ कर साफ़ करती हैं। संध्या समय, प्रांगण में दीपक जलाती हैं और सबको भोजन परोसती हैं।"

"तुम्हें यह सब करने का आत्म-विश्वास कहाँ से आता है?"

सीता बोलीं, "विश्वास और धैर्य," फिर उन्होंने सबको वह कथा सुनाई, जब किस तरह एक राक्षस, पृथ्वी को सागर के नीचे ले गया था। विष्णु ने शूकर का रूप धरा, अथाह जल के भीतर उतर गए और राक्षस का अंत कर, धरती मैया को अपने थूथन पर उठा कर, सुरक्षित बाहर ले आए। जब वे बाहर आए तो उनके बीच प्रेम हो गया। उनके आलिंगन के प्रभाव से, धरती माता सिकुड़ीं और इस प्रकार पर्वतों व घाटियों का जन्म हुआ। उन्होंने अपनी प्रकाशमान सूँडों को धरती में डाला जिससे सारा पादप संसार विकसित हुआ। इसके बाद, धरती माता संतुष्ट हो कर आदि शेष नाग के फण पर सवार हुईं और मेधों से सुसज्जित काले-नीले मेघों व सितारों को निहारने लगीं। विष्णु, जो उनके प्रिय तथा अभिभावक हैं, जब भी वे संकट में आती हैं, तो विष्णु उनकी रक्षा करते हैं। रावण एक राक्षस है, जिसने मुझे संसार से छिपा

रखा है। राम विष्णु की भाँति आकर मेरा उद्धार करेंगे, मुझे इस बात का पूरा भरोसा है, वे कभी किसी को निराश नहीं करते।"

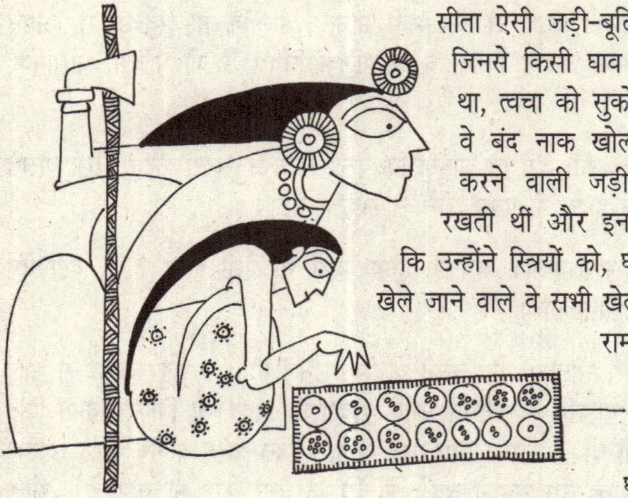

सीता ऐसी जड़ी-बूटियों के बारे में जानती थीं, जिनसे किसी घाव को ठीक किया जा सकता था, त्वचा को सुकोमल बनाया जा सकता था। वे बंद नाक खोलने के अतिरिक्त पेट साफ़ करने वाली जड़ी-बूटियों की जानकारी भी रखती थीं और इनसे भी रोचक बात यह थी कि उन्होंने स्त्रियों को, घर में सबके साथ मिल कर खेले जाने वाले वे सभी खेल भी सिखा दिए जो उन्होंने राम व लक्ष्मण के साथ मिल कर वन में तैयार किए थे।

शीघ्र ही, लंका के प्रत्येक घर में, सीता द्वारा तैयार किए गए वे खेल खेले जाने लगे। वे ऐसे खेल थे, जिन्हें पति अपनी पत्नियों के साथ खेल सकते थे, नाती-पोते नाना-दादा के साथ खेल सकते थे, स्त्रियों व पुरुषों के समूह आपस में खेल सकते थे। इस तरह वे मिल कर समय बिताने लगे, अब उन्हें एक-दूसरे की संगति में आनंद आने लगा था। उनके बीच परस्पर कोई बहस या क्लेश नहीं होता था, वे यह सिद्ध करने की होड़ में नहीं रहते थे कि उनमें से कौन श्रेष्ठ है। सीता ने अपनी उपस्थिति मात्र से, लंका को खेल के ऐसे मैदान में बदल दिया था, जहाँ सभी हँसते, मुस्कुराते रहते थे।

रात्रि के समय, लंका के हर दालान से हँसने और खिलखिलाने की आवाज़ें सुन कर मंदोदरी ने कहा, "आप अभी तक उसका हृदय नहीं जीत सके। और उसने हम सभी के हृदयों पर अधिकार कर लिया है। इस अद्‌भुत युवती को वापिस जाने दें।"

"कभी नहीं," रावण बोला। वह अपनी ही धरती पर पराजित नहीं हो सकता।

- वेदांत के महान आचार्य, रामानुज, सीता को लक्ष्मी तथा राम को विष्णु के रूप में बार-बार स्मरण करते हैं। विष्णु ने इस धरती पर लक्ष्मी की रक्षा के लिए ही अवतार लिया था। विष्णु ने एक जंगली वराह का रूप ले कर, धरती को असुर हिरण्याक्ष से बचाया। उन्होंने राम का रूप लिया ताकि सीता को राक्षस रावण से मुक्त करा सकें। श्री वैष्णववाद में, भक्ति की अवधारणा, रामानुज की शिक्षाओं पर आधारित है, भक्त केवल सीता अथवा लक्ष्मी के माध्यम से ही, विष्णु या राम तक पहुँच सकते हैं, जिन्हें वैभव तथा मांगलिकता की सूचक, श्री के रूप में मान्यता दी गई है।

- सीतईपंडी, या सीता का खेल, ताश के पत्तों के सालिटेयर की तरह है। सात बीजों की एक पंक्ति मैदान में बनाई जाती है। पहली पंक्ति में इमली का एक बीज रखते हैं, दूसरी में दो, तीसरी में तीन और इस तरह सातवीं पंक्ति तक आते हैं। अंत तक, अट्ठाईस बीज बँट जाते हैं। एक खिलाड़ी सातवीं पंक्ति के सातों बीज लेता है और उनमें से एक-एक को, बाक़ी बची पंक्तियों में बो देता है, इस तरह छह सात में, पाँच छह में, चार पाँच में बदल जाते हैं। आख़िरी बचा हुआ बीज, सातवीं कतार में रखा जाता है। अब एक खिलाड़ी छठी कतार से बीज ले कर, उन्हें फिर से बाँटता है। यह तब तक जारी रहता है, जब तक आरंभिक स्थिति वापिस नहीं आ जाती, जहाँ पहली कतार में एक तथा सातवीं कतार में सात बीज मौजूद थे। यह एक दोहराव से भरा खेल है और इसे खेलने में बहुत समय लगता है। कहते हैं कि बंदी बनाए जाने के दौरान, यह सीता द्वारा तैयार किए गए पहले खेलों में से था।
- तख़्तों पर खेले जाने वाले खेल, जैसे विमानम् (उड़ने वाला रथ) तथा बाघ-बकरी (चीता और बकरी या शिकारी और शिकार) आदि खेल, सीता के दुःख से प्रेरित हो कर बने।
- *राग संहिता,* वैदिक ऋचाओं का सबसे प्राचीन संग्रह, पाँसों के खेल का वर्णन करता है। यह निश्चित रूप से नहीं कह सकते कि पाँसों के साथ किसी तख़्ते पर खेले जाने वाले खेल का भी नाम लिया गया है या नहीं। लोकप्रिय मान्यताओं के अनुसार अक्सर भगवती और भगवान को अपने बीच कोई पट्टा बिछाए खेलते दिखाया जाता है। शिव पार्वती के साथ खेलते हैं, विष्णु अपने भक्तों के साथ खेलते हैं। महाभारत में, पाँसों के खेल के कारण ही, द्रौपदी को उसके पति युधिष्ठिर दाँव पर लगा देते हैं।
- इन खेलों को, लक्ष्मी पूजा व दीवाली के पर्व पर, पवित्र अनुष्ठानों के रूप में सम्मिलित कर लिया गया है।
- वाल्मीकि *रामायण* में मिलने वाले ज्योतिषीय आँकड़ों के अनुसार, अपहरण की घटना 5077 ई.पू. में हुई, जो राम और सीता के वनवास की अवधि का तेरहवाँ वर्ष था।

खंड पाँच

प्रतीक्षा

'उनके विश्वास से उपजा था उनका धैर्य!'

वृक्ष पर दिखा वानर

सीता के पिता ने एक बार कहा था कि भले ही उनके साथ कोई न हो, किंतु वे इस संसार में कभी अकेली नहीं होंगी। परंतु उन्होंने ग़लत कहा था। सीता अकेली थीं। अशोक वृक्ष फूलों से लदा हुआ था और उस पर पुष्पित फूलों को देख कर लग रहा था मानो वे उनका उपहास कर रहे हों। उनके आसपास की स्त्रियों को उन पर तरस आता था। वे वहाँ, अपने आसपास, अपने व आततायी के बीच घास के दो तिनके रखे, किसी चट्टान की भाँति सुदृढ़ खड़ी थीं, परंतु उनका हृदय हर बीतते दिन के साथ व्यथित होता जा रहा था: उनके राम कब आएँगे?

वे किसी नवजात शिशु की तरह अपने-आप से ही लिपट कर लेटीं अपने माता-पिता व घर के बड़े-बुजुर्गों की कही बातों का स्मरण करतीं। फिर उन्हें ऋषियों की दयालुता का स्मरण हो आया। उन्हें किसी ने नहीं बताया था कि यह संसार इतना निर्दयी होगा, उन्हें एक घर का त्याग करने के लिए विवश होना होगा और फिर उन्हें घसीट कर कहीं और ले जाया जाएगा। एक बार याज्ञवल्क्य ने कहा था, "जब मोह उत्पन्न होता है तो पीड़ा के अतिरिक्त कुछ नहीं मिलता," वे उसी पीड़ा को अनुभव कर रही थीं। वे मोहग्रस्त थीं। क्या यह अनुचित था? वे मुक्ति के लिए तरस रही थीं : उनके राम कब आएँगे?

"वह तुझे भूल गया है, शीघ्र ही वह मुझे स्वीकार लेगा और तुझे विवश हो कर मेरे भाई को स्वीकार करना ही होगा।" शूर्पणखा ने कहा। सीता ने कोई उत्तर नहीं दिया। वे वर्षा का आना-जाना देखती रहीं। वे जानती थीं कि वर्षा ऋतु में कोई यात्रा नहीं करता किंतु वे जानती थीं कि उनके राम, उनके लिए जल-प्लावन और दलदल को भी लाँघ कर आएँगे : परंतु उनके राम कब आएँगे?

फिर अचानक, एक रात, जब आकाश में चंद्रमा अपनी चंद्रकिरणें बिखेर रहा था, उन्हें कुछ सुनाई दिया। बहुत दूर से कीटों व हवा की सरसराहट सुनाई दे रही थी।

"राम, राम।"

"हाँ, उन्होंने सही सुना था। परंतु कहीं वे सपना तो नहीं देख रहीं? क्या उनकी कल्पना ही उन्हें यह शब्द सुनने को विवश कर रही है?"

उन्होंने ऊपर की ओर देखा तो एक विचित्र ही दृश्य दिखा : एक रूपहला सा वानर राम का नाम जप रहा था। वानर ने अपनी हथेली खोली और धरती पर कुछ गिरा दिया। वह तो एक अंगूठी थी। सीता के नेत्र विस्फारित हो उठे: वह तो राम की अंगूठी थी। उन्होंने फिर ऊपर देखा; वह वानर नीचे आया और मनुष्य के स्वर में बोला : "मैं राम का संदेशवाहक हनुमान हूँ। मुझे आपके पास भेजा गया है।"

सीता तनिक सकुचाईं, संशय ने सिर उठाया : कहीं रावण का ही एक और छल तो नहीं?"

उनके भय का अनुमान कर, हनुमान बोले, "मैं कोई राक्षस नहीं। मैं एक वानर हूँ। हम किष्किंधा के वासी हैं, जो उत्तर में दंडक तथा दक्षिण में लंका के मध्य स्थित है। यक्षों व राक्षसों की भाँति, हम भी पुलस्त्य द्वारा ब्रह्मा के वंशज हैं। मेरी माता का नाम अंजना है, वे अहिल्या की पुत्री हैं। और मेरा जन्म वायु-देवता की कृपा से हुआ था। मेरे पिता केसरी, वानर-राज ऋक्ष की सेवा में थे। मैं ऋक्ष पुत्र सुग्रीव की सेवा में हूँ। सूर्य-देवता मेरे गुरु हैं। और राम, रघुकुल के प्रिय राम, जो अपने पिता के वचन का मान रखने के लिए, तपस्वी के रूप में, वन में विचरण करते हैं, वे मेरी प्रेरणा हैं। हमें आपके वे आभूषण मिले, जो आपने रावण द्वारा बलात् पुष्पक विमान में ले जाए जाने के दौरान वन्य भूमि में छितरा दिए थे और हमने, सागर के मध्य स्थित इस द्वीप, पर अशोक वाटिका के बीच आपका पता लगा लिया।

वे शब्द, वह सुर, इस तरह के एक पहल का सरासर दुस्साहस; सीता का सारा संशय विश्वास में बदल गया। इसी वानर के माध्यम से, उनके राम उन तक आएँगे। अंततः सीता के मुख पर मुस्कान खेल गई, उनके हृदय में उमड़ता ज्वार शांत हो गया था।

- सीता के अपहरण तथा हनुमान से उनकी भेंट के बीच पूरी वर्षा ऋतु आती है। उन्हें वर्षा ऋतु से पूर्व, ग्रीष्म ऋतु में हरण कर, ले जाया गया था और राम व रावण का युद्ध, वर्षा ऋतु के बाद, हुआ था, जिन दिनों अब दशहरे का त्योहार मनाया जाता है।
- सीता व हनुमान की भेंट का वर्णन कई अलग-अलग तरह से किया गया है। वाल्मीकि की *रामायण* में, हनुमान सीता के पास तब आते हैं, जब रावण आ कर उन्हें धमकाता है कि यदि उन्होंने उसकी नहीं सुनी तो वह उन्हें मौत के घाट उतार देगा। तेलुगू *रामायण* में, हनुमान देखते हैं कि सीता आत्महत्या करने जा रही हैं। मराठी *रामायण* में वे एक वानर को राम के नाम का जप करते सुनती हैं। ओड़िया *रामायण* में, वे राम की मुद्रिका गिरा कर, अपनी ओर ध्यान आकर्षित करते हैं, वाटिका के सारे रक्षक उस समय सो रहे हैं क्योंकि वे सारा दिन सीता को डराने और समझाने-बुझाने से बहुत थक जाते हैं।
- वाल्मीकि *रामायण* में, हनुमान सोचते हैं कि उन्हें सीता से देव-वाचम् यानी देवों की भाषा,

संस्कृत में बात करनी चाहिए या मनुष्य वाचम् अर्थात इंसानों की बोली में बात करनी चाहिए, जिसे हम प्राकृत या तमिल कह सकते हैं। दोनों ही तरह से, उनके लिए यह अचरज का विषय होगा कि एक वानर बोल भी सकता है।

- संवाद से पता चलता है कि किस प्रकार पहले सीता संदेह प्रकट करती हैं और फिर धीरे-धीरे हनुमान अपने कूटनीतिक कौशल से उनका विश्वास अर्जित कर लेते हैं।
- वाल्मीकि की रामायण में दिव्यता के प्रसंग को परे ही रखा गया है। राम को अपनी दिव्यता का आभास तो है किंतु वे इसे सबके सम्मुख प्रकट नहीं करते। कई सदियाँ बीतने के बाद ही, राम की दिव्यता लोगों के सम्मुख आ सकी। उनका नाम एक मंत्र की तरह लिया जाने लगा।
- जब राम का संबंध धीरे-धीरे विष्णु के साथ लिया जाने लगा, हनुमान का संबंध शिव से जोड़ा जाने लगा, उन्हें रुद्र अवतार या उनके पुत्र के रूप में पूजा जाने लगा और सीता का संबंध भगवती से जोड़ा गया। इस प्रकार, *रामायण* के माध्यम से, हिंदुत्व के तीन प्रमुख वादों या पंथों ने, स्वयं को प्रकट किया जो शिव, विष्णु तथा शक्ति को समर्पित थे।
- संस्कृत के *हनुमान नाटक* से हमें पता चलता है कि रुद्र के ग्यारह रूप हैं। इनमें से दस, रावण के दस सिरों की रक्षा करते हैं परंतु इनमें से ग्यारहवाँ हनुमान का रूप ले लेता है।
- कहा जाता है कि सीता को राम की जो मुद्रिका दी गई, उस पर उनका नाम अंकित था। संस्कृत, हिंदी, मराठी तथा गुजराती के लिए देवनागरी लिपि का प्रयोग, भारत में लगभग एक हज़ार वर्ष पूर्व ही आरंभ हुआ जबकि रामायण लगभग दो हज़ार वर्ष पुरानी है, जिससे विद्वानों ने यह निष्कर्ष निकाला है कि लिखित शब्दों का प्रयोग, राम की कथा के बहुत बाद में आरंभ हुआ।

वानरों की कथा

किष्किंधा के वानर, उत्तर की ओर मुड़ चुके थे, तभी उन्हें गिद्ध के चीख़ने का स्वर सुनाई दिया। उन्होने देखा था कि किस प्रकार रावण के खड्ग के वार से, जटायु के पंख कटे और वह तड़पता हुआ, धरती पर आ गिरा। तब तक उड़ने वाला विमान, दक्षिण दिशा की ओर जा चुका था। सारे वातावरण में एक विलापरत स्त्री का स्वर गूँज रहा था। उसने अपने सारे आभूषण निशानी के तौर पर, धरती पर फेंके थे। वानरों ने वन में से उन आभूषणों को एकत्र किया और उन्हें सुग्रीव को सौंप दिया, जो विचार करने लगे कि यह सारा उपद्रव किसलिए था।

"सुग्रीव किष्किंधा नरेश हैं, मैं उनका सेवक हूँ। जब राम से उनकी भेंट हुई, तो वे भी वनवास पर ही थे क्योंकि उनके भाई के साथ कुछ कलह चल रहा था," हनुमान ने बताया।

इसके बाद हनुमान ने सीता को वानर भाईयों और उनकी आपसी कलह का कारण बताया।

ब्रह्मा के पुत्र काश्यप की विनता नामक पत्नी थी, जो पक्षियों की माता थी। एक दिन उन्होंने दो अंडे दिए। परंतु बहुत समय तक उन अंडों से कुछ नहीं निकला। अधीर हो कर, उन्होंने एक अंडा तोड़ दिया। इस प्रकार उससे अरुणि नामक बालक का जन्म हुआ, वह भोर को भगवान

है, उसका लिंग अज्ञात है क्योंकि उसके शरीर का निचला हिस्सा पूरी तरह से विकसित नहीं हो पाया।

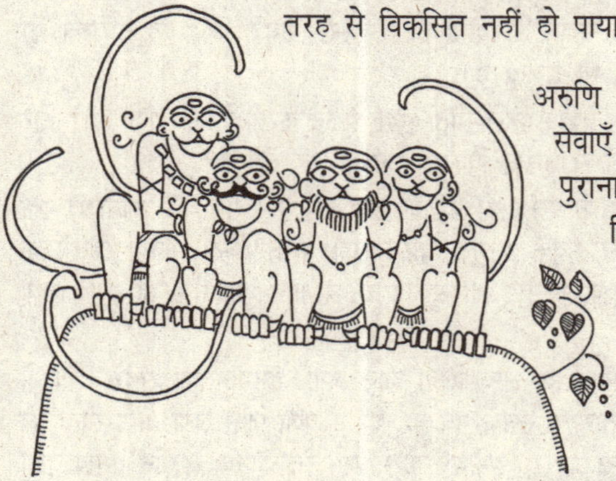

अरुणि सूर्यदेवता के सारथी के रूप में सेवाएँ प्रदान करता था, जिनका इंद्र से पुराना बैर है। इंद्र स्वर्ग का भगवान है, जिसके प्रताप से धरती पर मेघ वर्षा लाते हैं। उनके बैर का कारण साधारण सा था : जब सूर्य प्रचंड होता था तो धरती वासी वर्षा के भगवान के रूप में इंद्र की उपासना करते थे, और जब इंद्र शक्तिशाली हो कर अत्यधिक वर्षा कर देता तो सूर्य को प्रसन्न किया जाता था ताकि वह धरती को अपनी किरणों से ऊष्मा व प्रकाश प्रदान करे।

एक दिन, सूर्यदेवता को बताए बिना ही, अरुणि इंद्र के दरबार में चोरी-छिपे चला गया ताकि अप्सराओं के कामुक नृत्य का आनंद पा सके। ऐसा करने के लिए उसे एक स्त्री का रूप धरना पड़ा। अरुणि का अपरिचित मुख अचानक इंद्र की दृष्टि में आ गया, वह तो अपनी सारी अप्सराओं को अच्छी तरह जानता था। वह उसके पास गया, उसकी संगति का आनंद लिया और उसके साथ शारीरिक संबंध स्थापित कर लिए। परिणामवश, अरुणि ने बाली नामक पुत्र को जन्म दिया। इस बालक का जन्म तुरंत हुआ था, जिस प्रकार देवों के काल में हुआ करता था। अरुणि ने बालक को गौतम ऋषि तथा अहिल्या के संरक्षण में छोड़ा और सूर्यदेव के पास वापिस लौट गया।

इस प्रसंग के कारण उसे सूर्यदेव के पास पहुँचने में विलंब हो गया परंतु जब उसने सूर्यदेव को अपनी देरी का कारण बताया तो वे विस्मित हो उठे। उन्होंने अरुणि से कहा कि वे भी उसका स्त्रैण रूप देखना चाहते हैं, उसे देख कर वे भी मोहित हो उठे। उन्होंने भी अरुणि से संभोग किया और अरुणि ने उसी समय सुग्रीव नामक पुत्र को जन्म दिया, उसे भी ऋषि गौतम तथा अहिल्या को ही पालन के लिए सौंप दिया गया।

गौतम और अहिल्या की एक पुत्री भी थी, अंजना। अंजना ने अपने पिता को बताया कि जब वे घर से बाहर थे तो इंद्र अहिल्या से भेंट करने आया था। इस प्रकार अहिल्या ने अंजना को वानर बनने का श्राप दे दिया। गौतम ने गुस्से में आ कर, उन दोनों लड़कों को भी वानर बनने का श्राप दे दिया, जिन्होंने सब जानते हुए भी अपने पिता को इस अवैध प्रेम-प्रसंग की जानकारी नहीं दी थी। इसके बाद, अहिल्या को भी शिला होने का श्राप मिला और गौतम को मातृविहीन वानरों पर दया आ गई। वे अपने श्राप को तो वापिस नहीं ले सकते थे इसलिए प्रतिकारस्वरूप, तीनों वानरों को, किष्किंधा के संतानहीन वानर-राज ऋक्ष को सौंप दिया।

जब वे वानर बड़े हुए, तो ऋक्ष ने सबका विवाह कर दिया : अंजना का विवाह केसरी से हुआ, बाली का विवाह तारा से तथा सुग्रीव का विवाह रूमा से संपन्न हुआ। ऋक्ष ने प्राण त्यागने से पूर्व, बाली और सुग्रीव से कहा कि वे राज्य को आधा-आधा बाँट लें।

किष्किंधा में सब भली-भँति चल रहा था, परंतु जब बाली ने दुंदुभि नामक राक्षस का वध किया तो सारी परिस्थितियाँ बदल गईं।

दुंदुभि के पुत्र मायावी ने किष्किंधा में प्रवेश किया और अपने पिता की मृत्यु का प्रतिशोध लेने के लिए बाली को द्वंद्व युद्ध करने की चुनौती दी। वन में, द्वंद्व युद्ध करने की चुनौती को, अपने अधिकार व सत्ता के प्रति चुनौती माना जाता है और इस प्रकार कोई भी इसके लिए इंकार नहीं कर सकता। सुग्रीव बाली और मायावी के बीच होने वाले युद्ध को देखता रहा, जो भयंकर होता जा रहा था। पहले वे एक-दूसरे पर वृक्ष तथा पर्वत उखाड़ कर फेंकते रहे और फिर परस्पर घूँसों व ठोकरों की बौछार कर दी। ऐसा कई दिनों तक चलता रहा। अंततः मायावी ने हार मान ली और एक गुफा में जा छिपा।

बाली अपने लिए एक सुनिश्चित विजय चाहता था। मायावी के प्राण लेने के निश्चय के साथ, उसने गुफा में राक्षस का पीछा करने का निर्णय लिया और गुफा के द्वार पर खड़े सुग्रीव से कहा, "यदि वह मुझे मारने या धोखा दे कर, बाहर आने में सफल रहा, तो तुम उसके प्राण लेना। तुम यहीं बाहर रह कर उसकी प्रतीक्षा करो। सुग्रीव बड़े धैर्य से गुफा के बाहर खड़ा प्रतीक्षा करता रहा। इसके बाद एक गहरा सन्नाटा छा गया और विजय का कोई उल्लास सुनाई नहीं दिया।

"क्या बाली की मृत्यु हो गई थी? ऐसा तो नहीं माना जा सकता था कि बाली अपनी जीत के बाद हुँकार न भरे। सुग्रीव को लगा कि कहीं बाली की ही मृत्यु न हो गई हो, उसने सोचा कि वह गुफा का मुँह एक भारी पत्थर से बंद कर देगा। इस तरह उसके भाई का हत्यारा, गुफा के भीतर ही भूख-प्यास से तड़प कर दम तोड़ देगा।

उसका यह निर्णय उचित नहीं था।

क्योंकि बाली जीवित था। उसने मायावी के प्राण तो ले लिए किंतु स्वयं इतना क्लांत हो गया

कि अपनी विजय का उल्लास तक प्रकट नहीं कर सका। दरअसल, मायावी की गर्दन तोड़ने के बाद, उस पर भी गहरी निद्रा छा गई। जब वह गहरी नींद से जाग कर, गुफा के प्रवेश द्वार के पास आया तो देखा कि उसे तो बाहर से किसी ने बंद कर दिया था।

गुफा के बाहर तो सुग्रीव का पहरा था। उसे लगा कि यह काम उसका ही होगा। उसने किसी तरह वह पत्थर हटाया और किष्किंधा वापिस आया तो सुग्रीव को सिंहासन पर बैठा पाया। उसके दोनों ओर रूमा और तारा आसीन थीं। "विश्वासघाती! पीठ में छुरा भोंकने वाले!" बाली चिल्लाया और नेत्रों से अंगारे बरसाता हुआ, सुग्रीव की ओर लपका और दाँत किटकिटाए, वह उसे जान से मार देना चाहता था।

सुग्रीव अपनी जान बचा कर भागा। वर्षों तक, बाली उसका पीछा करता रहा। अंततः सुग्रीव ने ऋष्यमूख पर्वत पर शरण ली, जहाँ मातंग ऋषि का आश्रम था। बाली उस पर्वत पर आने का

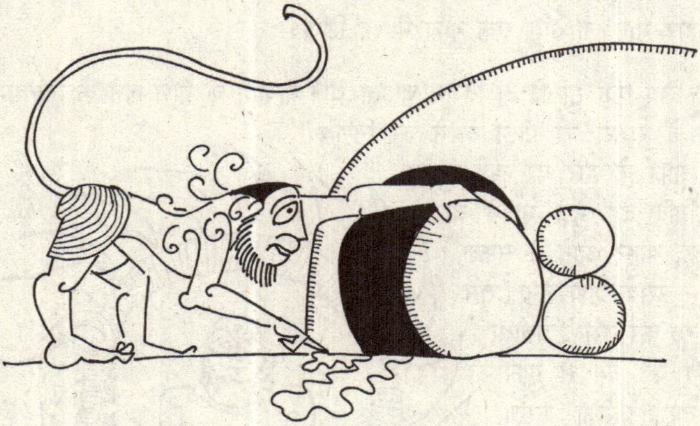

साहस नहीं कर सकता था। दुंदुभि का वध करने के बाद, बाली ने उसके कंकाल को ठोकर मारी और कंकाल मातंग ऋषि के आश्रम में जा गिरा। क्रोधित हो कर ऋषि ने श्राप दिया कि ऐसा अधर्म करने वाला, जब भी उस पर्वत पर क़दम रखेगा, जहाँ उनका आश्रम स्थित है, तो वह उसी क्षण प्राण त्याग देगा।

सुग्रीव बाली के भय से, ऋष्यमूख पर्वत के अतिरिक्त कहीं और नहीं जा सकता था इसलिए उसने हनुमान से कहा कि वह पता लगाए कि उड़ने वाला विमान उस स्त्री को कहाँ ले गया, जिसके रोने का स्वर सारे वन-प्रांतर में गूँज रहा था।

सीता ने वानरों की कथा सुन कर कहा, "कितनी अधीरता। सुग्रीव ने कितनी शीघ्रता से विश्वास कर लिया कि गुफा में उसके भाई ने प्राण त्याग दिए हैं। बाली को भाई पर इतना गुस्सा आया कि उसकी सफ़ाई तक सुनने को तैयार नहीं, अधीरता विवेक की शत्रु है : यह हमें निष्कर्षों की ओर जाने को विवश करती है और दूसरे को समझने के स्थान पर, उसे परख़ने या आलोचना करने को कहती है।"

“आप जानती हैं, जब आपके पति ने यह जाना कि आप कुटिया में नहीं तो एक क्षण के लिए भी उनके मन में यह बात नहीं आई कि आप कहीं चली गई हैं। वे आप पर पूरा विश्वास रखते हैं। तभी वे पूरे धैर्य के साथ जाँच-पड़ताल करते रहे कि आपका रहस्यमयी तरीक़े से कुटिया से अलोप होने का क्या कारण हो सकता है?” हनुमान ने कहा।

“तुम्हें इस विषय में कैसे पता?” सीता ने पूछा

तब हनुमान ने सीता को राम और अपनी भेंट के बारे में बताया।

- वानर शब्द को वा-नर, मनुष्यों से कम, अथवा वन-नर यानी वन्य जीवों के रूप में भी पढ़ सकते हैं। वाल्मीकि भी उन्हें कपि यानी वानरों के रूप में पुकारते हैं। यदि तार्किक दृष्टि से देखा जाए, तो वे संभवतः वनों में रहने वाले क़बीले थे, जिनका कुलचिन्ह वानर रहा होगा। परंतु इस तथ्य से उनकी पूँछ के बारे में खुलासा नहीं हो पाता।
- जैन *रामायण,* उन आरंभिक *रामायणों* में से थे, जिन्होंने बोलने वाले वानरों की मान्यता को अस्वीकृत किया। विमलासुरी में हनुमान को एक विद्याधर, विशेष प्रकार की जाति दिखाया गया है, जो संभवतः उन वन्य क़बीलों से प्रेरित रहा होगा, जिनकी पताकाओं पर वानर अंकित होते थे।
- पुराणों में, सभी सजीवों की उत्पत्ति ब्रह्मा जी ने की है। वे कभी अपनी पत्नी से संबद्ध नहीं रहे किंतु उनके मानस-पुत्रों की पत्नियाँ रही हैं। प्रत्येक पुत्र अलग-अलग प्रकार के पुत्रों का पिता बनता है। इसे हम मछलियों, पक्षियों, सरीसृपों, स्वर्गिक जीवों, पातालवासियों तथा मनुष्यों आदि विविध प्रजातियों से जोड़ कर देख सकते हैं। या इसे ऐसे मनुष्यों के जन्म से भी जोड़ कर देखा जा सकता है, जिनकी मानसिकता भिन्न रही हो - वे लोग जो स्वयं को अधिकारी मानते थे (देव), जो लोग स्वयं को छला हुआ पाते थे (असुर), जो लोग दूसरों का भी हिस्सा छीन लेना चाहते थे (राक्षस), जो लोग संचय में विश्वास रखते थे (यक्ष) तथा कलात्मक अभिरुचि रखने वाले लोग (गंधर्व)।
- ब्रह्मा ने धरती अथवा पादप जगत की रचना नहीं की, उन्होंने केवल चल जीव ही बनाए जैसे पक्षी, मछली, पशु तथा मनुष्य, जिन्होंने इस धरा को दूषित कर दिया।
- पुराणों में, विनता के पहले, अधूरे तथा लैंगिक रूप से संदिग्ध पुत्र की कथा आती है। अरुणि एक देव है तथा ऊषा भगवती है। दोनों ही प्रातःबेला का मूर्तिमान रूप हैं। दोनों ही सूर्यदेव के रथ के सारथी हैं, जिन्हें प्रायः विनता के संपूर्ण पुत्र गरुड़ के रूप में पहचान मिली।
- साहित्य में, दिन को पुल्लिंग तथा रात्रि को स्त्रीलिंग माना जाता है व सांध्य बेला के विषय में कुछ स्पष्ट नहीं किया गया।
- *अध्यात्म रामायण* तथा कुछ आंचलिक पुनर्लेखनों में, वानर-राज ऋक्ष, जादुई सरोवर में गिरने के बाद, स्वयं ही स्त्री रूप में आ जाते हैं व सूर्य तथा इंद्र; दोनों को ही उनसे प्रेम हो जाता है। इस तरह सुग्रीव और बाली का जन्म होता है।
- मनुष्यों के निवास आर्यावर्त तथा राक्षसों के निवास लंका के मध्य स्थित, किष्किंधा में वानरों का वास था। इसे आप भौगोलिक स्थान के अतिरिक्त मानसिक सूचक भी मान सकते हैं।

- किष्किंधा को दक्कन प्रांत के वर्तमान कर्नाटक राज्य तथा आंध्रप्रदेश के क्षेत्रों से जोड़ कर देखा जाता है।

राम का संताप

सुग्रीव के आदेशानुसार, हनुमान ने एक मक्खी का रूप धरा और तेज़ी से उत्तर दिशा की ओर चल दिए, इस तरह वे वहाँ पहुँचे, जहाँ जटायु धरती पर पड़ा था। उन्होंने वृक्ष की सबसे ऊँची शाखा से, एक तपस्वी को देखा, जिनके विषय में बाद में पता चला कि उनका नाम राम था - वे किसी वियोगी प्रेमी की तरह अपनी कुटिया के आसपास भटक रहे थे, चट्टानों, वृक्षों, पौधों व पशुओं से बातें कर रहे थे।

उन्होंने पूछा, "क्या तुमने मेरी सीता को देखा?" "क्या तुमने उस भली सी युवती को कहीं देखा, जो यहीं बैठी, सूर्यास्त को देख गीत गाया करती थी?"

शिलाएँ मौन खड़ी रहीं।

"वह सुवर्ण हिरण कहाँ है, जो तुम हमारी बहन के लिए लेने गए थे?" वृक्ष जानना चाहते थे।

"वह कोई हिरण नहीं था। वह तो हिरण के वेष में मारीच नामक छलिया राक्षस था। वह मेरी आवाज़ की नक़ल उतार सकता था और इस तरह वह लक्ष्मण को कुटिया से परे ले जाने में सफल रहा। वह एक दुष्ट था। मुझे भय है कि कुटिया में सीता के साथ कोई भयंकर दुर्घटना घटी है।"

"यदि उसकी इतनी ही परवाह थी, तो हमारी बहन को अकेले छोड़ कर जाना ही नहीं चाहिए था। यह वन जाने कैसे-कैसे हिंसक शिकारियों से भरा है।" वृक्षों के स्वर में उलाहना था।

"हो सकता है," अंततः शिलाओं ने मुख खोला, "उसने जानबूझ कर तुम्हारा ध्यान भटकाया हो ताकि वह यहाँ से भाग सके, हो सकता है कि वह वनवासी जीवन से उकता गई हो।"

"नहीं, मैं अपनी सीता को जानता हूँ," राम बोले

तभी एक पक्षी ने कहा, "मैं जानता हूँ कि वह कौन है किंतु मै तुम्हें नहीं बताऊँगा।" राम ने उस पक्षी की गर्दन दबोच ली। जब राम ने उसे छोड़ा तो वह भयभीत हो कर, अपने प्राण ले कर भागा।

दूसरा पक्षी बोला, "कोई भी पशु, शिकारी के प्रति रोष नहीं रखता, तुम ऐसा क्यों कर रहे हो?" राम को उस पक्षी पर बहुत गुस्सा आया। उन्होंने उसे श्राप दिया कि वह कभी अपने साथी से मिलन नहीं कर सकेगा। जब पक्षी ने क्षमायाचना की, तो राम ने अपने श्राप की गंभीरता को कम करते हुए कहा कि वह अपने साथी से संध्या समय बिछुड़ जाएगा किंतु वे भोर बेला में मिलन कर सकेंगे।

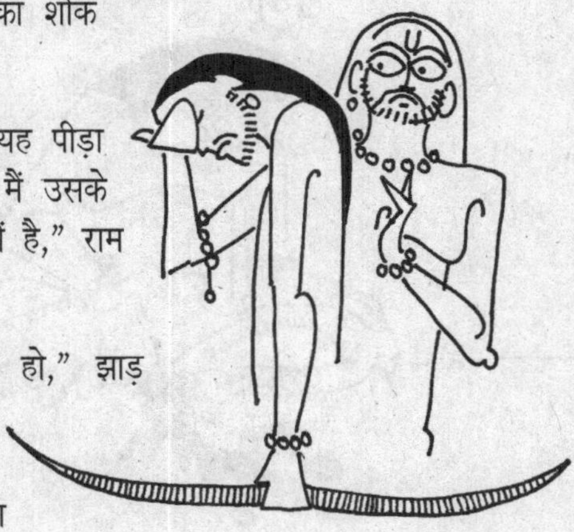

इसके बाद राम विलाप करने लगे। उनके अश्रु घास पर गिरे और वह सोचने लगी, "यह राजकुमार अपने लिए रोता है या अपनी पत्नी के वियोग का शोक मना रहा है?"

"क्या इसमें कोई अंतर है? अधूरेपन की यह पीड़ा जितनी उसकी है, उतनी ही मेरी भी है। मैं उसके बिना कुछ नहीं और वह मेरे बिन कुछ नहीं है," राम ने उत्तर दिया।

"तुम कुछ अधिक ही अनुमान लगा रहे हो," झाड़ चिल्लाए। "सीता को तुम्हारी आवश्यकता नहीं थी। तुम्हें उसकी आवश्यकता है। वह तो मुक्त है। तुमने ही एक बार उसे अपना कहा था। आज किसी और ने उस पर अपना दावा जता दिया है।"

"सीता पर कोई अधिकार नहीं कर सकता। धरती की तरह, मेरी सीता, स्वयं अधिकार करने की अनुमति देती है। जिस तरह उसने मुझे अनुमति दी थी कि मैं उस पर अधिकार कर सकता हूँ। उसने मुझे इस योग्य पाया और मैं उसका यह विश्वास टूटने नहीं दूँगा। और मैं उसे खोज निकालूँगा। हम फिर से एक होंगे।"

"केवल मूर्ख ही इतना निश्चिंत हो कर बात करते हैं," वृक्षों ने समवेत कंठ से कहा।

"तो मैं सीता का मूर्ख बन कर प्रसन्न हूँ। उसने मुझे हँसना-मुस्कुराना सिखाया। उसने मुझे सिखाया कि किस प्रकार हम अपनी सोच से त्रासदी को भी सुखांत बना सकते हैं।" फिर राम अपने शोक के मारे प्रकंपित उठे।

वृक्ष मारे प्रसन्नता के झूमने लगे, वे राम के प्रेम को अनुभव कर सकते थे।

हनुमान ने तभी एक दूसरे तपस्वी को बात करते सुना, उन्हें बाद में पता चला कि वे राम के छोटे भाई लक्ष्मण थे - उन्होंने राम को फ़टकारा, "भईया, ऐसा आचरण आपको शोभा नहीं देता। यह न भूलें कि आप रघुकुल के वंशज, अयोध्या नरेश हैं।"

राम ने उसी समय अपना शोक प्रदर्शन बंद कर दिया। उन्होंने एक गहरी श्वास ली और फिर से एक राजसी योद्धा की तरह, स्वयं को हर प्रकार की आत्म-दया से मुक्त कर दिया। "मेरी पीड़ा प्रतीक्षा कर सकती है। इस समय सीता की खोज करना अधिक महत्व रखता है।"

अनेक ऋषियों व उनकी पत्नियों ने भी, आकाश में होने वाले कोलाहल को सुना था इसलिए वे भी पूछताछ करने के लिए, गोदावरी नदी के तट तक आ गए थे। जब उन्हें सारी बात

पता चली तो उन्होंने राम को सांत्वना देनी चाही। परंतु हनुमान ने देखा कि राम उन सबसे विरक्त हो उठे। "मैं नहीं चाहता कि कोई मेरा स्पर्श करे। केवल सीता ही मुझे सांत्वना दे सकती है," वे बोले। फिर सबके विषादग्रस्त मुख देख, उन्होंने कहा, "आप सब स्नेहवश मुझे आलिंगन कर सकते हैं, और मैं निश्चित रूप से, आप सबको अगले जन्म में प्रत्युत्तर दूँगा, जब मैं इस धरती पर कृष्ण के रूप में अवतरित होऊँगा। परंतु अभी के लिए, राम के रूप में, मैं केवल सीता के साथ आत्मीयता चाहता हूँ, कहाँ है वह?"

राम बार-बार सीता की कुटिया के आसपास, विस्तृत दायरे में चक्कर काटते रहे और अंततः वे जटायु तक जा पहुँचे। वह धरती पर पंखविहीन पड़ा तड़प रहा था। रक्तरंजित पक्षी के पास बहुत थोड़े श्वास बचे थे। उसने उखड़ी श्वास को वश में करते हुए बताया, "उसे राक्षस-राज रावण, अपने उड़ने वाले विमान में बिठा कर, दक्षिण दिशा की ओर ले गया। उस कायर का कहना था कि तुमने उसकी बहन का जो अपमान किया, यह उसी का प्रतिशोध है। मैंने उसे रोकना चाहा किंतु असुर ने अपनी तलवार से मेरे पंख काट कर, मुझे शक्तिहीन बना दिया।"

हनुमान ने देखा कि राम पक्षी के अंतिम श्वास भरने तक, उसे सहलाते रहे। फिर उन्होंने देखा कि राम पक्षी के दाह-संस्कार के लिए चिता सजाने लगे।

"परंतु वह तो एक पक्षी है, भईया," लक्ष्मण बोले।

"हाँ, वह तो है पर उसने मेरी सीता की रक्षा करते हुए अपने प्राणों का त्याग किया है," राम बोले। "भला कौन सा पशु ऐसा करता है? नहीं, लक्ष्मण, वह किसी मनुष्य से कम नहीं था। उसने किसी भी मनुष्य की तुलना में कहीं अधिक मानवता का प्रदर्शन किया है। हम, अपने पिता के अभागे पुत्र, उनके अंतिम संस्कार का अवसर तक नहीं पा सके, हम इस जीव का दाह-संस्कार करके ही अपने मन को संतुष्टि दे लें, जिसने सीता की रक्षा उसी प्रकार की, जिस प्रकार हमारे पिता करते। यह हमारे लिए पिता समान व आदरणीय है।"

जब जटायु की चिता की अग्नि की लपटें आकाश की ओर जाने लगीं, तो राम विचार करने लगे। "लक्ष्मण, प्रत्येक क्रिया की एक प्रतिक्रिया होती है। सीता को दंड मिला क्योंकि मैंने तुम्हें उस स्त्री का अपमान करने की अनुमति दी, जिसका दोष केवल इतना था कि वह मुझे चाहती थी और उसने विवाह के लिए बने नियमों को स्वीकार करने से इंकार कर दिया। कर्मों के नियम मानवीय तर्कों को नहीं मानते। केवल साथ रहने भर से, उस निर्दोष सीता को, मेरे

अपराध का दंड भोगना पड़ रहा है।"

यह सुन कर, सीता ने हनुमान से कहा, "वे मुझे सदा कहते थे कि ज्ञान को पीड़ा का प्रतिकार नहीं माना जा सकता।"

"ज्ञान लकड़ी के तैरते हुए लट्ठे के समान है, जो हमें दुःखरूपी सागर से तैर कर बाहर आने में सहायक होता है। किनारे तक आने के लिए हमें अपनी टाँगों पर बल देते हुए, तैरना होगा। कोई दूसरा हमारे लिए ऐसा नहीं कर सकता," हनुमान ने कहा

हनुमान के मुख से ऐसे वचन सुनने के बाद, सीता के लिए यह निर्णय करना कठिन हो गया कि वह किसी वानर से बात कर रही थीं या किसी सिद्ध से, जो स्वेच्छा से रूप बदल सकता था। या वह कोई तपस्वी था, जिसके पास जीवन को समझने के लिए गहन विवेक था।

- राम के संताप से उनके निजी जीवन की झलक मिलती है। अभी तक वे सामाजिक पूर्णता तथा राजसी वैराग्य या आत्मसंयम के प्रतीक दिख रहे थे। अब बुद्धि कहीं पीछे छूट जाती है और वे भाव प्रधान हो उठते हैं, लक्ष्मण उन्हें भावों की ऐसी अनुचित अभिव्यक्ति के लिए डपटते हैं तो वे पुनः अपने चोले में आ जाते हैं।
- असमिया प्रेमगीतों में पक्षियों के उन असंवेदनशील वाक्यों का प्रसंग आता है जिन्हें सुन कर राम कुपित हो उठते हैं। वे एक हंस को उसकी गर्दन से पकड़ लेते हैं और चक्रवाक् को श्राप मिलता है कि वह सारी रात अपने साथी के विरह में रोते-रोते काट देगा।
- कई बार चक्रवाक् की तुलना चकोर, तीतर से की जाती है और माना जाता है कि वह चंद्रमा की किरणों से प्रेम करता है और सारा दिन विलाप करता है क्योंकि उसकी प्रेयसी केवल रात को ही आती है। प्रायः विरह और उसकी पीड़ा को दर्शाने के लिए चंद्रमा और चकोर का उदाहरण लिया जाता है।
- राम वृक्षों तथा ऋषियों को स्पर्श करने से मना कर देते हैं परंतु उन्हें वचन देते हैं कि जब वे कृष्ण के रूप में आएँगे तो उन सबको आलिंगनबद्ध करेंगे, यह प्रसंग लोकगाथाओं में आता है।
- कहते हैं कि शक्ति, शिव की इच्छा के विरुद्ध, वन में सीता का रूप ले कर, राम से भेंट करती हैं ताकि उन्हें शांत कर सकें। परंतु वे राम को मूर्ख नहीं बना पातीं। वे उन्हें भगवती के रूप में पहचान लेते हैं। वे उनके आगे झुक कर प्रणाम करते हैं। यह कथा महाराष्ट्र की तुलजा भवानी लोकगाथा का अंश है। तुलसीदास भी यह प्रसंग सुनाते हैं। उनके संस्करण में, जब शक्ति राम की दिव्यता को नहीं पहचान पातीं और उनकी परीक्षा लेने का विचार मन में लाती हैं, तो उन्हें सती के रूप में प्राणों का त्याग करना पड़ता है।
- राम का कृष्ण के रूप में, अगले जन्म में वापिस आना, ये कथाएँ दो अवतारों को एक सूत्र में पिरोती हैं। बाद में आने वाली रामायणों में बारंबार इस बात को उठाया गया है। उनकी एकपत्नीव्रता छवि को उभारने के लिए बताया जाता है कि उनकी केवल एक पत्नी थी जबकि कृष्ण की अनेक पत्नियाँ थीं।

कबंध कथा

इसके बाद हनुमान ने सीता को बताया कि उन्हें राम के क्षत्रिय रूप व युद्ध कौशल का अनुमान कैसे हुआ।

जटायु से मिली जानकारी के बाद, राम सीधा दक्षिण की ओर चल दिए, उन्होंने न किसी ओर देखा और न ही कुछ खाया-पिया। वे सीता को खोजने की धुन में अपनी नींद तक भुला बैठे थे। लक्ष्मण उनके साथ थे। राम को वन में गरज रहे भूखे सिंहों, वन्य हाथियों के मतवाले समूहों की पदचाप और उन घने वनों से कोई भय नहीं था, जिनके घने वृक्षों के झुरमुट, सूरज की किरणों का एक कतरा भी धरती तक नहीं आने देते थे। वे तो निरंतर चलते ही जा रहे थे।

जब वे दक्षिण की ओर बढ़े, तो उनकी राह में कबंध नामक राक्षस आ गया। सभी वानरों को उस भयंकर जीव के बारे में पता था। उसका कोई सिर नहीं था : सिर पेट से जा कर मिल गया था; केवल उसके दो लंबे हाथ थे, जिनसे वह शिकार को लपक लेता था। उसकी क्षुधा कभी शांत नहीं होती थी और सारे वानर पूरी सावधानी के साथ उससे दूरी बनाए रखते।

राम और लक्ष्मण ने अचानक स्वयं को उस राक्षस की जकड़ में पाया। उसके एक हाथ में राम व दूसरे हाथ में लक्ष्मण थे। कबंध के नख बहुत लंबे व तीक्ष्ण थे और उनमें पिछले शिकारों का रक्त व अवशेष भरे हुए थे, परंतु दोनों भाईयों के मुख पर भय का एक भी चिन्ह नहीं दिखा। उन्होंने अपनी तलवारें उठाईं और एक-एक झटके में, उसके दोनों हाथ काट दिए, राम ने दाँया और लक्ष्मण ने बाँया हाथ काटा और दोनों भाई राक्षस की चपेट से आज़ाद हो गए।

हनुमान को यह देख कर बहुत आश्चर्य हुआ कि वह राक्षस दोनों भाईयों को कोसने की बजाए धन्यवाद देने लगा। "जब मेरे पास मुख में भोजन डालने के लिए भुजाएँ ही नहीं होंगी, तो मैं अपना ध्यान भूख से हटा कर, भूख को समझने में लगा सकूँगा, कम से कम मरण से पहले के कुछ क्षण तो संतुष्टि से भरे होंगे। आपका बहुत-बहुत आभार! मैं एक गंधर्व, विश्वावसु हूँ। मुझे सदा क्षुधा सताया करती थी; भोजन, मदिरा, संगीत, स्त्रियाँ, मनोरंजन। मैं सदा अपनी इन अतृप्त क्षुधाओं की पूर्ति में जुटा रहता। इससे भी बुरी बात यह थी कि मैं उन तपस्वियों का उपहास करता, जो क्षुधा को समझने व उससे उबरने की चेष्टा कर रहे थे। उनमें से ही एक ऋषि ने मुझे श्राप दिया कि मेरे शरीर में बुद्धि का तो कोई काम ही नहीं था इसलिए मैं एक ऐसे राक्षस में बदल जाऊँगा, जिसका पेट ही उसका सिर होगा और वह सारा दिन खाने के

अतिरिक्त कुछ नहीं करेगा। एक दिन, एक व्यक्ति आएगा और उसके ही प्रयत्नों से मैं एक बार फिर विचार करने योग्य बन सकूँगा। आपने मेरी दोनों भुजाओं को काट कर, ऐसा संभव कर दिखाया, मुझे विवश कर दिया मैं अपनी भूख पर ध्यान देने की बजाए, इससे ऊपर उठने की चेष्टा करूँ। मैं इसके लिए आपका आभारी हूँ। मुझे एहसास हो गया है कि मेरा जीवन कितना निरर्थक और अनुपयोगी था। मैं अब अपने जीवन को सार्थक बनाना चाहता हूँ। कृपया मेरी मदद करें। मुझे बताएँ कि यह कैसे संभव हो सकता है।"

राम ने उत्तर दिया, "हम मेरी पत्नी सीता की खोज कर रहे हैं, जिसे राक्षसों का राजा रावण अपहरण कर ले गया है। क्या तुम जानते हो कि वह उसे कहाँ ले गया होगा?"

"वह उसे लंका नगरी ले गया होगा, वह सुदूर दक्षिण में स्थित है। किसी ने उस नगरी को नहीं देखा क्योंकि वह यहाँ से बहुत दूर है। परंतु सुना है कि वह बहुत ही भव्य सुवर्ण नगरी है। हो सकता है कि आपको वानर जाति की सहायता लेनी पड़े, जो पंपा सरोवर के निकट, ऋष्यमूख पर्वत के आसपास, किष्किंधा में रहते हैं। ये वानर बहुत खोजी प्रवृत्ति के होते हैं। वे सारे संसार के विषय में जानकारी रखते हैं और आप जो चाहें, उसे खोज कर दे सकते हैं, क्योंकि वे अपने भोजन के लिए धरती का कोना-कोना छानते रहते हैं।" ये शब्द कहने के बाद कबंध ने प्राण त्याग दिए।

इसके बाद हनुमान ने राम और लक्ष्मण को उसका अंतिम संस्कार करते हुए देखा। "वे अपने शत्रुओं का भी दाह-संस्कार करते हैं। मेरे पति का मानना है कि प्रत्येक जीव को पुनर्जन्म का विकल्प दिया जाना चाहिए," सीता हनुमान से बोलीं।

चिता की लपटों से एक स्वर्गिक प्राणी प्रकट हुआ। वह विश्वावसु ही हो सकता था। राम ने देखा कि इंद्र ने उसे, अमरावती के स्वर्ग में आने का निमंत्रण दिया, जहाँ हर प्रकार की क्षुधा शांत होती है। परंतु इंद्र के निवास स्थान, पूर्व की ओर जाने की बजाए, विश्वावसु ने उत्तर की ओर कैलाश पर्वत पर जाने का निश्चय किया, जहाँ शिव सभी प्राणियों को सिखाते हैं कि अपनी सारी क्षुधाओं से मुक्त कैसे हुआ जा सकता है।

यह सुन कर, सीता ने हनुमान से कहा, "क्या मेरे राम ने उसके बाद भोजन किया, या कुछ पीया?"

हनुमान ने उत्तर दिया, "नहीं। वे झट से किष्किंधा की ओर प्रस्थान कर गए, उन्होंने कुछ भी खाने या पीने से इंकार कर दिया।"

"और लक्ष्मण?"

"उन्होंने भी भाई के निर्णय का पालन किया।"

- वाल्मीकि रामायण में, लक्ष्मण अयोमुखी नामक राक्षसी का भी सामना करते हैं, जो अपनी कामुकता से उन्हें रिझाना चाहती है और वे शूर्पणखा की तरह उसकी भी नाक काट देते हैं।
- विराध की तरह कबंध भी श्राप के प्रभाव से राक्षस बना है। राम का संपर्क उसे मुक्त कर देता है, मोक्ष प्रदान करता है। इस कथा को मन के विस्तार से भी जोड़ा जा सकता है, जहाँ मन, केवल कुछ पाने तथा अपनी क्षुधा पर केंद्रित रहने से ऊपर उठता है।
- कैकेयी के कारण राम, लक्ष्मण तथा सीता, उत्तरजीविता से जुड़े आदिम भय के संपर्क में आते हैं, जो सामाजिक निश्चितता का अंत है और यहाँ से वन की बीहड़ता से घिरने का चरण आरंभ होता है। तंत्र में, इसे मूलाधार चक्र से दर्शाया जाता है, (जब भी हिरण भयभीत होता है तो वह सबसे पहले मल-मूत्र विसर्जन द्वारा स्वयं को हल्का करता है ताकि दौड़ने के लिए तैयार हो सके और बाघ भी अपने इलाक़े की पहचान के लिए ऐसा ही करता है।) इसके बाद वे वन में विराध, शूर्पणखा तथा अयोमुखी के संपर्क में आते हैं, जो काम वासनाओं का प्रतीक हैं, जिनका संबंध स्वाधिष्ठान चक्र से जोड़ा जा सकता है। कबंध का संबंध पेट की क्षुधा व मणिपुर चक्र से है। रावण के साथ ही नियंत्रण करने की भावनात्मक माँग सामने आती है, जिसे हृदय चक्र से जोड़ा जा सकता है। हनुमान के साथ संप्रेषण आता है, जो विशुद्धि चक्र से संबंध रखता है, जो विभीषण तथा अंतःकरण व अंतर्दृष्टि के उदय की ओर ले जाता है, जो आज्ञा चक्र का सूचक है। ये सभी मिल कर, अंततः अंतिम चक्र की खिलावट का कारण बनते हैं जिसे प्रज्ञा का सहस्रपद्म चक्र भी कहते हैं।
- राम की कबंध से भेंट रामायण के कथानक का प्लॉट है क्योंकि वह वानरों के राज्य की ओर संकेत करता है, जिसके बाद कथानक में नाटकीय परिवर्तन आता है।

शबरी के बेर

इसके बाद हनुमान ने सीता को बताया कि उन्हें राम की संवेदनशीलता व करुणा का परिचय कैसे मिला?

राम कई दिन और रातों तक चलते रहे, जब कभी सीता की दशा का ध्यान आता तो रोने लगते, उनका शरीर धूल और स्वेद से भर गया। म्लान मुख पर बाल छितराए हुए थे, आँखें मारे क्लांति के लाल हो उठी थीं।

लक्ष्मण भी चुपचाप अपने भईया के पीछे चलते जा रहे थे। कभी-कभी उन्हें अपराध-बोध का अनुभव होता तो कभी ग्लानि से भर उठते। वे जानते थे कि उनके भईया को दयापूर्ण नेत्र या सांत्वना से भरा आलिंगन भी सहन नहीं होगा। वे केवल घने से घने वन के बीच, चट्टानों व नालों को पार करते हुए साथ चलते रहे, जिन्हें आज से पहले, उत्तर से आए किसी भी ऋषि ने कभी नही लाँघा था।

"जाने क्यों ऐसा लग रहा है कि कोई हम पर नज़र रखे हुए है," लक्ष्मण ने वृक्षों की ओर देखते हुए, उस मक्खी को देख कर कहा।

तभी एक स्त्री पुकार सुनाई दी। "रुको!" राम वहीं थम गए। वह स्त्री एक वनवासिनी थी, उसने पशुचर्म, पंख, खनिजों व मोतियों से बनी मालाएँ पहनी हुई थीं।

"बैठो!" उसने कहा। राम वहीं बैठ गए। "तुम भूखे दिखते हो," वह बोली। "शायद तुम्हें कुछ खा लेना चाहिए। मेरे पास ये बेर हैं। तुम इन्हें खा सकते हो।" राम ने उस विचित्र भील स्त्री के हाथों में बेर देखे और मंद स्मित से, उन्हें परोसे जाने की प्रतीक्षा करने लगे।

स्त्री ने बेर चखा और राम को दे दिया। राम ने उसे खाया, वह बड़ा मीठा और रसीला था। उसने एक और बेर चखा और उसे दूर भनका दिया। इसके बाद तीसरा बेर चखा और लक्ष्मण को दिया।

लक्ष्मण घृणा से सिहर उठे। "तुमने मुझे जूठा फल खिलाने का साहस कैसे किया? मैं कोई सेवक नहीं, जो ऐसा अपवित्र भोजन करूँ। मैं लक्ष्मण हूँ, अयोध्या का राजकुमार और ये राम हैं, अयोध्या नरेश। क्या तुम्हें ज़रा भी शिष्टाचार नहीं आता?"

वह स्त्री लक्ष्मण के इस रुखे व्यवहार से चिहुँक उठी। वह बारंबार क्षमा माँगने लगी और राम ने उसे दिलासा देते हुए, अपने भाई को कड़ाई से कहा, "यह तो स्पष्ट है, मैं जो देख सकता हूँ, वह तुम्हें दिखाई नहीं दे रहा। हम दो पुरुष वन में शस्त्रों सहित जा रहे हैं। हम दिखने में भयंकर लग रहे हैं परंतु इसके बावजूद यह स्त्री हम तक आई। वह निश्चित रूप से एक जीवट वाली स्त्री है। वह हमारे लिए रुकी है, हमें भोजन देना चाहती है; वह ऐसा करने के लिए विवश नहीं है। वह एक सेवापारायण और उदारमना नारी है। उसने वे बेर इसलिए चखे ताकि हमें केवल मीठे बेर ही परोस सके। वह अपना आतिथ्य धर्म बहुत अच्छी तरह निभाना जानती है। मैंने तो यही देखा परंतु तुम्हें क्या दिखा? एक ऐसी स्त्री, जिसे शिष्टाचार निभाना नहीं आता, वे शिष्टाचार जो तुमने महल में सीखे। उसे देखो, लक्ष्मण! वह एक वनवासिनी है, वह महल और उसके शिष्टाचार, इसके राजकुमारों और राजाओं के बारे में क्या जानती है? तुमने उसे अपने स्तरों से परख़ा। तुमने उसकी ओर देखा तक नहीं। तुम नेत्र होते हुए भी, नेत्रहीन बने रहे।"

राम ने उस स्त्री के दिए हुए बेर बेहद चाव से खाए। वे उसका नाम नहीं जानते थे किंतु उन्होंने उसे शबरी के नाम से पुकारा, अर्थात शबर जाति की स्त्री। आहार लेने के बाद मिली ऊर्जा के साथ, वे फिर से सीता की तलाश में आगे चल दिए।

यह सुन कर, सीता हनुमान से बोलीं, "मैं भी तो शबरी के बेरों की तरह हूँ। मैं राम की हूँ किंतु मुझे रावण चखना चाहता है। क्या मेरे इस दूषित रूप को राम स्वीकारेंगे?"

"प्रकृति में कुछ भी दूषित या अपवित्र नहीं होता," हनुमान बोले

"ओह, परंतु राम कोई ऋषि नहीं, वे एक राजा हैं। वे प्रकृति की इतनी परवाह नहीं करते, जितना उन्हें संस्कृति का ध्यान रहता है। संस्कृति में तो, दूषित को जातिच्युत कर दिया जाता है।"

- वाल्मीकि *रामायण* में, शबरी को किसी आश्रम की रखवालिन के रूप में दिखाया गया है, जिसमें निवास करने वाले, बहुत समय पहले मर चुके हैं। वह एक भविष्यवाणी के अनुसार राम के आने की प्रतीक्षा कर रही है और जब वे आते हैं तो वह उनकी सेवा करने से इतनी प्रसन्न होती है कि इसी से उसे मोक्ष मिल जाता है। वह अपना बलिदान कर देती है। कम्बन की तमिल *रामायण* तथ संस्कृत की *अध्यात्म रामायण* में, शबरी के बेरों वाला प्रसंग नहीं आता। असमिया *रामायण* में, इंद्र विमान भेज कर, शबरी को स्वर्ग आने का निमंत्रण देते हैं। बेरों की कथा, बाद वाली मौखिक लोकगाथाओं में आई, और अठारहवीं सदी के लेखनों जैसे प्रियादास की भक्तिरसबोधिनी में भक्ति साहित्य के रूप में शामिल की गई।
- जूठे बेर खिलाने की कथा, भारतीय इतिहास के उस काल से आती है, जब शारीरिक द्रव्यों के संपर्क में आने से ही व्यक्ति दूषित हो जाता था। जो व्यक्ति स्वयं को किसी भी प्रकार के दूषित सपर्क से दूर रखता, उसे शुद्धता अनुक्रम में ऊपर रखा जाता। इस तरह पशुओं के कंकालों से जूझने वाले वधिकों को, शाकाहारी पुरोहितों से हीन माना जाता थ। राम, जिन्होंने विश्वामित्र के कहने पर, अहिल्या को मुक्ति दिलाई थी, जब वे शबरी के जूठे बेर चखते हैं, तो यह उनका अपना व्यक्तिगत निर्णय है। इससे पता चलता है कि वे सामान्य सामाजिक वर्जनाओं से ऊपर उठते हुए, व्यक्ति की मानवता को देख रहे हैं। वे पुरोहितों के नहीं, आम जनता और साधारण जन के राम हैं।
- *रामायण* को एक चेतन परंपरा के रूप में देखा जाना चाहिए, जिसे लोगों ने श्रेष्ठता के प्रदर्शन के लिए रचा। इसे स्थिर व फ़ॉसिलयुक्त रूप देने की इच्छा राजनेताओं व शिक्षाविदों के बीच दिखाई देती है, जो अपने विचार थोपते हुए, सारे कथानक पर अपना वर्चस्व पाना चाहते हैं।
- ओड़िशा के आंचलिक पुनर्लेखनों में, शबरी राम को आम खिलाती है। अन्य संस्करणों में, बेर की जगह भारतीय फल जामुन को लिया गया है।

हनुमान स्वयं को प्रकट करते हैं

हनुमान ने इसके बाद सीता को विस्तार से बताया कि उन्होंने स्वयं को राम के सम्मुख कैसे प्रकट किया।

ज्योंही दशरथ पुत्र, पंपा सरोवर के निकट, ऋष्यमूख पर्वत पर पहुँचे, वहाँ उनकी भेंट एक युवा तपस्वी से हुई। उन्होंने उन्हें आम का फल देते हुए विशुद्ध संस्कृत में कहा, "आप कौन हैं? आपकी उपस्थिति से वन के सभी जीवित प्राणी भयभीत हो उठे हैं। आपने क्षत्रियों की भाँति अस्त्र-शस्त्र धारण किए हैं किंतु साधुओं की तरह वस्त्र पहन रखे हैं। आप सीधे दक्षिण दिशा की ओर बढ़े जा रहे हैं, आपके प्रत्येक डग से आत्मविश्वास झलकता है। क्या आप देव हैं? क्या आप असुर हैं? हे अपरिचित जन! कृपया अपना परिचय दें।"

लक्ष्मण का हाथ तलवार की मूठ पर चला गया। वे उद्वेलित हो उठे।

राम बोले, "आपने हमें अपने लिए ख़तरा जाना और मेरे भाई को आपसे संकट उत्पन्न हो गया। हम एक-दूसरे को वन्य पशुओं की भाँति परख़ रहे हैं और सोच रहे हैं कि हममें से अधिक बलशाली और फुर्तीला कौन है। परंतु हम पशु नहीं हैं। हम मनुष्य हैं। मैंने आपको देखा और आपने मुझे देखा। मैंने देखा कि आप परिष्कृत बोली बोल रहे हैं, जिससे पता चलता है कि आप सुसंस्कृत होने का अर्थ जानते हैं। और आपने मुझे सशस्त्र तपस्वी के रूप में देखा, जो इस बात का संकेत देता है कि संभवतः, मैं भ्रमित हूँ, शायद विश्वामित्र अथवा परशुराम की तरह हूँ, जो न तो पूरी तरह से क्षत्रिय हैं और न ही पूरी तरह से ऋषि। मैं आपको अपना परिचय देता हूँ। फिर आप अपना परिचय देना।"

राम ने अपना परिचय देते हुए, युवा तपस्वी को अपनी दुःख भरी गाथा कह सुनाई, वे कैसे पिता द्वारा माता कैकेयी को दिए गए वचन की मर्यादा रखने के लिए वनवास कर रहे थे, उनकी पत्नी का, वन में कोई राक्षस अपहरण करके ले गया और वे कैसे उसे खोजने के लिए स्थान-स्थान पर भटक रहे हैं। "मुझे बताया गया है कि इन पर्वतों में रहने वाले वानर हमारे लिए सहायक हो सकते हैं।"

तपस्वी ने उत्तर दिया, "जब से मैं आपको देख रहा हूँ, उससे पूर्व सारे वन ने देखा कि किस तरह दुष्ट रावण ने हमारे जटायु को पंखविहीन कर अधमरा छोड़ दिया। मैंने देखा कि आपने बेचारे पक्षी का दाह-संस्कार किया, कबंध का वध किया और एक शबरी के हाथों जूठे बेर खाए। आप कोई साधारण मनुष्य नहीं हैं। अब आपने मुझे बताया कि आपने वह राज्य अपने भाई के लिए त्याग दिया, जिस पर आपका अधिकार बनता था। यह तो वास्तव में असाधारण बात है। मैं जितने सजीवों को जानता हूँ, वे भोजन का पीछा करते हैं, भोजन लपकते हैं और भोजन का संग्रह करते हैं। कोई भी, किसी को भी कुछ नहीं देता, ज़्यादा से ज़्यादा, माता-पिता अपने नन्हे बच्चों को तब तक भोजन देते हैं, जब तक वे अपने भोजन का स्वयं प्रबंध करने योग्य नहीं हो जाते। मैंने तो आज तक किसी ऐसे प्राणी के विषय में नहीं सुना, जो किसी दूसरे की प्रसन्नता के लिए, अपने आनंद का त्याग करता है। आपने तो वह संभावना प्रकट की है,

जिसके लिए मुझे लगता था कि मानवता में उसका कोई अस्तित्व ही नहीं है। मैं आपको प्रणाम निवेदित करता हूँ। मैं अंजना व केसरी पुत्र, सुग्रीव का अनुचर, वानरों का नेता, हनुमान हूँ।"

इसके बाद वह तपस्वी वेष बदल कर, वानर रूप में आ गया।

"देखा, यह प्राणी वह नहीं है, जैसा दिखाई दे रहा था।" लक्ष्मण ने एक बाण निकाल लिया।

"तुमने यह कैसे मान लिया कि जब तक हम उसका विश्वास नहीं जीत लेते, वह हमें अपना सच्चा स्वरूप दिखा देगा? अब उसे हम पर विश्वास है। अब समय आ गया है कि तुम भी उसके प्रति अपना विश्वास प्रकट करो," राम बोले।

"मेरे कंधों पर बैठ जाएँ, मैं आपको ऋष्यमूख पर्वत पर ले चलूँगा, जहाँ सुग्रीव रहते हैं। मार्ग में मैं आपको हमारी कथा सुनाऊँगा।"

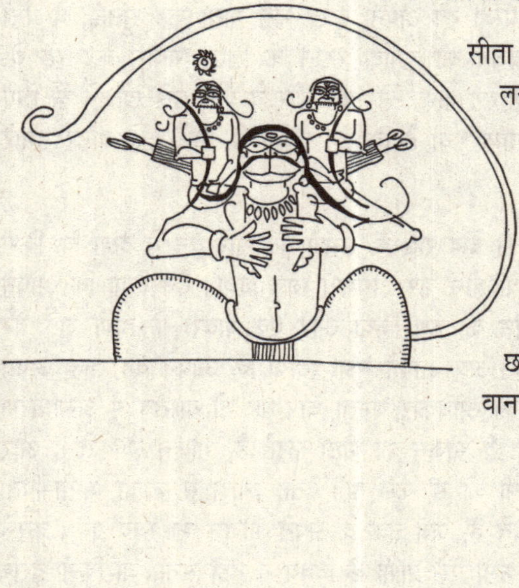

सीता ने नन्हे वानर को देखा और सोचने लगीं कि वह राम और लक्ष्मण को अपने कंधों पर बिठा कर, कैसे उड़ा होगा।

हनुमान अपने नेत्रों में एक अद्‍भुत चमक के साथ बोले, "जैसा कि आप जानती हैं, छवियाँ छल कर सकती हैं। एक सुवर्ण मृग, रूप बदलने वाला छलिया असुर हो सकता है, और एक वानर, रूप बदलने वाला देव हो सकता है।"

- पंपा का संबंध कई बार किसी सरोवर से नहीं, बल्कि तुंगभद्रा नदी से जोड़ा जाता है। कुछ विद्वानों ने कर्नाटक में हंपी नामक स्थान का भी उल्लेख किया है, जो सोलहवीं सदी में विजयनगर सम्राट का स्थान था।
- इस साहित्य में हनुमान संस्कृत भाषा का ज्ञान रखते हैं। भाषा के रूप में, संस्कृत को सदा विन्यास, विद्वता तथा अलंकरण की दृष्टि से उत्तम माना गया जबकि प्राकृत भाषा कहीं अधिक सचेतन थी। संस्कृत को देव-भाषा यानी देवताओं की भाषा कहा जाता है, जबकि प्राकृत को मानुष-भाषा यानी मनुष्यों की बोली कहा जाता है। प्राचीन भारत में, जनसाधारण तथा स्त्रियाँ प्राकृत भाषा का ही प्रयोग करती थीं। संस्कृत भाषा का प्रयोग केवल पंडित तथा सम्राट ही कर सकते थे। हनुमान, एक वानर होने के बावजूद, उस भाषा का ज्ञान रखते हैं, यही गुण उन्हें और भी विशेष बना देता है।
- हनुमान को सदा वानर कहा गया जबकि रावण को एक राक्षस होने के बावजूद, ब्राह्मण पुत्र के रूप में मान्यता दी गई, इस प्रकार वह ब्राह्मण जाति का सदस्य बन जाता है। वन में, राम उच्च व निम्न जाति, दोनों जातियों के जीवों से भेंट करते हैं, दोनों ही देवों की भाषा में बात करते हैं, दोनों ही भिन्न प्रकृति रखते हैं। रावण में, दूसरों को अपने अधीन रखने की पाशिवक वृत्ति पाई जाती है जबकि हनुमान, इस पाशविकता से ऊपर उठ चुके हैं।
- राजस्थान के मेवाती जोगी, जो मुसलमान होने के साथ-साथ, शिव भक्त भी हैं, वे अपने प्रेमगीतों में, लंका चढ़ाई नामक गीत गाते हैं। वे कहते हैं कि राम भूखे हैं और वे लक्ष्मण को फलों की तलाश में भेजते हैं। बाग में लक्ष्मण की भेंट एक वानर से होती है, जो उन पर चोरी का आरोप लगाता है और उन्हें निगल लेता है। राम हनुमान से लड़ते हैं और यह कोलाहल शिव तक पहुँचता है। शिव हनुमान की रक्षार्थ आते हैं और राम से युद्ध करने लगते हैं। राम के स्पर्श से शिव का एक त्वचा रोग ठीक हो जाता है। शिव प्रसन्न हो कर, राम को दो वरदान देते हैं। राम लक्ष्मण को वापिस माँगते हैं और लक्ष्मण को इस दौरान, हनुमान के पेट में रहते हुए, उनके बल का अनुमान हो गया है इसलिए वे हनुमान का सहयोग भी माँग लेते हैं। इस प्रकार हनुमान राम के अनुयायी हो जाते हैं।

पत्नियों से वियोग

इसके बाद हनुमान ने राम और सुग्रीव की भेंट का विवरण सीता को सुनाया।

हनुमान, पहले मक्खी, फिर युवा तपस्वी, फिर छोटे वानर से, विशालकाय वानर में बदल गए। राम और लक्ष्मण उनके कंधों पर बैठ गए और उन्हें आकाश की ओर छलाँगें भरते हुए, ऋष्यमूख पर्वत की ओर ले चले। दोनों भाई यह देख विस्मित हो उठे। उन्हें लगा कि वे पक्षी बन गए हों, उनके नीचे वन में दूर-दूर तक घास का गलीचा बिछा था, जिसके बीच में रूपहली चट्टानें सजी थीं, नीली, हरी बलखाती, इठलाती नदियाँ अपनी राह बनातीं बह रही थीं।

ऋष्यमूख पर्वत पहुँचने पर उनकी भेंट सुग्रीव से हुई। उनके बीच परिचय का आदान-प्रदान हुआ। वे वृक्षों की शाखाओं पर जा बैठे, उन्होंने फलों और पहाड़ी नालों के जल का सेवन कर, स्वयं को तरोताज़ा किया और हनुमान ने, सुग्रीव को दशरथ पुत्रों की सारी कथा कह सुनाई।

"रघुकुल के वंशज! कृपया बताएँ कि क्या आप इन्हें पहचानते हैं?" सुग्रीव राम के सामने एक पोटली ले आए, जिसमें कुछ लिपटा हुआ था।

राम ने वस्त्र खोला तो उसमें उन्हें सुंदर कारीगरी से सजे, सुवर्ण आभूषण दिखाई दिए : सीता के पैरों के बिछुए, अंगूठियाँ और नाक का आभूषण, उनकी पायल, उनके कंगन, उनके बाजूबंद, उनकी करधनी। राम की तो जैसे श्वास ही थम गई। लक्ष्मण बोले, "मैं इन नुपुरों को पहचानता हूँ। ये वही हैं, जो मेरे बड़े भईया की पत्नी के पैरों को शोभा प्रदान करते हैं। ये सीता के ही होंगे।"

सुग्रीव ने कहा, "मैंने देखा कि रावण अपने उड़ने वाले विमान में एक रोती-बिलखती स्त्री को लिए जा रहा था। वह अपनी ओर से छूटने का प्रयास कर रही थी। बार-बार सहायता के लिए राम को पुकार रही थी, उसने ये आभूषण धरती पर इसीलिए गिराए ताकि अपनी निशानी छोड़ सके। मैंने अपने वानरों को भेज कर उन्हें उठवा लिया। मैंने ही हनुमान को उत्तर की ओर पता लगाने भेजा था।"

"क्या आप जानते हैं कि लंका कहाँ है? राम ने पूछा। वे सीता के आभूषणों पर कोमलता से हाथ फिरा रहे थे।

"आज तक कोई वानर वहाँ तक नहीं गया। वह सुदूर दक्षिण में स्थित है," सुग्रीव ने कहा।

"मेरी दुःख भरी कथा बहुत हुई। आप बताएँ, आप अपने ही राज्य में शरणार्थियों सा जीवन क्यों बिता रहे हैं। हनुमान का कहना है कि आप इस पर्वत को त्याग कर, कहीं और जाने का साहस नहीं कर पाते।"

सुग्रीव ने, राम को अपने भाई बाली के साथ हुई ग़लतफ़हमी वाली सारी कथा कह सुनाई। "आपकी पत्नी रावण के पास है और मेरी पत्नी को मेरे ही भाई ने छीन लिया है। आप मेरी सहायता करें और मैं निश्चित रूप से आपकी सहायता करूँगा।"

सीता सोचने लगीं, सुग्रीव को किस बात का अधिक शोक रहा होगा : राज्य खोने का दुःख अथवा पत्नी से वियोग। उसे किष्किंधा का राज्य अपने भाई के साथ बाँटना था, पत्नी रूमा

को नहीं। अब उसके भाई ने पत्नी और राज्य, दोनों पर ही एकछत्र अधिकार स्थापित कर लिया था।

"क्या आप सदैव इतनी विचारमग्न रहती हैं?" हनुमान ने सीता से पूछ ही लिया।

"क्या ऐसा करना अनुचित है?" सीता ने पूछा।

"वानरों का कहना है कि ऐसा निरर्थक कार्य नर ही करते हैं।"

"यह विचार ही तो नर और वानर के बीच का अंतर है। विचार ही उसे नारायण तक ले जाते हैं।"

"नारायण कौन हैं?"

"निद्रालीन विष्णु : हमारी मानवीय संभावना, जो सदैव पुष्पित होने की प्रतीक्षा करती रहती है।"

"यह मानवीय संभावना क्या है?"

"संसार को दूसरे व्यक्ति के दृष्टिकोण से देखना और उससे सार्थकता पाना।"

"मुझे लगता है कि यह राम के भीतर उत्पन्न हो चुकी है।"

"मैं तुमसे सहमत हूँ।"

"मुझे लगता है कि यह सीता के भीतर भी उत्पन्न हो चुकी है।" हनुमान ने कहा

- वाल्मीकि को उड़ान से विशेष स्नेह था। रावण पुष्पक विमान उड़ाता है और हनुमान पहले किष्किंधा और फिर लंका की ओर उड़ान भरते हैं।
- भारतीयों ने हैंसल और ग्रेटल की परीकथा तो बहुत बाद में सुनी जिसमें वह बच्ची निशानी के लिए ब्रेड के टुकड़े फेंकती जाती है, उससे पूर्व वे सीता द्वारा निशानी छोड़ने के लिए आभूषण फेंकने की कथा सुन चुके थे।
- कथा में बारंबार इस बात पर बल दिया गया है कि लक्ष्मण ने सीता का, सीता ने रावण का और राम ने ताड़का का मुख कभी नहीं देखा था। इस प्रकार, किसी के मुख को देखने का संबंध पारंपरिक तौर पर कामुकता अथवा श्रृंगारिकता से जोड़ा जाता है। पशु राज्य में, दूसरे पशु की आँखों में देखने से धमकी का जवाब दिया जा सकता है, आँखें चुराना या नीची कर लेना, समर्पण की निशानी मानी जाती है।
- भारत में सुवर्ण को एक मांगलिक धातु माना जाता रहा है। राम अपनी सीता का श्रृंगार सुवर्ण आभूषणों से करते हैं। रावण सोने से बनी लंका नगरी में वास करता है। राम के लिए, सुवर्ण का स्थान देह पर है परंतु रावण उसे अपने पैरों तले रखता है। सीता को सुवर्ण मृग मोह लेता है। इस प्रकार, रामायण सुवर्ण के अंधकार पक्ष को रेखांकित करती है, जो लुभाने के साथ-साथ फँसाने और जाल में उलझाने का काम भी कर सकता है। सीता

जीवन में अपने सार्थक कार्य के लिए, सुवर्ण आभूषणों का भी त्याग कर देती हैं।

- रघुवंश के भाईयों की तुलना में, वानर भाईयों को आपस में राज्य बाँटने का आदेश मिलता है किंतु वे आपस में एक भ्रांति का शिकार हो कर अलग हो जाते हैं। दोनों में से एक भी, दूसरे को संदेह का लाभ नहीं देना चाहता।
- केरल की थीयम परंपरा में, बाली की पूजा एक देव के रूप में की जाती है और प्रायः उसे 'लंबी पूँछ' वाला नाम से संबोधित किया जाता है, जो उसकी भौतिक तथा काम संबधी शक्ति का सूचक है।
- वानर जगत में, प्रधान वानर सबसे शक्तिशाली होता है, जो सारी मादा वानरों तथा इलाक़े को अपने वश में रखता है और दूसरे वानरों को अपने हरम से दूर रखते हुए, सारे बैरियों को मिटा देता है। संभवतः बाली और सुग्रीव भी इन्हीं अभ्यासों पर चलते थे, इसलिए वाल्मीकि ने उन्हें वानर के रूप में मान्यता दी। वे आपस में राज्य को बाँट रहे थे, जिससे पता चलता है कि वे अपनी पाश्विक वृत्ति से एक चरण ऊपर थे। परंतु जब बाली सुग्रीव को धकिया कर बाहर निकाल देता है और उसकी पत्नी रूमा को अपने अधीन कर लेता है, तो उनकी पाश्विक वृत्तियाँ वापिस आ जाती हैं।

सूर्य से मिले पाठ

"तुम सुग्रीव की सहायता क्यों नहीं करते? सीता ने पूछा। तुम कितने बलशाली और फुर्तीले हो। तुम निश्चित रूप से बाली को हरा सकोगे।" सीता बोलीं

तब हनुमान ने सीता को सूर्य तथा सूर्य पुत्र के साथ अपने संबंध के विषय में बताया।

हनुमान, संसार का सारा ज्ञान पाना चाहते थे। वे सूर्य के पास पहुँचे, जिन्होंने धरती पर देखने योग्य, सब कुछ देख रखा था। परंतु सूर्य हनुमान के गुरु नहीं बनना चाहते थे क्योंकि वे सारा दिन आकाश में विचरण करते-करते इतना क्लांत हो जाते थे कि इसके बाद कुछ करने की हिम्मत ही नहीं रहती थी। हनुमान हठ के साथ, सूर्य के रथ के आगे जा खड़े हुए, सूर्य पूर्व से पश्चिम की ओर जा रहे थे। हनुमान, सूर्यदेव के सम्मुख, उनकी दृष्टि को सहन करते हुए, खड़े थे, वे किसी भी दशा में उनसे ज्ञान पाना चाहते थे। दृढ़ संकल्प का ऐसा परिचय पाकर सूर्य ने हनुमान को वेदों, वेदांगों, उपवेदों, तंत्रों व शास्त्रों की जानकारी दी। सूर्य की शिक्षाओं के बल पर, हनुमान ने प्रत्येक सिद्धि प्राप्त की और एक तपस्वी में रूपांतरित हो गए। यही कारण था कि हनुमान स्वेच्छा से अपनी देह का विस्तार कर सकते थे, उसे संकुचित कर सकते थे, आकार बदल सकते थे, पक्षी की तरह उड़ान भर सकते थे, भारी अथवा भारविहीन हो सकते थे, दूसरे को आकर्षित करते हुए, उस पर वर्चस्व स्थापित कर सकते थे। सूर्य ने इस ज्ञान के बदले में, केवल एक ही आग्रह किया, "मेरे पुत्र सुग्रीव का ध्यान रखना, वह इंद्र के पुत्र बाली जितना शक्तिशाली नहीं है। सदा उसके मित्र बने रहना।"

"इस प्रकार मैं सदा सुग्रीव का पक्ष लेते हुए, उसकी रक्षा करता हूँ। परंतु इसका अर्थ यह नहीं

कि मुझे इंद्र के पुत्र बाली का विरोध करना होगा। मैंने सुग्रीव का पक्ष देखा और मैंने बाली का पक्ष भी देखा। सुग्रीव का कहना है कि बाली अनुत्तरदायी रहा। बाली का मानना है कि सुग्रीव ने जो किया, उसके लिए उसे क्षमा नहीं किया जा सकता। वे दोनों अपने-अपने दृष्टिकोण के साथ सही हैं," हनुमान ने सीता से कहा

"यह तो सत्य है।" सीता बोलीं।

यद्यपि, लक्ष्मण ऐसा नहीं सोचते। जब उन्होंने भी यही कथा सुनी, तो उन्होंने कहा, "तुम शिव के समान हो, जो राक्षस, यक्ष, देवों व असुरों को अपना सहयोग देते हैं। क्या तुम्हें नहीं लगता कि तुम्हें किसी एक पक्ष को चुनना चाहिए, विष्णु की तरह? तुम्हें सदा उचित पक्ष का साथ देते हुए, शक्तिहीन के लिए लड़ना चाहिए।"

हनुमान ने उत्तर दिया था, "परंतु यह निर्णय कौन करता है कि कौन उचित है अथवा कौन अनुचित? बाली और सुग्रीव, दोनों को ही यही लगता है कि वे उचित हैं। और यह निर्णय कौन लेता है कि उनमें से कौन शक्तिहीन है? क्या राम, वनवास में होने के कारण शक्तिहीन हैं? क्या सीता शक्तिहीन हैं क्योंकि रावण ने उन्हें हर लिया है? क्या शक्ति अपने भीतर से आती है या इसे कहीं बाहर से अर्जित करना होता है?"

इसके बाद हनुमान ने लक्ष्मण को वह कथा सुनाई, जो उन्होंने सूर्य से सुनी थी।

एक बार इंद्र के स्वर्ग के लिए, एक असुर से संकट पैदा हो गया, जिसने एक महिष अर्थात भैंसे के रूप में उन पर धावा बोल दिया। तो देवगण मिल कर शिव के पास सहायता की याचना करने गए। उन्होंने देवों से कहा कि वे अपनी आंतरिक शक्तियों के संयोजन से किसी एक सत्ता को जन्म दें। उन्होंने अपने भीतर से, अपनी शक्तियों को प्रकट किया। देवों की अनेक शक्तियों ने मिल कर, एक चकाचौंध करने देने वाले प्रकाश का रूप ले लिया, जिसे दुर्गा के नाम से जाना गया। दुर्गा, वे अनेक भुजाओं वाली एक भगवती हैं, जो सिंह पर सवार हो कर युद्ध भूमि में आईं और महिषासुर का अपने त्रिशूल से वध कर दिया। हनुमान ने लक्ष्मण से पूछा, "राम के भाई, मुझे यह बताएँ, आप किसे संरक्षण प्रदान करते : महिष से देवों को अथवा उस महिष को, सशस्त्र सिहंवाहिनी भगवती से?"

"देव पीड़ित हैं तथा दुर्गा उनकी मुक्तिदात्री हैं," लक्ष्मण बोले।

तब हनुमान ने लक्ष्मण को एक और कथा सुनाई जो उन्होंने सूर्य के मुख से ही सुनी थी।

"बहुत समय पहले की बात है, देवों और असुरों ने सागर मंथन किया, जिसमें से अनेक

अनमोल संपत्तियाँ बाहर निकलीं। उनमें इच्छापूर्ति करने वाला कल्पतरु वृक्ष, इच्छापूर्ति करने वाली गौ, कामधेनु, इच्छा पूर्ति करने वाला रत्न चिंतामणि व अमरता प्रदान करने वाला अमृत शामिल था। विष्णु ने मोहिनी का रूप धर कर, सबको मोह लिया और उनसे वादा किया कि वे सारे उपहारों को समान रूप से विभाजित करेंगी किंतु उन्होंने वह अमृत केवल देवों के बीच ही विभाजित किया। इस तरह वे देव इतने शक्तिशाली हो गए कि उन्होंने सभी संपत्तियों को अपने अधिकार में ले कर, अपने निवास स्थान अमरावती को, स्वर्ग, आनंद व भोग की स्थली में बदल दिया। इस तरह छले गए असुरों ने कभी देवों को क्षमा नहीं किया, वे बार-बार अलग-अलग रूपों में उन पर आक्रमण करते रहते, जैसे कि महिषासुर ने किया था। तो वास्तविक पीड़ित कौन हैं, देव अथवा असुर"?

तभी राम बोले, "तुम यह क्यों मान कर चलते हो कि विष्णु देवों का पक्ष लेते हैं, ऐसा इसलिए है कि उन्होंने उन्हें अमरता प्रदान करने वाला अमृत दिया है? हाँ, अमृतपान करने के बाद तो देवों को अपनी मृत्यु का भय भी नहीं सताना चाहिए। तो वे अब भी इतना असुरक्षित क्यों अनुभव करते हैं? उन्हें क्या खोने का भय है? वे अपनी संपत्तियों से क्यों चिपके रहते हैं? यह सच है कि विष्णु ने देवों को संपत्ति तो दी है परंतु क्या वे उन्हें शांति दे सके, क्योंकि वे अब भी अपनी पहचान को वस्तुओं के साथ जोड़ते हैं। और हाँ, शिव अपना सब कुछ राक्षसों व असुरों को दे देते हैं, सब कुछ, वे जो भी माँगते हैं, पाते हैं। परंतु वे उनसे क्या चाहते हैं? वे उनसे धन और सत्ता चाहते हैं - वही वस्तुओं की वासना। वे कभी सहायता नहीं चाहते कि उन्हें इन क्षुधाओं से उबरने का अवसर मिले। वे कभी नहीं चाहते कि उन्हें अपने मनस् के विस्तार का अवसर मिले। और इसी तरह वह क्षुधा उनके अस्तित्व को डसती रहती है, जिस तरह देवों का अस्तित्व भयातुर रहता है। यह संघर्ष निरंतर अंतहीन रूप से जारी रहता है। जिसमें नियमित अंतराल पर जय और पराजय आते-जाते रहते हैं, यह संघर्ष उनके नेतृत्व में होता है, जो यह मानते हैं कि वे उचित हैं अथवा जो यह मानते हैं कि वे शक्तिहीन हैं।"

तब प्रत्येक वानर राम को इस प्रकार देखने लगा जैसे शिष्य अपने गुरु की ओर देखते हैं। राम बोले, "इसे जानो, दुर्गा वह बल है, जिसे हम बाहर से पाते हैं। शक्ति वह बल है, जिसे हम अपने भीतर से पाते हैं। प्रकृति हमें शक्ति प्रदान करती है। मानव समाज इस प्रकार बना है कि उपकरणों, नियमों व सपंत्ति के माध्यम से दुर्गा को स्वीकार कर सके। किंतु वन में इतने वर्ष बिताने के बाद, तेरह वर्षों से अधिक समय से, सीता और मैंने दुर्गा की बजाए शक्ति को मान देना सीख लिया है। क्योंकि हमारे भीतर से उत्पन्न होने वाली शक्ति सदा हमारे साथ होती है: यह ज़रूरी नहीं कि हमारे पास बाहर से मिलने वाली शक्ति हो ही। रावण बाहरी बल पाना चाहता है। वह उस व्यक्ति को दंड देना चाहता है जिसके भाई ने उसकी बहन का अपमान किया। वह मेरी पत्नी को एक संपत्ति के रूप में देखता है; वह उसे चुरा कर, मुझे दुःखी करना चाहता है। वह सीता को एक व्यक्ति के रूप में नहीं चाहता, जिसने उसे कोई हानि नहीं पहुँचाई। मैं उसे दोष नहीं देता। मैं उससे रूष्ट भी नहीं हूँ। मैं उसका दृष्टिकोण समझता हूँ। मुझे नहीं लगता कि वह ग़लत है। मैं उससे उसकी सत्ता के कारण बैर नहीं रखता। मैं केवल अपनी सीता की रक्षा करना चाहता हूँ, उसे उसकी खोई स्वतंत्रता लौटाना चाहता हूँ।"

"आप रावण को दोष नहीं देते,?" सुग्रीव आश्चर्यचकित था।

"नहीं, मैं समझ सकता हूँ कि वह क्या मानसिकता रखता है, जिस प्रकार मैं यह भी समझ सका कि कैकेयी माता की सोच का मूल क्या था। रावण में असीम संभावना भरी है किंतु वह उसे पाने से इंकार करता है। वह मुझे शत्रु समझता है और मेरे वास्तविक रूप को जानने से इंकार करता है।। कैकेयी की तरह, वह भी, यथार्थ के विषय में अपनी ही धारणा से आक्रांत है।" राम बोले।

राम के ऐसे वचनों को सुनाने के बाद, हनुमान सीता से बोले, "मुझे एहसास था कि राम एक सच्चे ब्राह्मण हैं, जो अपने व अपने आसपास के लोगों के मनस् का विस्तार करता है, एक तपस्वी के मन के साथ, गृहस्थ की भूमिका। उन्हें राजा बनने के लिए, किसी प्रकार के राज्य की आवश्यकता नहीं है।"

"उन्हें पति बनने के लिए, किसी पत्नी को अपने अधीन करने की आवश्यकता नहीं है," सीता बोलीं।

- वैदिक ऋचाओं में इंद्र व सूर्य को प्रधान देव माना गया है। पुरा कथाओं में, वे विष्णु के अधीन स्थान ग्रहण करते हैं। जब विष्णु राम के रूप में अवतार लेते हैं, तो ये प्राचीन देव, वानरों की तरह उनका साथ निभाते हैं : इंद्र बाली बनते हैं और सूर्य सुग्रीव के रूप में आते हैं।
- उपनिषदों में, याज्ञवल्क्य सूर्य से प्रज्ञा ग्रहण करते हैं। पुराणों में, हनुमान सूर्य से प्रज्ञा ग्रहण करते हैं। सूर्य ही प्रकाश व ऊर्जा का स्त्रोत हैं अतः इन्हें दिव्यता का प्रतीक माना जाता है। ऋगवेद से प्रसिद्ध गायत्री मंत्र, इसी सूर्य का आह्वान है, जो अज्ञानरूपी अंधकार का नाश कर देते हैं।
- मंदिर मूर्तिकला में, सूर्य का चित्रण प्रायः इस एक रथ में विराजमान देव के रूप में किया जाता है, जिनके रथ को सात अश्वों द्वारा खींचा जाता है।
- हनुमान एक महान तपस्वी, बलशाली योद्धा तथा कौतूहलप्रिय वानर हैं। यद्यपि वे सुग्रीव की सेवा करते हैं किंतु अपने लिए कोई श्रेय नहीं चाहते। परंतु वे एक उदित हो रहे सूर्य के समान हैं, जो अंततः महाकाव्य में एक प्रधान पात्र के रूप में सामने आते हैं। भक्तिपरक साहित्य के साथ, मध्ययुग में उनकी भूमिका केंद्रीय होती चली गई।
- लोकगाथाओं में, बाली को इस बात का रोष है कि सुग्रीव ने ऋष्यमूख पर्वत पर आश्रय लिया है, जहाँ वह श्राप के फलस्वरूप पैर नहीं रख सकता। वह सुग्रीव को उत्तेजित करने के लिए, दिन में कई बार उसी पर्वत पर छलांग भरता है और सुग्रीव के सिर पर ठोकर मारता है, एक दिन हनुमान उसे टखने से पकड़ कर धमकी देते हैं कि वे उसे पर्वत पर नीचे खींच लेंगे। बाली जानता है कि यदि उसने पर्वत को स्पर्श भी किया, तो उसके सिर के हज़ार टुकड़े हो जाएँगे। वह भयभीत हो कर, हनुमान की पकड़ से छूटने की चेष्टा करता है। अंततः, वे दोनों इस बात पर सहमत होते हैं कि जब तक सुग्रीव ऋष्यमूख पर्वत पर वास कर रहा है, बाली उसे कुछ नहीं कहेगा।

- हनुमान निःस्वार्थ भाव से राम की सेवा करते हैं। वे सुग्रीव की तरह नहीं हैं, उन्हें राम की सेवा से कोई भौतिक लाभ नहीं होगा किंतु वे इस सेवा से भावात्मक लाभ पाते हैं। राम गुरु बनते हैं और हनुमान एक संपूर्ण शिष्य के रूप में, उनकी कीर्ति की छाया तले संतुष्ट रहते हैं, हालाँकि यदि वे चाहें तो अपने गुरु से कहीं अधिक शौर्य व कीर्ति अर्जित कर सकते हैं, उन्हें पीछे छोड़ सकते हैं परंतु वे ऐसा नहीं करते।
- वनों में वास के दौरान प्रायः कथाओं के वाचन व श्रवण की परंपरा रही। इन्हीं कथाओं के माध्यम से भारत में विवेक तथा प्रज्ञा का प्रसार हुआ। शिव से बृहद-कथा, कथाओं का सागर हुई, जिसे लोकगीतकारों व कथाकारों ने मानवता तक पहुँचाया। विद्वान भारत को, अनेक लोकगाथाओं के केंद्र के रूप में देखते हैं, जहाँ से वे अरब व्यापारियों के माध्यम से, यूरोप तक पहुँचीं।
- कथावाचन हिंदुत्व में महत्वपूर्ण भूमिका अदा करता है। यह मंदिरों पर आधारित पौराणिक हिंदुत्व की तुलना में प्राचीन अनुष्ठानिक वैदिक हिंदुत्व में कम स्पष्ट दिखाई देता है। दिव्यता तीन रूपों में प्रकट होती हैः तपस्वी शिव, गृहस्थ विष्णु तथा भगवती, जो धरती हैं। प्रज्ञा इसी तरह व्यक्त होती है कि शिव तथा विष्णु भगवती से किस प्रकार संबंध रखते हैं। ब्रह्मा व उनके पुत्रों तथा भगवती से उनके संबंधों से अज्ञान प्रकट होता है। भगवती को अनेक नामों से स्मरण किया जाता है किंतु शक्ति नाम सर्वाधिक लोकप्रिय है। शिव के माध्यम से हिंदू धर्म की प्रशंसा करने वाले शैव कहलाते हैं, जो विष्णु के माध्यम से ऐसा करते हैं, वे वैष्णव कहलाते हैं और जो शक्ति के माध्यम से ऐसा करते हैं, वे शाक्त कहलाते हैं।
- राम को एक शास्त्रीय यूनानी नायक के रूप में देखना बहुत सरल है, जिन पर खलनायक ने अत्याचार किया है। परंतु रामायण तो इंडिक विचारधारा तथा प्रज्ञा की धारणाओं का साधन है। यह अपने मूल रूप में, वह मानवीय पिपासा है, जो संपत्ति के माध्यम से अपनी पुष्टि चाहती है। राम एक देव हैं क्योंकि वे संपत्ति की निःसारता को जानते हैं। संपत्ति के कारण नहीं, इसके बावजूद एक पहचान स्थापित होनी चाहिए, कुछ ऐसा, जिसे संभवतः रावण नहीं सीख सका।
- सभी इंडिक धर्म - हिंदू, बौद्ध व जैन - वस्तुओं के माध्यम से, सत्ता के लिए मनुष्य की पिपासा के संबंध का अन्वेषण करते हैं। ग्रीक कथाओं में ऐसा नहीं हैं, वहाँ उपलब्धियों का उत्सव मनाया जाता है और बाइबिल की कथाओं में, अनुशासन व विनीत स्वभाव को सराहा जाता है। इंडिक विचारधारा में समझ और प्रज्ञा को प्रश्रय दिया जाता है।

बाली का वध

इसके बाद हनुमान ने सीता को बताया कि सुग्रीव किष्किंधा का राजा कैसे बना

"वह किसी ऋषि-मुनि की भाँति दार्शनिक स्वभाव रखता है। वह तो ठीक है। परंतु मुझे वास्तव में एक ऐसे योद्धा की आवश्यकता है जो बाली का वध कर सके," सुग्रीव ने कहा। राम ने प्रत्युत्तर में, अपने धनुष पर एक बाण साधा, मंत्रोच्चार किया और बाण छोड़ दिया। सभी विस्मय से ताकते रह गए और वह बाण, सात ताड़ वृक्षों को एक साथ भेदते हुए, राम के तूणीर में लौट आया।

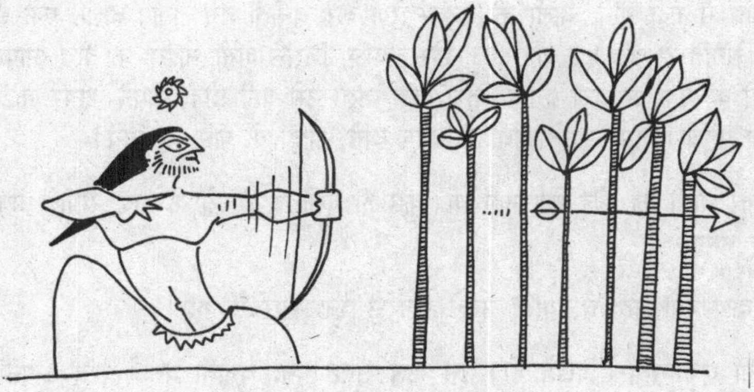

"आप कौशलयुक्त हैं, परंतु क्या आप बलशाली भी हैं?" सुग्रीव ने पूछा। प्रत्युत्तर में, राम ने दुंदुभी के शव को ठोकर दे मारी, जो अब केवल हड्डियों का ढाँचा मात्र रह गया था, वह ठोकर इतनी भीषण थी कि वह कंकाल, ऋष्यमूख पर्वत की ढलानों से होते हुए, ठीक सीधा किष्किंधा के मध्य जा गिरा।

"यह तो अद्‌भुत है। जब मैं उसे अपने साथ द्वंद्व युद्ध का न्यौता दूँ, तब आप आड़ से बाण चला कर, उसका प्राणांत कर सकते हैं। आप मुझे किष्किंधा का राजा बनने में सहायक हों और मैं अपने वानरों को सीता की खोज में भेजूँगा और उन्हें बचाने में आपकी सहायता करूँगा।"

"क्या यह उचित नहीं होगा कि युद्ध की चुनौती मेरी ओर से मिले और मैं उसे पराजित करूँ?" राम बोले।

"तब आप किष्किंधा के स्वामी होंगे, मैं नहीं। आप मेरे सहायक नहीं, मुक्तिदाता होंगे। वानर मेरा नहीं, आपका नेतृत्व मानेंगे। जब तक मैं उसे बुला कर, मौत के घाट नहीं उतार देता, तब तक किसी भी वानर के सम्मान का पात्र नहीं बन सकूँगा। और प्रश्न रहा औचित्य का, तो वह सब नगरों में होता है, वन में नहीं!"

उनके इस अनुबंध तथा मित्रता पर मुहर लगाने के लिए, हनुमान ने अग्नि जलाई और राम व सुग्रीव ने हाथ थाम कर, अग्नि की सात बार प्रदक्षिणा की। इस प्रकार इस अनुष्ठान से बंधने के बाद, वे दोनों ही परस्पर निष्ठा के नाते में आबद्ध हो गए थे।

सीता को हनुमान के मुख से सुने वर्णन के आधार पर अनुभव हुआ कि सुग्रीव वैश्य-वर्ण था, एक ऐसा वानर, जो व्यापारी की तरह तेज़ दिमाग रखता है, जबकि उसका बैरी बाली क्षत्रिय-वर्ण वानर था, जो एक स्वामी की तरह प्रभुत्वसंपन्न मस्तिष्क रखता है। संभवतः हनुमान ही एकमात्र वानर था जो एक ऋषितुल्य मस्तिष्क का स्वामी था, बलशाली होने पर भी शक्ति पाने की चाह नहीं, प्रज्ञावान होने पर भी विवेक का ओछा प्रदर्शन नहीं!

इसके बाद हनुमान ने दोनों वानर भाईयों के बीच हुए संघर्ष का विवरण दिया।

सुग्रीव हाथ में गदा थामे, बाली को गरज-गरज कर चुनौती देने लगा। बाली, एक झटके में, तारा की संगति से उठ कर बाहर की ओर लपका, जिसने दोनों भाईयों के बीच आपसी संघर्ष को टालने का एक असफल प्रयास किया किंतु बाली उसे वहीं छोड़, अपने कायर भाई से युद्ध करने आ पहुँचा। राम, अपने हाथों में धनुष थामे, झाड़ी के पीछे जा छिपे।

सुग्रीव और बाली का कोई मेल नहीं था। कुछ ही घूँसों व ठोकरों के बाद, सुग्रीव अपनी जान बचा कर भागा।

"आपने बाण क्यों नहीं चलाया?" उसने राम से क्रुद्ध स्वर में पूछा।

"तुम दोनों एक समान दिखते हो। उसे कल सुबह पुनः चुनौती देना। परंतु अपने कंठ में वनपुष्पों की माला धारण कर लेना ताकि मैं तुम दोनों के बीच भेद कर सकूँ। कल संध्या समय तक, बाली की हत्या हो चुकी होगी और तुम किष्किंधा के राजा बन जाओगे।" राम बोले।

और इस प्रकार, अगले दिन, अपने गले में पुष्पमाल पहने और हाथ में गदा लिए, सुग्रीव ने एक बार फिर से बाली को युद्ध के लिए ललकारा। "इस बार तो मैं तेरा ख़ात्मा करके ही दम लूँगा ताकि तू मुझे फिर से परेशान न कर सके।" बाली पैर पटकता हुआ, जंगल की ओर आया।

वह युद्ध बड़ा ही भयंकर था। सभी ने देखा कि बाली ने सुग्रीव को अपनी गदा से निर्दयता से कुचल दिया, रोष में भर कर उसके गाल नोच दिए और नखों से उसकी चमड़ी फाड़ दी। सुग्रीव किसी असहाय शिकार सा लगने लगा और बाली को देख कर लगा मानो कोई दुर्दांत शिकारी हो। कोई विश्वास तक नहीं कर सकता था कि वे सहोदर थे।

तभी राम ने पेड़ों की आड़ से बाण चलाया, जो बाली की पीठ को भेदते हुए, हृदय के पार हो गया। बाली एक मर्मांतक चीत्कार के बाद, धरती पर ढेर हो गया।

दूर से ही इस युद्ध को देख रहे वानर, इस छल को देख, कुपित हो गए और मारे रोष के दाँत किटकिटाने लगे। तारा अपने पति की ओर लपकी और विलाप करने लगी, जब उसे एहसास हुआ कि उसके पति के बचने की कोई आशा नहीं थी : महान बाली का अंत होने

जा रहा था। "किसने किया है ऐसा छल?" वह जानना चाहती थी।

"मैंने किया है, मैं रघुकुल वंशज राम हूँ, अयोध्या के राजा भरत का प्रतिनिधि तथा सुग्रीव का मित्र, जो मुझे मेरी पत्नी सीता को खोजने में सहायक होगा, जिसे राक्षसों का राजा रावण अपहरण कर ले गया है।" राम आगे आ कर बोले।

"यह कायर तुम्हारी मदद करेगा?" बाली असहनीय पीड़ा के बावजूद स्वयं को रोक नहीं सका। "वह कायर, जिसने मुझे छल से पराजित किया? अगर तुम सीता को बचाना चाहते थे तो मेरे पास क्यों नहीं आए? मैं रावण से कहीं अधिक बलशाली हूँ। मैंने एक बार उसे अपनी पूँछ में बाँध कर, किष्किंधा में पालतू बना कर रख लिया था। तुमने इस दुर्बल का साथ क्यों दिया, जो बलशाली को पराजित करने के लिए धूर्तता का आश्रय लेता है? क्या यह न्याय है? क्या यह उचित है?"

सीता ने बात के बीच में बाधा दी, "बाली ने उस राज्य पर क़ब्ज़ा किया, जो उसे अपने भाई के साथ बाँटना चाहिए था और अब वह युद्ध में सभ्य आचरण के नियम लागू करना चाहता है। क्या यह विचित्र बात नहीं है कि संसार में प्रायः अन्यायी ही न्याय पाने की गुहार लगाते दिखते हैं?"

हनुमान, सूर्य देव के शिष्य, जो बाली और उसके पिता इंद्र की प्रकृति से परिचित हैं, वे कहते हैं, "न्याय की अवधारणा मनुष्यों के पास होती है। यह वन में नहीं पाई जाती। केवल किसी भी उपाय से उत्तरजीविता को ही प्रश्रय दिया जाता है। सुग्रीव ने अपना दाँव लगा दिया था। अपने दुर्बल भाई के हाथों पराजय ग्रहण करना बाली के लिए इतना सरल नहीं था इसलिए उसने मानवता और सभ्यता की बातें करना आरंभ कर दिया।"

इसके बाद हनुमान सीता को बताने लगे कि राम ने बाली के अभियोग का क्या उत्तर दिया।

"तुम पशुओं के केवल एक ही नियम के साथ जीते आए : तुमने बल प्रयोग से अपने भाई को दूर खदेड़ दिया। तुम्हारे भाई ने पशु जगत के दूसरे नियम को अपनाया : उसने धूर्तता का आश्रय लिया। अब तुम छल और कपट की दुहाई क्यों दे रहे हो? मानवीय मूल्यों का रोना क्यों रो रहे हो? तुमने अपना सारा जीवन एक पशु की तरह व्यतीत किया और तुम्हारे जीवन को यह स्वीकार करना चाहिए कि वह एक पशु की तरह ही अपने प्राणों का त्याग करे। मैं एक शिकारी हूँ और तुम मेरी पुरस्कार राशि! और सुग्रीव को, राजाओं की इस क्रीडा में लाभ होगा।"

मरणासन्न बाली को बाँहों में थामे, तारा ने राम को श्राप दिया, "तुमने मेरे पति के प्राण इसलिए लिए ताकि तुम्हें तुम्हारी पत्नी मिल सके। ईश्वर करे, जब वह तुम्हारे साथ हो तो तुम्हें क्षण भर को भी शांति न मिले।" तभी, प्रतिहिंसक संतुष्टि के साथ, बाली ने अपने प्राण त्याग दिए।

उचित अथवा अनुचित, किष्किंधा में एक नई संगठन व्यवस्था का जन्म हो चुका था। अब

तक बाली के साथ चलने वाले, वानरों ने सुग्रीव का नेतृत्व स्वीकार किया। यहाँ तक कि तारा ने भी सुग्रीव को ही अपना नया स्वामी स्वीकारा। क्योंकि पशु जगत का यही नियम है। वहाँ ऐसा ही होता आया है।

- सुग्रीव को राम पर विश्वास करने के लिए साक्ष्य चाहिए; लक्ष्मण को हनुमान पर विश्वास करने के लिए साक्ष्य चाहिए; किंतु राम व हनुमान को एक-दूसरे पर विश्वास करने के लिए कुछ नहीं चाहिए।
- वाल्मीकि की *रामायण* में, राम और सुग्रीव द्वारा मैत्री पर मुहर लगाने के लिए अग्नि के आसपास चक्कर लगाने का प्रसंग आता है। इसके अतिरिक्त और कहीं भी इस प्रसंग का वर्णन नहीं आता। केवल विवाह समारोह में ही पति-पत्नी द्वारा यह रीति पूरी की जाती है। संभवतः यह सार्वजनिक रूप से, किसी संबंध को मान्यता देने का प्राचीन वैदिक अभ्यास रहा हो, जो आधुनिक अनुबंध के समान लगता है।
- *राम-सीता-नी-वार्ता,* भील जाति की रामायण में, सुग्रीव तथा हनुमान की पहचान आपस में मिल जाती है। लक्ष्मण एक सरोवर से जल पी रहे हैं और उन्हें पता चलता है कि वह सरोवर एक वानर के अश्रुओं से बना है, जो अपनी पत्नी के वियोग में दुःखी है। वह वानर सुग्रीव/हनुमान है, जिसकी पत्नी को अरिया उठा ले गया है, राम उसे उसकी पत्नी लौटा कर लाने का वचन देते हैं और बदले में अपनी पत्नी की खोज में सहायता का वचन चाहते हैं।
- राम द्वारा छल से बाली के वध के प्रसंग पर, लोग दो दलों में विभक्त हो जाते हैं। अधिकतर लोगों का यह मानना है कि यह कायरता थी और वे इसका औचित्य ठहराने के लिए विकल्प तलाशते रहते हैं। संस्कृत नाटक *महावीर-चरित* में, भवभूति इसे एक ऐसे युद्ध का रूप देते हैं जिसमें राम, बाली के साथ आमने-सामने की लड़ाई लड़ते हैं। कम्बन इसकी व्याख्या नहीं करते और यह मान लेते हैं कि यह एक दैवीय कृत्य है, जिसकी व्याख्या मनुज के वश में नहीं है। अंततः, इस विषय में अनेक कथाएँ मिलती हैं कि राम ने ज़ो भी किया, क्यों किया : बाली को यह वरदान मिला हुआ था कि वह अपने बल के अतिरिक्त, अपने सामने वाले का भी आधे से अधिक बल पा लिया करेगा अतः उसे परास्त करने का एकमात्र यही विकल्प शेष था कि उस पर, पीछे से वार किया जाए।
- धर्म को प्रायः सामान्य नैतिक व नीति संबंधी नियमों की श्रंखला मान लिया जाता है। ऐसे नियमों का कोई अस्तित्व नहीं किंतु समाज के सभी नियमों द्वारा इनकी कल्पना की गई है क्योंकि मनुष्य चाहते हैं कि इनका अस्तित्व हो। केवल सामान्य प्राकृतिक नियमों का ही अस्तित्व है, जहाँ अपने बल व धूर्तता के सहारे, केवल बलशाली ही टिक सकता है। सामाजिक नियम अपने सभी औचित्यों के साथ, बदलते समय, संदर्भ व लोगों के साथ बदलते रहते हैं। इन नियमों से लाभ पाने वाले सदा यही चाहते हैं कि इन नियमों का अस्तित्व बना रहे। परंतु जिन्हें इन नियमों से कोई लाभ नहीं होता, वे उन्हें अस्वीकृत कर, क्रांतियों को न्यौता देते हैं।
- सुग्रीव और राम ने छल से बाली का वध किया। प्रकृति में, छल को उत्तरजीविता का उचित साधन माना जाता है। संस्कृति में, छल की भर्त्सना होती है परंतु बल का आदर किया जाता है, संभवतः ऐसा इसलिए है क्योंकि छल सुविधा के लिहाज़ से बहुत अमूर्त है।

- राम को मर्यादा पुरुषोत्तम कहा जाता है, नियमों के सर्वोच्च संरक्षक। वे किनके नियमों का संरक्षण करते हैं? अयोध्या के अथवा किष्किंधा के? क्या उन्हें अपने नियम अन्य व्यक्तियों पर थोपने चाहिए?
- ग्रंथों में यह विचार किया गया है, उचित-अनुचित व न्याय-अन्याय का निर्णय कौन लेता है - क्या यह निर्णय बाली के हाथ है, क्या यह निर्णय पीड़ित सुग्रीव के हाथ में है? या इसे राम द्वारा लिया जाना चाहिए, जो उनके लिए एक बाहरी व्यक्ति हैं? क्या ऐसा हो सकता है कि जो खलनायक स्वयं सबके साथ अन्याय करता आ रहा हो, वह अपने लिए न्याय की गुहार करे? क्या एक नायक स्वयं पर न्याय को थोप सकता है, ताकि अपने बारे में बेहतर महसूस कर सके, एक बेहतर और न्यायी समाज की रचना कर सके, और क्या ऐसा करते हुए वह स्वयं को उस खलनायक के सामने संवेदनशील नहीं बना देता, जो न तो उसकी न्यायशीलता को सराहता है और न ही उसे समझता है? बाली की कथा से ऐसे ही कई गूढ़ प्रश्न सामने आते हैं।
- जिस स्थान पर बाली का वध हुआ, रामायण की अन्य घटनाओं से जुड़े स्थानों की भाँति, इसे भी भारत के अलग-अलग हिस्सों से जोड़ा जाता है, जिनमें कर्नाटक से ले कर केरल और असम तक भू-भाग शामिल हैं।
- तमिल व तेलुगू रामायणों में, तारा के विषय में बताया गया है कि वह क्षीरसागर के मंथन के समय मिली थी, उसे सुग्रीव व बाली को सौंप दिया गया, जिन्होंने सागर मंथन की प्रक्रिया में भाग लिया था।

किष्किंधा का नया राजा

इसके बाद हनुमान ने सीता को सुग्रीव के राज्याभिषेक का वर्णन सुनाया।

स्वर्ग में, इंद्र भले ही आते-जाते रहें किंतु शची स्वर्ग की अधिष्ठात्री रहती हैं। उनका विवाह सिंहासन से हुआ, उस पर बैठने वाले व्यक्ति से नहीं। यह देवों की व्यवस्था है। यही वानरों की भी व्यवस्था है। तारा, उसी की रानी होगी जो वानरों का नेता होगा। वह कभी बाली की रानी हुआ करती थी, अब वह सुग्रीव की रानी है।

रूमा, सुग्रीव की पहली पत्नी तथा छोटी रानी ने कहा, "बाली ने सुग्रीव को दंडित करने के लिए मुझे पत्नी की तरह रखा। सुग्रीव ने सिंहासन पर अपना दावा

जताने के लिए तारा को अपनी पत्नी घोषित कर दिया। बाली रोष से प्रेरित था और सुग्रीव नियमों से प्रेरित है। दोनों ही रूपों में प्रताड़ित तो मैं हो रही हूँ।" परंतु उसकी आवाज़ सुनने वाला कोई नहीं था।

वानरों का मुखिया, पिछले राजा के सभी बच्चों को भी मौत के घाट उतार देता है ताकि वे आगे चल कर, सिंहासन के लिए ख़तरा न बन सकें। इस प्रकार तारा ने स्वयं को तैयार कर लिया कि अब सुग्रीव निर्दयी भाव से उसके पुत्र अंगद की हत्या कर देगा।

"यह प्रथा समाप्त होनी चाहिए। यदि हमारी मित्रता को आगे ले जाना चाहते हो तो तुम्हें पशुवत् नियमों को त्याग कर, मानवता के तौर-तरीक़ों को अपनाना होगा। तारा कोई युद्ध में जीती गई पुरस्कार राशि नहीं और अंगद को भी बैरी के रूप में नहीं देखा जाना चाहिए। तुम्हें तारा को अपनी पत्नी तथा अंगद को अपने पुत्र तथा राज्य के उत्तराधिकारी के रूप में देखने के लिए हृदय को विशाल बनाना चाहिए। और साथ ही यह भी ध्यान रखना होगा कि कहीं रूमा को ऐसा न लगे कि उसका मान घट गया है क्योंकि मैंने निजी रूप से ऐसी प्राथमिकताओं का हश्र देखा है। तुम्हें इसलिए राजा होना चाहिए क्योंकि तुम सबकी देखभाल कर सकते हो, केवल इसलिए राजा बनने का अधिकार नहीं मिल जाता कि तुम दूसरों से कहीं अधिक बलशाली और चतुर हो।

सुग्रीव ने स्वीकार किया कि वह किष्किंधा की राजगद्दी पर बैठने के बाद, ऋषियों द्वारा बताए गए पथ का अनुसरण करेगा। उसने संकल्प लिया कि वह वानरों की जीवनशैली में बदलाव लाएगा। वे अपनी पाश्विक वृत्तियों से ऊपर उठते हुए, और अधिक मानवीय होने का प्रयत्न करेंगे। वे अधर्म के स्थान पर धर्म का आश्रय ग्रहण करेंगे।

राज्याभिषेक के अवसर पर आलीशान समारोह आयोजित किया गया। किष्किंधा के हर कोने से सबसे श्रेष्ठ फलों, बेरों, कंद, फूलों, शहद से भरे पात्रों तथा गन्नों की ढेरियों का संग्रह किया गया ताकि सभी दावत का आनंद लेते हुए, उसे एक यादगार दिन बना सकें। राम और लक्ष्मण, शांत भाव से दूर पहाड़ी पर बैठे, वानरों को नाचते-गाते और जश्न मनाते देखते रहे। "यदि उस दिन आपका राज्याभिषेक हुआ होता तो अयोध्या में भी इसी तरह नृत्य और संगीत का समारोह मनाया जाता।" लक्ष्मण के स्वर में उत्कंठा थी।

"हमें अपने मन को बीती बातों और क्या हो सकता था जैसी बातों में नहीं भटकने देना चाहिए। हमें भविष्य की ओर ध्यान देते हुए देखना है कि क्या होना चाहिए," राम बोले।

ज्योंही समारोह समाप्त हुआ, वर्षा ऋतु आरंभ हो गई। कह सकते हैं, इस बार उसका आगमन थोड़ा जल्दी ही हो गया था; संभवतः इंद्र कुपित था कि धरती पर विष्णु के अवतार ने उसके पुत्र बाली का वध कर दिया था। मेघों ने सूर्य व आकाश को आच्छादित कर दिया। पर्वतों पर चारों ओर धुँध का साम्राज्य था। बिजली ज़ोरों से गर्जना करती। ऐसा लगता कि बिजली की चमक आकाश को कई हिस्सों में विभक्त कर देगी। नदियों के जल में इतना रोष पहले कभी नहीं देखा गया था। सारी धरती जलप्लावित हो उठी। नदियाँ उमड़ीं और अपने किनारों को तोड़ कर

बहने लगीं। पर्वतों की ढलानों से उतरता कीच व दलदल, अपने साथ चट्टानों, वृक्षों व पशुओं को बहा कर लाने लगा।

"सीता की खोज के कार्य को, वर्षा ऋतु समाप्त होने तक विलंबित करना होगा," सुग्रीव ने कहा। राम ने विषादयुक्त मुख के साथ अपनी स्वीकृति दे दी।

चार माह तक वर्षा का प्रकोप जारी रहा। वानर गुहाओं में छिपे, अपने संग्रह किए गए भोजन में से सेंत-सेंत कर खाते रहे। उनका अधिकतर समय अपने साथी के साथ प्रणय-निवेदन और प्रगाढ़ आलिंगन में ही बीतता क्योंकि ऐसे समय में वे और कर भी क्या सकते थे। और वैसे भी भीगी धरती तथा वर्षा की गिरती बूँदों की गंध कितनी मादक होती है। किष्किंधा वानरों की प्रणय-क्रीडाओं के सुरों से गूँज उठा।"

हनुमान सीता से बोले, "मैंने गुफा के बाहर खड़े हो कर देखा, राम एक पहाड़ी पर खड़े, दक्षिण की ओर मुख किए, बड़े ही धैर्य से आपके वियोग में तरस रहे थे,"

"इन्हीं दिनों, मैं भी अशोक वाटिका में, उत्तर दिशा की ओर मुख किए पूर्ण विश्वास के साथ बैठी रही," सीता हनुमान से बोलीं।

- बाली के पुत्र अंगद को सुग्रीव का उत्तराधिकारी घोषित किया जाता है और यह बात बहुत महत्व रखती है। भले ही बूढ़ा राजा नहीं रहा परंतु अतीत को धो-पोंछ कर बहाने की बजाए उसके साथ शांति बनाए रखने का प्रयत्न किया जाता है। क्रांतियाँ प्रायः अतीत को नष्ट कर देना चाहती हैं - जैसे चीनी सम्राटों द्वारा किताबों को जलाना, या मध्य युग में चर्च द्वारा पैगन अतीत को मानने से इंकार करना, या फिर वैज्ञानिक क्रांति द्वारा मिथकीय अतीत को नष्ट करना आदि। परंतु इससे केवल रोष और दबा हुआ क्रोध ही उत्पन्न होता है, जो आगे चल कर, भावी क्रांति का विस्फ़ोट बनता है।
- *रामायण* में, विष्णु राम के रूप में सूर्य पुत्र (सुग्रीव) को, इंद्र के पुत्र (बाली) के विरुद्ध सहयोग देते हैं। *महाभारत* में, कृष्ण के रूप में विष्णु, इंद्र के पुत्र (अर्जुन) को, सूर्य के पुत्र (कर्ण) के विरुद्ध अपना सहयोग देते हैं। इस प्रकार इन दो जीवनकालों के बीच एक संतुलन साध लिया जाता है।
- प्राचीन काल में, कुछ समुदायों में, वीर किसी स्त्री से विवाह करके संपत्ति का स्वामी बनता था। पत्नी उसके घर नहीं आती थी, पति को उसके घर आना पड़ता था। पहले स्त्री का संबंध अचल संपत्ति व भूमि आदि से भी होता था किंतु बाद में धीरे-धीरे, उसका संबंध केवल चल

संपत्ति जैसे स्वर्ण आदि से ही जोड़ा जाने लगा, जिसे स्त्री-धन कहा जाता था। यही कारण रहा होगा कि रामायण में कैकेयी व कौशल्या को वही नाम दिए गए हैं, जो उन्हें अपनी भूमि के कारण मिले होंगे यानी वे जिस भूमि से आई होंगी। लंका में, हमें लंकिन मिलती है, जिसकी पहचान लक्ष्मी के रूप में की जाती है, जो पहले कुबेर की सेवा करती थी, फिर उसे रावण की सेवा करनी पड़ी और फिर अंत में वह विभीषण की सेविका बनती है।

- एक स्त्री द्वारा बहुत सारे पुरुषों की सेवा करने की यह धारणा भारत के रुढ़िवादी वर्ग को बहुत व्यथित करती आई है, तभी पंचकन्या की अवधारणा को जन्म दिया गया, जो किसी भी पुरुष से शारीरिक संबंध बनाने के बाद, पुनः अपना कौमार्य ग्रहण कर लेती हैं। इन पंचकन्याओं में, तीन तो रामायण से ही हैं - अहिल्या, तारा और मंदोदरी। केवल दो का नाम महाभारत में आता है - कुंती तथा द्रौपदी। सीता का नाम कई बार कुंती के स्थान पर ले लिया जाता है परंतु अधिकतर हिंदुओं को यह अमान्य है क्योंकि सीता को केवल राम की देह तथा मन से ही जोड़ कर देखा जाता रहा है।

लक्ष्मण का रोष

इसके बाद हनुमान ने सीता को एक ऐसे क्षण का विवरण दिया जिसके दौरान, सुग्रीव के वानरों व दशरथ पुत्रों के बीच संग्राम छिड़ सकता था।

धीरे-धीरे वर्षा का वेग थम गया। धरती सूख गई। पीले पुष्पों वाले हरे-भरे वृक्षों से धरती शोभायमान हो उठी। अब आकाश में मेघ नहीं थे और चंद्रमा भी पूरी आभा के साथ आलोकित था।

राम प्रतीक्षा में थे कि कब सुग्रीव अपने वानरों को सीता के संधान के लिए भेजेगा। परंतु सुग्रीव का कोई अता-पता नहीं था। वह तो अब भी नाच-गाने, भोजन और अपनी रानियों के साथ भोग-विलास में मग्न था।

राम धैर्य से प्रतीक्षा करते रहे, प्रतीक्षा करते रहे, प्रतीक्षा करते रहे। धीरे-धीरे धैर्य चुका और उसका स्थान, पहले रोष और फिर क्रोध ने ले लिया। "क्या हो गया है? वह

अपना वचन क्यों नहीं निभा रहा?" उन्होंने अपना धनुष-बाण उठाया और सुग्रीव की आनंद वाटिका की ओर लपके।

उन्हें इस तरह रोष में आता देख, हनुमान भी घबरा गए। वे सुग्रीव की ओर भागे और उसे कुपित भाईयों के आने की सूचना दी। "राम ने अपने एक ही बाण से बाली का काम तमाम कर दिया था। आपको मारने के लिए तो शायद उन्हें एक बाण की भी आवश्यकता न पड़े," सुग्रीव एक ही झटके में, अपनी मदालस अवस्था से बाहर आ गया, उसे अपनी भूल का एहसास हुआ। परंतु लक्ष्मण का रोष शांत करना इतना सरल था क्या? सारे वानर भयभीत हो उठे।

तारा बोली, "मैं उसे संभाल लूँगी। वह स्त्रियों पर हाथ नहीं उठाता।"

"इस विषय में इतनी आश्वस्त न हों," तारा के पुत्र अंगद ने कहा। "क्या आपको याद नही कि राम ने ताड़का और लक्ष्मण ने शूर्पणखा का क्या हश्र किया था?"

तारा निर्भीक भाव से, दोनों हाथ जोड़े लक्ष्मण के आगे जा खड़ी हुई। उसके सौम्य व कोमल मुख पर मैत्रीपूर्ण भाव थे। लक्ष्मण ने कड़े स्वरों में पूछा कि वह दुष्ट कहाँ है जिसे अपने वचन का मान नहीं रखना आता, उसे अपना मनचाहा मिल गया तो यह भी भूल गया कि उसने क्या वादा किया था? "कहाँ है वह कायर, जो स्वयं को किष्किंधा सम्राट कहता है?" वे निरंतर चिल्ला रहे थे।

तारा ने उनके आगे आने से पहले, अपने वस्त्र भी नहीं संभाले थे। उसके बाल बिखरे हुए थे। अर्द्धनग्न देह पर संभौग के चिन्ह स्पष्टतया अंकित थे। उसकी चाल में एक विचित्र सी लडखड़ाहट थी, जिस देख कर लगता था जैसे वह अब भी उसी आनंद के बीच उमग रही हो। "शांत राजकुमार! तुम बिल्कुल सत्य कह रहे हो, उनका ऐसा करना अनुचित है किंतु क्या इस आनंद वाटिका की शांति भंग करना अनिवार्य है?"

लक्ष्मण लज्जित भाव से दूसरी ओर ताकने लगे। उन्हें अपनी स्थिति किसी घुसपैठिए सी लगने लगी। रोष घुलने लगा था।

तभी तारा ने मधुर संगीत के से सुर में कहा, "पुत्र! ऐसे कठोर शब्दों का प्रयोग मत करो। वर्षों से सुग्रीव वनों में रहे, भोजन और जीवन के भोग-विलास से दूर रहे। अब कहीं जा

कर उन्हें अपना दाय मिला है, ऐसे में उनका संयम खो देना तथा अपने भोग-विलास के बीच समय का अनुमान न रहना, स्वाभाविक ही है। अप्सराओं के आलिंगन में बंधे तपस्वी को सौ वर्ष भी एक रात्रि के समान लगते हैं, तो तुम स्वयं ही सोच लो कि एक वानर को यह सब कैसा लगता होगा। इस बात को समझने की चेष्टा करो और सुग्रीव को क्षमा कर दो।" यह सब सुनने के बाद लक्ष्मण का कोप शांत हो गया। उन्हें बात समझ आने लगी थी।

उन्होंने अपनी दृष्टि नीची रखते हुए कहा, "क्षमा तो कर सकता हूँ किंतु यह अनुभूति मेरे पास नहीं है। आप जिस आनंद और विलास की बात कर रही हैं, मैंने उसे कभी नहीं जाना। मैं इसका अनुभव पाने को अधीर हूँ, परंतु अभी एक और वर्ष प्रतीक्षा करनी होगी। अगली बसंत ऋतु में, मैं अपनी पत्नी उर्मिला के साथ का सुख लूँगा किंतु यह तभी संभव हो सकेगा जब मैं अपने भईया राम की पत्नी सीता के संधान में सफल हो सकूँगा। और मैं सुग्रीव और उनके वानरों की सहायता के बिना ऐसा बिलकुल नहीं कर सकता इसलिए कृपया उनसे कहें कि वे अविलंब अपने वानरों को सीता की खोज में भेजें।"

सीता ने बड़े स्नेह से लक्ष्मण को स्मरण किया : निष्ठावान, कर्मठ, शीघ्र ही कुपित और फिर प्रसन्न हो जाने वाले। जब वे यह आदेश दे रहे होंगे तो उनके नथुने क्रोध से कैसे फड़के होंगे, वे कल्पना कर सकती थीं। कितने सादगीप्रिय और अपने विरक्त व उदासीन भाई से कितने अलग!

- सुग्रीव के राज्याभिषेक समारोह के साथ किष्किंधा-कांड समाप्त होता है व सीता की खोज के साथ सुंदर-कांड आरंभ होता है। ये *रामायण* के चौथे और पाँचवें अध्याय हैं।
- वन में आने वाली मूसलाधार वर्षा को इंद्र का कोप माना जा सकता है, मानो वर्षा के भगवान इंद्र, राम से प्रतिशोध ले रहे हैं, जिन्होंने उसके पुत्र बाली का वध कर दिया है।
- कम्बन की *रामायण* में, तारा, आभूषणों व सौंदर्य-प्रसाधनों से रहित हो कर, लक्ष्मण से भेंट करने जाती है। उसे एकवस्त्रा विधवा वेष में देख, लक्ष्मण को अपनी माता का स्मरण हो आता है जिसे उन्होंने अंतिम बार चित्रकूट में देखा था। यह दृश्य देख उनका कोप शांत हो जाता है।
- तारा शांतिदूत के रूप में लक्ष्मण के पास आती है। उसके पास एक ऐसी क्षमता है, जिसका सुग्रीव में अभाव है। वह अपने सौंदर्य तथा बुद्धिमता के आधार पर एक अलग ही श्रेणी निर्मित करती है, जिससे यह लोकगाथा उपजी होगी कि वह क्षीरसागर मंथन में निकली थी। वह कोई साधारण वानरी नहीं थी।
- *रामायण* मानवीय दशाओं के प्रति संवेदनशील है : समय कैसे अलग-अलग तरह से गति करता है, वह हमारी भावात्मक अवस्था पर निर्भर करता है। जब आप आनंद में मग्न होते हैं तो समय पंख लगा कर उड़ जाता है। दुःख के क्षणों में, समय धीरे-धीरे गतिमान होता है। सुग्रीव के लिए जो समय पलक झपकने की तरह रहा, राम के लिए वह अथाह पीड़ा के सागर के समान लंबा हो जाता है।

खोजी दल

इसके बाद हनुमान ने सीता को बताया कि सुग्रीव, आनंद वाटिका से खीसें निपोरते हुए बाहर आए और राम के चरणों में गिरने को तत्पर हो उठे किंतु राम बीती बातों पर समय नहीं बिताना चाहते थे। न ही उन्हें सुग्रीव की क्षमायाचना से मिली संतुष्टि की चाह थी। वे केवल पता लगाना चाहते थे कि उनकी सीता कहाँ थी।

शीघ्र ही सुग्रीव के सैंकड़ों-हज़ारों वानर किष्किंधा में आ जुटे, जिसे देख राम के आनंद की सीमा न रही। सुग्रीव ने आश्वासन दिया कि वे सारी धरती छान मारेंगे ताकि सीता का पता लगा सकें। यह तो साफ़ था कि लंका दक्षिण में स्थित थी। परंतु दक्षिण में कहाँ? दक्षिण-पूर्व या दक्षिण-पश्चिम, पहाड़ों पर या घाटियों में, या घने वनों के बीच? विभिन्न दिशाओं में जाने के लिए वानरों के दल बना दिए गए।

राम ने सुझाव दिया कि हनुमान को अंगद के नेतृत्व में भेजा जाना चाहिए। सुग्रीव ने कहा, "हनुमान को तो किसी दल का नेता बनाया जाना चाहिए।"

"यह दल लंका की खोज में जा रहा है। अंगद अभी युवा है और एक नेता होने के नाते अनुभवहीन है। उसे अनुभव की आवश्यकता है। उसके लिए अवसर का अभाव नहीं है। हनुमान के भीतर इतना विवेक है कि वह उसे नेतृत्व करने देगा और उस पर नज़र भी रखेगा," राम ने कहा। अंगद वानरों के दल के साथ जाने के लिए तैयार हो गया। हनुमान उसके साथ थे।

"विदा लेने से पूर्व, मैं राम के पास गया और उनसे पूछा कि आप कैसे जानेंगी कि मैं राम का संदेशवाहक हूँ। मैंने उनसे कहा कि वे मुझे कोई ऐसी निशानी दे दें जिससे मैं आपका भरोसा पा सकूँ। तभी उन्होंने मुझे अपने हाथ में पहनी हुई मुद्रिका दी थी, यह एकमात्र आभूषण था, जिसे उन्होंने पिता के आग्रह पर, तपस्वी वेष धारण करते हुए उतारा नहीं था।"

सीता ने राम की मुद्रिका को देखा, वे हनुमान की दूरदर्शिता से प्रभावित हो उठीं।

- यह तथ्य कौतूहल उत्पन्न करता है कि, वाल्मीकि *रामायण* में, हनुमान को उनके अथाह बल के बावजूद वानरों के दल का नेता नहीं बनाया जाता। दर्शकों ने हनुमान को एक महावानर से, भगवान के रूप में प्रतिष्ठित किया है। वे बलशाली और चतुर हैं और इतने सयाने हैं कि किसी भी काम का श्रेय लेने की बजाए, काम करके स्वयं पीछे खड़े हो जाते हैं।
- वाल्मीकि *रामायण* में, सुग्रीव संसार के हर उस कोने का विस्तृत परिचय देते हैं, जहाँ उनके खोजी दलों को सीता का संधान करना होगा। सुग्रीव राम को बताते हैं कि वह बाली से जान बचाने के लिए, संसार भर में भटके हैं किंतु कभी लंका की ओर नहीं गए और अंततः उन्हें ऋष्यमूख पर्वत पर शरण मिली है।
- राम तो एक साधु हैं, जो राजसी परिधान और अलंकार त्याग चुके हैं तो वे सुवर्ण-मुद्रिका कैसे धारण कर सकते हैं? इस तरह के प्रश्न *शंकावली* का भाग हैं, या फिर संदेह माला आदि लोकप्रिय हिंदी पुस्तकों में इन प्रश्नों के उत्तर दिए गए हैं जो उन्नींसवीं व बीसवीं सदी में, तुलसीदास द्वारा अवधी में रची गई, *राम-चरित-मानस* के अध्ययन से उत्पन्न होते हैं। एक उत्तर में कहा गया है कि वह मुद्रिका वास्तव में सीता की थी। उन्होंने उसे, गुहा को नाव का किराया देने के लिए दिया था, जब गुहा ने उसे वापिस नहीं लिया तो वह राम के ही पास रह गई।

दक्षिण में संधान

फिर हनुमान ने सीता को, सागर किनारे पहुँचने से पूर्व, अपने साथ घटे रोमांचों की जानकारी दी।

दक्षिण की ओर प्रयाण करने वाले दल, पहले अपने परिचित और फिर अपरिचित वनों को पार कर आगे बढ़ने लगे। उन्हें नई नदियाँ, न पर्वत, नए पशु व नए पक्षी मिले। केवल सितारों, नक्षत्रों व धूमकेतुओं से भरा आकाश नहीं बदला था।

वानरों को जो भी मिला, उन्होंने उसे राम और सीता की कथा सुनाई। कितने लोग तो स्वेच्छा से ही खोजी दल का हिस्सा बन गए, वे उस विश्वसनीय व्यक्ति की पत्नी की खोज में योगदान देना चाहते थे जिसने, शांति से, अपने भाई के लिए राज्य का त्याग कर दिया, जो अपनी पत्नी के अपहरणकर्ता को खलनायक के तौर पर नहीं देखते थे और उन्होंने वानरों तक को प्रेरित किया था कि वे अपनी पाश्विक वृत्तियों से उबरने की चेष्टा करें। वह निश्चित रूप से कोई विशेष व्यक्ति ही होंगे। तब तक, उन घनघोर वनों ने, केवल ऐसे जीव ही देखे थे, जो संसार की हर चीज़ को जीवन के प्रति संकट अथवा भोजन पाने के अवसर के रूप में देखते थे केवल राम ही संसार को संभावनाओं से भरपूर मानते थे, अपने से परे, दूसरों के भय तथा क्षुधा को समझने की योग्यता के साथ!

खोजी दलों के साथ, जाम्बवंत नामक वृद्ध रीछ भी था, जिसे पूरा विश्वास था कि अयोध्या के राजकुमार धरती पर विष्णु का अवतार थे।

दक्षिण में कहीं, अंगद के दल के वानरों ने देखा कि गौएँ अपनी मर्जी से दीमक से घिरी बाँबी पर जातीं और वहाँ अपना दूध बहातीं। वानरों ने देखा कि उसके भीतर एक लिंग स्थित था। वहाँ रहने वाले सर्पों ने उन्हें बताया कि वहाँ उसे रावण ने प्रतिष्ठित किया था।

उत्तर में कैलाश पर्वत के अनेक दौरों के दौरान, रावण ने शिव से कहा था कि वे उसे कोई ऐसी भेंट दें, जो प्रतीकात्मक तौर पर उनका प्रतिनिधित्व करती हो। उसने कहा था, "मैं उसे लंका में स्थापित करूँगा और कच्चे दूध, बिल्व के ताज़े पत्रों व धतूरे के पुष्पों से उसका पूजन करूँगा।" रावण जानता था कि शिव का यह प्रतीक यदि लंका में स्थापित हो गया तो उसकी नगरी सदा के लिए अजेय हो जाएगी।

इस प्रकार शिव ने रावण को एक शिव-लिंग भेंट दिया, एक चट्टान, पत्ती के आकार के कुंड में सीधी खड़ी थी। "यदि इस चट्टान को इस कुंड ने आश्रय न दिया तो यह निरूद्देश्य भटकती रहेगी। मैं चट्टान हूँ और शक्ति यह कुंड है। सदा हम दोनों का एक साथ पूजन करना। इसे कहीं धरती पर मत रखना अन्यथा तुम इसे जहाँ रखोगे, वहीं धरती पर जड़ें जमा लेगा।," शिव ने कहा। जब रावण हाथ में शिव-लिंग लिए, दक्षिण की ओर चला, इंद्र व्याकुल हो उठे क्योंकि यदि लंका अजेय हो जाती तो यह पूरे संसार के लिए संकट बन सकती थी। उन्होंने गणेश जी से सहायता के लिए आग्रह किया।

गणेश जी ने अपनी शक्ति का प्रयोग जल पर किया और अचानक ही रावण को मूत्र विसर्जन की इच्छा होने लगी। रावण अपनी शक्ति के बल पर, इस इच्छा को रोक सकता था किंतु वेग इतना अधिक था कि कोई भी सिद्धि काम न आती। उसने अपने आसपास देखा तो एक चरवाहा खड़ा दिखा। रावण ने उससे आग्रह किया वह लघुशंका का निवारण करना चाहता है, उतनी देर के लिए चरवाहा शिव-लिंग संभाल ले और उसे किसी भी दशा में, धरती पर न रखे।

परंतु रावण को मूत्र विसर्जित करते-करते कई घंटे बीत गए। रावण असहाय भाव से सब देख रहा था परंतु उसके पास मूत्रधार को रोकने का कोई उपाय नहीं था। उधर चरवाहा शिव-लिंग को हाथों में उठाए-उठाए क्लांत हो उठा। रावण झाड़ियों के पीछे से पहले तो आग्रह करता रहा और फिर बाद में उसे धमकाया भी पर चरवाहे पर कोई असर नहीं हुआ। वह शिव-लिंग को वहीं धरती पर रख ओझल हो गया। तब कहीं जा कर रावण का मूत्राशय रिक्त हुआ। वह भागा-भागा, उस ओर आया, जहाँ धरती पर शिव-लिंग स्थापित हो चुका था। उसने अपनी ओर से पूरा बल लगाया किंतु उस लिंग के नीचे वाले कुंड को खींच कर, गौ के कान जैसी

आकृति देने के अतिरिक्त कुछ नहीं कर सका। इस तरह कैलाश से आया शिव-लिंग लंका नहीं जा सका। वह आधे रास्ते में ही प्रतिष्ठित हो गया।

जाम्बवंत, अंगद और हनुमान ने नदी के जल से शिव-लिंग को पूजा और दक्षिण की ओर बढ़ने से पूर्व जल, धतूरे के पुष्पों व बिल्व पत्रों से शिव-लिंग का अभिषेक किया।

फिर वह धरती अचानक शुष्क हो उठी और पेय जल की एक बूँद तक नहीं बची। उनके सिर पर सूर्य की तेज़ किरणें चमक रही थीं और तपती हुई धरती पर पाँव जल रहे थे। तब हनुमान ने पक्षियों को एक गुफा से निकलते देखा। उनके पंख भीगे हुए थे। "मैं निश्चित रूप से कह सकता हूँ कि उस गुफा में जल है," वे बोले।

उन्हें उस गुफा में जाते ही जल मिल गया। वह एक भूमिगत नदी थी। उन्होंने उसी का पीछा किया और उसके मुख तक जा पहुँचे जो पहाड़ियों की ओर खुलता था। वहाँ तो सुंदर रमणीय स्थल छिपा था जहाँ फलों और फूलों से भरे वृक्षों की भरमार थी, वह भूमि तो किष्किंधा से भी हरी-भरी थी। "यह मेरी बगिया है," वल्कल और पशु चर्म धारण किए हुए, एक साध्वी ने आ कर कहा। "मेरा नाम स्वयंप्रभा है। इस स्थान को, असुरों के वास्तुशिल्पी, मय ने बनाया था।"

वानरों ने पेट भर कर फल खाए और शीतल जल में स्नान किया। इसके बाद वे गहरी नींद में सो गए। जब वे उठे तो उन्होंने थोड़ा सा और खाया और थोड़ा और तैरे। वह स्थान तो वानरों के लिए स्वर्ग के समान था। "अंगद! जाने का समय हो गया। आदेश दे दो," हनुमान बोले। अंगद सकुचा उठा। वास्तव में वह स्थान लोभनीय था।

"कृपया मत जाओ। यहीं रहो। मुझे साथ मिल जाएगा। मैं यहाँ अकेली रहती हूँ," स्वयंप्रभा ने आग्रह किया किंतु हनुमान ने ज़ोर दिया कि वे उनकी बात नहीं मान सकते क्योंकि वे एक अभियान पर निकले हैं।

"पशुओं का अभियान तो यही होता है कि वे खाएँ, सहवास करें, अपने बैरियों को दूर रखें और शिकारियों से अपना बचाव करें। भला तुम्हारे पास कौन सा अभियान हो सकता है?"

जब हनुमान ने अपने अभियान के विषय में बताया, तो स्वयंप्रभा बोलीं, "किसी ने भी आज तक लंका को नहीं देखा। तुम निश्चित रूप से असफल रहोगे। किसी दूसरे के जीवन के लिए अपना जीवन क्यों नष्ट करते हो? यहीं रहो, आनंद मनाओ।"

"अपनी संतुष्टि में तो

बेहद संतोष मिलता है," हनुमान बोले, "परंतु जब आप दूसरों को संतोष देते हैं तो आपका संतोष कई गुना हो जाता है। यदि आप अपने लिए संतोष की चाहना भी नहीं रखते, तो आपके आनंद की सीमा नहीं रहती।"

इन वचनों को सुन कर स्वयंप्रभा को अनुभव हो गया कि इतने वर्षों से साध्वी के रूप में, संतुष्टि देने वाले उस बाग में रहने के बावजूद, वे स्वयं को अधूरा और अतृप्त क्यों पाती थीं। उन्होंने दूसरों की परवाह न करते हुए, सदा अपने संतोष पर ध्यान केंद्रित किया। वैसे तो यह उनके लिए आवश्यक नहीं था पर उन्होंने तय किया कि वे वानरों की सहायता करेंगी। वे केवल यह देखना चाहती थीं कि निःस्वार्थ सेवा से कैसा आनंद आता है। उन्होंने अपनी सिद्धि के बल पर हनुमान और उनके वानरों को, भूमि के दक्षिणी छोर पर पहुँचा दिया। उसके परे सागर था और सागर के बीच ही कहीं लंका स्थित थी।

स्वयंप्रभा की कृपा से, वे धरती के एक कोने तक पहुँच गए थे। दूर क्षितिज तक सागर पसरा हुआ था, लगता था कि कुछ दूरी तक जा कर, आकाश से मिल गया हो। वहीं-कहीं लंका बसी हुई थी।

"हम धरती पर तो खोज सकते हैं पर हम सागर में खोज नहीं कर सकते। हम लंका का पता कैसे लगा सकेंगे?" अंगद ने शोक प्रकट किया। उसके मन में स्वयंप्रभा की वाटिका का त्याग करने के लिए अब भी रोष था। "मैं सीता का समाचार लिए बिना वापिस भी नहीं जा सकता। मेरे काका को मुझे मारने का बहाना मिल जाएगा। इससे तो बेहतर होगा कि मैं यहीं अपने प्राणों का त्याग कर दूँ।"

हनुमान और जाम्बवंत, युवा राजकुमार के आसपास बैठ कर, उसके भय और कुंठा का निवारण करने लगे। वे वहीं रुक कर विचार करने लगे कि अब क्या किया जाना चाहिए। जब एक गिद्ध सम्पाती ने अंगद की यह बात सुनी तो उसे बहुत प्रसन्नता हुई, उसे लगा कि मृत वानरों से उसे कई दिन का भोजन मिल जाएगा। वह उनके आसपास ही मँडराने लगा क्योंकि वह उड़ नहीं सकता था।

"देखिए, यह गिद्ध हमारे मरने की प्रतीक्षा में है। कम से कम हम अपनी मौत के बाद तो किसी को प्रसन्नता दे सकते हैं, हम अपने जीते-जी तो किसी को कोई ख़ुशी नहीं दे सके।" अंगद फिर बड़बड़ करने लगा। फिर वह बोला, "अगर कहीं जटायु की बात ग़लत निकली तो? अगर वह दुष्ट सीता को दक्षिणी दिशा के बजाए कहीं और ले गया हो, तो?"

जटायु का नाम सुनते ही

सम्पाती चौंका क्योंकि जटायु उसका छोटा भाई था। बहुत समय पहले, उन दोनों ने तय किया कि वे सूर्य के पास तक जाने के लिए दौड़ लगाएँगे। सम्पाती बड़ा और मज़बूत था, वह बहुत दूर तक उड़ता चला गया पर सूर्य का ताप बहुत ज़्यादा था। उसने अपने पंखों की आड़ से जटायु की रक्षा की किंतु उसके अपने पंख झुलस गए। वह फिर कभी उड़ नहीं पाया। उसने दक्षिणी तट को ही अपना घर बना लिया था। दूसरे गिद्ध तो भोजन की तलाश में उड़ कर चले जाते पर उसे बड़े धैर्य के साथ वहीं रह कर प्रतीक्षा करनी पड़ती ताकि उसके पास अपने-आप कोई भोजन आ जाए।

"क्या तुम लोग जटायु के मित्र हो? मैं उसका भाई हूँ : उसके बारे में जो भी पता हो, मेहरबानी करके बता दो।" सम्पाती ने कहा

वानरों ने बूढ़े गिद्ध को राम की कहानी सुनाई। उसे बताया कि किस तरह रावण सीता का हरण करके ले जा रहा था और किस तरह जटायु को, उसके रोकने के प्रयास में अपने प्राण और पंख गँवाने पड़े। फिर सुग्रीव और राम की भेंट और उससे आगे की कथा सुनाने के बाद उन्होंने बताया कि वे सीता की खोज में निकले हैं, जो राम की पत्नी हैं।

सम्पाती अपने भाई की मृत्यु का शोक मनाने लगा। "उसका बलिदान व्यर्थ नहीं जाएगा। मैं उस व्यक्ति को खोजने में सहायता करूँगा जिसने मेरे भाई के प्राण लिए। मैं उड़ नहीं सकता पर मेरी नज़रें बहुत तेज़ हैं। मैं क्षितिज और सागर पर छाई धुँध के भी पार देख सकता हूँ। मैं तुम्हें लंका खोज कर, उसका पता बता दूँगा।"

सम्पाती ने एक चट्टान पर खड़े हो कर सागर की ओर देखा और दक्षिण दिशा में एकटक ताकता रहा। फिर वह बोला, "मुझे एक द्वीप दिख रहा है। उस पर एक नगरी भी बनी हुई है। और उस नगरी में, मैंने एक स्त्री को देखा। उस नगरी में वह एकमात्र दु:खी स्त्री दिख रही है। बाक़ी सबके मुखों पर मुस्कान है जैसे वे अपने प्रेमियों के साथ संतुष्ट व मग्न हों। वह एक ऐसी स्त्री है, जिसने सोने की लंका में रहते हुए भी, कोई सुवर्ण आभूषण नहीं पहना। वह अशोक वृक्ष तले बैठी विरहिणी, निश्चित रूप से राम की पत्नी सीता ही होगी।"

"अच्छा, उसने इस तरह मेरा वर्णन किया?" सीता ने पूछा

"जी।" हनुमान बोले।

- बुद्धिमान रीछ, जाम्बवंत, वानरों के खोजी दल का हिस्सा हैं। उनकी भूमिका बहुत महत्वपूर्ण नहीं किंतु वे इस आयु से जुड़े विवेक तथा धैर्य का मूर्तिमान रूप हैं।
- रीछ (भालुक) को कुछ आधुनिक व्याख्याकारों ने, उन कबीले वालों के रूप में जाना है, जिनका कुलचिन्ह रीछ रहा होगा।
- पुराणों में, जाम्बवंत को इतना बूढ़ा बताया गया है कि वे विष्णु द्वारा असुर राज बलि को अपने वश में करने की घटना के भी साक्षी रहे हैं, जब वे वामन का अवतार ले कर आए

थे। जब वामन ने विशालकाय त्रिविक्रम रूप धर कर, अपने दो पगों में तीनों लोकों को माप लिया था, तो जाम्बवंत उनके पास से निकले। वे बहुत ही बलशाली थे परंतु दुर्घटनावश त्रिविक्रम उनसे टकरा गए और इसके फलस्वरूप आई चोट ने जाम्बवंत को दुर्बल कर दिया। यही वजह थी वे अब वैसा करने के योग्य नहीं रहे थे जो कि हनुमान कर सकते थे।

- कथा में रीछों तथा वानरों को इसलिए भी शामिल किया गया क्योंकि ये इंसानों की तरह अपने हाथों का प्रयोग कर सकते हैं। गले लग सकते हैं और लपक सकते हैं, इस तरह वे चोंच वाले पक्षियों तथा अन्य चौपाए पशुओं की तुलना में, मनुष्यों के अधिक निकट हो सकते हैं। इसे प्रायः विकास के सिद्धांत की, आरंभिक समझ के रूप में लिया जाता है। कईयों का तो यह भी कहना है कि वानर और भालुक छूटी हुई कड़ी हैं।
- कश्मीरी *रामायण* में वह प्रसंग आता है, जहाँ रावण को लघुशंका के लिए जाना पड़ता है। यहाँ, नारद इस बात का प्रबंध करते हैं कि शिव-लिंग किसी भी दशा में लंका न जा सके।
- स्वयंप्रभा, सुलभा व गार्गी की तरह, एक साध्वी हैं।
- *रामायण* के दक्षिण-पूर्व एशियाई संस्करणों में, स्वयंप्रभा को उन स्त्रियों में एक दिखाया गया है, जो हनुमान के मोहजाल में आबद्ध होती हैं।
- वाल्मीकि *रामायण* में, गुहा में प्रवेश करने वाला कोई भी व्यक्ति जीवित नहीं रह सकता। वानर भी फँस जाते हैं किंतु हनुमान स्वयंप्रभा को मना लेते हैं कि वे अपनी जादुई शक्तियों के प्रभाव से, उन सबको जाने दें। तमिलनाडू के तिरुनलवेली ज़िले के कृष्णपुरम में एक हनुमान मंदिर है, जहाँ स्वयंप्रभा की यह गुहा स्थित है। अयोध्या वापिस जाते समय, रावण के वध के बाद, राम ने उनका अभिनंदन किया और उन्हें उनके सहयोग के लिए धन्यवाद प्रेषित किया।
- सम्पाती लंका की सटीक दिशा दिखाने में एक महत्वपूर्ण भूमिका निभाता है; अन्यथा सारे वानरों को जल समाधि लेनी पड़ती। पहले जटायु राम को और फिर सम्पाती हनुमान को, सीता के जाने की दिशा का ज्ञान देते हैं। पक्षियों को श्रेष्ठ गुप्तचर माना जाता है क्योंकि वे जल तथा भूमि पर उड़ते हुए, लंबी दूरी की यात्राएँ सहज ही पूरी कर लेते हैं।
- सम्पाती सूर्य के बहुत निकट चला गया जिससे उसके पंख झुलस गए, इस कथा से इकारस की यूनानी कथा की गूँज सुनाई देती है, जो लड़का मोम से बने पंख पहन कर, सूर्य के बहुत निकट चला गया था।
- सम्पाती अपने पंख खोने के बाद उड़ नहीं सकता और ताजे माँस की खोज में नहीं जा सकता। लोकगाथा के अनुसार, सम्पाती के बलिदान से प्रसन्न हो कर, भगवान उसे वरदान देते हैं कि वह सड़ा हुआ माँस भी पचा लेगा। इस तरह गिद्ध मृतकों के अपमार्जक बनते हैं परंतु उन्हें कभी अशुभ नहीं माना जाता।
- रामायण के विविध संस्करणों में, जटायु और सम्पाती को, राम के पिता दशरथ के मित्र बताया गया है।
- यूनानवासी गिद्ध की एक ऐसे पक्षी के रूप में पूजा करते हैं जो कभी अपनी उत्तरजीविता के लिए किसी जीवित प्राणी की हानि नहीं करते। पारसी भी इनका आदर करते हैं और क़ब्रिस्तानों, दखमा में इन्हें आमंत्रित करते हैं ताकि वे मृतकों की देह को खा कर समाप्त कर दें।
- ओड़िशा की मंदिर नगरी पुरी में, भगवती के गुसाईं उत्सव में सम्पाती की भी मूर्तियाँ होती हैं,

जिनमें वह अपने विशाल पंखों पर वानरों को बिठाए हुए दिखाया जाता है। यह विचित्र जान पड़ता है, क्योंकि सम्पाती का संबंध पंखों से नहीं है। परंतु लोकगाथा के अनुसार, सम्पाती को उसके पंख लौटा दिए जाते हैं ताकि वह वानरों की सहायता कर सके और उन्हें अपने पंखों पर बिठा कर, किष्किंधा ले जा सके। संभवत कुछ आरंभिक खोए हुए, संस्करणों में, वानर पक्षियों के पंखों पर सवार हो कर, लंका गए हों। परंतु यह एक अनुमान से अधिक कुछ नहीं है।

हनुमान की कथा

"लंका पहुँचने का सबसे तीव्र साधन तो यही था कि सागर को छलाँग मार कर पार किया जाए। हर वानर छलाँग भर सकता है: एक से दूसरे पेड़, एक खाई से दूसरी घाटी तक, पर उनमें से किसी ने भी सागर को लाँघने का प्रयास कभी नहीं किया था। वृद्ध रीछ जाम्बवंत को पूरा यकीन था कि मैं ऐसा कर सकता हूँ परंतु मुझे अपने पर विश्वास नहीं था," हनुमान ने सीता को बताया।

"सागर को लाँघना? क्या तुमने वास्तव में ऐसा किया? कैसे?" सीता ने हनुमान से पूछा।

"जाम्बवंत ने मुझे मेरे जन्म की कथा सुनाई, जिसे मैं भूल चुका था। उसे सुनने के बाद ही यह संभव हो सका।"

देवगण ने महायोगी शिव से विनती की कि वे एक ऐसा योद्धा तैयार करें, जो राम का सहाय होते हुए, रावण का सामना कर सके। इस तरह विष्णु ने सुंदरी मोहिनी का रूप धरा और शिव को मोह लिया और उन्हें तब तक मोहती रही जब तक उनका वीर्यपात नहीं हो गया। वायु भगवान ने झट से उस वीर्य को संभाला और उसे अंजना के कान में डाल दिया। उसी बीज से, हनुमान का जन्म हुआ, जिन्हें मारुति नाम से भी जाना जाता है क्योंकि उनके जन्म के लिए वायु देव सहाय हुए थे। वे प्रचंड वायु के देव मारूत भी कहलाते हैं।

"मैं एक शक्तिशाली बालक था, इतना शक्तिशाली था कि मुझे अपने बल का अनुमान नहीं था। एक बार मैंने आकाश में उगते सूर्य को, फल समझ कर, खाने के लिए छलाँग भरी और मैं ग्रहों के आसपास सितारों की तरह उलट-पुलट हो कर घूमने लगा। मुझे रोकने के लिए, इंद्र ने अपने वज्र से मुझ पर प्रहार किया। यह देख कर वायु देव बहुत कुपित हुए और उन्होंने सारे जगत से वायु को खींच

लिया। उन्हें प्रसन्न करने के लिए इंद्र ने कहा कि मेरा शरीर बिजली से भी तीव्र और प्रचंड तूफ़ान से भी अधिक बलशाली होगा। तभी मुझे वज्रांग या बजरंग के नाम से जाना जाता है," हनुमान ने सीता को बताया।

"एक बार की बात है, मैंने अपने आसपास के भारी पाषाण और पर्वतों को उनके स्थान से हिला कर, इतना कोलाहल और उपद्रव मचाया कि ऋषियों ने श्राप दिया कि जब तक कोई उचित समय आने पर, मुझे मेरी शक्ति का स्मरण नहीं करवाएगा, तब तक यह मेरे स्मृति-पटल से विलुप्त रहेगी। जब मैं सागर किनारे दुविधा से घिरा खड़ा था तो जाम्बवंत ने कहा कि केवल मैं ही सागर लाँघने की शक्ति रखता था। उसने मेरी शक्ति और बल की प्रशंसा की और मुझे मेरी क्षमता का स्मरण कराया। मुझे आकाश में उड़ान भरते हुए, लंका तक आने के लिए प्रेरित किया।"

- वाल्मीकि *रामायण* तथा आरंभिक पुनर्लेखनों में, हनुमान एक बलशाली वानर हैं तथा वायु-देवता के पुत्र हैं। मध्ययुगीन-काल से ही हनुमान को शिव के पुत्र तथा अवतार के रूप में मान्यता दी जाती रही है। बलराम दास की ओड़िया डांडी रामायण में, हनुमान को स्पष्ट रूप से शिव का ही रूप माना गया है।
- एकनाथ की मराठी *भावार्थ रामायण* में, हनुमान जन्म से ही कौपीन धारण किए हुए थे, जो उनके आजन्म ब्रह्मचर्य का सूचक है।
- जहाँ हनुमान को सदा अंजना पुत्र माना जाता है, वहीं उनका पितृत्व एक वानर (केसरी) तथा एक देव (वायु) तथा ईश्वर (शिव) के बीच बँटता है।
- मलेशिया की एक *रामायण* में कहा गया है कि राम और सीता वानरों का रूप धारण कर, संतान उत्पन्न करते हैं जो हनुमान है, वे बाद में राम की रक्षा करने आते हैं ताकि सीता को रावण से छुड़ाया जा सके। कुछ भारतीय आंचलिक लेखनों में भी ऐसा ही एक प्रसंग सुनने में आता है, जहाँ शिव और पार्वती वानर और वानरी का रूप ले कर, हनुमान को जन्म देते हैं और फिर वे उन्हें निःसंतान अंजना व केसरी को पालन-पोषण के लिए सौंप देते हैं।
- उत्तर भारत में, हनुमान को अक्सर अर्क के पत्ते चढ़ाए जाते हैं, जो औघड़ शिव से उनके संबंध को और भी पुष्ट करता है। दक्षिण भारत में, हनुमान को अंजना का पुत्र मानते हुए, आंजनेय कहा जाता है और पान के पत्ते व मक्खन अर्पित किया जाता है।
- जाम्बवंत ने ही अपने प्रेरक शब्दों से, अपने प्रशंसात्मक वाक्यों से हनुमान को उनके मूल रूप तथा शक्ति व बल से परिचित करवाया, इस प्रकार उन्हें वह सब करने का साहस मिला, जो उन्हें तब तक अपने जीवन में नहीं किया था।
- हनुमान को संकट दूर भगाने वाले देव के रूप में पूजा जाता है। वे सूर्य और नक्षत्रों को भी अपने वश में कर सकते हैं, इस तरह उनके प्रभाव से ग्रहों के अशुभ साए को भी टाला जा सकता है। पूरे भारतवर्ष में, मंगलवार और शनिवार को हनुमान जी का पूजन होता है और उनके नाम से प्रसाद चढ़ाया जाता है क्योंकि ये दोनों ही दिन मंगल तथा शनि ग्रह के दिन भी हैं। मंगल संघर्ष उत्पन्न करता है और शनि कार्यों में विलंब करता है, हनुमंत इन दोनों के दोषों का निवारण करते हैं।

सागर लाँघना

इसके बाद हनुमान ने सीता को बताया कि उनकी सागर के इस पार आने की यात्रा कैसी रही।

पहले उन्होंने अपनी देह का आकार बढ़ाया। जब उनके शरीर का आकार बढ़ने लगा तो वृक्ष अपने फल, फूल, पत्तियों और तनों सहित, उनसे चिपकने लगे। उन्होंने अपनी देह का विस्तार आकाश तक कर लिया और ग्रह यह सोचने लगे कि उन्हें उनके सिर के आसपास चक्कर काटना चाहिए या सूर्य के आसपास चक्कर लगाने का क्रम जारी रखना चाहिए। उनके भार से, सागर किनारे स्थित पर्वत, इस तरह तरल पदार्थ की तरह रिसने लगे जैसे गन्ने की ढेरी से उसका रस निकाला जाता है। इसके बाद एक भयंकर गर्जन के बाद, उन्होंने आकाश में उड़ान भरी और दक्षिण में लंका की ओर प्रस्थान किया।

जब वे आकाश में उड़ने लगे तो उनके शरीर से चिपके पुष्प हवा के वेग से, सागर में गिरने लगे और सभी जलचर कौतुकवश, बाहर आ कर यह अद्‌भुत दृश्य देखने लगे। एक वानर किसी पक्षी की तरह लंका की ओर उड़ा जा रहा था। आज तक किसी पक्षी ने उस ओर यात्रा नहीं की थी। कोई भी मछली तैर कर उस ओर नहीं गई थी। ऐसी असंभव घटना को घटते देख, तीनों लोकों में उत्साह की लहर दौड़ गई।

इसके बाद, अपनी यात्रा के कुछ ही घंटों के दौरान, हनुमान के आगे, सागर से निकला एक पर्वत आ खड़ा हुआ। हनुमान जान गए कि संभवतः राक्षसों ने ही वह बाधा उत्पन्न की होगी। परंतु वह तो हिमालय का पुत्र मैनाक था, जो पर्वतों के राजा थे। उसने कहा, "रुको, हे वायु पुत्र। मेरे शिखर पर तनिक सुस्ता लो। इसके बाद आगे की यात्रा आरंभ करना,"। हनुमान बोले, "आपका बहुत'बहुत आभार, मैं एक महत्वपूर्ण अभियान पर निकला हूँ। उसकी समाप्ति से पूर्व विश्राम नहीं कर सकता।" इसके बाद जलचर माता सुरसा ने हनुमान के पथ में बाधा देनी चाही, हनुमान चिल्लाए, "मेरा मार्ग छोड़ दो। मैं हनुमान हूँ और अपने राम का काज पूरा करने निकला हूँ,"

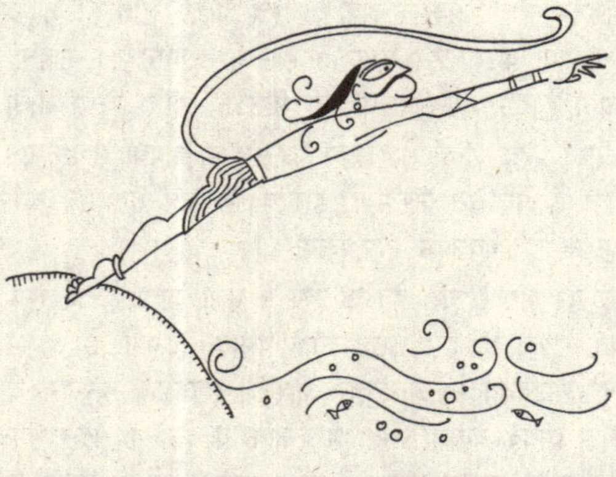

सुरसा ने उत्तर दिया, "कौन राम? कौन हनुमान? कैसा अभियान? मैं तो इतना जानती हूँ कि मैं भूखी हूँ और तुम हो मेरे भोजन। किसी अभियान पर जाने की अपेक्षा, किसी भूखे

को भोजन कराना कहीं बड़ा पुण्य कर्म होता है। तुम्हें मेरी क्षुधा का निवारण करना ही होगा। मुझे भोजन दो या मेरा आहार बनो। तभी मैं तुम्हें यहाँ से आगे जाने का मार्ग दे सकती हूँ।"

"मेरे पास तुम्हें देने के लिए भोजन नहीं है। यदि मैं ही तुम्हारा आहार बन गया तो तुम यहाँ से जाने की अनुमति किसे दोगी?" हनुमान ने पूछा

सुरसा उस वानर की चतुराई पर मुस्कुरा कर बोली, "अगर तुम, जो भोजन बन सकता है अथवा दे सकता है, मेरे भूखे मुख में प्रवेश किए बिना यहाँ से चले जाओगे तो तुम्हें अपने अभियान में कभी सफलता नहीं मिलेगी और तुम्हें अपयश का भागी बनना होगा।"

"तुम्हें भोजन देना, मेरा धर्म हो सकता है, परंतु यह तुम्हारा धर्म है कि तुम अपने लिए सामने आए भोजन को लपको। अगर तुम मुझे पकड़ न सकीं, तो मुझे दोष मत देना," हनुमान ने कहा और अपने शरीर का आकार बढ़ाने लगे, विवश हो कर सुरसा को अपना मुख और भी चौड़ा खोलना पड़ा जिससे उसके ज़हरीले दाँत दिखने लगे। इसके फ़ौरन बाद, हनुमान ने अपना आकार एक मक्खी जितना छोटा कर दिया और झट से सुरसा के मुख में जा कर वापिस आ गए। इससे पूर्व कि सुरसा कुछ समझ पाती कि ये क्या हो रहा था या हनुमान को पकड़ने के लिए अपने जबड़े को बंद कर पाती, हनुमान लंका की ओर निकल चुके थे।

हनुमान ने सुरसा की खिलखिलाहट भरे स्वर को सुना, "जितना चतुर, उतना ही बलशाली, वह निश्चित ही अपने काज में सफल होगा।"

इसके बाद सागर में रहने वाली एक राक्षसी सिंहिका ने हनुमान को पकड़ लिया और उनकी छाया को अपने जादू से दबाने लगी। हनुमान का कोई विरोध काम नहीं आ रहा था क्योंकि उस मायावी की माया बहुत बलशाली थी। हनुमान शांत रहे और ज्योंही उसने उन्हें निगला। उन्होंने मुख के भीतर जाते ही, अपने आकार को बढ़ाया और उसके शरीर को फाड़ कर बाहर आ गए। नीला सागर, चारों दिशाओं में बह रहे रक्त से जामुनी हो उठा।

अंततः, लंबी यात्रा के स्वेद तथा सिंहिका के रक्त से लथपथ, हनुमान को सागर का एक छोर दिखाई दिया। उसके किनारे खड़े नारियल वृक्ष इसी तरह लहरा रहे थे जैसे पत्नियाँ युद्ध भूमि से लौटे पतियों का स्वागत करती हैं।

जब हनुमान ने किनारे आ कर, लंका की ओर चलना आरंभ किया तो रात हो गई थी। आठ भुजाओं वाली एक भयंकर स्त्री ने उनका मार्ग रोक लिया। उसके आठों हाथों में मशाल, घंटा, एक त्रिशूल पर सूली चढ़ा हाथी,

सिंह के रक्त से भरी तलवार, विष उगलता सर्प, नर मुंड सहित दंड, अग्नि पात्र और फरसा पकड़े हुए थे। उसके केश खुले थे और माथे पर सिंदूर मला हुआ था। उसने केवल नरमुंडों की माला धारण कर रखी थी, जिन्हें उसने युद्धभूमि में मौत के घाट उतारा था।

"मैं इस नगरी की रक्षिका, लंकिनी हूँ।" वह बोली। "मैं इसके स्वामी की सेवा करती हूँ। पहले यक्षराज कुबेर इसके स्वामी थे, जिन्होंने यह नगरी बनवाई। अब राक्षसराज रावण इसका स्वामी है, जिसने कुबेर को यहाँ से खदेड़ दिया और स्वयं को इस नगरी का स्वामी घोषित कर दिया है।"

हनुमान ने अपनी पूँछ लहराई और लंकिनी को नीचे पटका। जब लंकिनी ने उठना चाहा, तो उन्होंने एक बार फिर से अपनी पूँछ फटकारी और उसे चित्त कर दिया। इसके बाद लंकिनी धरा से उठ न सकी। वह उठना ही नहीं चाह रही थी। नगरी की अभिभाविका कुपित नहीं थी। वह बहुत लंबे समय से नगरी की रक्षा करती आ रही थी। अब, अंततः उसे जाने का अवसर मिला था। "तुम कोई साधारण वानर नहीं, तुम तो विनाश के सूचक हो। रावण का अंतिम समय निकट जान पड़ता है," लंकिनी बोली।

सागर लाँघ कर आने वाले, इस वानर की रोचक कथा को सुन सीता आनंद व आशा से सराबोर हो उठीं। वानर न केवल बलशाली किंतु चतुर भी था।

- रामायण के पाँचवें अध्याय, सुंदर-कांड में, वानरों द्वारा सीता की खोज का वर्णन आता है, वह महाकाव्य का सबसे लोकप्रिय तथा शुभ कांड माना जाता है। यह आशा प्रतीक है, यह उसे खोजने व पाने का प्रतीक है, जिसे कोई हृदय से चाहता हो।
- हनुमान मैनाका के साथ धैर्य, सुरसा के साथ चतुराई तथा सिंहिका के साथ क्रूर बल का प्रदर्शन करते हैं।
- तर्कवादियों के अनुसार, हनुमान उड़े नहीं थे, वे तैर कर गए थे। वाल्मीकि रामायण में, प्रायः

उड़ने और तैरने के शब्द परस्पर विनियम में प्रयुक्त हुए हैं।

- भारत में, प्रत्येक गाँव, एक भगवती से संबंध रखता है। वे ग्रामदेवी हैं, भूदेवी, जो उस भूमि को बनाए रखती हैं। लंकिनी कोई अपवाद नहीं है।
- पूरे भारत में नगरों व गाँवों का संबंध ग्रामदेवियों से जोड़ा गया है जैसे- मुंबई की मुंबादेवी, कोलकाता की काली, चंडीगढ़ की चंडिका आदि।
- दक्षिण भारत के अनेक हिस्सों में, लेटी हुई भगवती की प्रतिमाएँ पाई जाती हैं। वे उस धरती का प्रतीक हैं, जो बीज पाने के बाद, संतानरूपी पौधों को जन्म देती है।
- भारत के अधिकतर क़िलों को दुर्ग कहा जाता है क्योंकि दुर्गा उनकी रक्षिका हैं। वे सिंह पर सवार भगवती हैं, जो अपने हाथों में शस्त्र रखती हैं। वे राजाओं की संरक्षिका भगवती रही हैं।
- लोकप्रिय मान्यता के विपरीत कि सभी उर्वर इष्ट स्त्रीलिंग होंगे तथा अभिभावक इष्ट पुल्लिंग होंगे, इस कथा में पता चलता है कि बलशाली रावण की नगरी की रक्षा एक भगवती के अधीन थी। ताड़का की तरह लंकिनी भी बहुत भयावह तथा बलशालिनी है।
- लंकिनी की तुलना, ग्रीक पुराकथाओं के एमेज़ोंस से की जा सकती है, वह भारतीय लोकगाथाओं की महिला योद्धा है। कहा जाता है कि महिला योद्धाओं का एक दस्ता, चंद्रगुप्त मौर्य की रक्षा करता था।

सीता का संधान

"लंका नगरी बहुत विस्तृत है, यह स्त्रियों से भरी हुई है। तुम्हें कैसे पता चला कि मैं ही सीता हूँ," सीता ने पूछा

हनुमान ने स्वीकारा कि लंका में सीता की ख़ोज करना इतना सरल नहीं था। वे एक से दूसरे घर की ओर उड़ते रहे, कई बार वे कभी मक्खी का रूप ले लेते तो कभी तोते का, वे लोगों के घरों की खिड़कियों से भीतर झाँकते रहे। अधिकतर लोग निद्रालीन थे। उन्होंने माताओं को बच्चों के साथ व बच्चों को अपने हाथ में थामी गुड़ियों के साथ सोते देखा। प्रेमी युगल सहवास के बाद आलिंगनबद्ध हो कर सो रहे थे और वृद्ध स्त्री-पुरुष अधूरी नींद के बीच करवटें बदल रहे थे।

वे सोचने लगे कि सीता कैसी दिखती होंगी। रावण के महल में, रावण को बहुत सारी स्त्रियों से घिरा, सोता हुआ पाया, वे सभी संतुष्ट दिखीं। वे सभी भव्य

वस्त्रों व आभूषणों से सुसज्जित थीं। हनुमान ने देखा कि हर ओर सारे कक्ष संगीत और सुगंध से चहक रहे थे। उन्हें लगा कि यदि धरती पर कहीं स्वर्ग होगा तो यहीं होगा।

उन्हें रावण की शैय्या पर एक सौम्य और प्रशांत मुखी स्त्री सोती दिखाई दी। क्या वे सीता हो सकती थीं? परंतु भीतर से किसी ने साक्षी दी कि वह स्त्री सीता नहीं हो सकती थी। उन्होंने दूसरे स्थान पर देखने का निर्णय लिया।

अंततः, भोर होने को थी, जब वे महल के निकट अशोक वाटिका की ओर पहुँचे। वहाँ उन्होंने वृक्ष के नीचे एक ऐसी स्त्री को देखा, जिसकी देह पर, केशों में लगे चूड़ामणि के अतिरिक्त कोई आभूषण नहीं था, वह कई राक्षसियों से घिरी थी, जो पहरेदारी पर नियुक्त थीं, परंतु वे सब ऊँघ रही थीं।

"मुझे स्मरण था कि राम ने वानरों द्वारा एकत्र किए गए उन बिखरे आभूषणों की पोटली देखते हुए कहा था कि वे सारे आभूषण सीता के थे, उनमें केवल चूड़ामणि नहीं थी। आपकी देह पर भी केवल चूड़ामणि दिखी, इसलिए मुझे लगा कि आप ही सीता होंगी। इस तरह मैंने आपका पता लगा लिया," हनुमान ने सीता से कहा।

इसके बाद हनुमान ने सीता से कोई निशानी माँगी ताकि वे राम को प्रमाण दे सकें कि उन्होंने सीता को खोज लिया है। सीता ने अपनी चूड़ामणि देते हुए कहा, "जब किसी स्त्री के केश खुले हों तो उसका अर्थ होता है कि वह मुक्त है। जब वे उचित प्रकार से बंधे हों तो इसका अर्थ है कि वह वचनबद्ध है। यह एकमात्र आभूषण, चूड़ामणि, मैंने इसे वन में नहीं गिराया, जिसका अर्थ है कि मैं अपने मन और आत्मा के साथ राम से बंधी थी, परंतु रावण मेरे केशों को खोलना चाहता है। उनसे कहना कि वे शीघ्र ही आएँ। रावण को रोकना ही होगा, अन्यथा इसके परिणाम भयंकर होंगे।"

तभी हनुमान के मन में एक संदेह उत्पन्न हुआ। "कहीं राम को ऐसा न लगे कि मैंने इसे वन में धरती से उठाया है? क्या आप मुझे कुछ ऐसा बता सकती हैं जो निःसंदेह इस बात का प्रमाण बन सके कि मेरी भेंट किसी और से नहीं, केवल आप से ही हुई थी। संभवतः आप मेरे साथ कोई रहस्य बाँट दें, जो आपको और राम के अतिरिक्त किसी को न पता हो।"

"तुम तो सारी संभावनाओं पर विचार करते हो," सीता ने हनुमान से प्रभावित हो कर कहा। फिर उन्होंने हनुमान को एक रहस्य बताते हुए कहा, "एक दिन, जब वे सो रहे थे, तो एक कौए ने मुझे चोंच मारी, वह मुझे सताने लगा और मेरे कान पर काटा। वह कोई साधारण कौआ नहीं, वह इंद्र का पुत्र जयंत था। मैं रोने लगी और कान से रक्त भी बहने लगा किंतु मैंने आवाज़ नहीं निकाली कि कहीं उनकी नींद न टूट जाए। परंतु उन्हें नींद में भी मेरी पीड़ा की अनुभूति हो गई और वे उठ गए। उन्हें उस कौए पर इतना गुस्सा आा कि उन्होंने उसकी एक आँख भेद दी और उसे वापिस आकाश की ओर खदेड़ दिया।"

हनुमान को एहसास था कि सीता उनके साथ अपने जीवन का अंतरंग अनुभव बाँट रही थीं।

इसी से पता चलता था कि सीता उन पर कितना विश्वास करने लगी थीं, और वे अपने रक्षक राम के लिए मन ही मन कितनी व्याकुल थीं।

तभी हनुमान को एक उपाय सूझा, "आप मेरी पीठ पर क्यों नहीं बैठ जातीं? मैं आपको उनके पास सुरक्षित ले चलूँगा।"

"क्या उन्होंने कहा था कि तुम मुझे वापिस ले आना?"

"नहीं, दरअसल उन्हें पता नहीं था कि मैं ऐसा भी कर सकता हूँ। यदि आप साथ चलेंगी तो उनके लिए यह सुखद संयोग होगा। वे प्रसन्न होंगे।" हनुमान ने कहा

"मेरे पति को ही मुझे स्वतंत्र कराने दो। यहाँ उनका सम्मान दाँव पर लगा है।" सीता का उत्तर था।

- वाल्मीकि हनुमान के माध्यम से, सीता की खोज के दौरान, उनसे लंका की गलियों और वहाँ की प्रजा के घरों का दौरा करवाते हैं। इस दृश्यरतिक दौरे के दौरान वे लोग कई बार मनुष्यों जैसे लगते हैं तो कई बार राक्षस लगते हैं। कभी वे बर्बर जान पड़ते हैं तो कभी घरेलू! जहाँ वे एक ओर कामुक हैं, वहीं दूसरी ओर भयावह भी दिखते हैं।
- वाल्मीकि ने रावण को शैय्या पर बहुत सारी स्त्रियों के बीच दिखाया है, जो कि बहुत ही श्रंगारिक है। स्त्रियों को तृप्ति व संतुष्टि की विविध अवस्थाओं के बीच दिखाया गया है। उनके वस्त्र अस्त-व्यस्त हैं। उनमें से अनेक अपने पतियों को त्याग कर उस सुख की लालसा में यहाँ आई हैं, जो उन्हें केवल रावण ही दे सकता है। कई स्त्रियाँ एक-दूसरे का चुंबन ले रही हैं ताकि एक-दूसरे के मुख से रावण की महक पा सकें। यह भोग-विलास का निर्लज्ज रूप है, जो रावण के पुरुषत्व का सूचक है। हनुमान वहाँ से तुरंत हट जाते हैं, इससे उनके साधु स्वभाव का परिचय मिलता है।
- कृत्तिवास की *रामायण* में, हनुमान को एक ऐसा घर मिलता है, जहाँ एक व्यक्ति राम का नाम जप रहा है। उन्हें पता चलता है कि वह रावण का भाई विभीषण है।
- मराठी में, एक शब्द आता है, लंके-ची-पार्वती यानी एक धनी घर की ऐसी स्त्री जो आभूषण धारण नहीं करती। साज-श्रृंगार का संबंध प्रसन्नता से जोड़ा जाता है। जो स्त्री अप्रसन्न होती है, वह श्रृंगार नहीं करती। सीता सोने की नगरी में होने के बावजूद, आभूषण धारण नहीं करतीं, जो उनके अप्रसन्न मन का सूचक है और उनके इसी विषादयुक्त रूप से हनुमान उन्हें पहचान लेते हैं।
- कई बार चूड़ामणि आभूषण को मुकुट भी मान लिया जाता है, यह केशों का एक आभूषण था जिसे प्राचीन भारत की स्त्रियाँ अपने केशों की माँग के बीच या जूड़े को सही स्थान पर

टिकाए रखने के लिए पहनती थीं। भारत के उत्तरी पर्वतीय क़बीलों की स्त्रियाँ आज भी इससे मिलता-जुलता आभूषण पहनती हैं।

- एक लोकगाथा के अनुसार, कौए की एक ही आँख होती है क्योंकि राम ने उसकी दूसरी आँख अपने तीर से भेद दी थी क्योंकि वह उनकी पत्नी सीता को सता रहा था।

वाटिका का नाश

अब विदा लेने का समय हो गया था। राक्षस पहरेदार और सहायिकाएँ अब उठने लगे थे। "इससे पूर्व कि मैं यहाँ से जाऊँ, मैं कुछ खाना चाहता हूँ। मैंने बहुत दिन से कुछ नहीं खाया और वापसी की यात्रा भी लंबी है।" हनुमान ने सीता से कहा।

सीता बोलीं, "यदि यह मेरी रसोई होती तो मैं तुम्हें अपने हाथों से स्वादिष्ट पकवान बना कर खिलाती, परंतु यहाँ तो इन वृक्षों के फल ही खाए जा सकते हैं। ये वृक्ष मेरी बहनें हैं, क्योंकि ये भी धरती की संतान हैं। उनके फल खाओ, उनके अमृत का पान करो और तब तक उनकी सुगंध से आनंद लो, जब तक तुम मेरे राम के पास, वापसी यात्रा के लिए तरोताज़ा और ऊर्जा से भरपूर नहीं हो जाते।"

हनुमान ने वृक्ष से छलांग लगा दी और एक से दूसरी शाख पर झूलने लगे, कूदते हुए, पत्तियाँ तोड़ने लगे, फल तोड़ कर खाने के बाद, उनके बीज नीचे धरती पर गिराने लगे। यह कोलाहल और उपद्रव सुन, वाटिका के रखवालों ने ऊपर की ओर देखा। वे केले खा कर, छिलके उन पर गिराने लगे, फिर उन्होंने नारियल के खोल और आम की गुठलियों की वर्षा कर दी। गुस्साए हुए, रखवालों ने उन्हें पकड़ना चाहा किंतु हनुमान इतनी आसानी से उनकी पकड़ में कहाँ आने वाले थे।

उन्होंने अपनी लाठियाँ लहराईं, उन पर पत्थर उछाले और उन्हें पकड़ने के लिए जाल लगा दिए, परंतु हनुमान उन्हें आसानी से छलते हुए, वृक्षों के तनों के पीछे जा छिपे और बड़ी सरलता से लताओं पर झूलते रहे।

लंका का सुंदर राजसी उद्यान बुरी तरह से नष्ट हो गया था। शाखाएँ टूट गई थीं और वृक्ष

पत्रविहीन हो गए थे। सीता को एहसास हो गया कि हनुमान केवल भोजन ही नहीं करना चाहते थे, वे युद्ध करना चाहते थे और जानबूझ कर, उन लोगों को खिझा रहे थे। वे उन परिस्थितियों को देख, अपनी मुस्कान नहीं रोक सकीं।

उद्यान में हो रहे उपद्रव से रावण की आँख भी खुली और वह गुस्से से गरजा। उस धृष्ट वानर को पकड़ने के लिए सिपाहियों को भेजा गया। परंतु उनके फरसे, भाले और दंड भी हनुमान के पास नहीं फटक सके।

अंततः, रावण का पुत्र अक्षय, हाथ में भारी धनुष-बाण लिए, वाटिका में आया। हनुमान को उसके पद का एहसास हो गया क्योंकि सभी उसे प्रणाम कर रहे थे। अक्षय ने उन पर बाण चलाया; हनुमान ने उसे हाथ में पकड़ा और उस पर ही दे मारा। अक्षय का हृदय बिंधा और वह वहीं मारा गया।

सभी रखवाले भौंचक्के रह गए। सारी वाटिका में अचानक सन्नाटा छा गया। यह तो कोई उपद्रवी नटखट वानर नहीं था। यह तो युद्ध कौशल दिखा रहा था।

- रावण से भेंट करना, उसे राम के अभियान की जानकारी देना और उसकी प्रजा को डराना, ये सभी निर्णय हनुमान ने स्वयं ही लिए जो उनकी स्वतंत्र आत्मा को दर्शाता है। वे कोई काम करने के लिए आदेशों की प्रतीक्षा नहीं करते।
- अनेक लोकगाथाओं के पुनर्लेखनों में, राम हनुमान द्वारा लंका में मचाए गए उत्पात को प्रश्रय नहीं देते। यह स्पष्ट नहीं है कि उन्होंने इस कार्य की सराहना नहीं की या तथ्य यह था कि कार्य उनकी अनुमति के बिना क्यों किया गया?
- *रंगनाथ रामायण* में, सीता हनुमान को एक बाजूबंद देती हैं ताकि लंका के बाज़ार से अपने लिए फल ख़रीद सकें परंतु हनुमान कहते हैं कि वे दूसरों के द्वारा तोड़े गए फल नहीं खाते।
- रावण को पहली बार, अपनी ही नगरी में पराजय का सामना करना पड़ता है। वह अपना एक पुत्र खो देता है। पुत्र अक्षय, कोई खलनायक नहीं, वह एक शहीद है, जो अपने पिता की संपत्ति की रक्षा करते हुए, अपने प्राणों का त्याग करता है। जब नायक और खलनायक के बीच की परिभाषाएँ धुँधलाने लगती हैं तो कथा और भी जटिल होती चली जाती है।

सुवर्ण नगरी का दहन

"इंद्रजित, उस वानर को पकड़ कर मेरे पास लाओ," रावण अपने पुत्र की निर्जीव देह को भुजाओं में भर कर बोला। रावण का बड़ा पुत्र इंद्रजित, शीघ्र ही एक शंख बजाते हुए वाटिका में गया, उस ध्वनि से उसके बल और रोष का अनुमान हो रहा था।

हनुमान ने इंद्रजित के साथ आए राक्षसों के मुख पर भय और भ्रम का मिला-जुला रूप देखा। लंका ने अपनी प्रजा को जो भी सुरक्षा सौंपी हुई थी, आज पहली बार, किसी ने उसमें सेंध

लगा दी थी। तब हनुमान को एहसास हुआ कि अब समर्पण करने का समय हो गया था।

हनुमान ने स्वयं को इंद्रजित के बाण के आगे कर दिया और इंद्रजित ने जब उन्हें पाश में बांधा तो वे आसानी से बंध गए और कोई प्रतिरोध नहीं किया। इंद्रजित उन्हें उनकी पूँछ से घसीटते हुए, रावण के भव्य दरबार में ले गया और वे सब कुछ उसकी इच्छानुसार करते रहे। राक्षस राज रावण अपने सिंहासन पर, मृतक पुत्र अक्षय को भुजाओं में लिए बैठा था, उसके आसपास घिरे राक्षस, गुस्से से दाँत किटकिटाते हुए, तत्क्षण हनुमान का वध करने की हुँकारें भर रहे थे।

हनुमान उछल कर, रावण के ठीक सामने जा बैठे और उसे घूरने लगे। आज तक रावण की आँखों में आँखें डाल कर देखने का साहस किसी ने नहीं किया था। "क्या तुम राक्षसों को आतिथ्य धर्म निभाना नहीं आता?" हनुमान बोले। "शीघ्र ही मेरे लिए आसन का प्रबंध करो!" राक्षस समझ नहीं सके कि उन्हें क्या करना चाहिए। उन्होंने तो कभी किसी वानर को बोलते हुए भी नहीं सुना था। उन्होंने कभी किसी को रावण के सम्मुख ऐसी धृष्टता से बोलते नहीं सुना था। "क्या एक अतिथि से ऐसा व्यवहार शोभनीय है?" हनुमान का व्यंग्यात्मक सुर रावण से छिपा न रहा। "तब ठीक है, मैं स्वयं ही अपने लिए आसन का प्रबंध कर लेता हूँ।"

हनुमान ने अपनी पूँछ की लंबाई बढ़ाई और उसे कुंडली के आकार में लपेटते हुए, एक ऊँची मीनार सी बना दी। फिर वे उस पर चढ़ कर बैठ गए। रावण को उन्हें देखने के लिए अपनी गर्दन उचकानी पड़ रही थी। वह यह सब देख प्रसन्न नहीं था। "कौन हो तुम? किसने भेजा है तुम्हें? तुम कोई साधारण वानर नहीं; तुम संस्कृत में वार्तालाप करते हो किंतु कोई ब्राह्मण तो नहीं," रावण ने कहा।

"केवल संस्कृत बोलने भर से ही कोई ब्राह्मण नहीं बनता। यदि ब्राह्मण बनना है, तो अपने मनस् का विस्तार करना होगा। मैंने सोचा था कि तुम वेदों के महान ज्ञाता हो, तुम्हें इस विषय में पहले से जानकारी होगी। यह तो स्पष्ट है, राम तुमसे कहीं अधिक ज्ञानी हैं।" राम का नामोल्लेख आते ही, पूरी सभा में एक असहज सा मौन व्याप गया। रावण को एहसास हुआ कि लंका में उस वानर का आगमन कोई दुर्घटना नहीं, वह किसी अभियान के अंतर्गत वहाँ आया था। "हाँ, मुझे राम ने यहाँ भेजा है, जिनकी पत्नी को तुम चोरों की तरह हरण कर ले आए हो। स्वयं को ब्राह्मण कहते हो, स्वयं को लंका का राजा कहते हो, और ऐसा कुकृत्य! राम को उनकी पत्नी ससम्मान लौटा दो। धर्म का आदर करो।"

"अब एक वानर मुझे धर्म का पाठ पढ़ाएगा," रावण ने उपहास किया। यह देख, उसके अन्य बंधु भी हँसने लगे।

"भईया, क्या आपको दिखता नहीं, यह कोई साधारण वानर नहीं और राम, जिनकी पत्नी का आपने हरण किया है, वे भी कोई साधारण मानुष नहीं हैं? सीता को उनके पति के पास जाने दें। भले ही यदि आपको ऐसा लगता है कि सीता को उनकी इच्छा के विरुद्ध रखने में कोई अनैतिकता नहीं है, तो भी नगर की सुरक्षा को ध्यान में रखते हुए, सीता को छोड़ दो।" एक राक्षस ने आग्रह किया।

"विभीषण! तुम कैसे भाई हो? तुम कैसे राक्षस हो, विभीषण? एक वानर से भयभीत हो गए? तुम उस राम से संधि करना चाहते हो, जिसने हमारी बहन का अपमान करते हुए, उसका नाक कटवा दिया! वह व्यक्ति अपनी पत्नी को वन में अकेला छोड़ कर, मृगया के लिए गया था। वह सीता के योग्य नहीं है। यदि तुम राम के समर्थक हो, तो इसी क्षण लंका नगरी से बाहर निकल जाओ। जो लोग मेरा साथ नहीं देते, वे मेरे विरुद्ध हैं!" रावण गुस्से से चिल्लाया।

हनुमान को लंका में एकमात्र ऐसा स्वर सुनाई दिया, जो ध्यान देने योग्य था। विभीषण! वह तो रावण के अन्य पुत्रों व बंधुओं से कितना अलग था, जो रावण के सम्मुख मुख खोलने का साहस नहीं कर सकते थे। "और तुम!" रावण ने हनुमान की ओर मुड़ते हुए कहा। "मैं आज रात्रि के भोजन में तुम्हें भून कर, तुम्हारा माँस खाऊँगा। तुम्हें अपनी इस पूँछ पर बहुत घमंड है, हम सबसे पहले इसे जला कर, तुम्हारी मृत्यु का आवाह्न करेंगे!"

रावण के आदेश पर, राक्षसों ने, हनुमान की पूँछ का सिरा पकड़ने का प्रयत्न किया। परंतु हनुमान अपनी पूँछ का आकार बढ़ाते ही जा रहे थे, जिसे देख कर वे उत्तेजित हो उठे और कोलाहल करने लगे। तब रावण ने कहा, "उस वाटिका में जाओ, जहाँ सीता को बंदी बनाया

गया है। उसकी देह पर लिपटे वस्त्रों को फाड़ कर ले आओ, उन चीथड़ों से इस वानर की पूँछ में आग लगा दो।" यह सुन कर हनुमान को लगा कि इस तरह सीता के लिए संकट पैदा हो सकता है, उन्होंने झट से अपनी पूँछ का आकार छोटा कर दिया, इसके बाद राक्षसों ने पूँछ को पकड़ कर, उस पर चीथड़े लपेटे और उनमें आग लगा दी। वे इस दौरान पूरी तरह से शांत बने रहे और उनकी कार्यवाही में बाधा नहीं दी।

तब हनुमान को लगा कि अग्नि में ताप नहीं था। वह तो उनके लिए शीतल और सुखदायक थी। वे जानते थे कि सती स्त्रियों के पास जादुई शक्तियाँ होती हैं, जैसे तपस्वियों के पास सिद्धियाँ होती हैं, इस तरह वे तत्वों को अपने अधीन कर सकती हैं। सीता का सतीत्व, अग्नि के ताप से उनकी रक्षा कर रहा था। वे जिन्हें सहायता की आकांक्षा थी, वे उनकी सहायता कर रही थीं, जिन्हें सहायता की कोई आवश्यकता नहीं थी। हनुमान का हृदय स्नेह से परिपूरित हो उठा। वे आज तक जितने भी वानरों व राक्षसों से भेंट कर चुके थे, राम और सीता, उनसे कितने अलग थे।

ज्योंही, उनकी पूँछ के छोर पर अग्नि दमकी, उन्होंने अपनी भुजाओं पर लगे सारे बंधन खोल दिए और उछल कर छत पर जा पहुँचे। उन्होंने अपनी जलती हुई पूँछ से महल के सारे स्तंभों में आग लगा दी। रावण के देखते ही देखते, उसके महल को सुसज्जित करने वाले पर्दे तथा गलियारों के स्तंभ आग की लपटों से घिर गए। वे लपटें महल की प्राचीरों तथा छत से होते हुए, निकट स्थित घरों व महलों की छतों तक जा पहुँची। कुछ ही देर में सारी नगरी अग्नि कुंड की तरह दहक रही थी। प्राचीरों पर मंडित सुवर्ण पिघलने लगा। छतें चरमरा कर ढह रही थीं। लोग, अपने घरों से चीत्कार करते हुए, यहाँ-वहाँ दौड़ने लगे। उनके मुख काले धूम्र से और भी काले हो उठे। राक्षस आग की इन लपटों को वश में करने के लिए जल लेने दौड़े किंतु आग तो सारी वीथियों में फैल चुकी थी, वह अपने मार्ग में आने वाली हर वस्तु को लीलती जा रही थी। अपने-अपने बाड़ों व अस्तबलों से बाहर निकल कर भागने वाले अश्वों व हाथियों के कारण कोलाहल और उपद्रव और भी अधिक हो गया था।

"यदि तुमने सीता को मुक्त न किया तो इसे भाग्य की ओर से अपने लिए एक चेतावनी मान लेना," हनुमान बोले। इंद्रजित ने अपना धनुष उठा लिया ताकि हनुमान को अपने बाण से धराशायी कर सके परंतु हनुमान ने हवा में ऐसी छलांग भरी कि क्षणांश में उसके बाण की पहुँच से दूर हो गए।

लंका में केवल एक ही स्थान ऐसा था, जहाँ यह आग नहीं पहुँची। अशोक वाटिका में सीता, लंका की स्त्रियों व बच्चों से घिरी बैठी थीं। वे उन्हें वे सब गीत सिखा रही थीं, जो उन्होंने अपने बाल्यकाल में गार्गी से सीखे थे। वहाँ का परिवेश बहुत ही शांत और शीतल था, अकल्पनीय आतंक से घिरी एक नगरी के बीच एक मरूउद्यान, एक ऐसी नगरी, जो कभी बहुत ही शांत और वैभवशालिनी रही थी।

अब, सीता विचार करने लगीं, लंकावासी हनुमान को दोष देंगे, राम को दोष देंगे, उन्हें दोषी ठहराएँगे किंतु एक बार भी रावण को उसकी धृष्टता के लिए दोष नहीं दिया जाएगा। एक

बार भी वे शूर्पणखा को उसके निर्लज्ज व्यभिचार के लिए नहीं कोसेंगे। जब मन भय के घेरे में आबद्ध हो, तो समस्या कभी भी, अपने भीतर नहीं, बाहर ही होती है।

- इंद्रजित हनुमान को तब तक बंदी नहीं बना पाता, जब तक वह ब्रह्मा से मिले शस्त्र का प्रयोग नहीं करता। हनुमान, ब्रह्मा जी का मान रखते हुए, उस शस्त्र का वार सहते हैं और स्वयं को बंदी बनने देते हैं।
- अपनी पूँछ को गोल-गोल मोड़ कर सिंहासन बना कर बैठने की कथा, हनुमान के साथ जोड़ी जाती है, जब उन्हें रावण के दरबार में प्रस्तुत किया गया था। तेलुगू कथाओं में यही प्रसंग आता है। अवधी प्रसंगों में इसे अंगद के साथ जोड़ा जाता है, जब वह राम का औपचारिक राजदूत बन कर रावण के दरबार में आता है।
- मंदिर मूर्तिकला में, विशेष तौर पर दक्षिणी प्रांत में, जब हनुमान को राम के सम्मुख दिखाया जाता है तो उनकी पूँछ सदा नीचे की ओर होती है, जो उनके विनीत व शांत होने की परिचायक है। जब हनुमान को एक आक्रामक योद्धा तथा अभिभावक के तौर पर दिखाया जाता है, उनके सिर पर एक प्रभामंडल छाया रहता है।
- कुछ मंदिरों में, हनुमान का एक हाथ ऊपर की ओर उठी हुई मुद्रा में होता है। कुछ लोग इसे आशीर्वाद मुद्रा मानते हैं और कुछ की मान्यता है कि वह थप्पड़ मारने की मुद्रा है, जिसे वे तमाचा हनुमान कहते हैं। लोकगाथाओं में, हनुमान राक्षसराज रावण के मुख पर तमाचा जड़ते हैं, जिससे उसका मुकुट नीचे गिर जाता है और इसके बाद हनुमान लंका में आग लगा देते हैं।
- हनुमान की पूँछ में आग लगाने वाले प्रसंग में थोड़ा हास्य का पुट डाला गया है, जहाँ वे बारंबार अपनी पूँछ की लंबाई बढ़ाते जाते हैं। जब बहुत सारे वस्त्र भी पूँछ लपेटने के लिए कम पड़ने लगते हैं तो अंततः रावण चेतावनी देता है कि यदि हनुमान ने कौतुक बंद न किया तो वे सीता की साड़ी ला कर, उसकी पूँछ में बांध देंगे। यह सुनते ही हनुमान अपना कौतुक वहीं रोक देते हैं।
- तेलुगू पुनर्लेखनों में, राक्षस मिल कर भी हनुमान की पूँछ में आग नहीं लगा पाते, वे रावण की मदद चाहते हैं। ज्योंही रावण अपने दस मुखों से फूँकते हुए आगे बढ़ता है, लपटें तेज़ी से ऊपर उठती हैं और उसकी दाढ़ी व बाल जल जाते हैं।
- अग्नि, परंपरा के अनुसार, सती स्त्रियाँ इस पर अपना नियंत्रण रखती आई हैं। वह हनुमान या सीता को कोई हानि नहीं पहुँचाती।
- *महाभारत* में, कृष्ण के रूप में विष्णु, एक नगरी के निर्माण के लिए वन के दहन को प्रोत्साहित करते हैं। रामायण में, हनुमान के रूप में शिव वन में वास करते हैं और एक नगरी का दहन करते हैं।
- लंका दहन से पूर्व लंकापोडि उत्सव मनाया जाता है। यह अठारहवीं सदी से, पश्चिमी ओड़िशा के सोनपुर ज़िले में, रामनवमी के आसपास मनाया जाता रहा है। बच्चे मिट्टी से बनी मूर्तियाँ ख़रीदते हैं, उनसे सारा दिन खेलने के बाद, संध्या समय, सड़कों पर रख कर, आग लगा दी जाती है ताकि लंका दहन का दृश्य उपस्थित किया जा सके। यह क्षेत्र ग्यारहवीं सदी में, पश्चिमी लंका के नाम से जाना जाता था।

- एक राजा के कुकृत्यों का दंड देने के लिए, लंका को जला कर, हनुमान निर्दोष लंकावासियों को भी आहत करते हैं। क्या इसी वजह से सारी राक्षस जाति राम और उनकी वानर सेना की शत्रु हो जाती है? अनायास ही वे सब पीड़ित बन जाते हैं और उनका राजा एक पीड़क है।
- जब शिव, तीन नगरियों अर्थात त्रिपुर का नाश करते हैं तो उसके निवासियों की चीख़-पुकार को सुन कर, उनके नेत्रों से जो अश्रु निकलता है, उससे ही रुद्राक्ष फल का जन्म हुआ। यह यज्ञ की क़ीमत का सूचक है; जब भी बलिवेदी पर अग्नि जलाई जाती है तो ईंधन बनाने के लिए कुछ न कुछ होम करना ही पड़ता है। मनुष्य का मस्तिष्क सदा इसी बात पर केंद्रित रहता है कि अग्नि से किसे लाभ हुआ, वह यह नहीं देखता कि अग्नि ने किसे लील लिया।
- अपनी पूँछ पर लगी आग को बुझाने के लिए, हनुमान उसे अपने मुख में डालते हैं, जिसके धूम्र से उनका मुख काला हो जाता है, एक लोकगाथा के अनुसार, यही कारण है कि जो वानर पहले लाल मुख वाले हुआ करते थे, बाद में वे काले मुख वाले वानरों के रूप में जन्म लेने लगे।

खंड छह

मुक्ति

'लंका चाहती थी उनका आत्मसर्मपण, अयोध्या ने माँगी उनकी पवित्रता'

प्रफुल्लित वापसी

मधु, सबसे मधुर मधु, किष्किंधा की बाहरी सीमा पर स्थित, मधुवन में पाया जाता था। वहाँ मिलने वाले मधुमक्खियों के छत्तों को केवल वानर-नरेशों के लिए आरक्षित रखा गया था। परंतु जब गुप्तचर वानर, अपनी दक्षिण यात्रा से वापिस आए, तो उन्होंने राजकीय कोष पर ही डाका डाल दिया और सारा शहद पी गए, उन्होंने वहाँ के द्वारपालों से मिल रही सारी धमकियों को भी उपेक्षित कर दिया।

जब यह समाचार सुग्रीव को दिया गया, तो बड़े ही लाड से मुस्कराए, "ऐसी धृष्टता तो केवल सफलता से ही उपजती है।"

वास्तव में यही तो हुआ था। जब वानरों ने उत्सुकता से भरे स्वरों में, अपने असंख्य रोमांच सुनाने के बाद दम लिया, तो हनुमान ने अपनी हथेली खोली और सीता का दिया केश चूड़ामणि राम के आगे कर दिया। तब उन्होंने राम को वह गुप्त कथा सुनाई, जब वन में बहुत समय पहले, एक कौए ने सीता पर उस समय धावा बोला था, जब राम सो रहे थे। वे बोले, "जिस प्रकार विषाक्त लताओं की जकड़ में जकड़ा गर्वीला वृक्ष खड़ा रहता है, उसी प्रकार रावण की अशोक वाटिका में बंदी बनीं सीता, आपके आने की बाट जोह रही हैं।

"क्या वे भयभीत हैं, हनुमान?" राम ने पूछा

"नहीं, वे जानती हैं कि आप आएँगे।"

"फिर तो हमें एक भी क्षण गवाँए बिना, शीघ्र ही, दक्षिण सागर तट की ओर प्रस्थान करना चाहिए ताकि वहाँ से राक्षसों की द्वीप नगरी तक जाने का कोई मार्ग तलाश सकें।

- वाल्मीकि वानरों की उल्लास व आडंबरपूर्ण वापसी का वर्णन करते हुए बताते हैं कि उन्होंने अपनी सफलता का समारोह मनाने के लिए कितना उपद्रव मचाया।
- हनुमान की वापसी के साथ ही, युद्ध-कांड का प्रारंभ होता है, जो पूर्व रामायण का छठा व अंतिम अध्याय है।

- राम हनुमान के लिए अनंतकाल तक आभारी हो जाते हैं क्योंकि वे सीता का पता लगा कर आए हैं। वे उन्हें एक भाई की तरह प्रेम आलिंगन में बाँध लेते हैं। एक वर्गीकृत व सामंती समाज में, यह बहुत ही महत्त्वपूर्ण प्रसंग है। यह स्वामी के ऋण तथा सत्ता में बैठे व्यक्तियों द्वारा आभार प्रकटन का सूचक है।
- हनुमान को इस सारे प्रसंग से कोई लाभ नहीं है। पहले तो वे केवल सुग्रीव का आज्ञा-पालन कर रहे थे परंतु बाद में वे यह सब निःस्वार्थ स्नेह के वशीभूत होकर करते हैं। इस प्रकार लोगों की दृष्टि में उनका स्तर एक भगवान की भाँति हो जाता है। हनुमान के तीर्थ के बिना विष्णु के किसी भी मंदिर को पूर्ण नहीं माना जाता। उत्तर भारत में लोग कहते हैं, *'पहले हनुमान, फिर भगवान'*।
- कर्नाटक में उडुपि नामक स्थान पर, तेरहवीं सदी के वेदांत आचार्य मध्व को हनुमान का अवतार माना गया था। मध्व अपने द्वैत के सिद्धांत के लिए जाने जाते हैं, जहाँ वे भक्त को उसके इष्ट से अलग मानते हैं, जबकि इसके विपरीत नवीं सदी के आचार्य, शंकर का कहना था कि ऐसे विभाजन केवल एक भ्रम हैं। मध्व नाम से, 'माध्यम' शब्द का आभास होता है। जिस प्रकार हनुमान के कारण राम व सीता के बीच संपर्क होता है, उसी प्रकार मध्व के सिद्धांत भक्त को भगवान से मिलाने की आशा व्यक्त करते हैं।

सागर पर बाँधा पुल

राम के नेतृत्व में, हनुमान के पीछे वानरों, रीछों, गिद्धों तथा अन्य वन्य प्राणियों की भारी सेना चल पड़ी। उनके लिए वनों को पार करना सरल था, किंतु सागर लंघन?

राम ने भी कभी सागर नहीं देखा था : ऐसा लगता था जैसे अनंत तक जल का विस्तार हो, जो क्षितिज में आकाश तक जाते हुए एकाकार होता दिख रहा था, और जल की लहरें क्रुद्ध सिंहों की तरह गर्जन करतीं, चिंघाड़ते हाथियों की तरह, आकाश का स्पर्श करने को आतुर थीं। कहा जाता था कि सागर में अतल जल के भीतर, अग्नि की श्वास छोड़ने वाली घोड़ी का वास था।

राम ने अपनी दोनों हथेलियाँ जोड़ीं और सागर के भगवान, वरुण से प्रार्थना करने लगे। वे चाहते थे सागर दो हिस्सों में विभक्त हो कर, उनकी सेना को लंका तक जाने का मार्ग दे दे। परंतु उनकी विनती के उत्तर में मौन के अतिरिक्त कुछ नहीं मिला। वे कई दिन और कई रातों तक निरंतर

सागर के भगवान के आगे प्रार्थना करते रहे। परंतु वहाँ से कोई उत्तर नहीं आया। फिर एक दिन अनायास, राम अधीर हो कर, कुपित हो उठे, उन्होंने अपना धनुष उठाया और बाण चढ़ा कर, सागर को नष्ट करने की चेतावनी दे दी।

उसी समय वरुण देव, एक विशालकाय मत्स्य पर सवार हो कर वहाँ आ पहुँचे व राम से कहा, "सागर से मछली, नमक व मोतियों का उपहार मिलता है। सागर के कारण ही वर्षा आती है। अगर आप इसे ही नष्ट कर देंगे, तो सारे जीवन का अंत हो जाएगा। राम, अपने रोष को शांत करें। आप उसी प्रकार मेरे ऊपर से उड़ कर जाएँ, जिस प्रकार हनुमान गए थे अथवा, एक सेतु का निर्माण करें परंतु मुझसे यह अपेक्षा न करें कि मैं अपनी प्रकृति को बदलते हुए, आपको या आपकी सेना को जाने का मार्ग दूँगा।

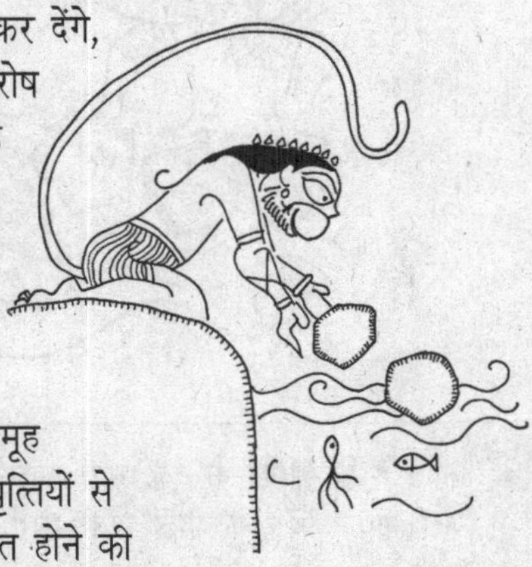

वरुण ने राम के पीछे खड़े, वन्य पशुओं के अथाह समूह को देखा, जो राम की उपस्थिति में अपनी पाशविक वृत्तियों से कहीं अलग आचरण कर रहे थे। यदि उन्हें रूपांतरित होने की प्रेरणा मिली थी तो वह भी तो प्रेरित हो सकता था। तो वरुण ने एक रहस्य का उद्घाटन किया : "आपके साथ आने वाले वानरों के दल में, अग्नि-देव अग्नि के दो पुत्र नल और नील भी हैं। उनके द्वारा सागर में फेंकी गई चट्टानें पानी में नहीं डूबेंगी। आप उनकी सहायता से सेतु निर्माण कर सकते हैं। मैं उसे अपनी सतह पर तैराए रखूँगा। बस, केवल इतना ही कर सकता हूँ।"

सारे वानरों ने मारे प्रसन्नता के हुँकार भरी और राम मुस्कराए। वरुण देव की ओर से यही सहायता पर्याप्त थी।

गिद्ध आकाश से गुप्तचरी करने लगे, भालुओं ने योजना तैयार की और वानर उसे साकार रूप देने के लिए प्रस्तुत हो गए। वे भारी-भारी पाषाण ले जा कर, नल और नील भाईयों को देने लगे, जो उन्हें सागर में उछाल देते। वे पाषाण वरुण के कहे अनुसार, डूबने की बजाए सतह पर ही तैर रहे थे, परंतु वे एक साथ नहीं तैर पा रहे थे : वे अलग-अलग दिशाओं की ओर जा रहे थे। "अब हम क्या कर सकते हैं?" वानर चिल्लाने लगे।

तब हनुमान ने उन पत्थरों को नल और नील को सौंपने से पूर्व, उन पर राम का नाम अंकित करना प्रारंभ कर दिया। अब ये पत्थर किसी माला की तरह पानी में एक साथ तैरने लगे। उनकी दिशा दक्षिण की ओर थी, सीता की ओर!

- कहते हैं कि सागर के तले आग उगलने वाली घोड़ी का वास था, जिसके ताप से सागर का जल भाप व धुँध में बदल जाता और सागर धरती की ओर प्रवाहित नहीं होता। यह आग उगलने वाली घोड़ी ही कल्कि का मुख होगी, जो विष्णु के दसवें अवतार माने जाते हैं।
- वैदिक काल में, वरुण का संबंध नीति और नैतिकता से जोड़ा जाता था। पौरणिक युग में, वे सागर के भगवान तथा धन की भगवती, लक्ष्मी के पिता कहलाए, उनका संबंध उदारता से जोड़ा जाने लगा। कला के क्षेत्र में, उन्हें एक मत्स्य, व्हेल या डॉलफ़िन पर सवार दिखाया जाता है, वे अपने हाथ में एक पाश या जाल थामे रखते हैं।
- राम अपने धनुष पर बाण चढ़ा चुके थे इसलिए उसे कहीं न कहीं तो छोड़ना ही था। वे उसे उत्तर की ओर छोड़ते हैं। बाण जिस स्थान पर जा कर गिरता है, वह राजस्थान के थार रेगिस्तान में बदल जाती है।
- नब्बे के दशक की पोस्टर कला में, राम समुद्र की ओर देखते हुए, धनुष पर बाण चढ़ाए खड़े दिखाए गए, ये पोस्टर बहुत लोकप्रिय हुए। इन्हें राम को एक राजनीतिक हस्ती के रूप में रूपांतरित करने के काम लाया गया, जो सीता (भारत) को राक्षसों (हिंदू विरोधी बल) से मुक्त करवा देंगे। इस छवि में राम को ग्रीक नायकों की तरह पौरुषत्व संपन्न व आक्रामक दिखाया गया है, जबकि अपने पारंपरिक रूप में वे बहुत ही सौम्य, शांत व कोमल दिखाए जाते हैं। राम की सौम्यता को अनेक पश्चिमी कला इतिहासकारों द्वारा कामुकता तथा पौरुषहीनता के रूप में विश्लेषित किया गया, जिससे भारतीयों की भावनाएँ आहत हुईं, और उन्होंने राम को पश्चिमी मानसिकता के अनुसार ढाल दिया।
- लोकगाथाओं में बताया गया है कि राम द्वारा धनुष उठाने के प्रसंग पर समुद्र-देवता को इतना क्रोध आया कि उन्होंने कृष्ण की नगरी द्वारिका को ही लील लिया, जो कि राम का ही अवतार थे।
- वाल्मीकि की *रामायण* में केवल नल का ही वर्णन है, जिसे विश्वकर्मा का रूप माना गया है। तुलसी दास की *रामायण* में, अग्नि के पुत्रों, नल और नील के बारे में बताया गया है।

- प्रत्येक प्रमुख वानर देवों से संबंध रखता है : बाली का संबंध इंद्र से, सुग्रीव का सूर्य से, हनुमान का वायु से, नल का विश्वकर्मा से तथा नील का अग्नि से संबंध है।
- गिरिधर की गुजराती *रामायण* उन्नीसवीं सदी में रची गई, एक नल नामक वानर, सागर में उन पत्थरों को फेंकता रहता था, जिस पर ऋषि अपने वस्त्र सुखाते थे। उन्हें प्रतिदिन उस पत्थर को सागर से बाहर निकालना पड़ता था। एक दिन वे तंग आ गए और नल को श्राप दिया कि उसका स्पर्श पाने के बाद, पत्थर जल में डूबेंगे नहीं, वे जल की सतह पर तैरते रहेंगे। यही कारण है कि नल जिन पत्थरों को सागर में फेंक रहा था, वे उसकी सतह पर तैर रहे थे।
- गिरिधर की *रामायण* में, इस विचार को स्वीकार नहीं किया गया कि राम का नाम सागर में डाले गए पत्थरों पर लिखा गया था क्योंकि तब उन पत्थरों पर चलने का अर्थ होता कि सभी राम के नाम पर चल रहे हैं, जो कि अपने आप में राम के नाम की अवमानना होती।
- कृत्तिवास की *रामायण* में, हनुमान नल से क्रोधित हो जाते हैं क्योंकि नल वानरों से चट्टानें लेते हुए, अपने बाएँ हाथ का प्रयोग करते हैं। राम हनुमान को यह कह कर शांत करते हैं कि काम करने वाले ऐसा ही करते हैं, वे बाएँ हाथ से चट्टान लेते हैं और फिर दाएँ हाथ से उसे उचित स्थान पर रखते हैं।
- पारंपरिक तौर पर, जिस स्थान से पाषाण लिए गए, उसे आंध्रप्रदेश तथा कर्नाटक की भूमि माना जाता है क्योंकि वे दोनों स्थान विशाल चट्टानों के लिए जाने जाते हैं।
- हनुमान उन पाषाणों पर राम का नाम अंकित करते हैं जिससे पता चलता है कि वे शिक्षित थे और इस प्रकार अशिक्षित वानर दल के बीच उनका मान-सम्मान और भी बढ़ जाता है। एक वानर होने पर भी वे संस्कृत भाषी हैं। एक वानर होने पर भी, वे ईश्वर की सहायता कर सकते हैं।
- हनुमान ने राम का नाम लिखने के लिए किस लिपि का प्रयोग किया होगा? वाल्मीकि के काल में तो लेखन था ही नहीं। उनकी यह सारी कथा भी तो मौखिक ही थी। खरोष्ठी और ब्राह्मी लिपि भी तो बहुत बाद में आईं। बहुत बाद में, कश्मीर में कभी लोकप्रिय रही शारदा लिपि, तथा सिद्धम लिपि प्रचलन में आई, जो कि तिब्बत में अब भी प्रयुक्त होती है। बीसवीं सदी के बाद से, देवनागरी लिपि का प्रयोग आरंभ हुआ। लोकप्रिय कैलेंडर कला में दर्शाया गया है कि हनुमान देवनागरी लिपि में लिखते हैं।
- राम सेतु चूना पत्थरों से पाटा गया है जो रामेश्वरम के द्वीप को, श्रीलंका में मन्नार द्वीप से जोड़ता है। हिंदुओं की मान्यता है कि यह वही सेतु है जिसे वानरों ने तैयार किया था। श्रीलंका के इतिहासकार इस दावे को स्वीकार नहीं करते। वर्तमान में बहुत से लोग, इस प्राकृतिक बाधा को तोड़ना चाहते हैं ताकि समुद्रीय गतिविधि को सरल किया जा सके। इस योजना के जितने समर्थक हैं, उतने ही विरोधी भी हैं : कुछ लोग इसे ऐतिहासिक स्मारक की तरह देखते हैं, कुछ इसे एक सहज पारिस्थितिकी संबंधी संवेदनशील स्थान तथा अन्य एक पवित्र ढाँचे के तौर पर देखते हैं, जिसकी हर हाल में रक्षा की जानी चाहिए।
- यूरोपियाई मानचित्रकारों ने राम सेतु को एडम्स ब्रिज का नाम दिया है।

गिलहरी का योगदान

बहुत सारे जानवरों ने राम की इस अभियान में सहायता की। अधिकतर कार्य वानर ही संभाल रहे थे, परंतु इस सूची में हाथी, हिरण और कौए भी शामिल थे। राम की सहायता करने वालों में एक नर गिलहरी भी था। वह पानी में छलांग लगाता और फिर आ कर रेत में लोटने लगता। जब उसकी देह पर रेत के कण चिपक जाते तो वह उन्हें पुल पर जा कर उन्हें झाड़ देता। इस तरह वह अपनी सामर्थ्य के अनुसार, पुल बनाने के काम में योगदान दे रहा था।

वानरों को उसका यह उत्साह भारी पड़ रहा था। वह बार-बार, उनके पैरों के बीच आ जाता और वे उसे दुत्कार कर दूर भगा देते। राम भी उसे देख रहे थे, उन्होंने उसे उठा कर पुचकारा और दिलासा व शाबाशी देने के लिए उसकी पीठ पर अपना हाथ फिराया। इस तरह उसकी देह पर धारियाँ बन गईं।

"आप तो छोटे-छोटे जीवों को भी इतना मान देते हैं।" सुग्रीव दबी हँसी हँसे।

"हो सकता है, तुम्हारी दृष्टि में इसका योगदान उतना महत्त्व न रखता हो पर अगर उसके नज़रिए से देखो, तो उसका योगदान अतुलनीय है। हो सकता है कि विशाल योजनाओं के बीच उसका कोई काम नहीं परंतु उसकी अपनी विशाल योजनाओं का तो वह स्वयं ही कर्ता है। वह भी आपके और मेरी तरह, ब्रह्मा है, अपने ही ब्रह्मानंद का सर्जक। मैं इस संसार को उसके दृष्टिकोण से देखते हुए, देख पा रहा हूँ कि वह मुझसे निःस्वार्थ भाव से स्नेह रखता है। जब तक हम इस तरह व्यवहार नहीं करेंगे, तब तक अपने मनस् का विस्तार कैसे कर सकते हैं?"

सुग्रीव ने उस दिन जाना कि राम क्या हैं। अगर किसी को राम होना है तो उसे कैसा बनना होगा।

- तेलुगू की *रंगनाथ रामायण* में, गिलहरी के शरीर पर बनी धारियों की कथा आती है। इसके अतिरिक्त ओड़िया की *दांडी रामायण* में भी यह वर्णित है।
- बलराम दास ने *जगमोहन रामायण* लिखी (वह भी *दांडी रामायण* ही कहलाती है क्योंकि उन्हें संस्कृत को प्रश्रय देने वाले पंडितों के भय से मार्गों (दंडों) में गाया जाता था।) वाल्मीकि ने भी इन्हीं छंदों में अपनी *रामायण* रची।

राम का शीश व सीता की देह

रावण अपने हाथ में दो कटे शीश लिए, अशोक वाटिका में दनदनाता हुआ आया। उसने उन्हें सीता की दिशा में फेंक दिया। "ये लो, मैंने तुम्हारे पति और उसके छोटे भाई का वध कर दिया है," वह बोला, "अब तुम्हारी रक्षा के लिए कोई नहीं आएगा।"

सीता विलाप करना चाहती थीं, परंतु उनके नेत्रों से अश्रु टपकना ही नहीं चाह रहे थे। वे चिल्लाना चाहती थीं, किंतु कंठ से सुर ही नहीं निकल रहा था। उन्हें किसी पीड़ा का एहसास नहीं हुआ और वे जानती थीं कि यदि राम उन्हें इस तरह छोड़ गए होते, तो सबसे पहले उन्हें ही इसका पता चलता। दुःखी होने की बजाए, उनका मन भीतर ही भीतर जाने कैसा आश्वस्त सा हो रहा था। नहीं, राम की मृत्यु नहीं हुई। लक्ष्मण की मृत्यु नहीं हुई। यह उस मायावी का कोई छल था। "रावण! तू अपनी माया से मुझे मूर्ख नहीं बना सकता," वे बोलीं।

सीता यह कहते हुए, न तो मुस्कुराईं और न ही उनके सुर में व्यंग्य का लवलेश था परंतु फिर भी रावण को लगा कि वह वास्तव में मूर्ख ही है।

जब रावण चला गया तो त्रिजटा बोली, "पता है, यही षड़यंत्र इसने राम के साथ भी खेला ताकि उनका मनोबल तोड़ा जा सके। फिर उसने सीता को बताया कि मायावी बेंजकाया को भेजा गया ताकि राम सीता की खोज त्याग दें।

जब वे लोग पुल बना रहे थे, तो वानरों ने दूर से पानी पर तिरता हुआ कुछ देखा। वह लंका से जम्बूद्वीप की ओर आ रहा था। वह एक शरीर था और उसे पानी से बाहर निकाला गया। वह एक सुंदरी थी जिसकी देह पर कोई आभूषण नहीं थे। लक्ष्मण ने चरण देखे और घबरा कर बोले, "ये तो सीता हैं। राक्षस राजा ने उनका वध करके, उनकी देह को सागर के हवाले कर दिया।"

जब ये समाचार राम तक गया तो वे अपने कानों पर विश्वास नहीं कर सके। क्या सीता वास्तव में नहीं रहीं? क्या वे जनक पुत्री की रक्षा करने में असमर्थ रहे? उन्हें अपने भीतर ही भीतर गहरी कचोट का अनुभव हुआ? वे मृत देह को देखने के लिए तट की ओर दौड़े और पाया कि हनुमान ने पहले ही शव के दाह-संस्कार का प्रबंध कर दिया था। शव को चिता पर रख दिया गया था और हनुमान चिता को अग्नि देने ही वाले थे। "नहीं, उसका अंतिम संस्कार किसी राजकुमारी तथा राजसी परिवार की पुत्रवधू की मर्यादा के अनुसार ही होना चाहिए," राम चीत्कार कर उठे।

राम को उपेक्षित करते हुए, हनुमान ने चिता को आग लगा दी। राम क्रुद्ध हो कर, चिता की अग्नि को बुझाने के लिए भागे ताकि अपनी प्रिया के शव को भस्म होने से बचा सकें। तभी उन्होंने रक्त को भी जमा देने वाला चीत्कार सुना और शव जीवित हो उठा। वह तो मायावी बेंजकाया थी।

रावण ने हनमुान की तीक्ष्ण दृष्टि को कमतर आँक लिया था।

- बेंजकाया का प्रसंग, कभी-कभी विभीषण की पुत्री से भी जोड़ा जाता है, जो थाई रामायण से है। बैंकॉक के वात पो मंदिर की दीवार पर एक दृश्य है जिसमें वह हनुमान द्वारा जलाई जा रही चिता से बाहर कूदती दिखाई गई है। यह कथा दक्षिण-पूर्व एशिया के लिए अनूठी है।
- रावण राम व सीता का मनोबल तोड़ने के लिए काले जादू का आश्रय लेता है, यह रामायण के विविध पुनर्कथनों में दर्शाया जाता है।
- बंगाल, असम, ओड़िशा तथा दक्षिण-पूर्व एशिया से आने वाले आंचलिक रामायण संस्करणों में वशीकरण, जादू-टोने व काले जादू का वर्णन बार-बार आता है। यह तांत्रिक अभ्यासों के उदय का सूचक है। हनुमान को इन अभ्यासों के तोड़ के रूप में देखा जाता है।

विभीषण का आगमन

अचानक सभी वानरों की दृष्टि आकाश की ओर गई तो उन्होंने एक राक्षस को दक्षिण दिशा से उड़ कर आते देखा। वानर मारे डर और उत्तेजना के चिल्लाने लगे, वे उस राक्षस का वध करने के लिए उतावले हो उठे, परंतु हनुमान ने उन्हें पहचान लिया, वे तो विभीषण थे, जिन्होंने रावण के दरबार में निर्भीक हो कर, हनुमान का साथ दिया था। हनुमान ने वानरों को शांत किया और विभीषण को राम से भेंट करवाने ले गए।

"मैं विभीषण हूँ," राक्षस ने अपना परिचय देते हुए कहा, "रावण का भाई, मैंने उसे उसके कुकृत्यों के परिणामों से अवगत कराना चाहा तो उसने मुझे अपनी नगरी से ही बहिष्कृत कर दिया। मैं आपकी ओर से यह युद्ध लड़ना चाहता हूँ। कृपया मुझे अनुमति दें। इससे पूर्व कि उसकी विक्षिप्तता सारी लंका को नष्ट कर दे, उसका वध होना अनिवार्य है।"

राम ने विभीषण का स्वागत किया। लक्ष्मण दमके, "हम्म! तो संसार में अच्छे और भले राक्षस भी होते हैं।"

"यदि मैं कुछ अनुचित करूँ, तो क्या तुम मुझसे युद्ध करोगे?" राम ने लक्ष्मण से पूछा

"आप कुछ अनुचित कर ही नहीं सकते," लक्ष्मण बोले।

"मुझे पूरा विश्वास है, रावण के अन्य भाईयों को यही लगता होगा कि वह कुछ अनुचित कर ही नहीं सकता। तो कौन श्रेष्ठ है : मेरा साथ निभाने वाला भला राक्षस या रावण का साथ देने वाले निष्ठावान राक्षस?"

राम के इन शब्दों को सुन लक्ष्मण तथा विभीषण दोनों ही असहज हो उठे। क्या श्रेष्ठ था : उचित का साथ देना या निष्ठा निभाना? दोनों के ही अपने-अपने परिणाम थे।

- विभीषण राक्षस होने पर भी, राम के भक्त हैं, जिस प्रकार प्रह्लाद असुर होने के बावजूद विष्णु का भक्त था। केवल असुर अथवा राक्षस होने से ही कोई दुष्ट नहीं बन जाता। दरअसल, अंग्रेज़ी में आने वाले 'डेमन' शब्द का जो अर्थ है, उसे असुर या राक्षस से नहीं जोड़ सकते। यह आवश्यक नहीं कि असुर या राक्षस जाति का कोई व्यक्ति निश्चित रूप से दुष्ट भी होगा।
- मान्यता है, ओड़िशा में, पुरी नामक स्थान पर, विभीषण प्रत्येक रात्रि विष्णु के दर्शन करने आते हैं, जो वहाँ जगन्नाथ के रूप में प्रतिष्ठित हैं।
- तमिलनाडू में कावेरी नदी के एक द्वीप पर, श्रीरंगम् नामक स्थान है, जो लेटे हुए विष्णु की प्रतिमा, रंगनाथस्वामी के लिए जाना जाता है। इष्ट का मुख पारंपरिक रूप से, पूर्व की ओर होने की बजाए दक्षिण की ओर है ताकि विभीषण लंका से भी उन्हें पूज सकें।
- रावण द्वारा शिव पूजन तथा विभीषण द्वारा विष्णु पूजन से इस बात का अंदेशा होता है कि कहीं यह शैव तथा वैष्णव द्वेष का सूचक तो नहीं, जो मध्यकाल में पुरोहितों के बीच बैर का प्रधान कारण थी?

लंका के गुप्तचर

जब विभीषण वानरों के बीच घुल-मिल गए और राम काज के लिए उन्हें अपनी ओर से पूरा योगदान देने लगे, तो उन्होंने वानरों के दल में कुछ वेष बदलने वाले राक्षसों को लक्ष्य किया : वे रावण के गुप्तचर थे। उन्होंने शुक, शार्दूल व सरन को पहचान लिया।

विभीषण ने वानरों को उनके बारे में बताया और वे अपने घूँसों और ठोकरों की मार से उनका स्वागत करने लगे, तब राम की मध्यस्थता से ही गुप्तचरों की प्राणों की रक्षा हुई।

"इन्हें जाने दो। वे तो अपना काम कर रहे हैं। इन्हें रावण के पास जाने दो ताकि ये बता सकें इन्होंने यहाँ क्या-क्या देखा। यह सेना और उसकी योजनाएँ कोई अफ़वाह नहीं हैं; यह एक वास्तविकता है।"

गुप्तचर रावण के पास दौड़े गए और जो भी देखा-सुना था, सब कह सुनाया। "उनके पास कोई शस्त्र नहीं हैं। उनके पास तीक्ष्ण नख और विषैले दंत हैं। वे लाठियों और पत्थरों से लड़ते हैं। परंतु उनके शस्त्रों की यह कमी, उनके आत्मविश्वास के कारण पूरी हो जाती है। वे राम के लिए लड़ना चाहते हैं। उनके आसपास का हर प्राणी उनके नेतृत्व में युद्ध करने तथा अपना सबसे श्रेष्ठतम प्रदर्शन देने के लिए प्रस्तुत है।"

यह सूचना पाकर रावण के गुस्से की सीमा न रही और उसने गुप्तचरों को ठोकर मार कर परे धकेल दिया। सत्य ने उसे भयभीत कर दिया था।

शुक बोला, "हमारा शत्रु हमारे साथ कितने सम्मान से पेश आया। हमारे स्वामी हमारे साथ कितना निंदनीय व्यवहार कर रहे हैं।"

सरन ने अनुभव से उपजे शब्दों में उत्तर दिया, "ऐसा इसलिए हुआ क्योंकि हम जो संदेश लाए हैं, उससे हमारे स्वामी का नहीं, हमारे शत्रुओं का ही कल्याण हुआ है।"

- वाल्मीकि अपने समय के राजाओं द्वारा नियुक्त किए जाने वाले गुप्तचरों के अभ्यास से पूर्णतया परिचित थे। चंद्रगुप्त मौर्य के पास गुप्तचरों का पूरा विभाग था, कौटिल्य द्वारा प्रशासन कला की शिक्षा देने वाले ग्रंथ, *अर्थशास्त्र* से इसका पता चलता है।

- एक स्तर पर, राक्षसों के पास रूप बदलने की अतिप्राकृतिक शक्तियाँ थीं। दूसरे स्तर पर, उन्हें गुप्तचरों जैसी साधारण आवश्यकताएँ भी रहती थीं।

सुनहरी मत्स्यकन्या

लंका की स्त्रियाँ त्रिजटा और सरमा को उनके घर से बाहर खींच लाईं और उन्हें पीटने लगीं। वे विभीषण द्वारा किए गए विश्वासघात से क्रोधित थीं, उन्हें तो दंड दिया नहीं जा सकता था, अतः उनकी पत्नी और पुत्री को राक्षसों का कोप भाजन बनना पड़ रहा था। यदि मंदोदरी ने उन्हें आश्रय न दिया होता तो गुस्साई भीड़ उनके प्राण ही ले लेती।

सरमा को सीता फूटी आँख नहीं भा रही थीं। वही तो सारी समस्या की जड़ थीं। परंतु त्रिजटा ने माँ को समझाना चाहा, "आप उन्हें दोष क्यों देती हैं? आप रावण को दोषी क्यों नहीं मानतीं?"

"क्योंकि वे हमारे परिवार के सदस्य हैं," सरमा बोली।

सरमा और त्रिजटा उत्तरी तट पर बैठीं उस पुल को देख रही थीं, जो धीरे-धीरे लंका की ओर बढ़ा आ रहा था। तभी लंकिनी भी उनके पास आ बैठी और बोली, "अब लंका के थोड़े ही दिन शेष रह गए हैं।"

सागर की लहरों से अचानक, एक सुनहरे से जीव का सुर सुनाई दिया, "मैं सहमत हूँ।" वह सागर की रानी, सुवर्ण-मत्स्या थी, वह रावण से प्रेम करती थी और उसके लिए कुछ भी कर सकती थी। उसके पास उन्हें सुनाने के लिए एक प्रसंग था।

"रावण ने मुझे आदेश दिया कि उस सेतु को नष्ट कर दूँ। मैंने अपनी सारी मछलियां, सर्पों तथा सागर में वास करने वाले राक्षसों को आदेश दिया कि वे उन चट्टानों को खींच कर, सागर के तल मे ले जाएँ। सभी वानर असहाय हो गए। वे जल में प्रवेश नहीं कर सकते थे, परंतु हनुमान नामक वानर जल के भीतर आ गया। मैं उसे अपनी पूँछ से फटकारना चाहती थी, अपने विष को उसकी देह में उतार देना चाहती थी परंतु ज्योंही मैंने उसे देखा, मैं स्तंभित हो उठी। मैंने तो अपने पूरे जीवन में उससे सौम्य और मनोहारी जीव नहीं देखा : सोना और चाँदी, विशाल नेत्र, चौड़े नासापुट और ऊपर की ओर उठी पूँछ, एक

योद्धा का सा देह सौष्ठव और किसी ऋषि का सा आभामंडल। हमारे बीच युद्ध हुआ। नहीं, हमारे बीच मल्ल-युद्ध हुआ। मैं केवल उसकी कठोरता का अनुभव पाना चाहती थी। परंतु मेरी इच्छा का अनुमान होते ही, वह पीछे हट गया। उसने कहा कि वह राम के अतिरिक्त और किसी को अपनी सेवाएँ नहीं देगा। मैंने उससे कारण पूछा। और उसने कहा कि उसने मुझसे कोई अपेक्षा न रखते हुए, मुझे मुक्त कर दिया है। और तब मुझे एहसास हुआ कि हम अपनी ही अपेक्षाओं के जाल में कैसे उलझे रहते हैं : वे अपेक्षाएँ, जो हम दूसरों से रखते हैं या वे अपेक्षाएँ, जो दूसरे हमसे रखते हैं। मैं रावण से कुछ अपेक्षा रखती हूँ। रावण मुझसे कुछ अपेक्षा रखता है। मैंने हनुमान से भी अपेक्षा रखी किंतु उसने मुझसे कोई अपेक्षा नहीं रखी। मेरे भीतर से अनायास ही मुक्त होने की बलवती इच्छा उठी। मैं हर चीज़ से मुक्त हो जाना चाहती थी। मैंने सारा संघर्ष त्याग दिया। मेरे भीतर से भय कहीं भाग गया था। मैंने निर्णय लिया कि मैं सेतु निर्माण के कार्य में बाधा नहीं दूँगी। सभी समुद्री जलचरों से कहूँगी कि वे इस कार्य में अपना सहयोग दें। मैं प्रसन्नतापूर्वक रावण का कोप भाजन बनने को तैयार हूँ।"

त्रिजटा ने तट पर बैठी स्त्रियों से कहा, "सीता प्रायः उपनिषदों के दौरान सुनी एक बात बताती हैं,

'जिस प्रकार मैं अपने संसार की रचयिता हूँ, उसी प्रकार तुम भी हो। हम अपेक्षाओं की भूल-भुलैया से स्वयं को निकाल कर, अपने संसार को और भी विस्तृत बना सकते हैं। यदि हम स्वयं को अपेक्षाओं के बीच उलझाते चले जाएँ तो हमारे संसार को संकुचित होते भी देर नहीं लगेगी।"

सुवर्ण मत्स्यकन्या बोली, "काश मैं केवल एक मत्स्य होती, मुझे सागर से कोई अपेक्षा न होती। मैंने स्वयं के भरण-पोषण का दायित्व लिया होता। पर चूँकि अब मैं आधी मीन हूँ इसलिए मुझे लगता है कि सागर मेरा पोषण करे, जब वह ऐसा नहीं करता, तो मैं कुंठित हो उठती हूँ। मेरा मानवीय पक्ष सागर की विनती करता रहता है, उसे फुसलाता रहता और उसे अपने अधीन रखना चाहता है।"

सरमा ने कहा, "रावण भी अपने भाईयों से एक ख़ास तरह से पेश आने की अपेक्षा रखता है। जब वे ऐसा नहीं करते, तो वह उन्हें नकार देता है। विभीषण ने भी रावण से एक ख़ास तरह से पेश आने की अपेक्षा की। जब ऐसा नहीं हुआ, तो उन्होंने रावण को अस्वीकृत कर दिया। यह राम, क्या यह भी अपने माता-पिता, बहन अथवा भाई से कोई अपेक्षा रखता है? यदि वे उसकी अपेक्षा के अनुसार नहीं जीते, तो क्या वह भी उन्हें अस्वीकृत कर देता है?"

त्रिजटा ने उत्तर दिया, "यदि सीता एक सूचक हैं, तो मुझे नहीं लगता कि ऐसा होता होगा।"

- सुनहरी मत्स्यकन्या की कथा दक्षिण-पूर्व एशिया में कही जाती है और भारतीय पुनर्कथनों में इसका कोई संदर्भ नहीं मिलता। अधिकतर संस्करणों में इसे रावण की पुत्री कहा गया है।
- यह कथा कंबोडियाई *रामायण* नृत्य *विरासत* के बचे हुए अंशों से ली गई है।

- भारत में, हनुमान के ब्रह्मचर्य का निकटतम संबंध उनके बल से जोड़ा जाता है। परंतु दक्षिण-पूर्व एशिया में ऐसा नहीं है, वहाँ उन्हें एक कुलीन रसिक के रूप में जाना जाता है जिनके असंख्य समागम होते हैं।
- जैन पुनर्कथनों में भी हनुमान को एक रोमानी कुलीन के रूप में दिखाया गया है, जहाँ वे प्रेम के भगवान काम के रूप में हैं।
- दक्षिण-पूर्वी एशियाई हनुमान एक संरक्षक नायक की तरह हैं, जो सीता को खोजने में राम की सहायता करते हैं। भारतीय पुनर्लेखनों में भगवान और भक्त का जो नाता दिखता है, उसका यहाँ नितांत अभाव है।
- सोलहवीं सदी में, अवधी में रचित, तुलसीदास कृत *विनयपत्रिका* को मन्मथ-मंथन के रूप में चित्रित किया गया है, जो मन में इच्छाओं का मंथन करते हैं और इसके साथ ही उर्ध्व-रेतस् कहलाते हैं, अर्थात जो ध्यान के माध्यम से अपने वीर्य को गर्भ की ओर ले जाने की बजाए, ऊपर मनस् की ओर खींच लेते हैं। वे ब्रह्मचारी होने के साथ-साथ कामुक भी हैं, यही कारण है कि सभी कामोत्तेक ऊर्जाएँ, उनके अस्तित्व में आते ही प्रज्ञा में रूपांतरित हो जाती हैं। यही कारण है कि हनुमान तांत्रिक योगियों, साधुओं, संन्यासियों तथा वैरागियों द्वारा अधिक सराहे जाते हैं, जिन्होंने सांसारिक जीवन का त्याग किया और अपने शरीर पर भस्म का लेप कर, साधु बन गए।
- यह कहानी महत्त्वपूर्ण है क्योंकि *अद्भुत रामायण* में, हमें हनुमान के एक पुत्र के विषय में पता चलता है, जो एक समुद्री जलचर, संभवतः किसी मीन द्वारा हनुमान का स्वेद ग्रहण करने के बाद उत्पन्न हुआ। भारतीय पुनर्लेखनों में ऐसा तब घटता है, जब वे सागर लाँघ रहे थे और दक्षिण-पूर्व एशियाई पुनर्लेखनों के अनुसार, जब उन्होंने सुवर्ण मत्स्यकन्या से युद्ध किया था।

हनुमान की पूँछ

सागर पर बनने वाला पुल, पाँच दिन में तैयार हो गया और वानरों का दल, राम और लक्ष्मण को अपने कंधों पर बिठाए, क़दमताल करता पुल पर चल दिया। यह वास्तव में देखने योग्य दृश्य था। आकाश में स्वर्गिक जीवों की भीड़ जमा थी, जो यह सब देख कर भी विश्वास नहीं कर पा रहे थे। कैसा अकल्पनीय और अविश्वसनीय नज़ारा। राम ने तो असंभव को संभव कर दिखायाः वानरों के बल से सेना बना ली और पत्थरों व लाठियों के बल पर, सागर लाँघने के लिए सेतु बना डाला। पक्षियों ने सेना पर पुष्प वर्षा की और मछलियाँ हर्षोल्लास के स्वरों के साथ उनका स्वागत कर रही थीं।

परंतु सारी सेना लंका के किनारे पहुँचने ही वाली थी कि एक विस्फ़ोट की ध्वनि सुनाई दी। पुल के दोनों ओर की चट्टानें अलग-अलग हो गईं। रावण ने अपने शक्तिशाली धनुष से दो तीव्रगामी प्रक्षेपास्त्र छोड़े थे, जिसने पुल को दोनों छोरों से तोड़ दिया था, सारी वानर सेना सागर के बीच फँस गई। अचानक सागर में रहने वाले राक्षस मुँह खोले आ खड़े हुए, उन्होंने सेना को घेर लिया था, राम और उसकी सेना उनके लिए भोजन थी। ऐसा लगा जैसे सब समाप्त हो गया।

एक बार फिर, हनुमान ने ही मोर्चा संभाला। उन्होंने अपना आकार बढ़ाया और छलांग मार कर, लंका के छोर तक जा पहुँचे। वहाँ उन्होंने पुल के टूटे हिस्से से अपनी पूँछ बांध दी। इस तरह लंका तक जाने के लिए पुल सुरक्षित हो गया। राम और उनकी सेना उनकी पूँछ से होते हुए, दूसरे सिरे तक आ गई और उन्हें उनकी त्वरित बुद्धिमता के लिए दिल खोल कर सराहा।

राम लंका की धरती पर क़दम रखने ही वाले थे कि विभीषण ने एक राक्षस को उनकी ओर आते देखा; उसके नेत्रों पर पट्टी बंधी थी। "वह भस्मलोचन है," उन्होंने राम को बताया। "वह जब भी अपनी पट्टी खोलेगा और अपनी पहली नज़र जिस पर भी डालेगा, वह उसी क्षण आग की लपटों में भस्म हो जाएगा।"

राम ने झट से एक बाण छोड़ा, जो उसी समय एक दर्पण में बदल गया। ज्योंही भस्मलोचन ने अपनी पट्टी हटाई, उसे ही सबसे पहले दर्पण दिखा। उसे तो राम और उनकी सेना को भस्म करने के लिए भेजा गया था परंतु वह स्वयं ही भस्म का ढेर बन गया।

- हनुमान द्वारा स्वयं पुल बनने की यह कथा बोद्धिसत्व (पूर्व जन्म में बौद्ध) की जातक कथा से प्रेरित लगती है, जहाँ एक वानरों के दल का नेता, उन्हें एक खाई पार कराने के लिए स्वयं पुल बन कर लेट जाता है ताकि वे सब उसे पार कर सकें। इसी प्रक्रिया में उसकी कमर टूट जाती है और उसकी मृत्यु हो जाती है।
- तर्कवादियों का मानना है कि यह पुल किसी सागर पर नहीं बल्कि नदी पर बाँधा गया था।
- लंका के वास्तविक स्थल के विषय में कई प्रकार के अनुमान लगाए जाते हैं। विद्वानों के अनुसार, यह मध्य प्रदेश, कर्नाटक या उत्तरप्रदेश के मध्य कहीं स्थित है जो कि वाल्मीकि रामायण में मिली जानकारी के आधार पर कहा जाता है। परंतु ऐसे तर्कों का भक्तगण पर कोई प्रभाव नहीं पड़ता, जो यह मान कर चलते हैं कि तमिलनाडू के रामेश्वरम् से श्रीलंका तक पुल बनाया गया था। द्वीप राष्ट्र में ऐसे अनेक स्थानों को पहचाना गया जहाँ सीता को बंदी बनाया गया था (सीता-इलिया) और जहाँ राम-रावण युद्ध हुआ (रावण-गोडा, सीता-वाका)।
- पुल टूटने और राम की सेना का हनुमान की पूँछ (कुछ स्थानों पर पीठ कहा गया) से होते हुए, लंका तक जाना, पूरी तरह से दक्षिण-पूर्वी एशियाई संस्करण की देन है।

- राम हनुमान के कंधों पर तथा लक्ष्मण अंगद के कंधों पर बैठ कर, पुल पार करते हैं।
- भस्मलोचन की कथा, कृत्तिवास की बंगाली रामायण में आती है, जो पुराणों में मिलने वाली ऐसी ही कथाओं पर आधारित है।

रावण का सामना

अब द्वीप पर चारों ओर वानर ही वानर दिख रहे थे। उन्होंने सारी धरती को इस तरह घेर लिया था, जैसे किसी पाश से घेर कर, लंका की श्वास अवरुद्ध कर देना चाहते हों।

रावण लंका की सबसे ऊँची मीनार पर चढ़ा ताकि तट पर जमा हुए वानर सेना का जायज़ा ले सके। वानरों और राम को, पहली बार उस व्यक्ति की झलक मिली, जो सीता को हर लाया था। वह हाथ बाँधे, बड़े ही दर्प से सीना ताने खड़ा था, सिर पर टिके मुकुटों पर हीरे-मोती झिलमिला रहे थे। रावण को शिव के बैल, नंदी के शब्द स्मरण हो आए, "घमंडी मूर्ख! एक दिन तू वानरों के हाथों ही पराजित होगा," क्या उस श्राप के फलीभूत होने का समय आ गया था?

सैंकड़ों वानर उस मीनार पर चढ़ने लगे, वे उसी समय दुष्ट रावण का अंत कर देना चाहते थे। वे चाहते थे कि नारियल के खोल की तरह उसके सिर के दो टुकड़े कर दिए जाएँ। उनकी गुर्राहट और तेज़ी ने राक्षसों को भी हैरत में डाल दिया। इससे पहले कि वे जान पाते, या कुछ कर पाते, बहुत सारे वानरों ने, महलों पर लगी, फर-फर फहराती विजय पताकाएँ नोच कर फाड़ दीं और सुग्रीव रावण के सिर पर सजे मुकुटों को धराशायी कर, उन पर नाचने लगे।

तट पर उपस्थित वानरों ने भी प्रसन्नतापूर्वक हुँकार भरते हुए अपनी स्वीकृति दी। सुग्रीव मारे ख़ुशी के उछलते हुए, वापिस लौट आए। वे अपनी ओर से शत्रु के खेमे में हलचल मचा आए थे।

परंतु राम के मुख पर मुस्कान नहीं आई। उन्होंने ऐसे आक्रमण को नहीं सराहा; यह तो युद्ध के नियमों के विपरीत था।

इंद्रजित को बहुत क्रोध आया कि वे निकृष्ट वानर उसके पिता का सार्वजनिक रूप से अपमान कर गए, उसने अपना धनुष-बाण उठाया और राम-लक्ष्मण पर अपने तीरों की वर्षा करने लगा। वे कोई साधारण बाण नहीं थे। वे तो नाग-पाश थे, उन्होंने राम व लक्ष्मण को अपने घेरे में ले लिया और अपने विष के प्रभाव से शिथिल बना दिया। वानरों ने बहुत बल लगाया पर वे

सर्पों के उन बंधनों को नहीं खोल सके। राम और लक्ष्मण अपने शरीर की एक माँसपेशी तक नहीं हिला पा रहे थे। अचानक, क्षितिज पर बहुत सारे पक्षियों के झुँड आते दिखे। उनमें गिद्ध, बाज, कौए व हंस आदि पक्षी शामिल थे। वे पक्षी लंका की धरती पर उतरे। उन्होंने अपने तीक्ष्ण नखों तथा चंचुओं के वार से सर्पों को नष्ट करने में ज़रा भी देर नहीं की। उनका नेतृत्व पक्षियों का नेता, गरुड़ कर रहा थ।

"हमने सुना कि कोई हमें पुकार रहा था," गरुड़ ने कहा।

"वह कौन था," राम ने पूछा।

"सीता, उन्होंने अशोक वाटिका से हमें सहायता के लिए पुकारा। वे जानती हैं कि आप लंका की धरती में प्रवेश कर चुके हैं और अब वे शीघ्र ही मुक्ति पा लेंगी।"

- अधिकांश पुनर्कथनों में, सुग्रीव रावण के सिरों पर चढ़ कर नाचते हुए, उसके मुकुटों को नीचे गिरा देते हैं। कुछ स्थानों पर सुग्रीव के स्थान पर अंगद का नाम लिया जाता है। कहीं-कहीं यह भी कहा गया है कि ऐसा हनुमान द्वारा किया गया।
- राम द्वारा ऐसे आक्रमण के लिए अप्रसन्नता प्रकट करना दर्शाता है कि वे साहस के बर्बरतापूर्ण प्रदर्शन व क्रूरता के पक्ष में नहीं थे। वे एक ऐसा युद्ध चाहते थे, जिसमें सारे नियम लागू हों, जहाँ युद्ध से पूर्व यथेष्ट चेतावनी देने के अतिरिक्त शांति स्थापना का भी पूरा प्रयास किया जाता है। इस तरह, वे महाभारत के कृष्ण के समान ही हैं, जो कौरवों तथा पांडवों के बीच अंतिम युद्ध की घोषणा से पूर्व, अपनी ओर से शांति की संधि का प्रस्ताव ले कर जाते हैं।
- पश्चिमी विद्वान *रामायण* को सामाजिक अर्थों में देखते हैं। इस प्रकार वे देखते हैं कि वानर तथा राक्षस धार्मिक, सामाजिक, जातीय तथा वर्गीय आधारों पर विभाजित हैं। भारतीय विद्वान, इन दोनों दलों को मनोवैज्ञानिक आधारों पर देखना चाहते हैं : जिन्हें हम पसंद नहीं करते, वे सदा राक्षस बने रहते हैं, जबकि जो हमारी सेवा करते हैं, वे निःसंदेह वानर ही हैं।
- बाली में, प्रसिद्ध वानर नृत्य में दिखाया जाता है कि वानरों ने किस तरह राम को, रावण को पराजित करने में सहायता की। यह वानर नृत्य वास्तव में एक अनुष्ठान था, जिसे एक जर्मन कलाकार वाल्टर स्पाइस ने, तीस के दशक में, रामायण पर आधारित रंगमंचीय कला में बदल दिया।
- राम को नागपाश से मुक्त करने के लिए गरुड़ का आगमन, इस बात का प्रारंभिक सूचक है कि राम विष्णु के अवतार थे। यह प्रसंग वाल्मीकि रामायण में पाया जाता है। इसके द्वारा, गरुड़ राम को विष्णु के रूप में मान्यता तो नहीं देता परंतु यह अवश्य कहता है कि राम

को प्रतीक्षा करनी चाहिए, उन्हें शीघ्र ही पता चल जाएगा कि गरुड़ उनकी सहायता करने क्यों आया। इस प्रकार वाल्मीकि रामायण में राम अपनी ही दिव्यता से अनभिज्ञ हैं।

- गोबिंद *रामायण* में, सीता सर्प-देवता से प्रार्थना करती हैं कि वे राम को सर्पों के बंधन से मुक्त करें।
- नाग और गरुड़ के मध्य पुराना बैर रहा है। जिसे असुरों व देवों तथा राक्षसों व यक्षों के समान माना जा सकता है। ये सभी जीव ब्रह्मा के पुत्र, काश्यप के वंशज हैं।
- दक्षिण भारतीय मंदिर लोकगाथा के अनुसार गरुड़ राम को अपने पंखों में ले कर, उनसे विनती करते हैं कि वे, कृष्ण का रूप धर कर, पुष्टि करें कि वे ही विष्णु हैं। हनुमान को ऐसा करना पसंद नहीं आता और इस तरह जब राम कृष्ण के रूप में पुनः धरा पर अवतरित होते हैं, तो हनुमान द्वारिका जा कर, कृष्ण से कहते हैं कि वे गरुड़ की उपस्थिति में अपना राम रूप दिखाएँ। इन कथाओं से राम-पूजक व कृष्ण-पूजक वैष्णव संप्रदायों के बीच द्वेष का परिचय मिलता है। राम-पूजक विष्णु तीर्थ के सम्मुख हनुमान की तथा कृष्ण-पूजक गरुड़ की प्रतिमा रखते हैं।
- तुलसीदास जी ने जिस खोई हुई भुशुंडि *रामायण* का संदर्भ दिया है, उसके अनुसार राम की कथा काकभुशुंडि ने गरुड़राज को सुनाई थी, जो इस बात के लिए भ्रमित थे कि क्या राम ही वास्तविक विष्णु हैं क्योंकि वे इंद्रजित के नागपाश में बँध गए थे? इन मध्ययुगीन रामायणों ने धीरे-धीरे इस मान्यता को प्रोत्साहित किया कि राम वैदिक काव्यों के कोई नायक नहीं बल्कि पुराणों में वर्णित भगवान ही हैं।

संदेशवाहक अंगद

सर्प-बाणों से मुक्त होते ही राम बोले, "हमें गाँव को लूटने आए बर्बरों की भाँति व्यवहार नहीं करना चाहिए। हमें राक्षसों के पास अपना संदेश भेजना चाहिए कि यदि वे मेरी सीता को लौटा दें तो हम शांति से वापिस लौट जाएँगे।"

अंगद को राम के संदेशवाहक के तौर पर नियुक्त किया गया। जब उसने रावण के दरबार में प्रवेश किया, तो दाँत किटकिटाते राक्षसों ने उसे घेर लिया। परंतु युवा अंगद उनसे इतना सा भी भयभीत नहीं हुआ। उसने रावण के कक्ष में जाते ही, वहाँ खड़े योद्धा राक्षसों के हाथों में पकड़े अस्त्र-शस्त्रों का निरीक्षण किया।

पहले अंगद ने अपना परिचय दिया : "बहुत समय पहले की बात है, लंका के राजा रावण ने, बाली को एक साधारण वानर मान कर, उसकी पूँछ पकड़ने का प्रयत्न किया। बाली ने रावण को अपनी पूँछ में लपेटा और घसीटते हुए किष्किंधा ले गया, जहाँ वानरों ने रावण को शाही पालतू समझ लिया। मैं उसी बाली का पुत्र अंगद हूँ।"

इसके बाद अंगद ने अपनी भूमिका बताते हुए कहा, "बहुत समय पहले की बात है, हैहय वंश के कार्तवीर्य ने अपन सहस्र भुजाएँ पसार कर, एक नदी का वेग रोक लिया था, नदी में आई बाढ़ के कारण, वे सारे पत्र और पुष्प बह गए, जिन्हें रावण ने शिव की पूजा के

लिए एकत्र किया था। कार्तवीर्य के इस कृत्य को रावण ने अपना अपमान जाना। कार्तवीर्य का वध परशुराम के हाथों हुआ, और परशुराम, रघुवंश के राम के हाथों पराजित हुए। मैं उन्हीं राम का संदेशवाहक हूँ।"

अंत में अंगद ने अपना संदेश सुनाया : "राम अपनी वानर सेना सहित, नगरी के द्वारा पर आक्रमण करने के लिए प्रस्तुत हैं परंतु यदि आप राम की पत्नी सीता को लौटा दें, तो शांति स्थापित हो सकती है। एक राजा को अपने घमंड या वासना से परे जा कर, पहले अपनी प्रजा का हित साधना चाहिए।"

"वानरों से सेना नहीं बनती," रावण गुस्से फुँफकारा, "उन्हें तो पकड़ कर, प्रशिक्षित किया जाता है और फिर नचाया जाता है। राम तुम्हारा स्वामी है और तुम उसके सेवक। मेरे साथ आ जाओ, तुम्हें आज़ाद कर दूँगा, तुम इन नियमों से छूट जाओगे। पर अगर जिद पर अडिग रहे, तो तुमसे पशुओं की तरह ही व्यवहार होगा, जो कि तुम हो। मैं तुम्हारा शिकार करूँगा और फिर तुम्हारा माँस भून कर खाऊँगा।"

"तुम हमारी शक्ति का उचित अनुमान नहीं कर पा रहे। देखूँ तो सही, पूरी लंका में किसी राक्षस में इतना बल है कि धरती पर रखे मेरे इस पाँव को हिला कर तो दिखा दे।" यह चुनौती दे कर अंगद ने अपना पैर कड़ाई से धरती पर जमा दिया।

राक्षस हँसने लगे, वे एक-एक कर आने लगे ताकि उस धृष्ट असभ्य वानर को उठा कर सागर में उछाल दें। वे सभी असफल रहे।

तब भी रावण बोला, "मुझे तुमसे कोई भय नहीं। मैं तुम्हें, तुम्हारे वांनरों के दल, राम-लक्ष्मण और उस कुलद्रोही को मौत के घाट उतार दूँगा जो स्वयं को मेरा भाई कहलाता है।"

रावण के पिता सुमाली को यह सब अच्छा नहीं लगा और उन्होंने उसे राम से संधि करने का परामर्श दिया।

रावण की माता कैकसी का भी यही कहना था। कैकसी के भाई माल्यवान ने भी यही कहा परंतु रावण तो अपने हठ पर अड़ा था। उसे कोई वानर मूर्ख नहीं बना सकता था।

- हनुमान के स्थान पर अंगद को संदेशवाहक नियुक्त किया गया, वह राजवंश से संबंध रखता है और वह लंका को अग्नि के हवाले करने का इतिहास भी नहीं रखता।
- *महाभारत* में, जब कृष्ण शांति स्थापना प्रयास के लिए आते हैं तो दुर्योधन उन्हें बंदी बनाने का प्रयत्न करता है, उस समय वे सबको अपना विश्वरूप दिखा कर मंत्रमुग्ध कर देते हैं। रामायण में, जब रावण अंगद को पकड़ने का प्रयत्न करता है तो वह अपने अतुल्य बल का परिचय देता है।
- वाल्मीकि *रामायण* में, अंगद केवल उन राक्षसों को ठोकर मार देता है, जो उसे पकड़ते हैं, परंतु उत्तर भारत के रामलीला प्रदर्शनों में, अंगद राक्षसों को चुनौती देता है कि वे धरती से उसका पाँव हिला कर दिखाएँ; यहाँ तक कि रावण भी ऐसा करने में असफल हो जाता है।
- रावण के परिवार के अनेक सदस्य उसे सद्‌बुद्धि देने का प्रयत्न करते हैं। वे चाहते हैं कि वह पहले अपनी प्रजा का हित साधे। परंतु रावण राम की तरह नहीं है, जो सदा अयोध्या का हित साधते हैं, रावण आत्मछवि के मोह में आ कर, लंका के कल्याण को संकट में डाल देता है।

आक्रमण

भोर-बेला में, राक्षसों की सेना, लंका की सुरक्षा के लिए चल पड़ी। वे हाथ में लाठियाँ और पत्थर लिए, वानरों की सेना से कितने अलग थे। वे गधों द्वारा खींचे जाने वाले रथों, बैलों द्वारा खींचे जाने वाले छकड़ों, हाथियों और अश्वों पर सवार हो कर आए। उनके हाथों में चमचमाती पताकाएँ थीं जो आकाश में लहरा रही थीं और इसके अतिरिक्त अस्त्र-शस्त्रों की तो जैसे कोई गिनती ही नहीं थी : मुद्‌गर, गदा, फरसे, भाले, तलवारें, धनुष और बाण। हर सिपाही के पास एक कवच तथा शिरोत्राण था और उसने जादुई रक्षक जंतर बाँधे हुए थे। रावण स्वयं उनका नेतृत्व कर रहा था - दर्शनीय दृश्य! सिर पर विशाल और भव्य छत्र, बीसियों हाथों में नाना प्रकार के अस्त्र-शस्त्र, आलीशान अश्वों द्वारा खींचा जा रहा रथ और उसके आसपास घेरा बना कर चल रहे संगीतज्ञ और हुँकारते हाथी, जो उसके आगमन की घोषणा कर रहे थे।

परंतु वानरों को कोई भय नहीं था। वे मधुमक्खियों के झुंड की तरह, राक्षसों की ओर लपके। उन्होंने उन पर भारी-भरकम वृक्षों और पत्थरों की वर्षा कर दी, जिससे रथ टूट गए, हाथी बुरी तरह भयभीत हो गए। उनके चीख़ने-चिल्लाने के स्वर इतने भयानक थे कि अश्व पीछे की ओर जाने लगे। लंकावासियों में से किसी ने भी कभी वानर नहीं देखे थे।

रावण ने अपना धनुष बाण उठाया और उसके तीरों ने दर्जनों वानर मार डाले। इस दृश्य से प्रोत्साहित हो कर, राक्षसों ने भी हथियार उठा लिए और वानरों से लड़ने लगे। वे तलवारों के वार से उनके सिर, हाथ और पैर काटने लगे। उनके कलेजे, आँतों और आँखों में भाले घुसाने लगे, उन्होंने अपनी गदाओं के वार से वानरों के सिर कुचल दिए और हड्डियाँ तोड़ दीं। उनकी आँखों से ज्वाला बरस रही थी, उन्होंने दया करना नहीं सीखा था। जो रथों पर सवार थे, उन्होंने अपने बाणों की वर्षा से सैंकड़ों वानरों को धराशायी कर दिया। मृतप्राय वानरों की चीत्कारें सुन, रावण की प्रसन्नता का अंत न रहा। उसका भय निराधार था।

इस संहार को रोकना आवश्यक था। वे सब उनकी पत्नी की रक्षा के लिए अपने प्राणों की आहुति दे रहे थे। राम ने अपना धनुष उठाया, उन मंत्रों का जाप किया, जो उन्हें विश्वामित्र ने सिखाए थे, फिर उनके प्रक्षेपास्त्रों ने एक-एक कर, राक्षसों की सेना से पूरी-पूरी क़तारों का सफ़ाया कर दिया। उन्होंने उनके धनुष तोड़ दिए, उनके चक्र बिखेर दिए, उनके भाले और तलवारे छिटक कर दूर जा पड़े। बहुत से राक्षस तो अपनी ढालें ले कर, मृतक राक्षसों के पीछे छिपने लगे। उन्होंने आगे बढ़ रही राक्षस सेना को वहीं ठहरने पर विवश कर दिया। कई स्थानों पर तो राक्षसों की टुकड़ियाँ वापिस जाने लगी थीं।

इस युद्ध में सैंकड़ों वानरों, राक्षसों, पुत्रों, पिताओं, भाईयों, मित्रों व सेवकों के प्राण गए। जाने कितने अंग-भंग करवा कर नेत्रहीन, अंगहीन और अशक्त हो गए। परंतु उनकी मर्मभेदी चीत्कारों तथा सहायता की गुहारों के बावजूद युद्ध न थमा।

युद्ध दिन में आरंभ हुआ था और अब रात हो चली थी। राक्षस एक हाथ में मशाल और दूसरे हाथ में शस्त्र लिए युद्ध कर रहे थे। वानरों ने उनकी मशालें छीनीं और नगर की ओर उछाल दीं। सारी नगरी आग की लपटों में आ गई।

केवल एक ही स्थान शांत और सुरक्षित था, अशोक वाटिका। सीता ने देखा कि लंका की प्रजा अपनी प्राणों की रक्षा के लिए उसी ओर आ रही थी ताकि वे सुरक्षित रह सकें। उन्होंने पूरे

जीवन में स्वयं को कभी इतना असुरक्षित नहीं पाया था।

अंततः राम ने रावण के धनुष से निकले बाणों को उसी समय काटना शुरू कर दिया। राम के बाणों की वर्षा इतनी सघन थी कि रावण के लिए अगला तीर निकाल कर चलाना भी कठिन हो रहा था। उसने क्लांत हो कर, वापिस जाने का निर्णय लिया, परंतु राम के बाणों की वर्षा उसे मुड़ने भी तो नहीं दे रही थी। उसने स्वयं को बंदी अनुभव किया। वह न तो युद्ध कर पा रहा था और न ही वापिस जा पा रहा था। जब राम ने अपने बाणों को विराम दिया तब कहीं जा कर लंका नरेश अपना रथ मोड़ कर, नगर की ओर जाने योग्य हुआ।

सारी नगरी में बात फैल गई : रावण ने अपनी सेनाएँ हटा लीं। हर्षोल्लास से किलकारियाँ मारते वानरों के स्वर वहाँ तक सुने जा सकते थे। उन्हें किसी ने उठा कर सागर में नहीं पटका था। राक्षसों को ही मुँह की खानी पड़ी।

- लंका के घेराव से यूरोपियाई और अमेरिकी शिक्षाविद्रों को यूनानी पुराकथाओं से, ट्रॉय का घेराव स्मरण हो आता है। दोनों में ही, पति अपनी पत्नियों को चारदीवारी से बाहर लाना चाहते हैं, परंतु यहीं सारी समानता समाप्त हो जाती है। ग्रीक हेलेन ट्रॉजन के राजकुमार पेरिस के साथ अलोप हुई है जबकि सीता को रावण हर कर लाया है। हेलेन के पति को उसके बड़े भाई, एगेमीनॉन की मदद मिलती है जो ग्रीक सेनाओं के सेनापतियों का संगठन करते हुए, उन्हें लूट का माल देने का वचन देता है। राम की सहायता उनके छोटे भाई लक्ष्मण करते हैं और वे युद्ध के लिए वानरों का संगठन करते हैं परंतु उनकी ओर से वानरों को ऐसा कोई वचन नहीं दिया जाता कि उन्हें लूट का माल दिया जाएगा। यह युद्ध मानव समाज के कल्याण तथा मर्यादा से जुड़ा है। अंत में, ट्रॉय को अधीन कर लिया जाता है, स्त्रियों को बलात्कार के बाद बंदी बनाया जाता है। रामायण में ऐसा नहीं होता, वहाँ लंकावासियों के साथ पूरी गरिमा और शालीनता के साथ व्यवहार किया जाता है।
- वाल्मीकि *रामायण* के अनुसार, यह युद्ध रात को भी जारी रहता है, यह एक रोचक तथ्य है क्योंकि शास्त्रों के अनुसार होने वाले सभ्य युद्ध के नियमों के अनुसार, युद्ध को संध्या समय समाप्त हो कर, अगले दिन भोर में आरंभ होना चाहिए, ताकि योद्धा विश्राम कर सकें तथा नए सिरे से ऊर्जान्वित हो कर लड़ सकें।
- भारतीय *रामायण* में, युद्ध से उपजे भावों को प्रश्रय दिया गया, जबकि थाई रामायण में युद्ध कला की तकनीकों पर ज़्यादा ध्यान दिया गया है, संभवतः क्योंकि थाई समाज लंबे समय तक चलने वाले युद्धों का साक्षी रहा है।
- श्री वैष्णव मंदिर परंपरा में, राम को भगवान का मूर्तिमान रूप माना जाता है, कहते हैं कि जब तक रावण के हाथ में धनुष है, राम उसे युद्ध भूमि से जाने नहीं देते। रावण को उस दिव्यता के आगे आत्मसमर्पण करना सीखना था परंतु अपने संदेहों के कारण, वह शस्त्रों से ही चिपका रहा।
- युद्ध के दौरान मारे गए, रावण के कुछ पुत्रों में, अक्षय, अतिकाय, इंद्रजित या मेघनाद, त्रिशरा, वीरबाहु, नरांतक, देवांतक तथा मंथा आदि शामिल हैं। विभिन्न पुनर्लेखनों में रावण

के पुत्रों की अलग-अलग सूची देखने को मिलती है। पारंपरिक तौर पर, यही माना जाता है कि उसके सात पुत्र थे। उनमें से दो अधिक लोकप्रिय रहे; अक्षय का वध हनुमान के हाथों हुआ तथा इंद्रजित को लक्ष्मण ने मौत के घाट उतारा।

सीता के व्यंजन

युद्ध छिड़ा हो तो लोगों के भोजन का भी प्रबंध करना पड़ता है। और लंका के सामूहिक रसोईघर व्यस्त थे। युद्ध में जाने वालों को भोजन देना आवश्यक था; जो युद्धभूमि से लौट रहे थे, उनके लिए भी भोजन चाहिए था। भोजन प्रेरित करने, सुविधा देने तथा आवेगों को नियंत्रित करने के काम आता है।

नगर की सड़कों पर रक्त, सड़ते हुए माँस तथा जलती अट्टालिकाओं की गंध के बीच उबलते चावलों, भुन रही सब्ज़ियों तथा तली जा रही मछलियों की गंध भी मिल गई थी।

वह गंध सीता की वाटिका तक भी पहुँची।

"क्या तुम्हें यह गंध पसंद नहीं?" त्रिजटा ने सीता के मुख के भाव देख कर कहा। विभीषण पुत्री त्रिजटा, सीता की सखी बन गई थी।

"यदि मैं भोजन पकाती तो इन मसालों का अनुपात बदल देती," सीता बोलीं। उन्होंने त्रिजटा को कुछ सुझाव दिए जिन्हें तत्काल लंका के राजसी रसोईघर की ओर प्रेषित कर दिया गया। मंदोदरी ने उनके अनुसार ही मसाले डलवाए और देखते ही देखते, रसोईघर से आने वाली गंध बदल गई।

वह गंध इतनी मोहक थी कि रसोईघर के पाकशास्त्री राक्षस, सीता की अशोक वाटिका में आ कर, स्वादिष्ट भोजन तैयार करने के उपाय पूछने लगे। सीता ने उन्हें बताया, "थोड़ा नमक अधिक डालो।" "हल्दी की बजाए काली मिर्च डालो।", "अदरक के साथ इमली मिलाओ।" "लहसुन कम डालो और साथ में नारियल पानी मिलाओ।" इन सुझावों पर तत्काल अमल हुआ और जल्दी ही सारी लंका में स्वादिष्ट भोजन की सुगंध फैल गई, भोजन इतना स्वादिष्ट बना कि पिता-पुत्र, पति व भाई, अपने घरों में रहते हुए, स्वादिष्ट भोजन का आनंद लेना चाहते थे। वे युद्धभूमि में जाना ही नहीं चाह रहे थे। वे चाहते थे कि पेट भर कर खाएँ, डकार लगाते हुए पैर पसार कर सो जाएँ और फिर जब नींद खुले तो ढेर सारा खा लें! वे पान के पत्तों में लिपटी

सुपारी खाते हुए, झूलों पर अपनी पत्नियों की संगति में बैठना चाहते थे। न कोई युद्ध, न कोई क्लेश, केवल स्वादिष्ट भोजन से जुड़ी बातें।

रावण ने लक्ष्य किया कि उसके सिपाही आलस्य के मारे, युद्ध नहीं करना चाह रहे थे। वे भयभीत नहीं थे। वे मदिरा के मद में चूर भी नहीं थे। बस वे इतने प्रसन्न थे कि युद्ध करना ही नहीं चाहते थे। रावण ने कुपित हो कर आदेश दिया, "रसोईघर बंद कर दो! इन्हें भूखों मरने दो। भूखे होंगे तो क्रोध आएगा। और वे क्रोध में आ कर वानरों को मारेंगे। अब वे केवल वानरों का माँस ही खा सकते हैं। इन्हें कोई और भोजन न दिया जाए।"

- सीता की रसोई लोकगाथाओं तथा तीर्थ स्थलों का अटूट अंग है। वे बहुत अच्छी पाक कला विशेषज्ञा थीं। पारंपरिक रूप से, यह मान्यता है कि जो लोग स्वादिष्ट भोजन पाते हैं, उन्हें क्रोध कम आता है और वे हिंसक भी नहीं होते।
- वाल्मीकि रामायण में माँसाहार के विषय में, लंका के लिए स्पष्ट जानकारी मिलती है परंतु जब अयोध्या या किष्किंधा की बारी आती है, तो वे मौन साध लेते हैं। पारंपरिक तौर पर, भारतीय सामिष भोजन व मदिरा का संबंध काम वासना तथा हिंसा से जोड़ते हैं।

लक्ष्मण को आघात

युद्ध अगले दिन भी जारी रहा। रावण ने अपने पुत्रों को समरभूमि में भेजा। वे अपने शस्त्रों सहित वीरतापूर्वक लड़े। परंतु जब वापिस आए तो उनके शरीरों में प्राण नहीं थे, वानरों ने अस्थियाँ भंग कर दीं थीं, राम और लक्ष्मण के बाणों ने अंगों को क्षत-विक्षत कर दिया था। जब महल में विधवा स्त्रियों व अनाथों की संख्या बढ़ने लगी तो रावण के बड़े पुत्र इंद्रजित ने निर्णय लिया कि अब समय आ गया था कि वह सेनाओं का नेतृत्व करते हुए, रणभूमि में प्रवेश करे और अपने सैनिकों के टूटे हुए मनोबल को संजोने का प्रयत्न करे।

इंद्रजित का नाम मेघनाद इसलिए रखा गया था क्योंकि जब उसका जन्म हुआ तो उसने रोने के स्थान पर, अपने मुख से किसी तूफ़ानी मेघ की तरह गर्जना की थी। उसने इंद्र को युद्ध में पराजित करने के बाद, अपने लिए यह उपाधि अर्जित की थी। इंद्रजित से सभी भय खाते थे। उसी ने हनुमान को बंदी बनाया था और राम व लक्ष्मण को नागपाश में भी जकड़ा था। यद्यपि उसे भी अपने पिता के इस कुकृत्य को देख अच्छा नहीं लगा था, परंतु उसे लगता था कि एक पुत्र होने के नाते, अपने पिता के शत्रुओं से युद्ध करना उसका कर्तव्य था।

"वह मेरा बहुत आज्ञाकारी पुत्र है," रावण उसे कूच करता देख बोला।

"वह मूर्ख है।" मंदोदरी ने मन ही मन सोचा। उसे यह बिल्कुल अच्छा नहीं लग रहा था कि उसका पुत्र अपने पिता की सहायता करे ताकि वह अपने लिए नई पत्नी ला सके।

इंद्रजित की पत्नी सुलोचना ने देखा कि सारे राक्षस उसके पति के नाम की जय-जयकार कर रहे थे। वह नाग-वंश से थी और अपने साथ दहेज में बहुत सारे नाग-पाश लाई थी, जिनका प्रयोग इंद्रजित युद्धभूमि में करता था। परंतु राम के पक्ष में गरुड़ भी थे, वह यही सोच रही थी कि क्या अब नाग-पाश बाण उसके पति की रक्षा कर सकेंगे?

उस दिन, इंद्रजित की जादुई शक्तियों ने युद्ध को और भी भयावह बना दिया। वह अपने रथ को अलोप कर देता और ऐसे भ्रम उत्पन्न करता, जिससे राम और लक्ष्मण भी विस्मित हो उठते। एक बार तो उसने यह भ्रम भी उत्पन्न कर दिया कि सीता को पुष्पक विमान में बिठा कर, युद्धभूमि में लाया गया और वानर सेना के ऊपर ला कर, उनका वध कर दिया गया, इस दृश्य ने तो कुछ क्षण के लिए राम को भी स्तब्ध कर दिया। राम को एहसास हुआ कि अब तक वे जितने भी योद्धाओं से लड़े, इंद्रजित उनसे कहीं अधिक चतुर व वीर था। इंद्रजित को भी पता चल गया कि राम कोई साधारण योद्धा नहीं थे। उन्हें अपने वश में करने के लिए चतुराई और धूतर्ता का ही आश्रय लेना होगा।

इंद्रजित ने देखा कि राम सदा युद्ध करते हुए, अपना ध्यान लक्ष्मण पर भी रखते थे ताकि वह सुरक्षित रहे। वह समझ गया कि लक्ष्मण ही राम की दुर्बलता हैं; यदि किसी तरह लक्ष्मण को आहत किया जा सके तो राम का मनोबल भी आसानी से तोड़ा जा सकता था, इस तरह संभवतः वे युद्ध से भी विमुख हो जाते। उसने अपनी सारी ऊर्जा लक्ष्मण की ओर केंद्रित करते हुए, उन पर तीक्ष्ण बाणों की वर्षा कर दी। लक्ष्मण ने उनके सारे बाणों को निरस्त कर दिया किंतु एक बाण उनके हृदय के निकट आ लगा।

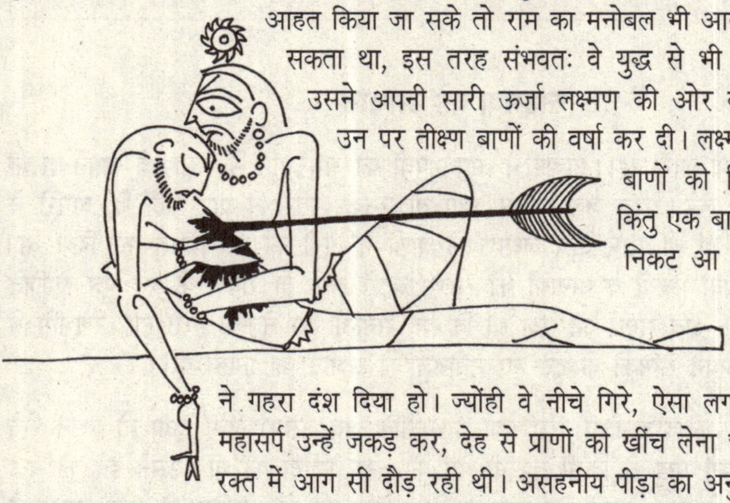

ऐसा लगा जैसे किसी वृश्चिक ने गहरा दंश दिया हो। ज्योंही वे नीचे गिरे, ऐसा लगने लगा कि कोई महासर्प उन्हें जकड़ कर, देह से प्राणों को खींच लेना चाहता हो। उनके रक्त में आग सी दौड़ रही थी। असहनीय पीड़ा का अनुभव हो रहा था। वे चिल्लाए और उनकी एक चीत्कार से सारा युद्ध वहीं थम गया। इंद्रजित ने उनकी गिरती देह को लपकना चाहा ताकि उन्हें घसीट कर नगरी में ले जा सके, परंतु हनुमान उसी क्षण वहाँ आ गए और लक्ष्मण की शिथिल पड़ चुकी देह को संभाल लिया।

राक्षस विजय और उल्लास के गीत गाते वापिस जाने लगे, इंद्रजित ने उस दिन उनका मनोबल टूटने से बचा लिया था। राम उसी ओर दौड़े, जहाँ लक्ष्मण अचेत पड़े थे। राम का दुःख किसी भी सांत्वना से परे था। "मैं सीता की रक्षा करने में असमर्थ रहा। मैं अपने लक्ष्मण की रक्षा करने में असमर्थ रहा। जब मैं अयोध्या वापिस जाऊँगा तो लक्ष्मण की माता से क्या कहूँगा? क्या मैं अकेले अयोध्या वापिस जाऊँगा? क्या मुझे इस तरह अयोध्या लौटने का अधिकार है?"

- जब रावण और इंद्रजित के संबंध को देखा जाता है तो राम और दशरथ का संबंध विरोधाभास की तरह सामने आता है। जहाँ दशरथ अपने पुत्र के संरक्षक पिता हैं, वहीं रावण अपने पुत्र के लिए एक शोषक की भूमिका में सामने आता है। दशरथ अपने पुत्र को राजसी नियमों के चलते वनवास भेजने के लिए विवश हैं जबकि रावण का रोष व लालसा उसे सीता को वापिस नहीं करने देते, इस तरह इंद्रजित को विवश हो कर राम से बैर मोल लेना पड़ता है।
- राम भले ही ईश्वर हों, परंतु वे सीता हरण तथा लक्ष्मण आघात के समय, किसी मनुष्य की तरह अपने मानवीय भावों का प्रदर्शन करते हैं। कुछ विद्वानों ने इसे लीला कहा है तो कुछ ने अपने नाटक में निभाई जा रही भूमिका का अंश! प्रत्येक इस बात पर सहमत है कि यह हिंदू परंपरा का अद्‌भुत लक्षण है, जहाँ ईश्वर को भी सभी मानवीय अनुभवों तथा भावों से दो-चार होना पड़ता है।

हनुमान ने की प्राण-रक्षा

लक्ष्मण की शिराओं में विष फैलने लगा तो वृद्ध भालुक जाम्बवंत ने कहा कि उन्हें केवल संजीवनी बूटी दे कर ही बचाया जा सकता है, जो जड़ी-बूटियों से युक्त पर्वत गंधमादन पर मिल सकती है। वह स्थान हिमालय की तलहटी में, विंध्य के उत्तर में स्थित था। "हमें यह बूटी सूर्योदय से पूर्व मिल जानी चाहिए। यदि यह कार्य कोई कर सकता है, तो वे केवल हनुमान ही हैं।"

हनुमान ने झट से वायु में उड़ान भरी और उत्तर की ओर चल दिए।

रावण ने अपने दुर्ग से हनुमान को एक दिशा में जाते देखा, तो अपने एक राक्षस कालनेमि को हनुमान का अभियान असफल करने के लिए भेज दिया। वह राक्षस बहरुपिया तो था ही, इसके अतिरिक्त समय के अंतराल में गति भी कर सकता था।

हनुमान शीघ्र ही गंधमादन पहुँच गए, वहाँ उनका स्वागत एक ऋषि ने किया, जिन्होंने कहा कि पहले हनुमान झील में स्नान कर, पवित्र हो जाएँ, तब वे संकेत से उन्हें उक्त जड़ी के विषय में बता देंगे। उनका कहना था कि पवित्र जड़ी-बूटी को अशुद्ध हाथों से ग्रहण करना उचित नहीं होगा।

परंतु जल के भीतर तो एक विशालकाय मगरमच्छ हनुमान को निगलने के लिए तैयार था। जब हनुमान उससे जूझ रहे थे तो उसने एक स्त्री के स्वर में कहा, "मैं एक अप्सरा हूँ। मुझे श्राप मिला था, जब तक कोई वानर आ कर मुझे अपने अधीन नहीं करता, तब तक मुझे इसी तरह जीवन जीना होगा। अगर तुम मुझे अपने अधीन कर, मुक्त करने में सफल रहे तो जान लो, पर्वत की तलहटी में जिस ऋषि से भेंट हुई थी, वह कोई मुनि नहीं, वह तो कालनेमि नामक राक्षस है, जिसे रावण ने तुम्हारा अंत करने के लिए भेजा है।"

हनुमान किसी तरह उस मगरमच्छ को वश में करने में सफल रहे। फिर वे कालनेमि को ध्वंस कर, जड़ी-बूटी की खोज करने लगे। समय बीत रहा था; सूर्य शीघ्र ही उदय होने वाला था, उसके बाद तो जैसे सब समाप्त हो जाता।

इससे भी बुरा यह हुआ कि आकाश के स्वर्गिक जीवों को अपने अधीन करने की क्षमता रखने वाले रावण ने, सूर्य को उनके विरोध के बावजूद, विवश कर दिया कि वे समय से पहले उदित हों। जब हनुमान को इस बात का पता चला तो उन्होंने सूर्य को लपक कर, अपनी बगल में रख लिया।

फिर हनुमान बूटी की खोज करने लगे। चंद्रमा के प्रकाश में पौधों में अंतर करना कठिन हो रहा था। उन्होंने तय किया कि वे पूरे पर्वत को ही उखाड़ कर जम्बूवन से लंका ले जाएँगे। जब वे अपना आकार बढ़ा कर, पर्वत को उखाड़ कर, आकाश की ओर उड़े तो आकाश से इस दृश्य के साक्षी बने सारे देवगण विस्मित हो उठे। हनुमान एक हाथ पर पर्वत को साधे तथा बगल में सूर्य देव को दबाए आकाश में उड़े चले जा रहे थे।

- मंदिरों में हनुमान की सर्वाधिक प्रिय छवि यही दिखाई जाती है, जहाँ वे एक हाथ पर पर्वत का संतुलन बना रहे हैं और उनके पैरों तले कालनेमि कुचला हुआ है।
- जड़ी-बूटियों के पर्वत के रूप में, हिमालय की तहलटी में, बदरी, उत्तराखंड की फूलों की घाटी को मान्यता दी गई थी। कभी-कभी इसे गंधमादन या द्रोणगिरि पर्वत भी कहते हैं।
- हनुमान एक महान योद्धा थे किंतु वाल्मीकि रामायण में, उन्हें किसी इष्ट की संज्ञा नहीं दी गई। यह रूपांतरण आठवीं सदी के आसपास आरंभ हुआ, जब नागा बाबा अपना संबंध शिव से जोड़ने लगे और बाद में, उन्हें विद्वानों तथा ऋषियों ने राम के परम भक्त के रूप में मान्यता दी जैसे बारहवीं सदी में तमिलनाडू के रामानुज, तेरहवीं सदी में कर्नाटक के मध्व आचार्य तथा चौदहवीं सदी में रामानंद, जिनका उत्तर भारत में विशेष प्रभाव था और सत्रहवीं सदी में रामदास जी, जिनका महाराष्ट्र में विशेष प्रभाव रहा।

- गंगा के मैदानी इलाक़ों में, स्थानीय अखाड़े पाए जाते हैं, जहाँ लोग हनुमान की तरह बलशाली तथा ब्रह्मचारी योद्धा बनने का अभ्यास करते हैं, जो निःस्वार्थ भाव से राम के सेवक हैं। वे यहाँ अपने अतिरिक्त समय में, शारीरिक सौष्ठव तथा बल पाने के लिए व्यायाम करते हैं।
- हनुमान संपूर्ण भारतवर्ष में शारीरिक प्रशिक्षण के संरक्षक देव के रूप में जाने जाते हैं।

हनुमान व भरत की भेंट

दक्षिण की ओर जाने के लिए हनुमान को अयोध्या से होते हुए जाना था और आकाश में उड़ते पर्वत के दृश्य ने अयोध्यावासियों को भयभीत कर दिया। इससे भी भ्रांतिपूर्ण यह था कि पर्वत को हाथ में उठाए लिए जाने वाला वानर निरंतर राम का नाम जप रहा था।

कौशल राज्य के संरक्षक, भरत ने झट से बाण चढ़ाया और राम का नाम लेते हुए, पर्वत की ओर छोड़ दिया। वह बाण हनुमान को जा लगा और वे नंदीग्राम के निकट आ गिरे जहाँ भरत उन दिनों वास कर रहे थे। भरत ने पूछा, "कौन हो तुम, तुम मेरे भाई राम का नाम क्यों ले रहे थे?"

हनुमान भरत के चरणों में गिर पड़े, "क्या आप राम के वही भाई हैं, जिन्होंने वह राज्य भी त्याग दिया, जो उनकी माँ ने उनके लिए छल से प्राप्त किया था? मैं तो आपसे मिल कर धन्य हो गया।" भरत को यह जान कर आश्चर्य हुआ कि वह वानर तो उनके विषय में बहुत जानकारी रखता था। इसके बाद हनुमान ने अपना परिचय दिया और भरत को राम की वर्तमान परिस्थितियों की जानकारी। भरत जब से चित्रकूट से लौटे थे, उन्हें राम के विषय में कोई समाचार नहीं मिला था। वे अपने भाई राम, सीता तथा लक्ष्मण के लिए दुखित हो उठे तथा हनुमान को धन्यवाद दिया जो उनके भाई की सहायता कर रहे थे।

"सुग्रीव को तो राम का एहसान चुकाना है। परंतु तुम, तुम राम की सहायता क्यों कर रहे हो?" भरत ने पूछा।

"उन्होंने मुझे एक श्रेष्ठ मनुष्य बनने के लिए प्रेरित किया।" भरत एक वानर के मुख से ये शब्द सुन कर मुस्कुरा उठे। "परंतु शीघ्र ही सूर्य उदय हो जाएगा। मुझे भय है कि कहीं विलंब ही न हो जाए। आपने मुझे रोक कर बाधा दे दी। कहीं ऐसा न हो कि लक्ष्मण के पास यह प्राण-रक्षक औषधि समय पर न पहुँच सके।"

"ऐसा न कहो, मेरे बाण पर बैठ जाओ। यह तुम्हें सही समय पर लंका पहुँचा देगा।" भरत की योग्यता पर पूरा विश्वास रखते हुए, हनुमान अपने एक हाथ में पर्वत व बगल में सूर्य देव को दबाए, भरत के बाण पर विराज गए, जिसे उन्होंने दक्षिण की ओर छोड़ दिया। मंत्रों की शक्ति से परिपूरित व राम के नाम की महिमा से मंडित वह बाण, देखते ही देखते लंका जा पहुँचा।

जाम्बवंत ने पर्वत से उस बूटी को खोजा और उसे झट से लक्ष्मण को दिया गया। वह बूटी,

इंद्रजित के विषैले बाण का प्रभाव निरस्त करने के लिए पर्याप्त थी। उनकी श्वास सहज हो गई, नेत्र खुले और सारे अंगों में ऊर्जा दौड़ गई। वे युद्ध करने के लिए उछल कर खड़े हो गए।

"मुझे लगता है कि अब तुम्हें सूर्य भगवान को मुक्त कर देना चाहिए।" राम ने हनुमान से कहा, उनके स्वर में अनुग्रह था। हनुमान तो सूर्यदेव के बारे में भूल ही गए थे। ज्योंही उन्होंने भुजा उठाई, सूर्य देव सीधा आकाश की ओर प्रस्थान कर गए। सूर्य के झिलमिलाते प्रकाश में, रावण ने वानरों की सेना को एक बार फिर लंका की ओर आते देखा, वे राम का नाम जपते हुए, उग्र लक्ष्मण के नेतृत्व में तेज़ी से बढ़े चले आ रहे थे।

- दसवीं सदी के बाद लिखी गई आंचलिक रामायणों में भरत की मध्यस्थता का प्रसंग आता है।
- यह प्रसंग, वानर-सेवक हनुमान की महानता तथा सहोदर भरत की महानता की स्थापना के बीच के तनाव को रेखांकित करती है, हनुमान पर्वत ले कर उड़ते हैं जबकि भरत का बाण उन्हें पर्वत सहित लंका पहुँचा देता है। भरत को राम के जुड़वाँ के तौर पर देखा जाता है।
- *वाल्मीकि रामायण* में, हनुमान जड़ी-बूटियों के पर्वत को दो बार लंका लाते हैं।
- रामेश्वरम में, एक पहाड़ी को उस पर्वत का अवशेष माना जाता है, जिसे हनुमान द्वारा दक्षिण में लाया गया।

सुलोचना

इंद्रजित को यह सुन कर बहुत क्रोध आया कि लक्ष्मण के प्राण बच गए। इसके बाद उसे जो सूचना मिली, उसने उसके क्रोध को भय में बदल दिया। उसे पता चला कि लक्ष्मण पिछले बारह वर्षों से सोए नहीं हैं और पूर्ण ब्रह्मचर्य व्रत का पालन करते आ रहे हैं। यह भविष्यवाणी की गई थी कि इंद्रजित की मृत्यु भी किसी ऐसे ही व्यक्ति के हाथों होगी।

इंद्रजित आकुलता से उत्तेजित हो उठा और भगवती की गुफा में जा कर, काली की उपासना करने लगा। यदि लक्ष्मण से कोई उसकी रक्षा कर सकता था, तो वे काली ही थीं।

जब लक्ष्मण को युद्ध क्षेत्र में इंद्रजित नहीं दिखा तो वे क्रुद्ध सिंह की भाँति गर्जना कर उठे। विभीषण बोले, "मुझे पूरा विश्वास है कि वह निकुंबला पहाड़ी पर स्थित, भगवती की गुफा में

बलि देने और उनसे शक्तियाँ अर्जित करने गया होगा। यदि वह ऐसा करने में सफल रहा, तो वह अजेय हो जाएगा।"

"मुझे उस गुफा तक जाने का मार्ग दिखाओ। हमें इस बलि कर्म को रोकना ही होगा। हमें मिल कर इंद्रजित का वध करना होगा," लक्ष्मण ने कहा।

"लक्ष्मण, क्या तुम्हें इस बात का अनुमान है कि तुम क्या करने जा रहे हो? जब ताड़का ने विश्वामित्र के यज्ञ में बाधा दी तो हमने उसे दुष्टा कहा। अब हम ही इंद्रजित के अनुष्ठान में बाधा देने की योजना बना रहे हैं। क्या हम भी वही दुष्ट प्रवृत्ति रखते हैं?" राम बोले।

लक्ष्मण इतने क्रोधित थे कि वे इन परिस्थितियों की विडंबना पर विचार नहीं करना चाहते थे। वे विभीषण और वानरों के एक दल के साथ उसी गुफा में जा पहुँचे, जहाँ इंद्रजित अनुष्ठान के मध्य, भगवती को बलि चढ़ाने की तैयारी कर रहा था, ताकि वे संतुष्ट हो कर उसकी मनोकामना पूरी करें।"

वानरों ने जाते ही सारे आयोजन को तहस-नहस कर दिया। सारे पवित्र पात्रों को ठोकरें मार कर बिखेर दिया, वह आसन ही खींच लिया, जिस पर बैठा इंद्रजित मंत्रजाप कर रहा था, वे मंत्रोच्चार के स्वर को दबाने के लिए चीख़-पुकार मचाने लगे। लक्ष्मण ने अपना धनुष उठा कर, इंद्रजित को युद्ध के लिए ललकारा।

इंद्रजित अपने काका को कोसने लगा जो लक्ष्मण को उस गुप्त उपासना स्थल तक ले आए थे, उसने भी तत्क्षण बाण उठाया और लक्ष्मण के बाणों का प्रत्युत्तर देने लगा। यह भयावह युद्ध कई घंटों तक चला। किसी ने इसमें बाधा नहीं दी क्योंकि यह लक्ष्मण और इंद्रजित के बीच था। दोनों सूरमाओं की देह सैंकड़ों बाणों से बिंध गई परंतु उन्होंने युद्ध करना नहीं त्यागा। अंततः, लक्ष्मण ने अर्द्धचंद्राकार धार वाला बाण लिया और उससे इंद्रजित का सिर काट दिया।

वह बाण इंद्रजित के शीश सहित, लंका में रावण के दरबार में जा पहुँचा। अपने नेत्र मूँदने से पूर्व इंद्रजित केवल यही कह सका, "क्षमा कीजिए पिता श्री, मैं आपका काम पूरा नहीं कर सका।"

रावण अपने पुत्र का ऐसा भीषण अंत देख मर्मांतक वेदना से भर उठा। मंदोदरी छाती पीट-पीट

कर विलाप करने लगी। सारी नगरी में विषाद छा गया। लंका का सबसे महान और भला योद्धा अब इस संसार में नहीं रहा था।

इंद्रजित की पत्नी सुलोचना बोली, "मेरे पति के पूर्ण शरीर का दाह-संस्कार होना चाहिए। हमें उनके कटे हुए धड़ को वापिस लाना होगा ताकि उसका शीश जोड़ कर संस्कार हो सके।" वह शव युद्धभूमि में था और कोई भी राक्षस साहस नहीं जुटा पा रहा था कि वानरों से बैर मोल ले कर, उनके क़ब्ज़े से उस शव को ले आए। तब सुलोचना बोली, "मैं स्वयं अपने पति का मृतक शरीर लेने जाऊँगी।"

मंदोदरी बोली, "नहीं, तुम मत जाओ। वे तुम्हें बंधक बना लेंगे। हो सकता है कि तुम्हें बंदी बना कर, तुम्हारे एवज में सीता की माँग की जाए। हो सकता है कि वे तुम्हारे साथ अशोभनीय व्यवहार करें।"

"मैं अपनी ओर से प्रयत्न अवश्य करूँगी," सुलोचना ने वीरता से कहा। वह अपने साथ स्त्रियों का एक दल लिए युद्धभूमि में जा पहुँची और देखा कि इंद्रजित के धड़ को वानरों ने घेरा हुआ था। वह सीधा राम के पास गई व कहा, "मेरे पति भी आपकी तरह एक कर्तव्यपरायण पुत्र थे। और मैं उसी तरह उनकी निष्ठावान पत्नी हूँ, जिस तरह सीता आपकी पत्नी है। मुझे उनके शव को ले जाने की अनुमति प्रदान करें। उन्हें उनकी पूरी देह के साथ दाह-संस्कार का अधिकार दें ताकि वे वैतरणी पार कर, यम के लोक तक जा सकें।"

उस स्त्री के वचनों तथा साहस से प्रभावित हो कर राम ने इंद्रजित की कटी देह ले जाने की अनुमति प्रदान की। वह भी एक भी शब्द कहे बिना, उस शव को ले कर लौट गई। यदि उसे लक्ष्मण, राम अथवा वानरों पर कोई क्रोध था भी, तो भी उसने अपने मुख से एक भी शब्द नहीं कहा। उसने अपने पति को ऐसा करने से रोकना चाहा था परंतु वह यह भी जानती थी कि मेघनाद कभी अपने पिता को मना नहीं कर सकेंगे। वह मन ही मन इस अनिष्ट के लिए प्रस्तुत थी। उसने अपने भाग्य को पूरी गरिमा के साथ स्वीकारा।

- कथा के एक भील संस्करण में, कुबेर लक्ष्मण को उनके नेत्र धोने के लिए एक जादुई तरल पदार्थ भेजते हैं, जिसे लगाने के बाद लक्ष्मण, अलोप इंद्रजित को देख कर, सरलता से उसका वध कर सकते हैं। इस प्रकार कुबेर लक्ष्मण की मदद से, रावण से अपना बदला लेते हैं।
- सुलोचना को कई स्थानों पर प्रमिला नाम से भी पुकारा गया है, वह मध्ययुगीन साहित्य में एक पात्रा के रूप में उभरती है। इंद्रजित का संबंध नागपाश से जोड़ा जाता है, वहीं से यह विचार भी आया होगा कि उसकी पत्नी नाग-पत्नी थी।
- इंद्रजित की पत्नी सती हो जाती हैः वह इंद्रजित की चिता के साथ ही अपने-आप को जला देती है। यह प्रथा अब ग़ैरक़ानूनी मानी जाती है परंतु पहले इसे सती स्त्री का लक्षण माना जाता था। महाराष्ट्र, कर्नाटक व आंध्रप्रदेश में अनेक स्थानों पर सती सुलोचना की महिमा का बखान किया जाता है, उसे पूजा जाता है।
- सती सुलोचना के नाम पर कई फ़िल्में भी बनीं। इनमें से पहली फ़िल्म 1921 में बनी, जो एक मूक फ़िल्म थी। 1934 में, इसे कन्नड़ भाषा की पहली फ़िल्म के विषय के तौर पर चुना गया।
- उन्नीसवीं सदी में, माईकेल मधुसूदन दत ने, होमेर शैली में, बंगाली भाषा में मेघनाद बध काव्य की रचना की, जिसमें मेघनाद को यूनानी नायक हेक्टर के भारतीय संस्करण के रूप में प्रस्तुत किया गया, जो कर्तव्यपारायणता के निर्वाह के लिए, अनुचित पक्ष का साथ देता है। हेक्टर, ट्रॉजन के राजकुमार पेरिस का बड़ा भाई था, जो मेनेलॉस की पत्नी हेलेन को भगा लाया था और ग्रीकवासियों के लिए तबाही का कारण बना। हेक्टर को अपने भाई का यह कृत्य नहीं भाता किंतु फिर भी वह उसको अपना समर्थन देता है। जिस प्रकार हेक्टर और उसकी पत्नी एंड्रोमाचे के बीच मधुर संबंध थे, उसी तरह, मधुसूदन दत्त की रचना में भी, इंद्रजित और उसकी पत्नी के बीच मधुर संबंध दिखाए गए हैं। हेक्टर युद्ध में मारा जाता है और उसके शव को ग्रीक नायक एकीलिस अपवित्र करता है, परंतु ट्रॉय का राजा प्रायम, रात को भेष बदल कर उसके पास आता है और उससे विनती करता है कि शव को मुक्त कर दिया जाए ताकि उसे पूरी मर्यादा के साथ दफ़नाया जा सके।

कुंभकर्ण

"एक उसका भाई, जो कभी सोता ही नहीं और एक मेरा भाई है, जो सदा सोता ही रहता है," रावण कुंभकर्ण को याद कर चिल्लाया, वह उसका छोटा भाई था जो वर्ष में केवल एक ही दिन जागता था।

कुंभकर्ण ने अपनी तपस्या के बल पर एक वरदान पाया। वह अपने लिए इंद्र का सिंहासन पाना चाहता था, परंतु वह इंद्र का सिंहासन कहने की बजाए, निद्रा, नींद की भगवती का सिंहासन माँग बैठा और इस तरह वह वर्ष में केवल एक ही दिन जाग सकता था। यह भविष्यवाणी की गई थी कि वह जिस दिन जागेगा, उस दिन वह अजेय होगा किंतु यदि उसकी नींद में बाधा दी गई तो वह उसी दिन प्राण त्याग देगा।

"मेरी नगरी को वानरों ने नष्ट-भ्रष्ट कर दिया। मेरे पुत्र मारे गए। मैं यह प्रतीक्षा नहीं कर सकता कि कुंभकर्ण अपनी निद्रा पूरी करके जागे। उसे हर हाल में जगाना ही होगा," रावण बोला।

और इस प्रकार कुंभकर्ण के कक्ष में नगाड़ों, शंखों व अन्य वाद्य यंत्रों के साथ वादकों को भेजा गया। वे सब मिल कर अपने वाद्य यंत्र बजाने लगे ताकि उस कोलाहल के बीच कुंभकर्ण जाग जाए। सहायक कुंभकर्ण को तीखे हथियारों से कोंचने लगे ताकि चोटिल हो कर वह आँखें खोल दे। कुछ भी काम नहीं आया। अंत में, स्वादिष्ट व्यंजनों व पकवानों से भरे थाल, उसके कक्ष में लाए गए, उनकी गंध पा कर उसकी नींद खुली और वह कुनमुना कर उठ बैठा, "शायद भईया को भारी काम आन पड़ा। तभी तो उन्हें मेरी मृत्यु की भी परवाह नहीं रही, मुझे असमय ही जगा दिया," उसने जंभाई लेते हुए अंगड़ाई भरी।

उस विशालकाय राक्षस को रणक्षेत्र में देखते ही वानर सेना के बीच खलबली मच गई। उनमें से किसी ने भी कभी इतना बड़ा जीव नहीं देखा था। वे उस पर बड़े-बड़े पाषाण उछालने लगे। कुंभकर्ण को लगा जैसे कोई उस पर रेत के कणों की बौछार कर रहा हो। वे उस पर बड़े-बड़े वृक्ष उछालने लगे और उसे लगा जैसे कोई शाखाओं और पत्तियों से गुदगुदा रहा हो। जब वह दहाड़ा तो ऐसा लगा, मानो कहीं बिजली कड़क रही हो। जब वह चलने लगा तो लगा जैसे भूडोल आ गया हो।

सुगीव ने प्रत्येक वानर को भयभीत पाया तो वह कुंभकर्ण की ओर दौड़े, कुंभकर्ण ने उन्हें पूँछ से पकड़ लिया और उनका उपहास करने लगा। सुग्रीव भी इतनी सरलता से परास्त होने वालों में से नहीं थे, वह तब तक उसके हाथों में झूलते रहे, जब तक वह लपक कर उसके कान तक नहीं पहुँच गए। उन्होंने कुंभकर्ण के कान पर ज़ोर से काटा और कान की लौ को फाड़ दिया। कुंभकर्ण मारे दर्द के तिलमिला गया और उन्हें छोड़ दिया।

अचानक, वानरों के मन में आशा का संचार हुआ। वह दुष्ट राक्षस इतना बलशाली भी नहीं था जितना लग रहा था। उसे तो सरलता से परास्त कर सकते थे। सभी वानर दुगने वेग

और उत्साह के साथ युद्ध करने लगे। राम ने उस राक्षस का वध करने के लिए अपने धनुष पर बाण साध लिया।

कोई भी एक बाण कुंभकर्ण का अंत नहीं कर सकता था। उन्होंने कई बार बाण चलाए जिससे राक्षस के अलग-अलग अंग कटने लगे। एक बाण से बाईं भुजा, दूसरे बाण से दाईं भुजा, एक और बाण से बाईं टाँग और फिर एक और बाण से दाईं टाँग और फिर पाँचवें बाण से उसका शीश भेद दिया गया। भविष्यवाणी के अनुसार, कुंभकर्ण उसी दिन मारा गया, जिस दिन उसे नींद में बाधा दे कर, असमय जगाया गया था।

राक्षस उसकी हत्या के लिए राम को दोषी ठहराना चाहते थे परंतु वे मन ही मन जानते थे कि वह सब रावण के अधैर्य का दुष्परिणाम था।

- वाल्मीकि *रामायण* में, कुंभकर्ण इंद्रजित से पूर्व ही मारा जाता है। परंतु अलग-अलग संस्करणों में अलग क्रम से यह प्रसंग दर्शाया गया है। कश्मीरी *रामायण* में, पहले इंद्रजित मारा जाता है।
- कुंभकर्ण का नाम, आम बोलचाल की भाषा में ऐसे व्यक्ति के लिए प्रयुक्त होने लगा है, जो हमेशा सोता ही रहता है। मरने से पूर्व, कुंभकर्ण प्रार्थना करता है कि उसके कटे शीश को सागर में फेंक दिया जाए ताकि राक्षस यह न देख सकें कि वानरों ने उसके कान भी अपने दाँतों से काट खाए थे।
- नेपाल के कंचनजंघा पहाड़ पर एक छोटी पहाड़ी का नाम कुंभकर्ण है। मान्यता है कि युद्ध के बाद, कुंभकर्ण का शीश वहीं आ कर गिरा था।
- जहाँ इंद्रजित कौशल का प्रतिनिधित्व करता है वहीं कुंभकर्ण नृशंस बल का प्रतीक हैं। *महाभारत* में, युधिष्ठिर के लिए अर्जुन वही हैं, जो इंद्रजित रावण के लिए है और युधिष्ठिर के लिए भीम वही हैं, जो कुंभकर्ण रावण के लिए है। एक राजा को दोनों की ही आवश्यकता होती है, एक कौशलयुक्त योद्धा तथा बलशाली योद्धा।
- उत्तर भारत में राम-लीला प्रदर्शन के दौरान, राम की भूमिका निभा रहा नायक, रावण, इंद्रजित तथा कुंभकर्ण के पुतलों को आग लगाता है। एक सिद्धांत के अनुसार, यह अभ्यास, गंगा के मैदानी इलाक़ों में मध्ययुग में आरंभ हुआ, जो कि मुस्लिम शासन के विरोध का प्रतीकात्मक रूप था।

तरणीसेन

इसके बाद रणभूमि में ऐसे योद्धा ने प्रवेश किया, जैसा किसी भी वानर या राम ने कभी नहीं देखा था। वह स्वयं को तरणीसेन कहता था और उसके पूरे शरीर पर राम-राम गुदा हुआ था। उसने युद्धभूमि में राक्षसों का नेतृत्व किया और वे भेड़ियों के भूखे दल की तरह वानरों पर टूट पड़े।

"मैं उसे कैसे मार सकता हूँ? वह मेरा ही नाम जपता है। क्या मैं अपने ही नाम से रक्षित दुर्ग को नष्ट कर दूँ?"

विभीषण बोले, "उसके मुख पर अपने बाण से प्रहार करें। उसके दाँत उखाड़ दें और जीभ काट दें क्योंकि वहाँ आपका नाम नहीं लिखा। वही उसके शरीर के सबसे दुर्बल अंग और संवेदनशील अंग हैं।"

"किंतु वह तो श्रद्धाभाव से निरंतर मेरा नाम जप रहा है।" राम बोले

"आप दो नाम जप के बीच के अंतराल में बाण से आघात करें," विभीषण बोले।

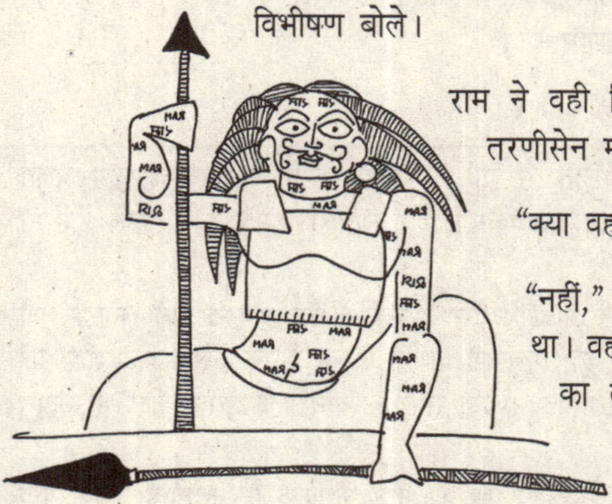

राम ने वही किया, जैसा उन्हें कहा गया था और तरणीसेन मारा गया।

"क्या वह भी रावण का पुत्र है?" राम ने पूछा

"नहीं," विभीषण ने उत्तर दिया, "वह मेरा पुत्र था। वह इतना निष्ठावान था कि उसने रावण का त्याग करना उचित नहीं समझा और मुझसे इतना कुपित था कि पिता-पुत्र का नाता ही तोड़ दिया।" विभीषण के गालों से अश्रुधार बह रही थी।

- तरणीसेन नामक पात्र का प्रसंग केवल कृत्तिवास रामायण में पाया जाता है।
- *दांडी रामायण* में, रावण के पुत्र वीरबाहु का भी वर्णन आता है, जो एक महान योद्धा होने के अतिरिक्त राम का परम भक्त भी था। वह राम से युद्ध करता है, राम को परास्त करता है और फिर राम के चरणों में गिर कर, उनसे प्रार्थना करता है कि वे उसका शीश काट दें ताकि वह विष्णु के धाम, बैकुंठ जा सके, जहाँ व्यक्ति पुनर्जन्म के चक्र से मुक्ति पा लेता है। राम ऐसा करने से इंकार कर देते हैं। वह राम को तब तक अपशब्द कहता है, जब तक वे उसका शीश नहीं काट देते। यह विपरीत-भक्ति का एक उदाहरण है, जहाँ ईश्वर का उपहास उड़ा कर तथा निंदा करते हुए, उनकी भक्ति की जाती है।
- राम के नाम की महिमा का प्रचार चौदहवीं सदी में हुआ। तब रामानंद जी ने विशेष तौर पर, उत्तर भारत में राम के प्रति भक्ति व निष्ठा का प्रचार किया। राम के नाम का जप, ईश्वरीय शक्ति के आवाह्न का सबसे बड़ा व शक्तिशाली मंत्र बन गया।

महिरावण

इसके बाद रावण ने, अपने मित्र महिरावण की सहायता लेनी चाही, जो पाताल लोक का राजा था। वह काली का परम भक्त और मायावी था। वह काली को नरबलि चढ़ा कर सिद्धियाँ प्राप्त करता था। "कुंभकर्ण के घाती राम तथा इंद्रजित का वध करने वाले लक्ष्मण की भी बलि चढ़ा दो। निश्चित रूप से तुम्हें उनका वध करके, कई प्रकार की सिद्धियाँ प्राप्त होंगी," रावण ने महिरावण से कहा। उस तांत्रिक राक्षस को यह विचार बहुत भाया, यद्यपि पहले-पहल उसके मन में संशय आया कि वह किसी ऐसे व्यक्ति को क्यों मारे जिसने उसे कोई हानि नहीं पहुँचाई किंतु रावण ने उसे लोभ का मार्ग दिखा दिया।

इस दौरान विभीषण ने हनुमान से कहा, "कुंभकर्ण और इंद्रजित नहीं रहे, अब रावण निश्चित रूप से महिरावण से सहायता की आकांक्षा रखेगा। केवल तुम ही राम और लक्ष्मण की रक्षा करने में समर्थ हो क्योंकि तुम स्वयं भी सिद्ध हो।"

हनुमान ने अपनी पूँछ को लंबा किया और उसे एक दुर्ग के आकार में कुंडली कर दिया। राम और लक्ष्मण से आग्रह किया गया कि जब वे युद्धभूमि में न हों, तो वे उसके भीतर ही विश्राम करें। कोई भी हनुमान की अनुमति लिए बिना, उस घेरे के भीतर प्रवेश नहीं कर सकता था।

महिरावण ने पूँछ से बने दुर्ग में प्रवेश करने के अनेक प्रयत्न किए; वह जाम्बवंत, कौशल्या और जनक के वेष में आया किंतु हर बार विभीषण ने उसे पहचान लिया। अंत में, वह विभीषण का ही रूप ले कर आ गया, वह किसी तरह हनुमान को छल कर, दुर्ग के भीतर जाने में सफल रहा। उसने राम और लक्ष्मण को अपनी माया से मूर्च्छित किया और उन्हें एक सुरंग के मार्ग से पाताल लोक ले गया, जो उसने पहले ही खोद कर तैयार कर ली थी।

जब हनुमान को अपहरण का पता चला, तो वे भी उस सुरंग में घुस गए और पाताल तक महिरावण का पीछा किया, वे दोनों भाईयों की प्राण-रक्षा के लिए दृढ़-संकल्प थे।

पाताल के प्रवेश द्वार पर उनकी भेंट एक ऐसे योद्धा से हुई, जो बल में उनके समान था। वे बहुत देर तक आपस में संघर्ष करते रहे परंतु हनुमान उसे अपने अधीन नहीं कर पा रहे थे। उन्होंने पूछा, "कौन हो तुम?" "मैं हनुमान का पुत्र मकरध्वज हूँ," उसने कहा

"यह असंभव है। मैं ही हनुमान हूँ और मेरी कोई पत्नी नहीं है। मैं तो बाल ब्रह्मचारी हूँ।"

मकरध्वज ने कहा कि वे अपने हनुमान होने का प्रमाण दें। "पाताल की पाँच विभिन्न दिशाओं में पाँच दीपक जल रहे हैं। अगर आप उन्हें एक ही बार में अपनी फूँक में बुझा सकते हैं, तो मैं विश्वास कर लूँगा कि आप ही हनुमान हैं।"

हनुमान ने अपने सिर के साथ शूकर, गरुड़, अश्व तथा सिंह का सिर भी उगा लिया। फिर उन्होंने पाँचों मुखों से, एक साथ, पूरे वेग से फूँक मारीं, जिससे विभिन्न दिशाओं में जल रहे दीपक बुझ गए, जिससे मकरध्वज को विश्वास हो गया कि वे साक्षात हनुमान ही हैं।"

तब मकरध्वज ने प्रकट किया कि जब हनुमान लंका आने के लिए सागर को तैर कर पार कर रहे थे तो उनके स्वेद की एक बूँद जल में गिरी जिसे एक मत्स्य अर्थात मकरध्वज की माता ने ग्रहण कर लिया। इस प्रकार उसका जन्म हुआ। उसे ऋषियों ने पाताल लोक के द्वार की रक्षा करने को कहा था, क्योंकि यही वह स्थान था, जहाँ उसकी भेंट अपने पिता से हो सकती थी।

मकरध्वज अपने पिता के आगे शीश झुका कर बोला, "मैंने आपको जाने का मार्ग दिया है अतः पाताल में अब आपको कोई भी नहीं रोकेगा।"

मकरध्वज ने सच कहा था, पाताल में किसी ने भी हनुमान का मार्ग नहीं रोका। वे सीधा उसी स्थान पर पहुँचे, जहाँ राम और लक्ष्मण को लौह श्रंखलाओं में जकड़ कर रखा गया था, उन दोनों की बलि चढ़ाने की तैयारी की जा रही थी। उन्हें हल्दी का उबटन लगा कर, जवाकुसुम के पुष्पों से श्रंगार किया गया था और स्वादिष्ट पकवान खिलाए गए। पाताल के निवासी बोले, "तुम कितने सौभाग्यशाली हो। तुम्हें आज भगवती के आगे बलि चढ़ाया जाएगा,"

हनुमान ने एक मक्षिका का रूप लिया और राम के कान के पास जा कर उन्हें बताया कि उस विकट परिस्थिति से बाहर आने का क्या मार्ग हो सकता था। जब राम को बलिवेदी पर ले जाया गया और उन्हें शीश झुकाने को कहा गया ताकि उनके शीश को धड़ से अलग किया जा सके, तो वे हनुमान के ही शब्दों को दोहराते हुए बोले, "मै रघुकुल का ज्येष्ठ पुत्र, अयोध्या का राजकुमार हूँ। मैंने अपने पूरे जीवन में कभी अपना शीश कहीं नहीं झुकाया। मैं चाहूँगा कि महान तांत्रिक स्वयं मुझे बताएँ कि बलि के लिए शीश कैसे झुकाना चाहिए।"

जिसे बलि चढ़ाया जा रहा हो, उसकी सारी इच्छाएँ पूर्ण की जाती हैं अतः महिरावण अपने घुटनों के बल बैठा और बलिवेदी पर शीश रखते हुए बताया कि शीश कैसे रखना चाहिए। इसी दौरान हनुमान ने बिजली की सी तेज़ी से, बलि चढ़ाने वाला खड्ग उठाया और उसकी ही बलि भगवती के चरणों में चढ़ा दी। भगवती ने हनुमान को आशीर्वाद देते हुए कहा, "जब

राम इस धरती से चले जाएँ। तब तुम मेरे अभिभावक संरक्षक बन कर रक्षा करना।"

"परंतु राम इस धरती से कभी नहीं जाएँगे," हनुमान ने कहा। भगवती यह सुन कर मुस्कुराईं और राम भी मुस्कुराने लगे।

जब हनुमान राम और लक्ष्मण को कंधों पर बिठाए, पाताल लोक से जाने लगे तो महिरावण की पत्नी, चंद्रसेना ने उनका मार्ग रोक लिया। हनुमान ने उसे अपनी ठोकर से दूर कर दिया।

चद्रसेना महिरावण की संतान को जन्म देने वाली थी। अजन्मा बालक, अहिरावण अपनी माता के साथ ऐसे व्यवहार से इतना क्रुद्ध हुआ कि वह माँ के गर्भ से, एक महावीर योद्धा के रूप में बाहर आ गया और हनुमान को युद्ध के लिए ललकारा।

हनुमान नें अहिरावण को पैरों तले कुचला, पाताल से बाहर छलांग भरी और धरती पर वापिस आ गए।

- संस्कृत की *अद्‌भुत रामायण* में, राम के अपहरण तथा हनुमान द्वारा पाताल लोक की यात्रा का प्रसंग आता है। इसमें कल्पना का मिश्रण, इसे पवित्र कथा से कहीं अधिक मनोरंजक बना देता है।
- राम ने हनुमान को डपटा था कि उन्होंने लंका को जलाने का निर्णय क्यों लिया। इसके बाद हनुमान ने तय कर लिया कि वे केवल राम की आज्ञा का पालन करेंगे। अपनी ओर से कोई क़दम नहीं उठाएँगे। हनुमान के इस निश्चय को तोड़ने और उन्हें निर्णय लेने पर विवश करने के लिए ही देवों ने पाताल लोक का यह सारा प्रसंग रचा था। यहाँ सारे निर्णय हनुमान को स्वयं ही लेने होते हैं क्योंकि राम वहाँ नहीं हैं।
- *हनुमान चालीसा* के अनुसार (चालीस पदों में हनुमान का स्तुति गान किया गया है, जिसे सोलहवीं सदी में, तुलसी दास जी ने अवधी भाषा में रचा) हनुमान के पास आठ सिद्ध शक्तियाँ थीं : विस्तार की शक्ति, संकुचन की शक्ति, आकार बदलने की शक्ति, अधीन करने की शक्ति, भारी होने की शक्ति, हल्का होने की शक्ति, कहीं भी जाने की शक्ति और इच्छा पूरी करने की शक्ति।
- हनुमान की संतान होने का यह प्रसंग विचित्र लगता है क्योंकि वे एक बाल ब्रह्मचारी के रूप में विख्यात हैं।

- पूरे भारत वर्ष में पाताल-हनुमान (वे हनुमान जो पाताल में गए थे), दक्षिण-मुखी हनुमान (दक्षिण दिशा अर्थात यम की दिशा में मुख रखने वाले), पंचमुखी अथवा दस मुखी हनुमान (पाँच या दस मुख वाले हनुमान आदि हनुमानों के मंदिर मिलते हैं। इस रूप में, वे राम के सेवक नहीं, अपितु महावीर अथवा महाबलि कहलाते हैं।
- कर्नाटक के मध्य संप्रदाय में हनुमान का यह रूप लोकप्रिय है, जहाँ उनके सिर पर सिंह, अश्व, गरुड़ तथा वराह का शीश भी आ जाता है। इस तरह राम के सेवक हनुमान, स्वयं हनुमान के रूप में रूपांतरित हो जाते हैं, जो दिखने में कृष्ण के विश्वरूप दर्शन की भाँति दिखते हैं, जो उन्होंने महाभारत में दिखाया था।
- कुछ कथाओं में, महिरावण को अहिरावण भी कहा गया हैः अन्य कथाओं में महिरावण अहिरावण का पिता माना गया है।
- कृत्तिवास *रामायण* में, महिरावण का नवजात पुत्र अहिरावण, संपूर्ण योद्धा के रूप में जन्म लेता है। वह सद्यजन्मे शिशु की भाँति मलिन व नग्नावस्था में है किंतु फिर भी अपने पिता के हत्यारे से लड़ता है।
- गुजराती की गिरिधर *रामायण* में, महिरावण की पत्नी चंद्रसेना, इस वचन के साथ अपने पति के विरुद्ध हो जाती है कि राम उसके पति होंगे। राम उससे विवाह करने से इंकार कर देते हैं परंतु यह वचन देते हैं कि जब वे कृष्ण के रूप में जन्म लेंगे तो वे सत्यभामा के रूप में जन्मेंगी और उनकी पत्नी होंगी।

रावण की पत्नियाँ

जब हनुमान धरती पर वापिस आए तो उन्हें पता चला कि रावण काली का आवाहन कर रहा थाः उसे महिरावण की मृत्यु का समाचार मिल गया था, जिसने उसे आतंकित कर दिया था। यदि रावण को अपने अनुष्ठान में सफलता मिल जाती तो युद्ध भूमि में कोई उसके आगे टिक नहीं सकता था।

हनुमान शीघ्र ही अंगद के साथ लंका पहुँचे और पाया कि समाचार असत्य नहीं था। उन्होंने पूजन-स्थल पर उपद्रव मचा दिया, सारे पवित्र पात्रों व भगवती को अर्पित किए जाने वाले फल-फूल से भरे टोकरों को ठोकरों से अपवित्र कर दिया। वे चीख़-चिल्ला कर, रावण का ध्यान भंग करने की चेष्टा करने लगे किंतु रावण अपने ध्यान में खोया रहा और उसने अपना अनुष्ठान रोकने से इंकार कर दिया।

अंततः, अंगद मंदोदरी के वस्त्र फाड़ कर फेंकने

लगा, और वह चिल्लाई, "रावण, यह क्या हो रहा है? क्या तुम चाहते हो कि तुम्हारी पत्नी एक वानर के हाथों अपमानित हो?"

रावण अपनी पत्नी के इस हृदयविदारक क्रंदन को अनसुना नहीं कर सका। वह अपनी पूजा त्याग कर, पत्नी की रक्षा करने आ गया। अंगद ने झट से, मंदोदरी को मुक्त कर दिया। हनुमान और अंगद उसी समय युद्ध भूमि में लौट गए। उनका अभियान सफल रहा था।

- विभिन्न संस्करणों में रावण शिव अथवा काली के लिए अनुष्ठान रचता है। इन संस्करणों को प्रमुख रूप से, बंगाल की आंचलिक *रामायणों* में देखा जा सकता है, जो शाक्त संप्रदाय के उदय का सूचक है, जिसके साथ ही शैववाद तथा वैष्णवाद प्रसारित हुआ।
- कृत्तिवास की *रामायण* में, हनुमान उस ताड़पत्र से सारे मंत्र ही मिटा देते हैं, जिसे पढ़ कर रावण भगवती की स्तुति कर रहा है। इस प्रकार रावण का ध्येय पूर्ण नहीं हो पाता।
- *अध्यात्म रामायण* तथा अन्य कुछ आंचलिक पुनर्लेखनों में अंगद द्वारा मंदोदरी का अपमान किए जाने का प्रसंग मिलता है। हालाँकि भारतीय महाकाव्यों में इस विचार को इतना प्रश्रय नहीं दिया गया कि शत्रु की पत्नी पर अधिकार जता कर, उसे अधीन करने का प्रयत्न किया जाए; इसके विपरीत यूनान के महाकाव्यों में ऐसे अनेक प्रसंग आते हैं, जैसे *इलियड* में ऐसे अनेक उदाहरण हैं जहाँ ट्रॉजन की महिलाओं को बलात्कार के बाद गुलाम बना दिया जाता है।
- दक्षिण-पूर्व एशियाई संस्करणों में, अनेक राक्षसी स्त्रियों को हनुमान से प्रेम हो जाता है। यह प्रसंग भारतीय उपमहाद्वीप में प्रचलित नहीं हो सका।
- हनुमान इंद्रजित और रावण के उन यज्ञों को ध्वंस करते हैं, जो वे शिव के लिए कर रहे थे, यह प्रसंग उसी बात का पूरक जान पड़ता है, जहाँ शिव भी दक्ष के यज्ञ का ध्वंस करते हैं।
- यज्ञ तथा पूजन के विध्वंस की ये कथाएँ, उन लोगों के विरोध में बनीं जो तंत्र-मंत्र व जादू-टोने का आश्रय लेते थे। उन्हें देख कर वे लोग कुपित होते थे जो किसी भी तरह के जादू-टोने की बजाए भक्ति व स्नेह को अधिक मान देते थे।

नीलकमल

राम बोले, "इंद्रजित ने काली का पूजन किया। महिरावण ने काली का पूजन किया। रावण ने काली का पूजन किया। मुझे भी काली का पूजन करना चाहिए। उन्होंने मारे भय के, भगवती को नरबलि अर्पित की। मैं भगवती को सस्नेह केवल एक सौ आठ कमल ही अर्पित करूँगा।"

कमल एकत्र किए गए और राम भगवती का पूजन करने लगे। वे भगवती का एक-एक नाम जप करते हुए, उन्हें नीलकमल अर्पित करने लगे। राम की अपने प्रति आस्था की परीक्षा के लिए, काली ने एक कमल कहीं छिपा दिया। जब राम ने एक सौ आठ नामों का जप कर लिया तो पाया कि एक कमल कहीं नहीं था।

राम अपनी पूजा में बाधा नहीं चाहते थे। उन्होंने निर्णय लिया कि वे कमल के स्थान पर भगवती को अपना नेत्र ही अर्पित कर देंगे। उन्हें भली-भाँति स्मरण था कि उनकी माता, उन्हें कमल-नयन भी कहती थीं। उन्होंने एक बाण लिया और अपनी आँख निकालने ही वाले थे, जब अचानक भगवती दुर्गा के रूप में उनके सामने आईं, जो काली की तरह रौद्र तथा गौरी की भाँति सौम्य थीं, दिखने में एक वधू के समान थीं परंतु एक योद्धा भी थीं, जो सिंह पर सवार हो कर, युद्ध भूमि में उतरने को तैयार हो। उन्होंने कहा, "ठहरो राम!" और फिर राम को युद्ध में विजयी होने का आशीर्वाद दे कर लौट गईं।

इस प्रकार राम दुर्गा के वरदान से और भी बलशाली बन कर लौटे, जो शक्ति हैं। रावण शिव का नाम जपते हुए युद्ध भूमि में आया।

- राम द्वारा दुर्गा को अपना नेत्र अर्पित करने की यह कथा बंगाल में प्रचलित है। दशहरे के दिन, अनेक गृहस्थ घरों में, भगवती को एक सौ आठ कमल अर्पित करने के प्रतीकस्वरूप एक सौ आठ दीपक जलाए जाते हैं।
- बसंत ऋतु में नौ दिन तक भगवती का पूजन होता है। राम ही भगवती पूजन को शरद ऋतु तक लाने के उत्तरदायी हैं। शरद में दुर्गा पूजन को, अकाल बोधन अर्थात असमय आवाह्न भी कहा जाता है।
- महान हिंदी कवि व लेखक सूर्यकांत त्रिपाठी निराला की प्रसिद्ध कविता, 'राम की शक्ति पूजा', बंगाली रामायण के इसी प्रसंग पर आधारित है।
- यह प्रसंग उन निजी बलिदानों की ओर ध्यानाकर्षण करता है, जो अपने लक्ष्य तक जाने के लिए निश्चित रूप से किए जाने चाहिए।
- दुर्गा काली की भाँति रौद्र नहीं हैं। वे गौरी जितनी सौम्य भी नहीं हैं। वे एक वधू तथा योद्धा वेष के बीच खड़ी दिखती हैं। काली का संबंध राक्षसों से है जबकि दुर्गा का संबंध राम से है जो इस बात का सूचक है कि राम सभ्यता का मूर्तिमान रूप थे, जो कि रावण नहीं था।

रावण का पतन

रावण के पुत्रों की मृत्यु हो गई थी। उसके भाईयों की मृत्यु हो गई थी। उसके मित्र भी नहीं रहे। उसके सिपाही मर चुके थे या मृतप्रायः थे। सारी नगरी अपाहिजों व विकलांगों से भर

गई थी : उसके वीर योद्धा अपने-अपने हाथ, पैर, आँख आदि युद्ध की भेंट दे कर, कराह रहे थे। कई तो शारीरिक यंत्रणा भोगने के साथ-साथ मानसिक रूप से भी आहत थे, वे सारी-सारी रात वानरों की चीख़ों के कारण सो नहीं पा रहे थे। अट्टालिकाएँ जल रही थीं, प्राचीरें ढह रही थीं। खाई में सडांध पैदा करने वाले शवों की संख्या बढ़ती जा रही थीं। वह दुर्गंध असहनीय थी। बच्चे रोते-रोते अपने पिताओं के बारे में पूछते रहते, जो अब कभी नहीं लौटने वाले थे। कभी वैभव और विलास की नगरी कहलाने वाली लंका, भूतों व विधवाओं का डेरा बन कर रह गई थी। जब रावण अंततः शत्रु से आर या पार का निर्णय लेने चला तो मार्गों पर वही अशुभ चेहरे पंक्तियाँ बाँधे खड़े दिखे।

"उसे छोड़ दो," मंदोदरी ने विनती की।

"नहीं," रावण, सदा की तरह अपनी हठ पर अडिग था।

उसकी शोभायात्रा सदा की तरह भव्य थी; उसके रथ को आलीशान अश्व खींच रहे थे, उसके साथ स्तुतिगान करते संगीतज्ञों के दल के अतिरिक्त हाथी सेना सवार भी थे। किंतु पदातिक किसी तरह अपने पैरों को घसीटते हुए साथ चल रहे थे। युद्ध का जयघोष भी उनके भीतर उमंग नहीं जगा पा रहा था। फिर भी दृश्य अद्भुत था। राक्षस राज की बीसों भुजाओं में, धनुष और बाण थे, रथ के दोनों ओर पताकाएँ लहरा रही थीं और वह अवज्ञापूर्ण भाव से शत्रु की सेना को ताक रहा था।

"तुमने अपने बंदरों को अच्छा प्रशिक्षण दिया है," रावण ने, राम को देख उपहास किया। उनके पास कोई रथ नहीं था, वे हनुमान के कंधों पर सवार थे।

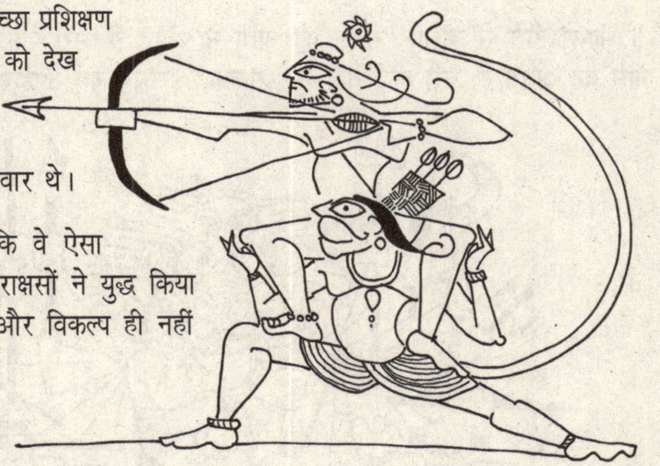

"उन्होंने युद्ध किया क्योंकि वे ऐसा करना चाहते थे। तुम्हारे राक्षसों ने युद्ध किया क्योंकि उनके पास कोई और विकल्प ही नहीं था," राम बोले।

"लंका कभी तुम्हारी नहीं होगी।"

"मैंने तुम्हारी नगरी पर धावा नहीं बोला। मैं अपनी पत्नी की मुक्ति के लिए आया हूँ। मुझे लंका नहीं, केवल अपनी पत्नी सीता चाहिए। उसे जाने दो, सब ठीक हो जाएगा।"

"नहीं," रावण ने अपना धनुष उठाते हुए घोषणा की।

जब राम और रावण ने आशीर्वाद पाने के लिए शिव का स्मरण किया, तो शक्ति ने शिव से

पूछा, "आप सच्चे अर्थों में अपना समर्थन किसे देते हैं?"

दोनों को ही। राम की विजय होगी क्योंकि वे रावण को पाठ पढ़ा रहे हैं। रावण विजयी होगा क्योंकि अंततः उसकी आँखें खुलेंगी," शिव ने उत्तर दिया।

युद्धभूमि के दोनों ओर से, अद्‌भुत बाण छोड़े जाने लगे। रावण के बाण राम के बाणों को और राम के बाण, रावण के बाणों को निरस्त कर रहे थे।

कटी नासिका से हो रहे रक्तस्राव के साथ शूर्पणखा, हनुमान की उपद्रवी पूँछ, लंका की जलती अट्टालिकाएँ, विभीषण का द्रोह, इंद्रजित की चिता पर विलाप करती सुलोचना, कुंभकर्ण का क्षत-विक्षत शरीर, तरणीसेन का चिरा हुआ मुख और मंदोदरी के हृदयविदारक रुदन! यह सब रह-रह कर रावण की आँखों के आगे नाच रहा था और उसके क्रोध का वेग बढ़ता ही जा रहा था, बढ़ता ही जा रहा था। राम सीता को स्मरण कर रहे थे, जो कहीं प्राचीरों के पीछे बैठीं, शांत भाव से उनकी प्रतीक्षा कर रही थीं और अपनी सीता का स्मरण करते हुए राम शांत, और अधिक शांत होते जा रहे थे।

अंततः राम ने एक बाण चलाया जिसने रावण के एक शीश को उसकी देह से विलग कर दिया। उन्हें यह देख कर अचंभा हुआ कि उसी समय, वहाँ एक और शीश आ गया। उन्होंने दूसरा बाण चलाया और एक शीश काटा परंतु फिर से वहाँ एक और शीश आ गया। नीचे गिरे हुए शीश उपहासपूर्ण ढंग से खिलखिला रहे थे।

"विभीषण हौले से बोला, "रावण की नाभि में अमृत से भरा एक पात्र है, जब तक उसके पास वह अमृत है, उसे कोई नहीं मार सकता," "उसने यह उपहार ब्रह्मा जी से पाया था।"

रावण ने विभीषण को हौले से बोलते देखा तो वह रोष से गरजा, "हम अपनी दुर्बलताएँ केवल उनके आगे ही प्रकट करते हैं, जिन पर स्नेह रखते हैं और जिन पर विश्वास करते हैं। और

तुम इसी बात का लाभ उठा रहे हो, उन बातों को इस हत्यारे से करना चाहते हो ताकि तुम लंका के राजा बन सको!"

"मैं तुम्हारी तरह नहीं हूँ," विभीषण इस आस में ज़ोर से चिल्लाए कि शायद उनके भाई को सुनाई दे जाए। परंतु कुछ नहीं सुना गया। कुछ कहने अथवा सुनने का समय अब बीत गया था। रावण ने अपने भाई को अपशब्द कहे और राम पर बाणों की वेगवान वर्षा आरंभ कर दी।

राम रावण की नाभि पर बाण का संधान करने में सकुचा रहे थे। उन्हें स्मरण था, पिता श्री ने एक बार कहा था कि युद्ध में सेना के नेता को अपने बाण, दूसरी सेना के नेता के शीश या हृदय पर ही चलाने चाहिए। उन्हें लगा कि ऐसा करना उचित नहीं होगा। अपने भईया के मन की दुविधा को भाँप कर, लक्ष्मण राम और रावण के मध्य आ गए और उन्होंने अपने बाण से रावण की नाभि में प्रहार किया और अमृत पात्र के टूटते ही रावण शक्तिहीन होने लगा।

"तुमने ऐसा क्यों किया?" राम अपने भाई की ओर मुड़ कर बोले।

"क्योंकि आप ऐसा कभी न करते और किसी न किसी को तो करना ही था," लक्ष्मण बोले। "अब आप कोई चिंता या विचार न करें, अपने काम को पूरा करें।"

राम ने निर्णय लिया कि वे संसार का सबसे महानतम बाण, ब्रह्मास्त्र चलाएँगे, जो ब्रह्मा जी की शक्ति से अनुप्राणित है, ब्रह्मा के पौत्र की हत्या के लिए वही उपयुक्त होगा, ऐसा व्यक्ति जो ब्राह्मण होने का दावा तो करता है, परंतु कभी ब्राह्मण नहीं बन सका।

हनुमान के कंधों पर सवार राम ने, उपयुक्त मंत्रों का उच्चारण किया और ऐसा बाण छोड़ा जो रावण के हृदय को चीरता हुआ निकल गया; वह उसी क्षण धरती पर गिर पड़ा, सभी यह देख कर आश्चर्य से भर उठे, वह राम का नाम जप रहा था।

चारों ओर स्तब्ध कर देने वाला सन्नाटा छा गया। वानर तो विश्वास ही नहीं कर पा रहे थे कि रावण धराशायी हो चुका था। राक्षसों को भी कहाँ विश्वास आ रहा था कि उनका महान, अजेय नेता, वास्तव में पराजित हो चुका था। सूर्य देव की गति थम गई। मेघ स्थिर हो गए। पवन भगवान सन्न खड़े रह गए। रावण का पतन हो चुका था। हाँ, विश्रवा का महान पुत्र, पुलस्त्य और ब्रह्मा का वंशज, अब कभी नहीं उठेगा।

- वाल्मीकि *रामायण* में, इंद्र ने राम के लिए अपना रथ और सारथी भेजा था क्योंकि रावण ने ऐसे योद्धा से युद्ध करने से इंकार कर दिया था, जो अपने रथ पर न खड़ा हो।
- अनेक दक्षिण-पूर्व एशियाई तथा लोक पुनर्लेखनों के अनुसार, रावण का वध राम ने नहीं, लक्ष्मण ने किया था।
- जैन ग्रंथों में तिरेसठ श्लाका पुरुषों की मान्यता रही है: जिनमें नायकों के नौ दल, बारह राजा तथा चौबीस प्रबुद्धजन पाए जाते हैं। नायकों के दल में एक हिंसक नायक (वासुदेव), एक शांति का अनुग्रही (बलदेव) तथा एक खलनायक (प्रतिवासुदेव) शामिल होता है। रामायण ऐसे

ही नायकों के दल की कथा है : राम बलदेव हैं, रावण प्रतिवासुदेव तथा लक्ष्मण वासुदेव हैं, जिसका अर्थ है, रावण की हत्या राम के हाथों नहीं, लक्ष्मण के हाथों ही होनी नियत थी।

- भील *रामायण* में, लक्ष्मण उस मक्षिका को मार देते हैं, जिसमें रावण के प्राण छिपे हैं।
- पुराणों में कथा आती है कि रावण ने ब्रह्मा जी से वरदान में, सभी प्रकार के जीवों से अभय माँग लिया था, केवल मनुष्यों से नहीं माँगा क्योंकि उनसे उसे कोई भय नहीं था। विष्णु इसी तथ्य को स्मरण रखते हैं और मनुष्य के अवतार में, राम बन कर, रावण का वध करते हैं।
- कम्बन की तमिल *रामायण* में, राम का एक ही बाण रावण के शरीर को कई बार भेद देता है, वह उसके हृदय में उस स्थान को खोज लेता है, जहाँ उसने सीता और उसके प्रति प्रेम को बंदी बना रखा था।
- लाओस की *रामायण* में, फरा लाम (राम) अपने पूर्व जन्म में बुद्ध थे और रावण वासनाओं के शैतान, मारा के रूप में चित्रित किया गया है।
- अगस्त्य मुनि राम को आदित्यहृदयम् का मंत्र देते हैं जिससे सूर्यदेव की शक्ति को जागृत किया जा सकता है, वे योद्धा को बल तथा साहस प्रदान करते हैं।
- एक और तेलुगू पुनर्कथन में, राम रावण की नाभि पर प्रहार करने से मना कर देते हैं क्योंकि उचित आचरण के अनुसार, केवल शत्रु के मुख पर ही प्रहार हो सकता है। हनुमान के संकेत पर, उनके पिता वायु देव राम के बाण की दिशा बदल देते हैं और वह जा कर रावण की नाभि को भेद देता है।
- दशहरे के दिन, राजस्थान के मुद्‌गल गोत्र के, दवे ब्राह्मणों का एक समुदाय रावण का श्राद्ध समारोह आयोजित करता है। उसी दिन, कानपुर में रावण के मंदिर के द्वार खुलते हैं। यह मंदिर उन्नीसवीं सदी में बनाया गया था। रावण को शिव और शाक्त तीर्थों का अभिभावक संरक्षक माना जाता है।
- रावण थाईलैंड के अनेक तीर्थों में सरंक्षक व आदरणीय द्वारपाल की भूमिका में खड़ा दिखाई देता है।
- राम व रावण दोनों ही परम शिवभक्त हैं। राम से जुड़े सभी स्थलों पर शिव जी के मंदिर भी पाए जाते हैं जिनमें अयोध्या (उत्तरप्रदेश), चित्रकूट (उत्तरप्रदेश), पंचवटी (महाराष्ट्र), किष्किंधा (कर्नाटक), रामेश्वरम् (तमिलनाडू) आदि शामिल हैं। यह मान्यता है कि रावण ने गोकर्ण (कर्नाटक), मुरुडेश्वर (कर्नाटक), काकीनाडा (आंध्र प्रदेश), तथा बैद्यनाथ (झारखंड), में शिव जी के मंदिरों की स्थापना की थी।
- गृहस्थ घरों में होने वाले आम संवाद के दौरान विभीषण को प्रायः एक विश्वासघाती के रूप में देखा जाता है जिसने अपने पारिवारिक रहस्य दूसरे व्यक्ति पर उजागर कर दिए, यद्यपि उन्हें राम के प्रिय भक्तों में भी गिना जाता है।

रावण से मिला पाठ

रावण धरती पर पड़ा, भारी श्वासें लेते हुए, आसन्न मृत्यु की प्रतीक्षा में था। राम ने लक्ष्मण से कहा, "शीघ्रता से जाओ लक्ष्मण, वह बहुत बड़ा ज्ञानी है। जाकर उससे ज्ञान प्राप्त करो।"

लक्ष्मण रावण के समीप गए और जाकर कहा, "मैं राम का भाई लक्ष्मण हूँ, जिसने आपको इसलिए दंड दिया क्योंकि आपने उसके भाई की पत्नी का अपहरण किया था। एक विजेता के रूप में, वह आपकी सारी संपत्ति के स्वामी हैं, जिसमें आपका ज्ञान भी शामिल है। अगर आपके पास ऐसा कोई ज्ञान है, तो अपनी मृत्यु से पूर्व, उन्हें प्रदान करें।"

रावण ने क्रोधवश अपना मुँह फिरा लिया, लक्ष्मण ने जा कर राम को सारी वस्तुस्थिति से अवगत कराया।

राम बोले, "जिस व्यक्ति ने अपने ही भाई का महल हथिया लिया और फिर किसी दूसरे व्यक्ति की पत्नी हर लाया, तुम उससे अपेक्षा रखते हो कि वह ऐसी शुष्क और अधिकारपूर्ण माँग को पूरा करते हुए, तुम्हें ज्ञान प्रदान करेगा। क्या उससे ज्ञान पाना तुम्हारा अधिकार है? तुमने सही मायनों में रावण को कभी देखा ही नहीं।"

राम ने अपने शस्त्र नीचे रखे व रावण के निकट जा कर, चरणों के समीप बैठ गए, उन्होंने दोनों हाथ जोड़े और नम्र स्वर में बोले, "हे अभिजात्य वंशीय, विश्रवा व कैकसी के पुत्र! शिव के भक्त, शूर्पणखा, विभीषण व कुंभकर्ण के भ्राता, इंद्रजित के पिता, तरणीसेन के काका, महिरावण के मित्र व मंदोदरी के पति, मैं आपको प्रणाम करता हूँ। मैं राम हूँ, जो आपकी बहन के अंग-भंग के लिए उत्तरदायी है और इसके लिए मैं यथेष्ट दंड भोग चुका हूँ। मैं राम हूँ, जिसकी पत्नी का आपने अपहरण किया, जिसके लिए आप भी यथेष्ट दंड भोग चुके हैं। अब हमारे बीच कोई ऋण अनुबंध नहीं रहा। परंतु मैं आपसे ज्ञान प्राप्त करने का आकांक्षी हूँ, जो आप अपने जाने के बाद, धरोहर के रूप में छोड़ना चाहेंगे।"

जिस तरह तेल की धार पाते ही, मृतप्रायः दीपक की लौ जगमगा उठती है, उसी प्रकार रावण की आँखें भी दमक उठीं, "राम, मुझे अनुभूति हो रही है कि मैंने कभी आपको देखा ही नहीं। मैंने उस व्यक्ति को देखा, जिससे मेरी बहन ने घृणा की, मेरे भाईयों ने मान दिया, मेरी

रानियों ने सराहा और सीता ने प्रेम किया।" मुझसे ज्ञान पाने की इच्छा के साथ, आप यह आशा रखते हैं कि मैं अंततः अपने मनस् का विस्तार करूँगा और वेदों के उस सार को पा लूँगा, जो सारी ऋचाओं और अनुष्ठानों की जानकारी के बावजूद, आज तक मुझे छलता ही आया है। आप वे आदर्श छात्र हैं, जिसका कौतूहल गुरु को भी अधिक ज्ञानवान बना देता है। मैं आपके आगे प्रणाम निवेदित करता हूँ। ब्रह्मा ने हमें कहा है, कुछ पाने के लिए हमें कुछ देना चाहिए परंतु हममें से अधिकतर, जैसे इंद्र, कुछ दिए बिना ही प्राप्त करना चाहते हैं। शिव कुछ पाना नहीं चाहते, इसलिए वे देने और पाने का लेखा-जोखा भी नहीं रखते, परंतु केवल राम, जो विष्णु हैं, वे केवल दे कर ही पा लेते हैं। यही कारण है कि सीता मेरा नहीं, उनका अनुसरण करती हैं।"

इसके बाद रावण ने अंतिम श्वास ली।

- कृत्तिवास की बंगाली *रामायण* तथा अन्य आंचलिक *रामायणों* में राम द्वारा रावण के चरणों में बैठ कर, ज्ञान प्राप्त करने का दृश्य दिखाया गया है, वाल्मीकि की *रामायण* में ऐसा कोई प्रसंग नहीं आता।
- रामायण तथा महाभारत, दोनों ही किसी नायक की विजय के साथ समाप्त नहीं होते परंतु इनके साथ ज्ञान का संप्रेषण होता है, एक चेतावनी, जो स्मरण कराती है कि युद्ध वस्तुओं से नहीं बल्कि विचारों से संबंध रखता है।
- किसी व्यक्ति को देखना अर्थात उसके दर्शन करना। इसका अर्थ यह नहीं होता कि केवल वस्तु को निरख लिया जाए। दर्शन का अर्थ होगा कि किसी व्यक्ति के चरित्र को इस तरह परखा जाए कि वह अपने ही चरित्र में झलक उठे। सारी *रामायण* में, राम बारंबार लक्ष्मण को इसी बात के लिए फटकारते हैं कि वे वस्तुओं को उनके वास्तविक स्वरूप में नहीं देखते और वे किसी भी चीज़ पर अपने निर्णय की मुहर लगाने में देर नहीं करते। राम उन्हें भावनाओं के प्रवाह में बह कर निर्णय लेने से भी मना करते हैं।
- पारंपरिक रूप से, वानरों व राक्षसों का यह युद्ध आठ दिन तक चला, कुछ लोग इसे दस दिन का युद्ध कहते हैं और नौ-रात्रि के उत्सव से जोड़ते हैं, जिसका अंत विजयदशमी अर्थात विजय श्री प्राप्त करने वाले दसवें दिन होता है, जिसे दशहरा भी कहते हैं।

विभीषण और लंका का सिंहासन

विभीषण भले ही रावण से मन ही मन उसके कुकृत्यों के कारण कितना ही द्वेष क्यों न रखते हों परंतु उसकी मृत्यु पर वे बहुत शोक मनाते हैं। वे युद्धभूमि में फूट-फूट कर रोने लगते हैं और मंदोदरी महल में विलाप करती है। मंदोदरी का रुदन सुन कर, लंका की सारी स्त्रियाँ छाती पीट-पीट कर विलाप करने लगती हैं और उन्हें सांत्वना देना कठिन हो जाता है। जिन पुरुषों ने आजीवन कभी एक अश्रु तक नहीं बहाया था, वे भी अनाथ बालकों की तरह कातर भाव से रोते हैं। सीता त्रिजटा को कंठ से लगा कर, सांत्वना प्रदान करती हैं।

"आज तुम्हारे लिए प्रसन्नता का दिन है। अंततः तुम मुक्त हो गईं," त्रिजटा ने कहा।

"क्या दुःख के इस सागर के बीच सच्चे अर्थों में प्रसन्नता प्राप्त हो सकती है?" जनक पुत्री के मन में अनायास ही प्रश्न उमड़ पड़ा।

सारी नगरी, लंका के दुर्ग के बाहर एकत्र हो गई, जहाँ उनके महान सम्राट का अंतिम संस्कार संपन्न होना था। राम ने आग्रह किया था कि जो भी प्राणी युद्ध में मारे गए, भले ही वे वानर हों या राक्षस; उनका उचित रीति से अंतिम संस्कार किया जाना चाहिए। वे बोले, "मृतक किसी के शत्रु नहीं होते।" तैल पात्र में संरक्षित इंद्रजित तथा कुंभकर्ण के शव के साथ ही रावण का शव तथा अन्य सैनिकों के शव रखे गए, जिन्होंने लंका की रक्षा में अपने प्राणों का बलिदान कर दिया था। एक विशाल अग्नि उन शवों को लील गई। उनकी अस्थियाँ सागर में विसर्जित की गईं और कौओं को भोग दिया गया। उन्होंने प्रसन्नतापूर्वक काँव-काँव करते हुए सूचित किया कि रावण वैतरणी पार कर, मृतकों की धरती तक पहुँच गया है।

जब शोक-काल समाप्त हुआ तो पुरुषों ने स्नान द्वारा अपनी रक्तस्नात देह साफ़ कीं; स्त्रियों ने अपने अश्रु पोंछे, अपने मुख प्रक्षालन किए, केशों को बाँध कर पुष्पों से सुसज्जित किया। धुले हुए वस्त्र धारण किए और अपनी देह को सुगंधित परिमल से सुवासित करने के बाद, सुवर्ण आभूषण पहने। "पुराने महाराज अब नहीं रहे। अब नए महाराज का स्वागत करने का समय हो गया। दल को सदा एक नेता की आवश्यकता होती है।"

विभीषण पर पिसी हल्दी के चूर्ण का छिड़काव किया गया। उन्हें सिंदूर लगाने के बाद, कमल पुष्पों की माल पहनाई और हाथ में धनुष थमाया गया। मंदोदरी ने उनके रजत नुपुरों के स्थान पर, उन्हें रावण के सुवर्ण नुपुर पहनाए और ऐसा करके, लंका की महारानी ने विभीषण को लंका के नए राजा के रूप में स्वीकार किया। वे उनके साथ उसी प्रकार बैठीं, जिस प्रकार तारा बाली की मृत्यु के बाद, सुग्रीव के साथ बैठी थी।

"ईश्वर करे, तुम पिछले राजा की पत्नी को युद्ध में मिले पुरस्कार की तरह नहीं, स्नेह से स्वीकार करो। तुम इस राज्य और राज्य की स्त्रियों को अपनी संपत्ति की तरह कभी न देखो। तुम अपने राज्य के अनुसार, अपनी क्षमता का आकलन न करो। तुम तपस्या व यज्ञ से अपने मनस् का विस्तार करो और अन्य व्यक्तियों को भी ऐसा ही करने के लिए प्रोत्साहित करो।

इस प्रकार तुम राक्षसों को आदिम जीवनशैली से परे, धर्म के मार्ग पर ले जाने में सफल रहो," राम ने कहा।

- रावण का वध नवरात्रि उत्सव की नवीं रात्रि को हुआ और दसवें दिन उसका दाह-संस्कार संपन्न किया गया।
- एक असमिया लोकगाथा के अनुसार, यदि कोई व्यक्ति अपने हाथ को, अपने कान पर रखे तो जो आवाज़ सुनाई देती है, वह रावण की चिता से आती है, जो आज भी जल रही है।
- यह तर्क सदैव दिया जा सकता है कि सुग्रीव और विभीषण ने राम की सहायता इसलिए की कि वे अपने-अपने भाईयों को सिंहासन से हटाना चाहते थे। परंतु ऐसी महत्त्वाकांक्षा को *रामायण* की विषयवस्तु नहीं माना जा सकता, यह महाभारत में पाई जाती है।
- जब विभीषण, पांडव युधिष्ठिर के राज्याभिषेक में जाते हैं, तो वे उनके चरण छूने से इंकार कर देते हैं और कहते हैं कि वे केवल राम को ही अपना प्रणाम निवेदित करते हैं। तब कृष्ण युधिष्ठिर को प्रणाम करते हुए कहते हैं कि सभी राजा राम की तरह ही हैं, यदि वे अन्यथा कार्य न करें। तब विभीषण भी आगे आ कर युधिष्ठिर के चरण स्पर्श करते हैं।
- विभीषण और हनुमान चिरंजीवी हैं अर्थात ऐसे व्यक्ति जो सदैव जीवित रहते हैं।

अग्नि परीक्षा

सीता ने धैर्य के साथ शोक के समाप्त होने तथा समारोह प्रारंभ होने के विषय में सुना। उन्होंने बड़े धैर्य से देखा कि नगरी को किस प्रकार, नए महाराज के लिए साफ़ करके सँवारा जा रहा था। उन्होंने धैर्य से देखा कि मार्गों पर जल से छिड़काव हुआ, पताकाएँ फहराई गईं। उन्होंने धैर्य से सुना कि युद्ध के नगाड़ों का स्थान आनंद से परिपूर्ण वंशी की धुनों ने ले लिया। उन्होंने धैर्य से प्रतीक्षा की, राम शीघ्र ही उन्हें लिवाने के लिए किसी को भेजेंगे।

परंतु जाने क्यों, भीतर ही भीतर मन बहुत विचलित हो रहा था। उन्हें स्मरण था कि केवल अपवित्र विचार के कारण ही, किस प्रकार रेणुका का शीश काट दिया गया। उन्होंने स्मरण किया कि किस प्रकार अहिल्या अपने अपवित्र कर्म के कारण शिला में बदल दी गई। परंतु वे न तो देह से अपवित्र हैं और न ही अपने मन से अपवित्र हैं, परंतु अपनी पवित्रता प्रमाणित कैसे की जा सकती है? जो विश्वास करते हैं, उन्हें किसी प्रमाण की आवश्यकता नहीं; जो विश्वास ही नहीं करते, वे सभी प्रमाणों को अस्वीकृत कर देते हैं। और भले ही वे इस बात को चाहें न चाहें, वे राम की प्रतिष्ठा पर कलंक थीं। रावण ने उनका हरण तब किया, जब वे राम के संरक्षण में थीं; वे राम की असफलता का प्रतीक हैं। क्या संसार भी उनकी भाँति क्षमावान होगा? क्या वे अपने मन की बात कहेंगे अथवा उसी जगत को अपना स्वर देंगे, जिस पर वे शासन करते हैं?

उनके पास आई स्त्रियों ने समाचार दिया कि राम ने उन्हें संदेश भिजवाया है। विभीषण उन्हें एक भाई की तरह, अपने यहाँ से विदा देंगे। हनुमान को वर द्वारा, उनके साथ के लिए भेजा

गया था; वे अपने साथ उन आभूषणों को भी लाए थे, जो वानरों को वन की निर्जन भूमि में पड़े मिले थे इसके अतिरिक्त, लंका की स्त्रियों ने भी स्नेहवश, सीता के लिए एक-एक आभूषण भेजा था। वे चाहती थीं कि जब सीता राम से भेंट करें, तो वे तारों से जगमग करते आकाश से भी अधिक दैदीप्यमान दिखाई दें।

परंतु फिर एक बहस छिड़ गई। कुछ स्त्रियों ने कहा, "क्या उसके पति को देखना नहीं चाहिए कि उसकी अनुपस्थिति में वह कितनी निष्प्रभ और आभाविहीन हो गई थी? उन्हें पता तो चले कि वह उन्हें कितना याद करती थी।" अन्य स्त्रियों ने खंडन किया : "नहीं, राम उन्हें बहुत समय बाद देख रहे हैं। सीता को इतना सुंदर दिखना चाहिए कि वे उसके सौंदर्य को देख अभिभूत हो उठें।" कुछ स्त्रियों ने कहा, "यदि वे बहुत सुंदर और कांतिमान दिखेंगी तो कहीं वे यह अनुमान न लगा लें कि सीता बंदी जीवन में प्रसन्न थीं। हमें उन्हें उसी तरह, मलिन और अस्त-व्यस्त वेष में राम के पास ले जाना चाहिए, जैसे कोई वृक्ष पुष्पों व पत्रों से रहित हो गया हो।" "कहीं संसार यह न कह दे कि लंका में अतिथियों के साथ अच्छा बर्ताव नहीं होता," सरमा ने कहा। "वे कोई अतिथि नहीं, वे तो यहाँ बंदी थीं," त्रिजटा ने गुस्से से कहा।

अंततः सीता को स्नान के पश्चात्, सुंदर वस्त्र और आभूषण धारण करवा कर, शगुन के समय गाए जाने वाले गीतों की मधुर धुनों के बीच, सिर पर छत्र की छाया तले विदा दी गई। सीता अशोक वाटिका और लंका से निकलीं और राम की ओर चलीं।

प्रत्येक लंकावासी उस स्त्री को देखने के लिए उमड़ पड़ा, जिसके लिए इतना भीषण संग्राम लड़ा गया। उन्होंने उसके विषय में कितना कुछ सुन रखा था। राक्षस और वानर, सीता की एक झलक पाने के लिए एक-दूसरे पर गिरे जा रहे थे। भीड़ को वश में करने के लिए सिपाहियों की मदद लेनी पड़ी। पुरुषों द्वारा इस अधैर्य व अनुचित व्यवहार के प्रदर्शन से सुग्रीव व विभीषण को क्रोध आ गया किंतु राम बोले, "कोई बात नहीं, उन्हें देखने दीजिए कि यह युद्ध किसके लिए लड़ा गया?"

"वे युद्ध में विजित कोई पुरस्कार नहीं, जिसे सबके सम्मुख प्रदर्शन के लिए रखा जाए, वे एक मनुष्य, आपकी पत्नी हैं," लक्ष्मण बोले।

राम ने कोई उत्तर नहीं दिया।

जब सीता अंततः राम के पास पहुँचीं, तो उन्होंने एक अलग ही व्यक्ति को देखा, वह तो चमकीली दृष्टि वाला युवा नहीं था, जो उनके लिए सुवर्ण हिरण लाने गया था। वह तो एक क्लांत और अनिश्चय की सी स्थिति में खड़ा एक योद्धा था, जिसकी देह युद्ध में मिले घावों से क्षत-विक्षत थी। उन्होंने भाँप लिया कि राम की मनोस्थिति उस समय किसी ऐसी नाव की तरह थी जो धारा से संघर्ष कर रही हो। उनके मुख पर वैसा उत्साह और उत्तेजना नहीं दिखे, जैसे लक्ष्मण के मुख पर दिख रहे थे। वे अपनी प्रियतमा की प्रतीक्षा में खड़े प्रेमी की नहीं, एक ऐसे राजा की भूमिका में खड़े थे, जो मन ही मन कोई निर्णय ले रहा था।

और फिर राम बोले, "मैं, रघु कुल का वंशज हूँ, मैंने रावण का वध किया है, वह व्यक्ति जिसने तुम्हारा अपहरण किया था। इस प्रकार मैंने अपने परिवार की खोई हुई प्रतिष्ठा को पुनः अर्जित किया है। सबको यह पता चलना चाहिए कि युद्ध का वास्तविक ध्येय तुम्हारी रक्षा करना नहीं, बल्कि अपने परिवार का सुनाम वापिस पाना था। यह भी सबको ज्ञात हो कि मेरे सम्मुख तुम्हारी उपस्थिति से मुझे हर्ष का अनुभव नहीं हो रहा, तुम मेरी आँख में धूल के समान तथा मेरे परिवार की प्रतिष्ठा पर कलंक के समान हो, क्योंकि तुमने अपने प्राण लेने की अपेक्षा, वर्षा ऋतु के दौरान किसी परपुरुष के आश्रय में रहने का चुनाव किया। मैं चाहूँगा कि तुम स्वेच्छा से जहाँ जी चाहे, चली जाओ। तुम विभीषण, सुग्रीव या लक्ष्मण; किसी के भी साथ जा सकती हो। यह सबको ज्ञात हो कि मैं तुम पर कोई अधिकार नहीं रखता।"

राम के इन वचनों को सुन सभी स्तब्ध रह गए। यह तो वह व्यक्ति नहीं था, जिसके साथ उन्होंने युद्ध में साथ दिया। यह तो वह व्यक्ति नहीं था जो हर रात, अपनी पत्नी की चूड़ामणि हाथ में लिए, रोता दिखाई देता था। यह भावशून्य और संवेदनाहीन प्राणी कौन था?

सीता ने शांत भाव से कहा कि लकड़ी के लट्ठे और तिनकों की ढेरियाँ लाकर आग का अलाव जलाया जाए। सभी ने यह सोचा कि वे इतना अपमानित होने के बाद, स्वयं को जीवित ही जला देना चाहती हैं। परंतु जब उन्होंने अग्नि में प्रवेश किया तो लपटें स्वयं ही शांत हो गईं और अग्नि देव बोले, "मैं केवल अशुद्ध वस्तुओं को ही जलाता हूँ। मैं इसे नहीं जला सकता। यह मन तथा देह से पूरी तरह से पवित्र और शुद्ध है।"

"और प्रतिष्ठा का क्या होगा?" राम बोले।

"वह तो मनुष्यों का मापदंड है जिसका प्रकृति से कोई लेन-देन नहीं है। राम इस स्त्री को अपनी पत्नी के रूप में ग्रहण करो, क्योंकि यह तुम्हारे अतिरिक्त किसी दूसरे को अपने पति के रूप में स्वीकार नहीं करेगी।"

राम यह सुन कर किसी बालक की तरह दमके, परंतु यह उत्साह क्षण भर के लिए ही था। उनके मुख पर फिर वही उदासीन भाव तिर आया, "ठीक है, ऐसा ही होगा।" उन्होंने अपना हाथ आगे किया, और सीता को अपने साथ बैठने का निमंत्रण दिया।

- राम सीता से मिलने से पूर्व किसी विरही प्रेमी और पति की तरह व्यवहार करते हैं परंतु जब सीता उनके सामने आती हैं तो वे निर्दयी भाव से रघुकुल के वंशज में रूपांतरित हो जाते हैं।
- वाल्मीकि *रामायण* में, राम ने सीता को देख कर कहा था कि उन्हें देख कर वैसा ही कष्ट हो रहा है जिस प्रकार रोगी नेत्रों को प्रकाश से कष्ट होता है।
- तमिल श्री वैष्णव परंपरा में, कथा आती है कि राम विभीषण के माध्यम से सीता को संदेश देते हैं कि वे स्नान कर, अलंकृत हो कर, उनसे भेंट करने आएँ। सीता आज्ञा का पालन करती हैं परंतु उन्हें देख कर राम कुपित हो उठते हैं। दरअसल उन्हें सीता से अपेक्षा थी कि वे उनके कहे शब्दों का तात्पर्य समझेंगी अर्थात उसी मलिन और अस्त-व्यस्त वेष में भेंट करने आएँगी, जैसे वे उस समय थीं।
- राम अपनी पत्नी के आगे परिवार को अधिक मान देते हैं, यह पूरे भारत में महिलाओं के लिए रोष का विषय है, पारंपरिक समाज में, युवा पत्नी को तब तक निचले पद में ही रहना होता है, जब तक वह गृहस्थी की कुलमाता के पद पर नहीं आ जाती। इस मान्यता के पीछे यही भय रहता है कि कहीं युवापत्नी अपने पति को अंगुलियों पर नचाने न लगे, इस तरह उनका पुत्र हाथ से जाता रहेगा। इस तरह पति ऐसा इलाक़ा बन जाते हैं, जिसे अपने अधीन करने के लिए परिवार और पत्नी में संघर्ष छिड़ा रहता है।
- कश्मीरी *रामायण* में, सीता चौदह दिन तक जलने के बाद, दैदीप्यमान सुवर्ण की तरह निखर कर, अग्नि से बाहर आती हैं।
- *रामायण* के मध्ययुगीन पुनर्कथनों जैसे *अद्भुत रामायण* तथा मलयालम *रामायण* में कहा गया है कि रावण ने जिस सीता का अपहरण किया था वह माया सीता अथवा छाया सीता थी यह आख्यान दूषित होने की धारणा से उपजा है। जहाँ राम को एक ईश्वर के रूप में देखा जा रहा था, भक्त इस विचार को ग्रहण नहीं कर पा रहे थे कि उनकी अर्द्धांगिनी को किसी दुष्ट राक्षस के हाथों अपवित्र या अशुद्ध माना जाए।
- ग्रीक पुराख्यानों में भी यह धारणा मिलती है कि प्रतिरूप का हरण किया जाता है और मूल की पवित्रता बनी रहती है। हेरोदोत्स तर्क देता है कि जिस हेलेन को पेरिस अपने साथ ट्रॉय ले गया था, वह असली नहीं थी, जब ग्रीक और ट्रोजन उसके लिए आपस में लड़ रहे थे तो वह उस समय मिस्र में अपने दिन काट रही थी। इस तरह यूरीपाइड जैसे नाटककार हमें बताते हैं कि वह एक पवित्र स्त्री थी, वह ऐसी निर्लज्जा नहीं थी, जैसे होमर ने उसे चित्रित

किया है। दुनिया भर की संस्कृतियों में स्त्री की निष्ठा और पवित्रता, पुरुषों के सम्मान की वैधता बन गई, संभवतः इसलिए क्योंकि यह पुरुषों की आत्म-छवि को तृप्त करती है।

- अग्नि परीक्षा को पवित्रीकरण अनुष्ठान के रूप में देखा जाता है। *महाभारत* में, जब द्रौपदी एक से दूसरे पति के पास जाती है, तो वह स्वयं को शुद्ध करने के लिए अग्नि में प्रवेश करती है।
- पवित्रीकरण अनुष्ठान तथा इससे उत्पन्न पदक्रम ने भारतीय समाज को आकार देने में महत्त्वपूर्ण भूमिका निभाई है, जहाँ कुछ निश्चित समुदायों के सदस्य जैसे वधिक और मोची तथा मेहतर आदि, व माँसाहारी भोजन करने वाले, परे ही रखे जाते हैं।
- *महाभारत* में, रामायण के पुनर्कथन, रामोपख्यान में, सीता अपनी निष्ठा पर प्रश्नवाचक चिन्ह लगते ही बेसुध हो जाती हैं और तब उन्हें ब्रह्मा पुनर्जीवित करते हुए, उनकी पवित्रता की साक्षी देते हैं।

हज़ार सिरों वाला राक्षस

ज्योंही सीता ने अपने पति के निकट स्थान ग्रहण किया, क्षितिज से एक गर्जना सुनाई दी और पहाड़ियों के पीछे से, एक सहस्र शीश वाला प्राणी आता दिखाई दिया। विभीषण ने भयकातर स्वर में कहा, "यह रावण का जुड़वाँ है, जो पुष्कर द्वीप में वास करता है, यहाँ तक कि रावण भी इससे भयभीत रहता था।"

इससे पूर्व कि राम अपना धनुष उठा पाते, सबने एक अद्भुत दृश्य देखा। अचानक ही सीता रूपांतरित हो गईं। उनके नेत्र विस्फारित हो गए, त्वचा का रंग लाल हो गया, केश खुल कर बिखर गए, और उनकी अनेक भुजाएँ उग आईं, जिससे उन्होंने वानरों तथा राक्षसों के पाषाण, दंड, तलवारों तथा भाले लपक लिए। इस तरह सशस्त्र सीता, एक सिंह पर सवार हुईं, जो अकस्मात् कहीं से प्रकट हो गया और वे उस राक्षस से लड़ने के लिए चल दीं। वह एक महाभयंकर संघर्ष था, अनेक भुजाधारी भगवती ने राक्षस को कुचल दिया, जो उनके पति से संयोग

में बाधा देने आ गया था। उन्होंने उसकी आंतें निकाल दीं, अंगों को चबाया, शीश कुचल दिए, घुटने तोड़ दिए और उसका रक्तपान किया। इस प्रकार वे तृप्त हो कर, पुनः राम के निकट जा बैठीं, अब वे सौम्य सीता के रूप में थीं और उनके होठों पर एक सहज स्मित खेल रहा था।

किसी ने एक शब्द तक मुख से नहीं निकाला। सभी यह जान कर विस्मित हो उठे कि सीता ही गौरी थीं, जो काली भी थीं। उन्होंने ही अपने हरण की अनुमति प्रदान की। उन्होंने ही अपने रक्षण की अनुमति प्रदान की। वे एक स्वतंत्र भगवती थीं जिन्होंने राम को एक विश्वसनीय देव बना दिया।

- *अद्भुत रामायण* में यह प्रसंग आता है, जहाँ दस हज़ार शीश वाले राक्षस का अंत राम के नहीं, सीता के हाथों होता है, वह रावण से भी अधिक बलशाली है। यह कथा, पंद्रहवीं सदी में, शाक्त हिंदुत्व के प्रभाव से सामने आई।
- ओड़िया में, सरला दास की *बिलंका रामायण* में भी सीता भगवती की कथा आती है।
- हिंदुत्व की वैदिक विचारधारा के अनुसार उस परमात्मा को नर रूप में देखा जाता है, जबकि तांत्रिक मान्यता उसे मादा रूप में मानती है। ये दोनों ही शाखाएँ - सगुण हैं - वे जो, साकार में दिव्यता का संधान करते हैं। अनेक व्यक्ति निर्गुण रूप को सराहते हैं - वे दिव्यता को निराकार में पाना चाहते हैं। परंतु जनसाधारण ने मूर्त रूप को ही चुना क्योंकि इस तक पहुँच बनाना सरल लगता था, इस प्रकार ईश्वर को अनेक लैंगिक रूपों में देखने की आवश्यकता अनुभव की गई।
- *अद्भुत रामायण* में, बारी-बारी से भयंकर (चंडी-रूप) तथा सौम्य (मंगल-रूप) का वर्णन आता है, जो भगवती के ही रूप हैं। मंदिरों में प्रायः भगवती को वस्त्र व आभूषण अर्पित किए जाते हैं, पूजन व अनुष्ठान किया जाता है कि वे स्वेच्छा से अपना सौम्य तथा मंगल रूप बनाए रखें और मानवता का कल्याण हो सके। यदि यह कार्य अधिकारपूर्वक करवाया जाए तो उसके भयंकर परिणाम भुगतने पड़ सकते हैं।
- अनेक पुनर्कथनों में, युद्ध-कांड को लंका-कांड भी कहा गया है।
- तेलुगू की *रंगनाथ रामायण* में, रावण के पिता को पता चलता है कि जब वे ध्यानमग्न थे तो उनकी पत्नी को दस बार मासिक धर्म नहीं हुआ था। वे बहुत उदास हुए और अंततः उन्हें ऐसा पुत्र दिया जिसके दस शीश थे, उनमें से हर एक शीश, छूटे हुए मासिक धर्म की पूर्ति के लिए था।
- मनोविश्लेषणात्मक दृष्टि से, दशरथ और रावण पिता के समान हैं, दोनों ही राम के आनंद में बाधा बनते हैं, एक उन्हें अयोध्या से निकाला देता है तो दूसरा सीता को हर ले जाता है। एक स्थान पर, राम अपना रोष प्रकट नहीं कर सकते क्योंकि ऐसा करने से वे स्वयं को उन्नत व प्रज्ञावान प्राणी की सूची में शामिल नहीं कर सकेंगे और दूसरे स्थान पर, वे वानरों के माध्यम से अपना रोष प्रकट करते हैं।
- श्री वैष्णव साहित्य में, सीता का वर्णन करते हुए कहा गया है कि वे स्वयं रावण का वध करने में सक्षम थीं परंतु वे ऐसा नहीं करतीं क्योंकि उन्हें राम की ओर से ऐसा करने के निर्देश नहीं मिले थे।

खंड सात

स्वतंत्रता

'राम संस्कृति में उलझे रहे, परंतु प्रकृति ने सीता को मुक्त कर दिया'

पुष्पक

युद्ध समाप्त हो चला था, रावण का अंत हुआ, सीता मुक्त हुईं, लंका को अपने लिए नया राजा मिला, सुग्रीव अपने ऋण से उऋण हो गया और वनवास की चौदह वर्षों की अवधि भी पूर्ण हो गई थी। अब घर लौटने का समय हो चला था। "हमें शीघ्र ही चलना चाहिए," हमें बहुत पैदल मार्ग तय करना है।" राम बोले।

"जब आप उड़ कर जा सकते हैं, तो पैदल क्यों चला जाए?" विभीषण ने कहा। "यह उड़ने वाला रथ, पुष्पक, अपने वास्तविक स्वामी, कुबेर के पास जाने की इच्छा रखता है। इसे अलका नगरी जाने के लिए, उत्तर दिशा में ही जाना है। परंतु यह मार्ग में, आपको आपके घर तो छोड़ ही सकता है, क्या आपने इसे रावण के पंजों से मुक्त नहीं किया?"

सीता सकुचा गईं, उनके हृदय में उस उड़ने वाले रथ के लिए बहुत ही दुःखद स्मृतियाँ अंकित थीं। "परंतु अब तो आप राम व लक्ष्मण के साथ हैं," विभीषण बोले, "अब कैसा भय, वैसे भी, मैं, सरमा व मंदोदरी तथा आपकी सखी त्रिजटा भी आपके साथ चलेंगे।"

"हम भी साथ चलेंगे," सुग्रीव, हनुमान, अंगद, नल, नील व जाम्बवंत ने कहा।

और इस प्रकार सभी कुबेर के भव्य पुष्पक विमान में सवार हुए। उसने किसी हंस की भाँति अपने पंख लहराए और आकाश में ऊँचा उठता हुआ, उत्तर दिशा में, लंका से अयोध्या की ओर चल दिया।

- पद्म पुराण के अनुसार, राम और दूसरे लोगों को उड़ कर इसलिए जाना पड़ा क्योंकि सागर पर बनाया गया पुल नष्ट हो गया था। विभीषण ने राम से कहा था कि वे पुल को नष्ट करवा दें ताकि कोई दूसरा लंका पर आक्रमण न कर सके।
- कलाकारों ने विमान या उड़ने वाले रथ की कल्पना नाना प्रकार से की है। कभी इसे अश्वों, खच्चरों या हंसों द्वारा खींचा गया दिखाया जाता है तो कभी इसके पंख दिखाए जाते हैं।

- एक पारंपरिक हिंदू या जैन मंदिर को भी विमान कहते हैं, इसे दिव्य जीवों द्वारा प्रयुक्त किए जाने वाले, उड़ने वाले रथ के रूप में देखा जाता है जो स्वर्ग से धरती के मध्य यात्रा करते रहते हैं।
- ग्रीक पुरागाथाओं के अनुसार, देवों तथा नायकों की उड़ान के प्रसंग आते हैं - ज़्यूस के पास अपना गरुड़ था, बैलेरोफोन के पास उड़ने वाला अश्व है, हर्मीज के पास पंखों वाले जूते हैं और मीदिया के पास उड़ने वाले सर्पों का रथ है। परंतु स्वर्ग से धरती के विवरण, संस्कृत काव्य में अधिक पाए जाते हैं, जो वाल्मीकि के साथ आरंभ हुए।

राम का प्रायश्चित

उनका वह दल मार्ग में अनेक स्थानों पर ठहरते हुए आगे बढ़ा।

सबसे पहले, वे जम्बूद्वीप के छोर पर उतरे, जहाँ से लंका तक जाने का सेतु निर्माण किया गया था। राम और सीता ने शिव, सम्पाती तथा वरुण के प्रति अपनी प्रार्थना निवेदित की, उन्हें युद्ध के दौरान उनके सहयोग के लिए आभार प्रकट किया। स्वयंप्रभा की गुहाओं में कुछ समय के लिए विश्राम करने के बाद, वे किष्किंधा से होते हुए गुज़रे। राम ने वन के उस हिस्से की ओर संकेत किया, जहाँ उन्होंने बाली का वध किया था और जिस पाषाण के पास उनकी हनुमान से भेंट हुई थी। सीता ने उन वृक्षों तथा नदियों के किनारों को पहचान लिया, जिनके निकट उन्होंने अपने आभूषण फेंके थे। उन्होंने उन सबको धन्यवाद दिया कि उन्होंने राम तक उनका संदेश पहुँचाया।

इसके बाद वे उन सभी ऋषियों के आश्रमों में भी गए, जहाँ वे प्रारंभ में गए थे : अगस्त्य, अत्रि, शरभंग, सुतीक्ष्ण व भारद्वाज। पक्षियों व सर्पों ने ऋषियों को सीता की दुःख भरी गाथा सुना दी थी और ऋषि उन्हें सुरक्षित देख मुदित हो उठे। लोपामुद्रा ने सीता से भविष्य के बारे में विचार करने को कहा। अनसूया ने उन्हें चेतावनी दी कि वे अतीत की घटनाओं पर विचार न करें।

इसके बाद, राम ने पुष्पक से आग्रह कि वह उन्हें अयोध्या से परे, हिमालय की ओर ले चले। "मैंने एक ऐसे व्यक्ति का वध किया है, जो वेदों की ऋचाओं का ज्ञाता था, वह अनेक विज्ञानों तथा कलाओं में निष्णात था, उनके संप्रेषक की हत्या कर, मैंने ब्रह्महत्या का पाप किया है। मुझे मानवता के प्रति इस असेवा भाव के लिए प्रायश्चित करना होगा।"

"परंतु उन्होंने आपकी पत्नी का अपहरण किया था," लक्ष्मण ने कहा

"रावण के दस शीश थे। नौ शीश भ्रम से परिपूर्ण थे, जिन्होंने उसे अधीर, वासनामयी, लोभी, घमंडी, असुरक्षित, क्रोधी, ईर्ष्यालु, अशिष्ट व सबको अपने वर्चस्व में रखने की प्रवृत्ति वाला बना दिया। परंतु उसके एक शीश में असीम प्रज्ञा तथा आस्था का वास था। नौ शीशों से उठते कोलाहल के स्वर ने उस एक शीश के संगीत को कहीं दबा सा दिया। मुझे उसी शीश की हत्या करने का प्रायश्चित करना है।"

वानरों, राक्षसों, लक्ष्मण व सीता ने, राम को हिमालय की ढलानों पर, राम को रावण से क्षमायाचना करते देखा। वे धरती पर, नेत्र मूँद कर बैठे, और युद्ध में घटी घटनाओं पर विचार करने लगे, उन्होंने अपने दस शीश व बीस भुजाओं वाले शत्रु की स्मृति को मन में स्मरण किया।

राम के सम्मुख दो अलौकिक प्राणी प्रकट हुए व बोले, "यह जान लो। हम जय और विजय हैं। बैकुंठ के द्वारपाल। एक बार हमने, चार ऋषियों को बैकुंठ धाम में प्रवेश करने से रोका था क्योंकि विष्णु उस समय विश्राम कर रहे थे। हमने उन्हें तीन बार भीतर जाने से रोका। और यही कारण था कि उन्होंने हमें धरती पर तीन बार जन्म लेने का श्राप दिया। विष्णु ने हमें वचन दिया कि वे हमें हमारे नश्वर जीवनों से मुक्ति देंगे। पहली बार हम असुर हिरण्याक्ष तथा हिरण्यकश्यप के रूप में जन्मे थे। विष्णु ने वराह व नरसिम्हा रूप धारण कर, हमें धरती से मुक्त किया। दूसरी बार हमने रावण तथा कुंभकर्ण नामक दो राक्षसों के रूप में जन्म पाया। विष्णु ने हमें राम का रूप ले कर मुक्त किया। अब हम, शिशुपाल तथा दंतवक्र नामक दो मनुष्यों के रूप में जन्म लेंगे। विष्णु हमें कृष्ण का रूप ले कर मुक्त करेंगे। राम, शांत मन के साथ अयोध्या प्रस्थान करें। आपको यह ज्ञात होना चाहिए कि आपने वही किया, जो नियति ने आपसे करवाना चाहा।"

इसके पश्चात् राम ने अयोध्या की राह ली।

- रामेश्वरम् में, लोग राम व सीता की तरह रेत से शिवलिंग बनाते हैं, जिन्होंने शिव का आवाह्न करने व उन्हें उनके सहयोग के लिए धन्यवाद देने के लिए ऐसा किया था।
- रामेश्वरम् मंदिर में, शिव का एक नहीं, दो लिंग प्रतिष्ठित हैं। कथा के अनुसार, राम ने हनुमान को शिव लिंग लाने के लिए काशी भेजा किंतु उन्हें आने में बहुत समय लग गया।

तब सीता ने वहीं रेत से एक शिवलिंग रच दिया। जब तक अनुष्ठान आरंभ हुआ, हनुमान भी लिंग ले कर आ गए। उन्हें गुस्सा आया कि किसी ने उनकी प्रतीक्षा क्यों नहीं की। उन्होंने सीता द्वारा रेत से बनाए शिवलिंग को अपने पैर की ठोकर से गिराना चाहा परंतु ऐसा नहीं कर सके। इस तरह उन्हें अनुभव हुआ कि वे अजेय नहीं थे। उन्हें सांत्वना देने तथा प्रसन्न करने के लिए राम ने सीता के रेत से बने शिवलिंग के साथ-साथ, उनके लाए हुए शिवलिंग का भी पूजन किया।

- मध्य युग में, राम द्वारा ब्रह्म हत्या के पाप का प्रायश्चित, एक पंडित को मारने का अपराध जैसी कथा लोकप्रिय तीर्थ यात्री कथा बन गई। दक्षिण में रामेश्वरम् तथा उत्तर में ऋषिकेश को उन स्थानों में गिना जाता है, जहाँ राम ने रावण की स्मृति में प्रायश्चित व अनुष्ठान किया।
- भक्ति मार्ग में, विपरीत-भक्ति का प्रसंग भी आता है। ईश्वर का शत्रु, निरंतर उन्हें अपशब्द कहते हुए, इतनी बार स्मरण करता है कि वह स्वयं ही दैवीय कृपा का अनुग्रह पा लेता है। रावण के साथ भी यही हुआ।
- जैन तथा बौद्ध परंपराओं में, रावण अनेक दोषों से युक्त ज्ञानी है। जैन परंपरा में, वह एक ऋषि के रूप में जन्म लेगा। बौद्ध परंपरा में, वह बुद्ध के साथ संवाद करता है।

भरत की परीक्षा

जब राम कौशल प्रदेश की सीमाओं पर पहुँचे, तो उन्होंने हनुमान से कहा कि वे जा कर भरत को उनके आसन्न आगमन की सूचना दें। "उनसे कहो कि अब भी उनके पास समय शेष है, वे अब भी उस राजसिंहासन पर अपना दावा जता सकते हैं, जिसे उनकी माता ने उनके लिए सुरक्षित किया था। उनसे कहना कि यदि वे राजा बनने का प्रस्ताव स्वीकार करते हैं तो इससे राम के मन में उनके प्रति कोई द्वेष उत्पन्न नहीं होगा।"

जब हनुमान ने यह संदेश भरत को दिया तो वे बोले, "राम की भाँति, मेरे मन में भी राज्य के प्रति कोई लोभ नहीं है। मुझे अपनी प्रमाणिकता सिद्ध करने के लिए अयोध्या के राजसिंहासन की आवश्यकता नहीं है। परंतु यह राज्य निश्चित रूप से एक अच्छा राजन पाने को आतुर हो रहा है।"

"और एक अच्छे राजन कौन हैं?" सदा के कौतूहली हनुमान ने पूछा

भरत ने प्रत्युत्तर में कहा, "एक अच्छा राजन वही होता है, जो राज्य को अपनी क्षमता का

मापदंड नहीं मानता। ऐसा राजा सिंहासन पाने के लिए अपने भाईयों से युद्ध नहीं करता, न ही वह प्रजा से निष्ठा की माँग रखता है। ऐसे राजा प्रजा को उनके जीवन के उत्तरदायित्व स्वयं लेने के लिए प्रोत्साहित करते हैं, और उन्हें इस योग्य बनाते हैं कि वे दूसरों पर निर्भर बनने की बजाए, अपना दायित्व स्वयं ले सकें, आत्मनिर्भर बन सकें। इस प्रकार एक सुखद राज्य का अस्तित्व सामने आता है।"

"ऐसे किसी राज्य का अस्तित्व नहीं होता," हनुमान ने अपना तर्क रखा, वे यह कहते हुए, किष्किंधा को स्मरण कर रहे थे, जहाँ राजसिंहासन पाने के लिए भाईयों की हत्या हुई अथवा लंका, जहाँ की प्रजा पूरी तरह से अपने महान राजा पर ही निर्भर थी।

"ऐसा होगा, जब राम सिंहासन की शोभा बनेंगे, क्योंकि यह एक ऐसा सिंहासन है, जिसकी न तो वे इच्छा रखते हैं और न ही इस पर अपना अधिकार जताते हैं, परंतु वे इसे केवल इसलिए ग्रहण करना चाहते हैं क्योंकि उन्हें उनकी प्रजा, उनके पिता तथा भाई-बंधुओं द्वारा ऐसा करने के लिए आमंत्रित किया जा रहा है।" भरत बोले।

ज्योंही भरत ने ये शब्द अपने मुख से उच्चारे, राम पुष्पक विमान में, क्षितिज पर उसी प्रकार उदय हुए, जैसे काले मेघों को चीर, सूर्य सामने आ जाता है। उनके साथ सीता बैठी थीं; लक्ष्मण पीछे खड़े थे। वे वानरों तथा राक्षसों से घिरे थे। भरत के नेत्र मारे प्रसन्नता के विस्फारित हो उठे। वनवास की अवधि समाप्त हो गई थी। उनके भईया, अयोध्या नरेश अंततः अपने राज्य में वापिस आ गए थे।

- वाल्मीकि *रामायण* में, हनुमान केवल यह देखने जाते हैं कि कहीं भरत को राम की वापसी से कोई असुविधा तो नहीं। वे पाते हैं कि भरत तो मुनि वेष में, नंदीग्राम नामक स्थान पर कुटिया बना रह रहे हैं, वे राम के नाम से राज्य का संचालन करते हैं, जिनकी चरण-पादुकाएँ अयोध्या के राजसिंहासन पर प्रतिष्ठित हैं। इस वापसी को और अधिक नाटकीय बनाने के लिए, कम्बन अपनी तमिल *रामायण* में, वर्णन करते हैं कि भरत राम के आने में देरी होने पर, स्वयं को बलि चढ़ा देने का विचार बना लेते हैं। वे कौशल्या सहित अपने परिवार की ओर से होने वाली अनुनय-विनय को भी ठुकरा देते हैं।
- *रामायण* अनिवार्य रूप से, तीन राजवंशों से आए भाईयों की कथा हैः जो अयोध्या से हैं (मनुष्य), वे दूसरे भाई को सिंहासन देने को उत्सुक हैं; जो किष्किंधा से हैं (वानर), वे सिंहासन को उस तरह नहीं बाँट सकते, जिस तरह उनके पिता चाहते थे और; जो लंका से हैं (राक्षस) जहाँ एक भाई, दूसरे भाई के अधिकार को उससे छीन लेता है। भरत व राम का संबंध, भाईयों के स्नेह का सूचक है, जो आपसी बैर तथा किसी स्थान को अपने अधीन करने की सारी इच्छाओं से परे है।
- *रामायण* तथा *महाभारत,* यह प्रश्न उठाती हैं कि क्या राज्य, राजाओं की धरोहर हैं? दोनों ही इस विषय में एकमत हैं कि ऐसा नहीं होता।

उर्मिला नींद से जागी

पहले तो माताओं ने उन्हें पहचाना ही नहीं; जो किशोर चौदह वर्ष पूर्व घर से गए थे, वे अब संपूर्ण पुरुषों के रूप में घर लौटे थे। उनके बाल लंबे, तथा सूर्य के ताप से शुष्क हो गए थे। उनकी त्वचा गहरी व खुरदरी हो चली थी। उनके मुख पर दाढ़ियाँ बढ़ी हुई थीं, और शरीर दुबला गए थे, उनके नैन-नक्श भी क्षीण हो चले थे।

उनकी पुत्रवधू, जो एक किशोरी के रूप में घर से गई थी, वह भी एक पूर्णयौवना स्त्री के रूप में, वधू वेष में सुसज्जित वापिस आई थी। पहले कभी जो आभूषण उसके सौंदर्य में वृद्धि करते थे, वही अब उसके रूप से शोभायमान हो रहे थे।

उनके नेत्र उन तपस्वियों की भाँति शांत थे, जिन्होंने जीवन के सभी रहस्यों को सुलझा लिया हो और वे किसी भी बात पर विस्मित न होते हों। वनों ने उन्हें असभ्य अथवा बर्बर नहीं बनाया, अपितु उनकी उपस्थिति से वानर तथा भालुक भी सभ्य हो उठे थे।

जब उन्होंने अयोध्या के प्रवेश द्वार की धरती पर चरण रखे, तो सभी मारे उल्लास के रोने लगे। निषाद गुहा तथा बूढ़े महाराज के सारथी सुमंत्र भी वहीं मौजूद थे।

माताएँ भी तो कितनी बदल गई थीं, अब राजसी शोभा विलीन हो चुकी थी। उनकी कमर झुक गई थे, केश श्वेत हो चले थे और त्वचा पर झुर्रियाँ दिखने लगी थीं। अनिंद्य सुंदरी कही जाने वाली कैकेयी की भी यही दशा थी। यह देख सीता रोने लगीं।

सुमित्रा ने लक्ष्मण से कहा, "जाओ, जा कर उर्मिला को जगाओ। वह अब बहुत देर सो चुकी।" लक्ष्मण अपनी माता के महल की ओर भागे और वहाँ चटाई पर, एक सुंदरी युवती को निद्रालीन पाया। क्या वह उर्मिला थी? उन्होंने उसका स्पर्श किया। वह स्तंभित हो कर उठ बैठी। वह उन्हें देख कर चिल्लाई, तब अंतःपुर की स्त्रियों ने उन्हें आश्वस्त किया कि वह दाढ़ी वाला तपस्वी, कोई परपुरुष नहीं, उनके पति लक्ष्मण ही थे। जब वह उठीं तो मारे उत्तेजना के काँप रही थीं, वह अपने खुले केश तक नहीं बाँध पा रही थीं। लक्ष्मण ने उनके खुले केश बाँधे और वह लजा गईं।

उन सबको स्नान करवाया गया। पुरुषों ने राजसी ओसारे में स्नान किया, सीता व उर्मिला को स्त्रियों के अंतःपुर में स्नान करवाया गया। उनके शरीर पर एकत्र हुई मैल तथा स्वेद को धोने के लिए बहुत सारा जल, दूध, हल्दी, तैल तथा जड़ी-बूटियों व पुष्पों से युक्त उबटन को बड़ी मात्रा में प्रयुक्त किया गया।

पुरुषों ने राम और लक्ष्मण की भुजाओं व वक्षों पर आई खरोंचों व घावों को देख कर अनुमान लगाया कि वन में उनका जीवन कितना कठोर रहा होगा। उनके पैरों में घट्टे पड़ गए थे और एड़ियाँ बुरी तरह से फट गई थीं। लक्ष्मण की छाती पर एक गहरा घाव था, जो इंद्रजित के बाण की देन था। उनकी दाढ़ियों की हजामत की गई, उनकी मूँछों को तैल के साथ सँवारा गया।

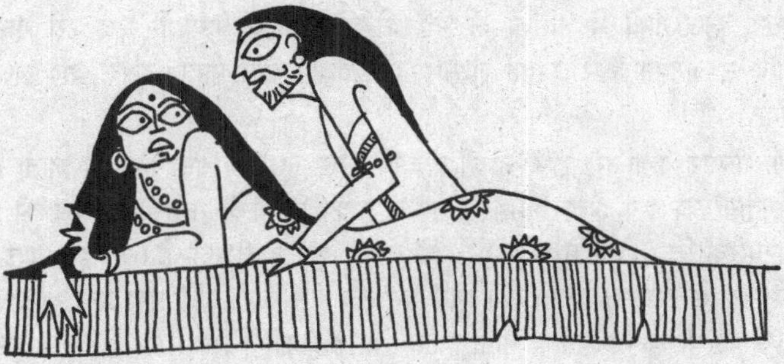

सीता की देह पर अनेक प्रकार के आभूषण विद्यमान थे: जिनमें अयोध्या से ले जाए गए आभूषणों के अतिरिक्त वे अलंकार भी शामिल थे, जो उन्हें आश्रम की ऋषि पत्नियों तथा लंका में अपनी सखियों से उपहार में मिले थे। उन्हें सीता की भुजा पर एक गहरा दाग दिखा, यह उस व्यक्ति के स्पर्श का प्रतिफल था, जिसने पिछले चौदह वर्षों के भीतर उन्हें स्पर्श किया था - रावण। सीता ने उनके नेत्रों में देखा - हाँ, वे सुन चुकी थीं कि सीता के साथ वन में क्या हुआ। उनके मन में क्या चल रहा था? सहानुभूति? उदासीनता? घृणा?

जब माताओं ने अपने हाथों से वनवास की यंत्रणा सह कर आई संतानों को भोजन करवा दिया तो, राम को उनके नए महल में भेजा गया, जिसे अयोध्या की अगली महाराज्ञी, सीता के लिए बनवाया गया था। वे एक विशाल और भव्य झूले पर अधलेटे विश्राम करने लगे और सीता से कहा गया कि वे पान के पत्ते में कटी सुपारी लपेट कर, उन्हें खिलाएँ और झूला धीमे-धीमे हिलता रहा।

रघुवंश की ज्येष्ठ पुत्री, शांता भी इस उत्सव का अंग बनीं और बोलीं, "इस घर के पुरुष तथा स्त्रियाँ एक लंबे समय से तपस्वियों की तरह सात्विक भाव से जीवन व्यतीत करते आए हैं। अब महल में ख़ुशियों के लौटने का समय हो गया है। अब यहाँ रस-केलि और फिर नन्हे शिशुओं की किलकारियों के स्वर सुनाई देंगे।" उन्होंने कहा क्योंकि केवल वही ऐसा कह सकती थीं। सभी ने उनके शब्दों का आनंद उठाया और भरे भवन में युवा दंपत्ति गहरी लज्जा से सकुचा उठे।

अंततः अयोध्या की प्रजा ने राम से पूछा, "क्या आप वन से हमारे लिए कुछ लाए हैं?"

"हाँ, शबरी के बेर," वे बोले।

- राम की अयोध्या वापसी को भारत में दीपमाला अर्थात दीपों के त्योहार के रूप में मनाया जाता है।
- तेलुगू महिलाओं द्वारा गाए जाने वाले गीत रामायण के रोमांच से अधिक संबंधों तथा आत्मीय भावों के संप्रेषण से संबद्ध हैं, प्रायः जिन्हें केवल घर की गोपनीयता में ही देखा जाता है।

इस प्रकार, कुछ गीतों में उर्मिला के भय को प्रकट किया गया है जब उसे एक अनजान पुरुष नींद से जगाता है और वह लक्ष्मण को पहचान नहीं पाती। इसके बाद लक्ष्मण उसके बाल सँवारते हैं।

- आधुनिक पोस्टर कला में, राम को सदा दाढ़ी और मूँछ के बिना दिखाया जाता है, जो कि प्रायः भगवानों का रूप होता है। परंतु महाराष्ट्र की चित्रकथी तथा आंध्रप्रदेश की कलमकारी जैसी पारंपरिक चित्र शैली में, राम की मूँछें तो हैं किंतु दाढ़ी नहीं है। जो इस बात का सूचक है कि वे वन में हजामत बनाते थे। मूँछों पर तेल मल कर, उन्हें ताव देना, भारतीय समाज में सदा से ही पौरुष का प्रतीक माना जाता रहा है। यदि किसी पुरुष की मूँछ काट दी जाए तो यह उसके पौरुषत्व का अपमान करने के तुल्य माना जाता है।
- हिजड़ा समुदाय प्रायः एक मौखिक कथा सुनाते हैं जिसमें राम को अयोध्या वापसी के दौरान, प्रवेश द्वार पर हिजड़ों का दल मिलता है। उन्हें एहसास होता है कि वे पिछले चौदह वर्षों से, वहीं उनकी प्रतीक्षा कर रहे हैं। वे इसका कारण पूछते हैं। "जब आप वन को गए तो आपने अयोध्या के स्त्री और पुरुषों से वापिस जाने का आग्रह किया, हम न तो स्त्री हैं और न ही पुरुष, हम कहाँ जाते अतः तब से यहीं खड़े हैं।" इस कथा के माध्यम से, सीमांत पर खड़े लैंगिक अल्पसंख्यकों ने *रामायण* परंपरा के माध्यम से, स्वयं को मान्यता देने का प्रयत्न किया है।

लक्ष्मण हँसते हैं

विश्वामित्र तथा वशिष्ठ वनों के आश्रमों से अनेक ऋषियों सहित राज्याभिषेक समारोह को पूर्ण करने के लिए पधारे, जो कितने वर्षों से विलंबित चला आ रहा था। परंतु जब राज्याभिषेक समारोह आरंभ होने ही जा रहा था तो लक्ष्मण हँसने लगे।

सभी उनकी इस अनायास खिलखिलाहट को देख कर चौंके। क्या वे अयोध्या का उपहास कर रहे थे, जहाँ महल की राजनीति का शिकार बनी प्रजा, चौदह वर्षों से अपने राजा के स्थान पर उनकी चरण-पादुकाओं को ही प्रणाम निवेदित करती आ रही थी? क्या वे कौशल्या को देख कर हँस रहे थे जिन्होंने सदा अपने पुत्र को अयोध्या के सिंहासन पर आसीन देखने का स्वप्न देखा? क्या वे कैकेयी का उपहास कर रहे थे जिनकी राजमाता बनने की सारी योजनाओं पर पानी फिर गया था? क्या वे भरत का उपहास कर रहे थे जिसने राजा बनने का अवसर स्वयं त्याग दिया? क्या वे अपनी माता सुमित्रा तथा भाई शत्रुघ्न का उपहास कर रहे थे, जो सदा अनुचर ही रहेंगे, भले ही राजा कोई भी क्यों न हो? क्या वे

सुग्रीव का उपहास कर रहे थे, जो राम की सहायता से अपने भाई का वध करने में सफल रहा ताकि वह नरेश बन सके, अथवा विभीषण का उपहास कर रहे थे जो अपने भाई के शत्रु का पक्ष ले कर राजा बनने में सफल रहा? क्या वे जाम्बवंत का उपहास कर रहे थे कि वह बूढ़ा भालुक सदा हनुमान की छत्र-छाया में दबा रहता था? क्या वे हनुमान का उपहास कर रहे थे जिसने राम की पत्नी की रक्षा के लिए अपनी पूँछ में आग लगवा दी और बदले में कुछ नहीं पाया? क्सा वे सीता का उपहास कर रहे थे, जिन्हें लंका से मुक्त होने के बाद, अग्नि-परीक्षा दे कर अपनी पवित्रता का प्रमाण देना पड़ा? क्या वे राम का उपहास कर रहे थे जिन्हें ऐसी पत्नी का साथ मिला था, जिसकी प्रतिष्ठा धूल-धूसरित हो चली थी?

परंतु वास्तव में, लक्ष्मण किसी का भी उपहास नहीं कर रहे थे। वे उस भावी त्रासदी को देख हँस रहे थे, जिसके विषय में उन्हें संज्ञान था। वे देख सकते थे कि निद्रा भगवती उन्हें बुला रही थी। उन्होंने उसे आग्रह किया था कि वह चौदह वर्ष पश्चात् उनके पास लौट आए। उसी वचन को पूरा करने के लिए निद्रा भगवती आ गई थी और वे ठीक उसी समय गहरी निद्रा में खो गए, जब उनके जीवन की सबसे वांछित व इच्छित घटना घटने जा रही थी - उनके प्यारे भईया, राम का राज्याभिषेक!

- लक्ष्मण की हँसी का यह प्रसंग बुद्धा रेड्डी की तेलुगू रामायण से लिया गया है। यह तेलुगू लोकगाथाओं व गीतों में भी लोकप्रिय है।
- *अद्भुत रामायण* में, राम अपने राज्य में हास्य पर ही निषेध लगा देते हैं क्योंकि इससे उन्हें रावण की उपहासजनक हँसी का स्मरण आता है। परंतु ब्रह्मा स्वयं अयोध्या आते हैं और राम से कहते हैं कि हास्य तो प्रसन्नता का सूचक है और प्रसन्नता के अभाव में, किसी भी अनुष्ठान को सफल नहीं माना जा सकता और कोई भी समाज प्रगति नहीं कर सकता।
- *रामायण* महाकाव्य को नीरस और हास्य बोध से रहित प्रस्तुत किया गया है, कहीं-कहीं वानरों या राक्षसों के कारण हास्यास्पद स्थिति उत्पन्न होती है। वाल्मीकि रामायण में शूर्पणखा प्रसंग के समय राम उपहास करते दिखते हैं परंतु यह हास्यबोध वहीं विलुप्त हो जाता है जब यह ध्यान आता है कि इस प्रसंग का कैसा अंत सामने आया।

राम का राज्याभिषेक

अंततः, दशरथ की उद्घोषणा के चौदह वर्ष बाद राम इक्ष्वाकुओं के राजसिंहासन पर, रघुकुल प्रमुख तथा अयोध्या के सरंक्षक के रूप में विराजमान हुए। सीता उनकी गोद में बैठीं, इस प्रकार वे संपूर्ण हुए। भरत ने आगे बढ़ कर, राजसी छत्र थामा। लक्ष्मण और शत्रुघ्न ने चँवर झुलाई। सुरागाय की पुच्छ से तैयार यह चँवर विशेष रूप से महाराज के लिए ही आरक्षित थीं। हनुमान राम के चरणों में आन बैठे। अयोध्यावासियों ने मंत्रमुग्ध भाव से यह दृश्य देखा, जिसे देखने की वे जाने कब से प्रतीक्षा कर रहे थे। आनंद में मग्न अश्रुओं के बीच हर्षोल्लास के स्वर गूँज उठे और मनोरम पुष्पों की वर्षा से सारा वातावरण मह-मह महक उठा।

राज्याभिषेक के दौरान, अंजना ने अपने पुत्र से पूछा, हनुमान, "तुम इतने बलशाली हो। तुमने सागर को एक छलांग में लाँघ लिया, सुरसा व सिंहिका को पराजित किया, लंका को आग लगा दी, एक पर्वत को उत्तर से दक्षिण दिशा में ले गए, महिरावण को अपने अधीन किया। निश्चित रूप से, यदि तुम चाहते तो रावण को भी स्वयं ही पराजित कर सकते थे। सागर पर पुल बाँधने और सारे वानरों को लंका ले जा कर युद्ध करने की आवश्यकता ही नहीं थी। तो तुमने ऐसा क्यों नहीं किया?"

हनुमान ने उत्तर दिया, "क्योंकि राम ने मुझे ऐसा करने को नहीं कहा। यह उनकी कथा है, मेरी नहीं।"

राम की गोद में बैठी सीता मुस्कुराईं, क्योंकि वे अच्छी तरह देख चुकी थीं कि हनुमान संसार को किस दृष्टिकोण से देखते थे। अधिकतर व्यक्ति सूर्य बनने की इच्छा रखते हैं, जिसके आसपास संसार चक्कर काटता है। बहुत कम व्यक्ति ऐसे होते हैं, जो चंद्रमा बनना चाहते हैं, वे चाहते हैं कि दूसरे सूर्य बनें, जबकि उन्हें यह संज्ञान होता है कि वे बाकी सबसे अधिक तीव्र ज्योतिपुँज रखते हैं। राम के भाईयों ने उनकी सेवा की ताकि राजवंश की मर्यादा खंडित न हो, वे भी एक पत्नी के दायित्वों से बँधी थीं। परंतु केवल हनुमान ने यह सब विशुद्ध प्रेम के नाते किया। यही कारण है कि राम उन्हें अपना इतना आत्मीय मानते हैं।

- राम-पट्ट-अभिषेकम् अथवा राम की पत्नी और उनके भाईयों सहित, उनके राज्याभिषेक के दृश्य के साथ युद्ध कांड यानी वाल्मीकि *रामायण* का छठा अध्याय समाप्त होता है। यह छवि हिंदू भक्तों के बीच बहुत ही शुभ मानी जाती है। यह तमिल में कम्बन *रामायण* तथा तुलसीदास की अवधी *रामायण* में अंतिम अध्याय है। कई विद्वान इसके बाद होने वाली घटनाओं को नकारते हैं।
- केवल राम ही विष्णु के ऐसे अवतार हैं, जिनकी कल्पना एक राजा के रूप में की गई है। लोग प्रायः कृष्ण को भी राजा कह देते हैं क्योंकि उन्हें भी द्वारिकाधीश अर्थात द्वारिका का स्वामी कहा जाता है परंतु अभिशप्त यदुओं के वंशज होने के कारण वे कभी सिंहासन आरुढ़ नहीं हो सके। वे अपनी प्रजा के संरक्षक व शुभचिंतक तो थे किंतु कभी नरेश की पदवी नहीं पा सके।
- चँवर को राजसी आन का सूचक माना जाता है। पारंपरिक तौर पर, केवल राम की छवि में ही इसे दिखाया जाता है, कृष्ण की छवि में उन्हें मोर्चा व मोरपंख के साथ दिखाया जाता है, उन्हें राजवंश की सेवा करने वाले हितैषी के रूप में दर्शाया जाता है।
- राम राज्य की कल्पना, संपूर्णता के उस युग से की गई है, जहाँ वर्षा उचित समय पर आती है, स्त्रियाँ कभी वैधव्य नहीं भोगतीं, पुत्र अपने पिता से दीर्घजीवी होते हैं, कोई भी क्षुधा या रोग नहीं रहता और सारी कलाओं को प्रश्रय दिया जाता है।
- केरल की लोकप्रिय नलमबलम यात्रा एक अनूठी धार्मिक यात्रा है, जिसे चार मंदिरों की परिक्रमा से जोड़ा जाता है, जो कि दशरथ के चार पुत्रों को समर्पित हैं : त्रिप्रायर में राम मंदिर, इरिंजालकुड़ा में भरत मंदिर, मूज़ीकुलम में लक्ष्मण मंदिर, पेम्मल में शत्रुघ्न मंदिर।
- दसवीं सदी के बाद से, हनुमान भी एक इष्ट के रूप में सामने आए। वैभवपूर्ण कुलीन राम की तुलना में, हनुमान तक पहुँच बनाना और तारतम्य स्थापित करना कहीं सरल था। उनकी प्रतिमाएँ मार्गों व बाज़ारों में देखी जा सकती थीं। वे भारी-भरकम दर्शन से संबंध नहीं रखते। वे समस्याओं को हल कर, बल प्रदान करते हैं।
- *अध्यात्म रामायण* के अनुसार हनुमान आस्था का प्रतीक हैं, जो व्यक्तिगत आत्मा (सीता) पा कर लौकिक आत्मा या परमात्मा (राम) से भेंट करने के लिए, अहंकार (रावण) को अपने अधीन करते हैं।
- *आनंद रामायण* में ऐसे अनेक स्त्रोत मिलते हैं, जो राम के लिए रचे गए इनमें रामश्टनामस्त्रोत (राम के 108 नाम), रामस्त्रोतम् (राम स्तुति), रामरक्षा महामंत्र (राम स्तुति जो रक्षा प्रदान करती है) तथा रामकवच (राम की कृपा का कवच) आदि भी शामिल हैं।
- कुछ राजपूत परिवार, विशेष तौर पर राजवंशों से जुड़े परिवार, स्वयं को रघु-कुल वंशज कहते हैं।

हनुमान का हृदय

हनुमान ने जो भी किया, उस सबके प्रति आभार प्रकट करते हुए, सीता ने हनुमान को एक कंठमाल उपहार में दी। हनुमान हर मोती को दाँतों से काट कर इस तरह देखने लगे, मानो वह कोई फल हो। फिर जब उन्हें मनोवांछित वस्तु नहीं मिली तो उन्होंने उसे अरुचि से दूर

भनका दिया। दरबारियों को लगा कि यह उनके महाराज का अपमान था। वे बोले, "यह मूर्ख वानर क्या कर रहा है?"

हनुमान बोले, "यह मूर्ख वानर उन मोतियों में अपने राम और सीता को खोज रहा है। यदि वे उसमें नहीं हैं, तो वे उसके लिए व्यर्थ हैं।" जब लोग यह कहते हुए उपहास करने लगे कि एक नेत्रहीन भी जानता है, राम और सीता मोतियों के भीतर नहीं, वे तो राजसिंहासन पर आसीन हैं, तो हनुमान अपना वक्ष चीर कर बोले, "मैं असत्यवादन नहीं करता। राम और सीता मेरे हृदय में वास करते हैं। क्या वे तुम्हारे हृदय में वास नहीं करते? सभी यह अद्भुत दृश्य देख स्तब्ध रह गए। उन्हें समझ नहीं आ रहा था कि इस दृश्य को देख कर कैसी प्रतिक्रिया व्यक्त करें। वे यही सोचने लगे कि उनके हृदय में क्या था। वे उसे खोल कर दिखाने का दुःसाहस नहीं कर सके।

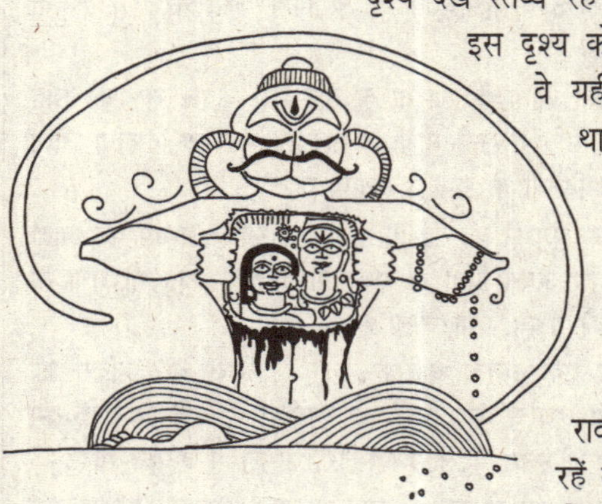

हनुमान के वक्ष की उस संपूर्णता के मध्य, विभीषण को रावण की अपूर्णता का स्मरण हो आया।

रावण चाहता था कि शिव सदा उसके साथ रहें क्योंकि उनकी संगति से उसे ऊर्जा प्राप्त होती थी, प्रसन्नता मिलती थी। इस प्रकार, उसने अपने बीस हाथों से कैलाश पर्वत को ही उखाड़ लिया ताकि उसे शिव सहित लंका ले जा सके। शिव की पत्नी और संतान कातर हो उठे तथा विनीत स्वर में रावण से ऐसा न करने को कहा। जब रावण ने उनकी पुकार सुनने से इंकार कर दिया, तो शिव ने अपने पैर के अंगूठे से पर्वत पर दबाव दिया। उस दबाव के कारण रावण घुटनों के बल गिरा और पर्वत उसकी पीठ पर आ पड़ा। क्षमायाचना करते हुए, रावण ने शिव की महिमा में, रुद्र-स्त्रोत की रचना की, शिव ने उसे कैलाश के नीचे से बाहर निकाला और वह लज्जित मुख लिए, लंका वापिस लौट गया। उसने घर लौट कर कहा, "शिव मुझसे कहीं अधिक बलशाली हैं।" वह यह सुनने में असफल रहा कि शिव उससे क्या कहना चाहते थे : ईश्वर कोई पुरस्कार नहीं, जिसे स्वामित्व में रखा जाए; ईश्वर तो एक आंतरिक मानवीय संभावना है, जिसकी अनुभूति की जा सकती है। रावण ने संसार को उस दृष्टिकोण से देखने से इंकार कर दिया,

जैसे शिव देख सकते थे, परंतु हनुमान ने राम की ही भाँति संसार को सराहना सीख लिया था।

- रावण का जन्म एक प्रख्यात विद्वान के घर हुआ और उसने एक राजा की तरह कर्म किया, परंतु इतने ज्ञान, संपदा व सत्ता के बावजूद प्रज्ञावान न बन सका। हनुमान का जन्म वानर के रूप में हुआ, सूर्य से शिक्षा ग्रहण की, न तो कोई सामाजिक पद था और न ही सपंदा, परंतु केवल राम की सेवा से उन्होंने अपने ज्ञान और शक्ति के लिए ध्येय पा लिया, और इस प्रकार प्रज्ञा के मूर्तिमान रूप बने। इन दो पात्रों का विरोधाभास दुर्घटनावश नहीं है परंतु विचार उत्पन्न करने के लिए स्पष्ट रूप से रचा गया है।
- एक कन्नड़ पुनर्कथन में, हनुमान अपनी हड्डियों पर अंकित राम नाम को प्रकट करते हैं परंतु हनुमान के हृदय में अंकित राम और सीता की छवि ने लोगों की कल्पना को अपनी ओर अधिक आकर्षित किया।
- सत्रहवीं सदी के रामतापनीय उपनिषद में राम को पुरुष तथा सीता को प्रकृति के रूप में प्रस्तुत किया गया।
- जाम्बवंत राम से मल्ल युद्ध करने की इच्छा रखते थे। राम उन्हें वचन देते हैं कि जब वे कृष्ण रूप में आएँगे तो एक विषय में असहमति होने पर, उनके बीच मल्ल युद्ध होगा। भागवत पुराण के अनुसार, कृष्ण जाम्बवंत की पुत्री, जाम्बवती से विवाह करते हैं।
- एक प्राचीन ओड़िया लोकगाथा के अनुसार, सुग्रीव सीता के चरण देख कर विचार करते हैं कि वे कैसी अनिंद्य सुंदरी होंगी। राम उनसे कहते हैं कि वे अगले जन्म में राधा नामक युवती से विवाह करेंगे, जो सीता का ही अगला जन्म होगा, परंतु वह संबंध कभी पूर्णता तक नहीं पहुँच सकेगा क्योंकि वे कृष्ण से प्रेम करती हैं।

राम का नाम

हनुमान अयोध्या आए हुए, सभी अतिथियों की देख-रेख कर रहे थे। इनमें राजा, ऋषि, राक्षस, यक्ष, देव, असुर, गंधर्व, भालुक, वानर तथा गरुड़ आदि सम्मिलित थे। उनके बीच नारद नामक ऋषि भी थे, वे जिन्हें समस्याएँ खड़ी करने में विशेष आनंद आता था।

उन्होंने हनुमान से कहा, "सभी ऋषियों की चरण-वंदना करना श्रेष्ठ है, यह एक शिष्टाचार भी है परंतु विश्वामित्र के चरण स्पर्श करने की आवश्यकता नहीं है, वे कोई वास्तविक ऋषि नहीं हैं, वे तो पहले एक नरेश थे, जो अब मुनि होने का आडंबर रचते हैं।"

हनुमान ने वैसा ही किया, जैसा उन्हें कहा गया था। उन्होंने विश्वामित्र को छोड़, सभी मुनियों की चरण वंदना की। यह देख कर विश्वामित्र को बहुत बुरा लगा और उन्होंने राम से माँग की, "अभी अपना धनुष उठाओ और अपने बाण से, मूर्ख वानर की पूँछ को यहीं धरती में गाड़ दो।"

हनुमान ने नारद के मुख पर छाया कौतुक देखा व जान गए कि उनके साथ छल किया गया,

परिस्थिति तनावग्रस्त होती जा रही थी। राम के लिए अपने गुरु की आज्ञा का पालन करना अनिवार्य था, भले ही उनकी माँग कितनी भी विचित्र क्यों न हो। हनुमान विचार करने लगे कि वे स्वयं को राम के कोप से कैसे बचा सकते थे। तब उन्हें विभीषण के पुत्र तरणीसेन की याद आई और उन्हें एक युक्ति सूझ गई।

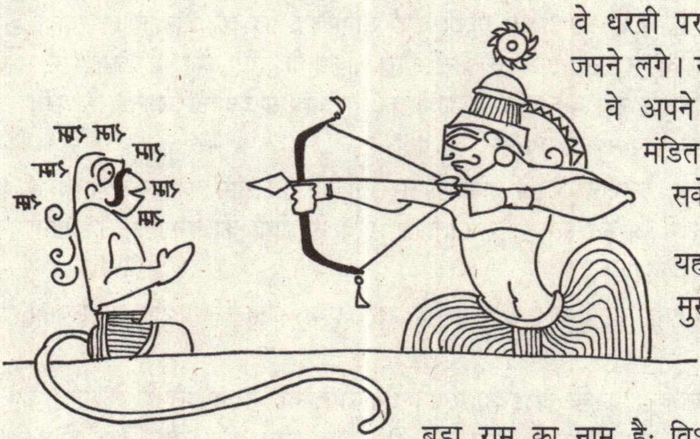

वे धरती पर बैठ कर, राम का नाम जपने लगे। राम बाण चलाने लगे किंतु वे अपने ही नाम की महिमा से मंडित आवरण को नहीं भेद सके।

यह देख कर विश्वामित्र मुस्कराए : किसी व्यक्ति का विचार, उससे कहीं बड़ा होता है; राम से बड़ा राम का नाम है; विश्वामित्र के नाम से बड़ा, विश्वामित्र का विचार है। "अपना धनुष नीचे कर लो, राम," वृद्ध गुरु ने आदेश दिया, उन्होंने अभी-अभी एक नया पाठ सीखा था। "जब तक हनुमान राम का नाम जपता है, तब तक तुम उसे परास्त नहीं कर सकते।"

- प्रायः हनुमान को लाल रंग से रंगा दिखाया जाता है, जिसका संबंध भगवती से है। कुछ कला इतिहासकारों की मान्यता है कि प्राचीन जनजातीय इष्ट यक्ष रक्त से स्नान करते थे, जिसे बाद में लाल रंग से बदल दिया गया। अब हनुमान का मानसिक चित्रण केसरिया रंग के बीच किया जाने लगा है, जिसे ब्रह्मचर्य से जुड़ा रंग माना जाता है।
- भक्ति साहित्य में भक्त और भगवान के बीच का संघर्ष प्रायः दिखाया जाता रहा है। भक्त इष्ट के नाम जप के साथ अपना रक्षण करता है। इन आख्यानों के माध्यम से यह बताने का प्रयत्न किया गया है कि विचार (इष्ट का नाम), उस वस्तु (इष्ट की छवि) से कहीं अधिक महत्त्वपूर्ण है। इस प्रकार राम से बड़ा राम का नाम माना जाता है। यही सर्वोच्च मंत्र है व मंदिरों में दर्शन करने से अधिक उदात्त माना जाता है। यह सगुण भक्ति (साकार दिव्यता की उपासना), के स्थान पर निर्गुण भक्ति (निराकार दिव्यता की उपासना) के उदय का सूचक है।
- रामनामी भक्तों के लिए राम का नाम जप ही प्रज्ञा तथा आत्म-बोध पाने का सबसे श्रेष्ठ माध्यम है। वे प्रायः गंगा के मैदानी इलाक़ों की निम्न जातियों से संबंध रखते हैं। जब वे तुलसी दास द्वारा रचित *रामायण* पुनर्कथन का पाठ करते हैं, तो वे प्रायः उच्च जाति को प्रश्रय देने वाले, सभी संदर्भों के स्थान पर, 'राम राम नाम' बोलते हैं।
- पंद्रहवीं और अठारहवीं सदी के बीच, संत परंपरा के कबीर और नानक के लिए राम एक व्यक्ति नहीं, दिव्यता तक ले जाने का विचार बनते हैं।

- भारत के अनेक भागों में, लोग राम-राम शब्द से, परस्पर अभिवादन करते हैं
- किसी मृतक को अंतिम संस्कार के लिए जाते समय, हिंदू 'राम-राम अथवा 'राम-नाम सत्य है', का उच्चारण करते हैं। यहाँ जिस राम का संदर्भ दिया जाता है, वे *रामायण* के दिव्य नायक (सगुण राम) अथवा निराकार दैवीयता (निर्गुण राम) भी हो सकते हैं।

सुखद मिलन

सारा दिन, अयोध्यावासी अपने महाराज और महारानी को इक्ष्वाकु वंश के सुवर्ण राजसिंहासन पर विराजमान देख अघाते रहे, वे किसी देवी-देवता की भाँति शोभायमान लग रहे थे।

उस रात, जब शेष सब चले गए, जब मेघ छँटे और नई महारानी सीता के महल के प्रांगण में, चंद्रमा चमका; तब राम ने सीता को उस तरह देखा, जिस प्रकार कोई पति अपनी पत्नी को देखता है और सीता ने राम को इस प्रकार देखा, जैसे एक पत्नी देख सकती है।

अंततः वनवास समाप्त हुआ।

- राम-रसिक, राम के ऐसे भक्त हैं, जो ध्यान के माध्यम से, अपने मन के भीतर साकेत नामक स्वर्ग को पा लेना चाहते हैं, उसमें लता कुँज व कनक-भवन महल हैं, यदि वे योग्य हों, तो वे राम और सीता के जीवन के अंतरंग क्षणों के साक्षी बन कर, मानसिक शांति पा सकते हैं।
- अनेक राम-रसिक भक्तों की मान्यता है कि राम का वनवास व सीता का अपहरण तो वास्तव में हुआ ही नहीं। ये सभी भ्रम तो राम और सीता ने स्वयं ही रचे ताकि उन्हें आनंद प्रदान किया जा सके, जो केवल परमानंद से संतुष्ट होने के स्थान पर, रोमांच भी पाना चाहते हैं।
- एक राम-रसिक स्वयं को जनक का भाई मानता है, इस प्रकार वह सीता का काका हुआ और सामान्य रीति के अनुसार, वह कभी अयोध्या में भोजन नहीं करता क्योंकि वह उसके जामाता की भूमि है। एक और राम-रसिक स्वयं को सीता का छोटा भाई मानते हैं और इस आस के साथ अयोध्या जाते हैं कि वे उन्हें मिष्टान्न परोसेंगी। एक राम-रसिक सीता को अपनी पुत्री की तरह मानते हुए, उनके लिए खिलौने ख़रीदते हैं। इस प्रकार दिव्य दंपत्ति के साथ आत्मीयता प्रकट की जाती है।
- राम कृष्ण की भाँति नहीं, उनका संबंध कामुकता से नहीं जोड़ा जाता। परंतु ऐसा होने पर

भी उपेंद्र भंजन जैसे कवियों पर रोक नहीं लग सकी, जिन्होंने सत्रहवीं सदी में, ओड़िया में रत्यात्मक बैदेही-बिलास (सीता के पति का आनंद) की रचना की।

- अनेक भक्तों के लिए, रामायण, रामवेद अर्थात महान प्रज्ञा की सूचक है, और राम व सीता का वही संबंध है, जो शब्द व अर्थ का होता है : वे एक-दूसरे के बिना रह ही नहीं सकते।

रावण का चित्र

सबसे पहले महल की बिल्ली को सीता के गर्भवती होने की सूचना मिली, फिर महल के कुत्ते ने भाँप लिया, फिर तोतों ने जाना और फिर मुर्गे को पता चला, उससे तो रहा नहीं गया; उसने इतनी ज़ोर से कुकडू कूँ करते हुए, यह बात प्रसारित कर दी कि वह नदी में तैर रही मछलियों तक पहुँच गई और उन्होंने यह ख़बर मिथिला पहुँचाने में देरी नहीं की। जनक यह सुन कर मुस्कराए और फिर अपने राज्य के काम-काज में लग गए।

गिद्ध सागर के ऊपर से उड़ते हुए गए और यह समाचार लंका में भी पहुँच गया। विभीषण प्रसन्न हुआ परंतु शूर्पणखा प्रसन्न नहीं थी। वह अयोध्या नगरी में आई और विंध्य से आई एक सैरंध्री का रूप धरा, जो अभिनव केश सज्जा करना जानती थी। यह सुन कर सभी उत्साहित हो उठे और उसे महल के अंतःपुर में प्रवेश करने में समय नहीं लगा। सभी महिलाओं में कौतुक था। "क्या तुम लंका नामक स्थान पर भी गई हो?"

"हाँ, क्यों नहीं। निरभ्र नीले सागर के मध्य, एक द्वीप पर बसी सुवर्ण नगरी, जहाँ कभी सबसे मनमोहक महाराज रावण का राज था," उसने कहा।

"वह कितना मनोहर था?" उन्होंने पूछा

"तुम्हारी अपनी रानी से अधिक आत्मीयता से, उसे और कौन जान सकता है।" उसने दबी हँसी के साथ कहा जिससे उन स्त्रियों के कौतूहल की सीमा न रही।

जब उन स्त्रियों ने सीता से इस बारे में पूछा तो वे मुस्कुरा कर बोलीं, "रावण मेरे लिए, सागर की जल की सतह पर नाचते प्रतिबिंब से अधिक नहीं था। मैंने उसका स्वर सुना है। मैंने उसकी पदचाप को अनुभव किया है परंतु उसका मुख कभी नहीं देखा।"

जो स्त्रियाँ इस विषय में शूर्पणखा से वार्तालाप कर चुकी थीं, वे सीता से आग्रह करने लगीं कि वे रावण के उसी प्रतिबिंब का एक ख़ाक़ा खींच कर उन्हें दिखाएँ। सीता को उनकी बात का मान रखना पड़ा; उन्होंने धरती पर, चावल के आटे से रावण की छवि अंकित कर दी।

दस सिर और बीस भुजाएँ : चित्र इतना संपूर्ण था कि शूर्पणखा अपने भाई की स्मृति में विलाप करने लगी। उसके अश्रुओं ने धरती पर बने उस चित्र को स्थायी बना दिया। राम के महल के फ़र्श से उस चित्र को हटाने के लाख प्रयत्न किए गए परंतु ऐसा संभव नहीं हो सका। वह वहाँ सदा के लिए अंकित हो गया था।

इसी प्रकार यह अफ़वाह प्रचारित होने लगी।

"वह वर्षा ऋतु के दौरान उसकी छत तले ही सोती थी।"

"वह अपने पति के साथ वन में चौदह वर्ष रही, तब कुछ नहीं हुआ। अब जब लंका में थोड़ा ही समय बिता कर आई है, तो वह गर्भ से है। सोचने वाली बात है, न?"

एक धोबी की पत्नी को तूफ़ान आने के कारण, किसी मछुआरे के घर रात को शरण लेनी पड़ी। जब वह वापिस आई तो उसके पति ने उसे घर में लाने से इंकार कर दिया और चिल्लाया, "बाहर निकल जा! भले ही राम ऐसी स्त्री को अपने घर में रखे, जो किसी परपुरुष के घर अनेक रातें बिता कर आई हो, पर मैं तुझे नहीं रखूँगा।"

- कश्मीरी *रामायण* में, रामायण के दो हिस्से श्री-राम-अवतार-चरितम् तथा *लव-कुश-युद्ध-चरितम्* कहलाता है।
- कहा जाता है कि चोल राजा ने बारहवीं सदी में कम्बन और ओट्टाकूथर नामक दो कवियों को *रामायण* लेखन का कार्य सौंपा था। कम्बन के कार्य से प्रभावित और प्रेरित हो कर, दूसरे कवि को लगा कि उसे अपनी रचना को नष्ट कर देना चाहिए, परंतु कम्बन ने किसी तरह अंतिम प्रति बचा ली। इस प्रकार तमिल साहित्य में पूर्व रामायण को कम्बन तथा उत्तर रामायण को ओट्टाकूथर द्वारा लिखा गया है और दोनों ही जाने-माने कथावाचक रहे हैं।
- वाल्मीकि *रामायण* में, केवल मार्ग में होने वाले बकवाद का ही संदर्भ है।
- ग्यारहवीं सदी की संस्कृत कथासरित्सागर तथा पंद्रहवीं सदी की कृत्तिवास *रामायण* में, धोबी और उसकी पत्नी के बीच कलह का वर्णन आता है।
- तेलुगू, ओड़िया और कन्नड़ पुनर्कथनों में सीता द्वारा रावण की छवि अंकित करने का वर्णन आता है।
- तेलुगू लोकगाथा के अनुसार, सीता ने केवल रावण के पैर के अंगूठे को ही चित्रित किया था।
- विभिन्न पुनर्कथनों के अनुसार, सीता से रावण की छवि अंकित करने का हठ करने वाली स्त्री को शूर्पणखा, शूर्पणखा की पुत्री, मंथरा, कैकेयी या महल की ही किसी स्त्री के रूप में दिखाया गया है।

राम का निर्णय

पहले तो यह अफ़वाह दबे शब्दों में लोगों के बीच थी परंतु देखते ही देखते इसने प्रलय का रूप धर लिया। राम भी इसकी उपेक्षा नहीं कर सके। रघुकुल की महारानी को तो किसी भी प्रकार के कलंक से परे, विशुद्ध व सात्विक प्रतिष्ठा वाली होना चाहिए। सीता ऐसी नहीं रही थीं।

"उसे किसी बहाने से वन में ले जाओ और वहीं छोड़ आओ। जब वह मुझसे दूर, बहुत दूर वन में पहुँच जाए और किसी भी प्रकार का विरोध जताने की स्थिति में न रहे, तब उसे मेरे इस निर्णय से अवगत करवाना," राम ने लक्ष्मण से कहा।

"यह तो अन्याय है, भईया। आपको अपनी प्रजा को बताना चाहिए कि सीता अग्नि परीक्षा दे कर अपनी पवित्रता प्रमाणित कर चुकी हैं।" लक्ष्मण ने आग्रह किया।

"यहाँ पवित्रता या निष्ठा का प्रश्न नहीं है। इस तरह की बकवाद के कारण प्रजा को अवसर मिल रहा है कि वे स्वयं को अपने महाराज से अधिक श्रेष्ठ प्रमाणित कर सकें। मेरे आचरण का यह स्तर, संभवतः उन्हें स्वयं को हीन समझने में सहायक हो। इस तरह वे महारानी के चुनाव में मेरा उपहास करना बंद कर देंगे। वे कहते हैं, महारानी सीता मेरे स्तर के अनुसार पवित्र नहीं हैं।" राम बोले।

"वे पवित्र हैं। उन्होंने अग्नि के बीच चल कर अपनी पवित्रता प्रमाणित की है।"

"निःसंदेह वह अपनी देह तथा मनस् से पवित्र हैं। परंतु क्या उनकी प्रतिष्ठा भी पवित्र है? वह धब्बा अब कभी नहीं हटाया जा सकता। यह भी न भूलो कि मनुष्य वर्चस्व की इच्छा रखता है। धनी धन पर अपना अधिकार चाहते हैं। शिक्षित शिक्षा पर अपना अधिकार चाहते हैं। सुंदर लोगों को अपनी सुंदरता के कारण अधिकार चाहिए। जिनके पास कुछ नहीं होता, वे पवित्रता या शुद्धता के विचार को वर्चस्व पाने के लिए प्रयोग में लाते हैं। इस प्रकार मार्ग की सफ़ाई करने वाले मेहतर को अपवित्र घोषित कर दिया जाता है, मलिन वस्त्र धोने वाला धोबी हीन घोषित कर दिया जाता है, मासिक धर्म युक्त स्त्री को अपवित्र घोषित कर दिया जाता है। इसी मापदंड के अनुसार, उनका कहना है कि सीता राम के योग्य पवित्र नहीं रहीं। यदि मैंने प्रतिरोध किया, तो सदा के लिए उनके उपहास का पात्र बन कर रह जाऊँगा। मेरे पास कोई विकल्प शेष नहीं है।"

"आपके पास विकल्प है। आप महाराज हैं। आप लोगों की इन दुष्ट इच्छाओं की पूर्ति का साधन न बनें।"

"एक अच्छे राजा को अपनी प्रजा की बात सुननी चाहिए और अपने परिवार के नियमों का पालन करना चाहिए, भले ही वे उसे कितने भी अरुचिकर क्यों न जान पड़ें।"

"निश्चित रूप से, एक राजा नियमों को परिवर्तित कर सकता है, लोगों पर अपनी इच्छा जारी कर सकता है?"

"हाँ, किष्किंधा में ऐसा हो सकता है। लंका में ऐसा हो सकता है। परंतु अयोध्या में ऐसा नहीं हो सकता, तब तक तो नहीं हो सकता, जब तक रघु-कुल वंशज राजसिंहासन पर विराजमान है। मैं आततायी व निरंकुश नहीं बनूँगा। यह मेरी प्रजा का न्याय है। इसका सम्मान होना ही चाहिए।"

"लोग तो मूर्ख हैं। निर्दयी हैं। भईया, उनकी आज्ञा के आगे सिर न झुकाएँ।"

"मेरी प्रजा अपनी ही निर्दयता को कैसे देखेगी? वह कैसे जान सकती है कि वे लोग आत्मा की बजाए अपने अहम् से काम ले रहे हैं? वे तो धर्मनिष्ठ बनने में ही व्यस्त हैं। उन्हें साक्षी बनना है कि वे कितने शक्तिशाली हैं, कैसे उन्होंने सीता को अपमानित किया और राम को अपनी इच्छा के आगे घुटने टेकने को विवश कर दिया।"

"परंतु इन सब बातों के बीच सीता कष्ट क्यों सहें?"

"क्योंकि वह जनक पुत्री हैं। केवल वही हैं, जो स्वयं को एक पीड़ित के रूप में नहीं देखेंगी, जैसे मैंने नहीं देखा था, जब कैकेयी माता के कहने पर मुझे वनवास के लिए जाना पड़ा। मैं उन पर विश्वास कर सकता हूँ।"

"आप हनुमान से कहें। मैं आपका यह कार्य नहीं कर सकता।"

"परंतु मैं चाहता हूँ कि यह कार्य तुम्हारे ही हाथों संपन्न हो। केवल तुम, और केवल तुम। एक महाराज को आदेश देने का पूरा अधिकार है। क्या उनका भाई आदेश को पूरा नहीं करेगा?"

"मुझे घृणा है कि मैं आपका छोटा भाई हूँ। इसी वजह से मुझे आपके हर आदेश का पालन करना पड़ता है।"

"मेरे अगले जन्म में, जब मैं कृष्ण बन कर अवतरित होऊँगा, तो तुम मेरे बड़े भाई बलराम बनोगे, परंतु तब भी तुम मुझसे सहमत रहोगे, क्योंकि तुम जानते हो कि मैं जो करता हूँ, वह करना अनिवार्य है।"

लक्ष्मण ने ढुलके हुए कंधों तथा विषादयुक्त स्वर में कहा, "कम से कम, आप इतना तो कर

ही सकते हैं कि उन्हें साफ़ और स्पष्ट शब्दों में सारी बात बता दें। आप उन्हें इस प्रकार गुप्त रूप से क्यों अस्वीकृत कर रहे हैं?

"वह कभी नहीं सुनतीं। जब मैंने उन्हें महल में रहने को कहा तो उन्होंने वन में साथ चलने का हठ ठान लिया था। जब तुमने उसे वन में बनी कुटिया के भीतर रहने को कहा, तो वह उससे बाहर आ गईं। जब मैंने रावण की हत्या के बाद, उनके साथ शुष्क व्यवहार रखते हुए, उन्हें विवाह के सभी नियमों से मुक्त करने की बात कही तो उन्होंने आग्रह किया कि वे अग्नि-परीक्षा दे कर अपने सतीत्व और पवित्रता को प्रमाणित कर देंगी और फिर उन्होंने ऐसा ही किया और मेरे साथ इस नगरी में लौट आईं। यदि मैं उनसे कहूँगा कि वह लोगों के बीच तरह-तरह के प्रवादों का केंद्र-बिंदु बन गई हैं इसलिए मैं किसी भी रूप में उनसे संबंध नहीं रख सकता, तो वह मुझसे ऐसे जटिल प्रश्न पूछेंगी, जिनके उत्तर मैं नहीं दे सकूँगा। यही श्रेष्ठ होगा, कि इस कार्य को इसी रूप में संपन्न किया जाए। वे इस बात को समझ जाएगीं। उन्हें समझना ही होगा।

- वाल्मीकि रामायण में, भद्र नामक गुप्तचर राम को बताता है कि लोग मार्ग में कैसी-कैसी बातें कर रहे हैं जब राम उसे फटकारते हैं कि वह केवल सकारात्मक बातें ही बता रहा है तो वह उन्हें बताता है कि महारानी सीता के नाम पर कैसा अनर्गल और अश्लील प्रलाप हो रहा है।
- लक्ष्मण एक साधारण व्यक्ति का स्वर है, जो राम की निर्दयता से कुपित हो उठता है।
- ऐसी बकवाद को सुनने के बाद, राम सीता से बात करना तो दूर, उनसे भेंट तक करने से इंकार कर देते हैं। वे उनसे विमुख हो जाते हैं। ऐसा व्यक्ति जिसे देव की संज्ञा दी जाती हो, उससे इतने क्रूर और निर्दयी व्यवहार की अपेक्षा नहीं की जा सकती, विशेष तौर पर, जब कथावाचक इस कर्म को औचित्य की दृष्टि से उचित ठहरा रहा हो। हिंदू पौराणिक गाथाओं में कर्म कभी 'उचित' नहीं होते, यद्यपि वे अनिवार्य या दायित्व से बँधे हुए अवश्य होते हैं, और वे सदा एक क़ीमत के साथ आते हैं।
- राम को पुरुषोत्तम कहा जाता है, जिसका अर्थ है, 'एक आदर्श पुरुष'। यह विचार करना सहज ही है कि एक आदर्श पुरुष किसी स्त्री से कैसे व्यवहार कर सकता है। परंतु राम केवल पुरुषोत्तम नहीं, वे मर्यादा पुरुषोत्तम हैं, जो नियमों का पालन करते हुए, सीमाओं का आदर करते हैं, जैसे कि किसी को आदर्श रूप से करना चाहिए। नियम और सीमाएँ मनुष्यों ने रची हैं, वे आंतरिक रूप से निर्दयी हैं क्योंकि इनसे कृत्रिम पदक्रम तथा उपयुक्त आचरण की धारणा उत्पन्न होती है। कृष्ण भी पुरुषोत्तम हैं, लीला पुरुषोत्तम, जो जीवनरूपी लीला खेलते हैं, जैसे कि आदर्श रूप से खेला जाना चाहिए, वे इसकी अनिवार्यता को सराहते तो हैं किंतु इसे इतनी गंभीरता से नहीं लेते।
- तेलुगू लोकगीतों के अनुसार, सीता की बहनें उनका पक्ष लेती हैं और माँग करती हैं कि उन्हें भी महल से निष्कासित कर देना चाहिए क्योंकि उन्होंने भी रावण के बारे में सोचा था।

वन की ओर वापसी

जब सीता को पहली बार, गर्भावस्था के दौरान मादा चीता का दूध पीने की इच्छा उत्पन्न हुई तो उन्होंने कहा था, "मैं मादा चीता का दूध पीना चाहती हूँ।" लक्ष्मण को उनकी इच्छा पूर्ति के लिए वन में भेजा गया था।

इसके बाद उन्होंने कहा, "जब हम लंका से वापिस आ रहे थे, तो मैंने सागर के मध्य, चंदन के वृक्षों से परिपूरित द्वीप देखा था। जिसके सभी वृक्षों से शहद के छत्ते लटक रहे थे। मैंने स्वप्न में देखा कि मैं उसी छत्ते का मधु चख रही हूँ, जो चंदन व सागर की मदमाती सुगंध से युक्त है।" तब हनुमान को उसे लाने भेजा गया।

"ओ माँ, ज़रा देखो तो, जो लड़की वन को गई थी, वह तो सही मायनों में रानी बन कर लौटी है।" महल में काम करने वाली औरतें अकेले में व्यंग्य करतीं।

सीता के मन में अन्य इच्छाएँ भी उत्पन्न हुईं : अनसूया की रसोई वाटिका में उगी इमली, अगस्त्य के घर के पास लगे गाछों पर उगे केले; शबरी द्वारा राम को परोसे गए बेर, जिनके बारे में उन्होंने सीता को विस्तार से बताया था।

जब सीता को बताया गया कि उन्हें वन में ले जाने के लिए राजसी रथ तैयार है, जहाँ शबरी के बेर मिलते हैं, अब वह उन्हें अपने हाथों से चुन सकेंगी तो वे सुखद आश्चर्य से भर उठीं।

पिछली रात्रि को ही सीता ने स्वप्न में वन देखा था। वे अपनी उस स्वतंत्रता को बहुत याद करती थीं। उन्हें उन बाघों और सर्पों की याद सताती थी। उन्हें वृक्षों, दूर्वा, कंद तथा मूलों के स्वाद व पर्वतीय झरनों का पानी बहुत याद आता था। बस इस बार वे चाहती थीं कि जब वे वहाँ हों, तो राम ने उनका हाथ थाम रखा हो, उनकी छाती पर सीता का सिर टिका हो और चट्टानों पर, सूर्य की किरणों के ताप के बीच विश्राम करते हुए, वे हौले-हौले उनके केश सहलाएँ।

सीता ने थोड़ा सा सामान ही साथ लिया। उनके वस्त्र, राम के वस्त्र; बस एक दिन का सामान। वे जानती थीं कि राम शीघ्र ही वापिस आना चाहेंगे, उन्हें कई प्रकार के राजकीय दायित्वों का निर्वाह करना होता है जैसे कई तरह के अनुष्ठान व पूजन संपन्न करना, गौओं का वितरण करना, प्रजा की फ़रियादें सुनना।

अभी महल में कोई

सो कर उठा भी नहीं था, रथ को भोर बेला में ही तैयार कर दिया गया था। उन्होंने रथ में लक्ष्मण को देखने की अपेक्षा नहीं की थी। न तो कोई सहायक साथ था और न ही राम दिखाई दिए। लक्ष्मण के मुख पर, वन-विहार के नाम पर आने वाली उत्सुकता का लवलेश तक न था। वास्तव में, उन्होंने स्वयं को पूरी तरह से व्यस्त दिखाना आरंभ कर दिया। वे निरंतर अपने अश्वों के खुर तथा रथ के पहियों की जाँच करने लगे ताकि सीता से वार्तालाप करने का अवसर ही न आए।

तभी सीता जान गईं कि राम के मन का भय साकार रूप ले चुका था। लोग उनके बार में तरह-तरह के प्रवाद कर रहे थे। अयोध्या ने अपने महाराज और महारानी का उपहास किया था।

"मेरी प्रतीक्षा करना। मैं कुछ भूल गई हूँ।" उन्होंने कहा

वे महल में वापिस गईं और राजकीय रसोईए को आदेश दिया, "उनके भात पर बहुत सारा विशुद्ध घृत डालना, भले ही वे मना भी क्यों न करें। वे इसे मानेंगे नहीं परंतु उन्हें यह स्वाद भाता है।"

उन्होंने कक्ष की सफ़ाई करने वाली दासी से कहा, "यह ध्यान रहे कि कक्ष में बुहारी होने के बाद ही पोंछा किया जाए। वे कोई उलाहना नहीं देंगे किंतु धूल से उन्हें कष्ट होता है।"

उन्होंने राम के वस्त्र संभालने वाले से कहा, "उनके बाहृय वस्त्रों पर मोगरे का इत्र अवश्य छिडकना। वे कभी इसकी माँग नहीं करेंगे, परंतु उन्हें यह गंध बहुत भाती है।"

उन्होंने राजसी उद्यान के माली से कहा, "प्रतिदिन सुबह उनके लिए श्वेत कमलों तथा तुलसी के गहरे हरे पत्तों से पुष्पमाल तैयार करना। वे बहुत संकोची स्वभाव के हैं। वे कभी तुमसे इसकी माँग नहीं करेंगे।"

उन्होंने मालिश करने वाले से कहा, "उन्हें मालिश का तेल थोड़ा गुनगुना ही भाता है, और जब उनके पैरों की मालिश करो तो थोड़ा नरमाई से हाथ चलाना। उन्हें अब भी राजसी पदत्राण पहनने की आदत नहीं हुई है।"

फिर वे रथ पर सवार हुईं व बोलीं, "चलो लक्ष्मण, अब सब ठीक है।"

सीता ने मुड़ कर देखा। उन्हें विदा देने के लिए महल के द्वार पर कोई नहीं था। उनकी बहनें अभी सो रही थीं। यहाँ तक कि निजी दासियाँ भी अभी जगी नहीं थीं। मार्ग निर्जन थे। क्या अभी भोर भी नहीं हुई थी? परंतु आकाश तो रक्तिम था जैसे उदित होते सूर्य का स्वागत कर रहा हो। और फिर उन्होंने शंख ध्वनि सुनी जो इस बात की सूचक थी कि राम सिंहासन पर विराजमान थे। वे अपने दरबारियों और प्रजा की सुनवाई के लिए प्रस्तुत थे। भोर बेला के आकाश पर, अयोध्या की गाढ़ी पीताभ पताकाएँ गर्व से लहरा रही थीं।

- मराठी लोकगीतों में सीता द्वारा गर्भावस्था में उत्पन्न होने वाली इच्छाओं तथा वन गमन से पूर्व, महल में दास-दासियों को दिए जाने वाले निर्देशों का वर्णन आता है।
- लोकगीतों में बताया जाता है किस प्रकार महल में अनेक स्त्रियाँ सीता के भाग्य से ईर्ष्या रखती थीं और उन्हें कष्ट देना चाहती थीं। इस तरह वे रामायण में अपने ही जीवन की कल्पना करती हैं।
- सीता ने वनवास पर जाते समय गंगा मैया को भोग चढ़ाने का वचन दिया था। प्रायः उन्हें महल से बाहर निकाल कर, वन में भेजने का यह भी एक कारण बताया जाता है।
- पद्‌म पुराण में लिखा है, सीता जब छोटी थीं तो उन्होंने दो तोतों के मुख से रामायण की कथा सुनी थी। तोते सारी कथा नहीं जानते थे। सीता को लगा कि वे सच नहीं बोल रहे थे और उनसे सारी कथा सुनने के चक्कर में, वे दुर्घटनावश, जोड़े में से एक तोते को जान से मार देती हैं। दूसरा तोता सीता को श्राप देता है कि उन्हें भी अपने पति से वियोग का कष्ट सहना होगा। ऐसी कथाओं के माध्यम से यह दर्शाने का प्रयत्न किया गया है कि वनवास तो सीता के अपने ही कर्मों का अनिवार्य परिणाम था।

लक्ष्मण राम का निर्णय सुनाते हैं

रथ वन की ओर चला तो लक्ष्मण मौन साधे रहे। यह तो कोई नया ही मार्ग था, एक सँकरा सा मार्ग, यह वह राजमार्ग नहीं था, जो कौशल के समृद्ध खेतों तथा बागों से हो कर निकलता था। वे गुहा से भेंट नहीं कर सकेंगी। उन्हें कोई नदी पार नहीं करनी थी, केवल एक वीरान पहाड़ के उस ओर जाना था। "वन का यह भाग तो पहले कभी नहीं देखा," सीता बोलीं। वह अनुर्वर तथा पथरीला इलाक़ा था। अचानक एक छिपकली रथ के आगे से भागी। सीता मुँह दबा कर हँसीं। लक्ष्मण शांत बैठे रहे।

अंततः, रथ नगर से बहुत दूर, वन के मध्य जा कर ठहर गया। सीता दमकती हुईं, वृक्षों की ओर जाने को तत्पर हुईं। सारथी लक्ष्मण, अपने स्थान पर स्थिर बैठे रहे। सीता को लगा कि वे कुछ कहना चाहते थे, वे वहीं ठिठक गईं। लक्ष्मण ने अंततः अपनी बात कही, आँखें धरती में गड़ी थीं, "आपके पति, मेरे ज्येष्ठ भ्राता, अयोध्या नरेश राम, आपको बताना चाहते हैं कि नगर में चारों ओर अफ़वाहें प्रसारित हो रही हैं। आपकी प्रतिष्ठा पर प्रश्नवाचक चिन्ह लगा है। नियम स्पष्ट हैं : एक राजा की पत्नी को हर प्रकार के संशय से ऊपर होना चाहिए। यही कारण है कि रघुकुल के वंशज ने आपको आदेश दिया है कि आप उनसे, उनके राजप्रासाद व उनकी नगरी से दूर रहें। आप स्वेच्छा से कहीं भी जाने के लिए स्वतंत्र हैं। परंतु आप किसी के सम्मुख यह प्रकट नहीं कर सकतीं कि आप कभी राम की रानी थीं।"

सीता ने लक्ष्मण के काँपते नथुनों को देखा। वे उनकी ग्लानि व रोष को अनुभव कर रही थीं। वे उनके निकट जा कर, उन्हें सांत्वना देना चाहती थीं, किंतु उन्होंने किसी तरह स्वयं को संभाला।

"आपको लगता है, राम ने अपनी सीता को त्याग दिया है, ऐसा ही लगता है न?" उन्होंने कोमलता से पूछा। "परंतु उन्होंने ऐसा नहीं किया। वे ऐसा कर ही नहीं सकते। वे भगवान हैं –

वे कभी किसी का त्याग नहीं करते। और मैं भगवती हूँ - मेरा कोई त्याग कर ही नहीं सकता।"

"मैं आपके इन विचित्र शब्दों का अर्थ नहीं समझा।"

"राम विश्वसनीय हैं, अतः ईश्वर हैं। मैं स्वतंत्र हूँ अतः भगवती हूँ। उन्हें अपना कर्तव्य निभाना है, नियमों का पालन करना है और प्रतिष्ठा की रक्षा करनी है। मैं ऐसे किसी उत्तरदायित्व को वहन नहीं करती। मैं स्वेच्छा से कुछ भी करने को स्वतंत्र हूँ: जब वे मुझे अपने घर लाते हैं, मैं उनसे प्रेम करती हूँ, जब वे वन को जाते हैं तो मैं उनसे प्रेम करती हूँ, जब मैं उनसे बिछुड़ती हूँ तो उनसे प्रेम करती हूँ, जब वे मेरा रक्षण करते हैं तो उनसे प्रेम करती हूँ, जब वे मुझे अपनाते हैं तो उनसे प्रेम करती हूँ और जब वे मुझे त्याग देते हैं तो भी उनसे प्रेम करती हूँ।"

"किंतु आप निर्दोष हैं," लक्ष्मण बोले, उनके गालों से अश्रुधार टपक रही थी।

"और यदि मैं न होती तो? तब क्या इसे सामाजिक रूप से उचित व न्यायसंगत माना जाता कि एक पति, अपनी पत्नी को घर से बहिष्कृत कर दे? मैं ऐसे असहनीय समाज में रहने की अपेक्षा, वन को प्राथमिकता देना चाहूँगी।"

सीता के वे शब्द लक्ष्मण के मुख पर किसी तमाचे की तरह आन पड़े। राम जमदग्नि की भाँति नहीं थे, जिन्होंने रेणुका का शीश काटने का आदेश दे दिया था। राम गौतम भी नहीं थे, जिन्होंने अहिल्या को श्राप दे दिया था। राम ने शबरी के जूठे बेरों को भी कितने स्नेह से स्वीकारा था।

"आपको तो इतना मान भी नहीं दिया गया कि आपसे सारी बात स्पष्ट कह दी जाती। आपको छल से महल का त्याग करने को विवश कर दिया गया," लक्ष्मण बोले।

"तुम उन्हें परख रहे हो, मैं उनसे प्रेम करती हूँ। तुम उन्हें एक आदर्श मानते हो और तुम्हारा क्रोध यही है कि वे तुम्हारी अपेक्षाओं पर ख़रे नहीं उतर पा रहे। मैं अपने पति को उसी रूप में देखती हूँ, जैसे वे हैं, और उनकी मनोदशा को समझती हूँ; वे प्रत्येक क्षण में, वही बनने का प्रयास करते हैं, जो उनके लिए श्रेष्ठ हो सकता है। मैं उन पर अपनी अपेक्षाओं का भार नहीं लादना चाहती। यही कारण है कि मैं उनकी प्रिया हूँ। वे इस बात को भली-भाँति जानते हैं कि भले ही जो भी हो, मैं सदा उनका साथ दूँगी, चाहे वे किसी धृष्ट बालक की भाँति ही कितना भी छलपूर्ण व्यवहार क्यों न करें," सीता मुस्कुराते हुए बोलीं। "घर वापिस जाएँ। राम का अच्छी तरह निरीक्षण करें। यह भी जान ले कि जो व्यक्ति स्वयं को सीता का पति कहता है, वह कभी दूसरा विवाह नहीं करेगा। हाँ, अयोध्या नरेश के लिए मैं कुछ नहीं कह सकती।"

"यह अनुचित है। मैं आपकी इस भलाई को सहन नहीं कर सकता," लक्ष्मण चिल्लाए।

"कल्पना करें, यदि राम ने अपने पिता की आज्ञा का पालन करने से इंकार कर दिया होता, तो क्या होता? कल्पना करें कि यदि राम अपनी पत्नी का बहिष्कार करने से इंकार कर देते? लोग सदा उनके विषय में तरह-तरह की व्यंग्यात्मक बातें कहते, भले ही उनके सारे कार्यों को औचित्य की कसौटी पर कसा जा सकता हो। यह केवल उचित अथवा अनुचित होने का प्रश्न

नहीं है। यह एक नरेश का प्रश्न है, जो सारे संदेहों से परे रहना चाहता है। ऐसा बनने के लिए, उन्हें हमारे सहयोग व योगदान की अपेक्षा होगी।"

"अब आप क्या करेंगी? आप कहाँ जाएँगी? मुझे आपको ऋषियों के आश्रमों के निकट छोड़ने को कहा गया था ताकि आप अपने लिए आश्रय तलाश सकें," लक्ष्मण ने कहा

सीता ने अपने देवर को देखा, उनसे कहीं बड़े तथा लंबे, युद्ध में मिले घावों से युक्त देह वाले, चिंतित लक्ष्मण, धरती की ओर आँखें झुकाए इस प्रकार खड़े थे मानो कोई बालक मारे लज्जा के मुख न उठा पा रहा हो।

सीता मुस्कुरा कर बोलीं, "लक्ष्मण, मैं वन से अच्छी तरह परिचित हूँ। मैंने महल से अधिक समय इन्हीं वनों के बीच बिताया है। मेरी चिंता न करें। मैं इस परिस्थिति से प्रसन्न तो नहीं किंतु मैं इसे स्वीकार करुँगी और अपनी ओर से इसका पूरा लाभ लेने की चेष्टा करूँगी। इस प्रकार मैं अपने धर्म का त्याग किए बिना, कर्मों को स्वीकार करती हूँ।"

उलझन से घिरे लक्ष्मण अयोध्या की ओर प्रस्थान कर गए, सीता वन में मुस्कुराईं व अपने केश बंधनमुक्त कर दिए क्योंकि जब कृषक खेत को त्याग देता है, तो वह खेत पुनः एक वन में ही परिणित हो जाता है।

- गंगा के मैदानी इलाक़ों के लोकगीतों में, सीता लक्ष्मण से पानी लाने के लिए कहती हैं। वे कहते हैं कि उनके निकट कोई जलस्त्रोत नहीं है। सीता उनसे कहती हैं कि वे धरती में बाण मार कर, उसी तरह पानी निकाल दें, जैसे वन में किया करते थे। लक्ष्मण उनसे कहते हैं कि वे स्वयं ऐसा कर लें। वे रथ नहीं रोकना चाहते। सीता अपने सतीत्व की शक्ति से एक कुआँ उत्पन्न कर देती हैं। जिसे देख कर लक्ष्मण को विश्वास हो जाता है कि सीता पवित्र हैं और उन्होंने अग्नि परीक्षा के बाद से, एक बार भी रावण के बारे में विचार नहीं किया।
- प्रांतीय *रामायणों* में, कई लोकगाथाओं के अनुसार, राम लक्ष्मण को सीता की हत्या करने को कहते हैं और उनकी हत्या का प्रमाण लाने को भी कहते हैं, वे कहते हैं कि सीता के नेत्र या रक्त का प्रमाण लाया जाए। लक्ष्मण, सीता को क्षमा कर देते हैं और राम को हिरण के नेत्र ले जा कर दिखा देते हैं।
- एक भील गीत में, राम लक्ष्मण से कहते हैं कि वे सीता की हत्या करदें परंतु लक्ष्मण को उनके गर्भवती होने का पता चल जाता है और वे ऐसा नहीं करते। तेलुगू गीतों में, राम सीता को मृत जान कर, उनका अंतिम संस्कार भी संपन्न कर देते हैं।

- सार्वजनिक रूप से, उत्तर-रामायण का पाठ करना मना है क्योंकि हो सकता है कि दुःखदायी गाथा सुनने से, सीता की माता धरती व्यथित हो जाए, इस तरह भूकंप आ सकता है।
- जब लक्ष्मण महल लौटते हैं, तो वे राम के साथ यथार्थ की प्रकृति पर दार्शनिक विचार-विमर्श करते हैं। यही राम गीता है, जो *अध्यात्म रामायण* में पाई जाती है।

सीता का विलाप और शूर्पणखा

जब सीता अंततः रोने लगीं, तो वे अयोध्या के लिए रोईं; काल्पनिक शक्तिहीनता, जिसके बल पर प्रजा ने, प्रवादों के माध्यम से सत्ता को छीना।

जब वे वन में गईं तो उन्होंने सीमाओं की अनुपस्थिति का निरीक्षण किया। वहाँ फ़सल और खरपतवार में भेद करने के लिए कुछ नहीं था। प्रत्येक वस्तु का अपना मोल था। प्रकृति में, कुछ भी शुद्ध अथवा दूषित नहीं होता। जिसका कोई मोल नहीं होता, संस्कृति उसे अपने से अलग कर देती है। प्रकृति सबको अपने भीतर समाहित करती है।

सीता को वंशी का स्वर सुनाई दिया। उसका अनुसरण करते हुए, वे वन के एक ऐसे भूखंड में पहुँची जहाँ दिन में भी रात्रि की तरह अंधकार था। वहाँ उन्होंने कई चमकती हुई आकृतियाँ देखीं : एक पुरुष मध्य में था और बहुत सारी स्त्रियाँ उसके इर्द-गिर्द थीं। वह वेणु बजा रहा था और वे उसके चारों ओर गोल घेरे में नृत्य कर रही थीं। उनमें से कोई भी किसी से रीति-रिवाज़ या परंपराओं से बँधा नहीं था। वहाँ न तो उत्तरदायित्व थे और न ही कोई अपेक्षा, केवल गहरा स्नेह और आपसी समझ। कितनी असीम संभावनाएँ, सीता विचार करने लगीं।

"एक दिन, किसी अन्य जीवनकाल में, राम कृष्ण होंगे तथा सीता राधा होंगी। वे मिल कर आनंदमग्न भाव से नृत्य करेंगे," आशान्वित वृक्ष उल्लास से चहक उठे।

"परंतु कर्तव्य पुकार लेगा। वे ग्राम को त्याग, नगरी की ओर चले जाएँगे। एक बार फिर राधा का हृदय भग्न होगा," दूर्वा के अंकुरों ने अपना दायरा विस्तृत करते हुए कहा, वे सीता को आराम पहुँचाना चाहते थे।

अंधेरे को चीर कर सूर्य की प्रखर रौद्र किरणें आ पहुँचीं। वृक्ष विलाप कर रहे थे। पक्षी चीत्कार कर रहे थे। सर्प रुदन कर उठे। "राम ने सीता को त्याग दिया," वे समवेत स्वर में चिल्लाए। "अयोध्या को लगता है कि सीता उनके योग्य नहीं रहीं।"

सीता ने वृक्षों, पक्षियों व सरीसृपों को शांत किया : "मेरे राम के लिए शोक करो, जो नियमों के बंधन में जकड़े हैं, वे महल में मुक्त भाव से श्वास तक नहीं ले सकते। मैं तो वन में लौट आई, जहाँ मैं स्वेच्छा से कुछ भी कर सकती हूँ, जो जी में आए, कर सकती हूँ। अब मैं किसी की पत्नी नहीं रही; अब मैं एक गर्भवती स्त्री हूँ। गौरी अब किसी के आगे अपना शीश झुकाने अथवा सोच-समझ कर क़दम उठाने को विवश नहीं; अब मैं काली हूँ। आओ, चलो नदी में चल कर तैरें और शबरी के बेर खाएँ।"

बेरी के वृक्ष तले, शूर्पणखा बैठी दिखी। वह मारे घृणा व रोष के सुलग रही थी। "उन्होंने तुम्हें भी उसी प्रकार अस्वीकृत कर दिया, जिस प्रकार मुझे नकारा था। अब तुम भी उसी तरह कष्ट पाओगी, जैसे मैंने कष्ट पाया, तुम भी उसी तरह पदविहीन हो गईं, जिस प्रकार मुझे सौंदर्य से रहित कर दिया गया था।"

सीता मुस्कुराईं और शूर्पणखा को खाने के लिए बेर दिए। "लो खाओ न, ये भी उतने ही मीठे हैं, जितने मंदोदरी के बाग वाले बेर थे।" शूर्पणखा चकित थी। उसने तो अपेक्षा की थी कि सीता की पीड़ा और संताप का आनंद लेगी किंतु सीता तो कहीं से भी संतप्त नहीं दिखी। "शूर्पणखा, तुम कब तक अपने आसपास के लोगों से यह अपेक्षा रखती रहोगी कि तुम जिस तरह उन्हें प्रेम करती हो, वे भी तुम्हें उस तरह प्रेम करें? अपने भीतर की शक्ति को पहचानो, इस तरह तुम उन्हें निरंतर अपना प्रेम दो सकोगी, भले ही वे तुमसे प्रेम न करें। निःस्वार्थ भाव से दूसरों की क्षुधा पूर्ति करते हुए, अपनी क्षुधा से ऊपर उठो।"

"परंतु मैं अपने लिए न्याय चाहती हूँ," शूर्पणखा बोली।

"कितना दंड पर्याप्त होगा? जब से दशरथ के पुत्रों ने तुम्हारा अंग-भंग किया है, तब से उन्हें शांति नहीं मिली। तुम निरंतर रोती-कलपती रही हो। मनुष्य न्याय से कभी संतुष्ट नहीं होता। पशु कभी न्याय नहीं चाहते।"

"सीता, मैं तो कोई पशु नहीं, मैं नहीं चाहती कि मेरे साथ किसी पशु की तरह व्यवहार किया जाए।"

"तो मनुष्य बनो। इस बात को भूल कर जीवन में आगे बढ़ जाओ। जिन्होंने तुम्हें आहत किया, वे अपने मनस् का विस्तार नहीं कर सकते, परंतु तुम तो कर सकती हो, निश्चित रूप से कर सकती हो।"

"मैं इस तरह झुकने से इंकार करती हूँ।"

"तुमने स्वयं ही अपने-आप को पीड़िता के दायरे में बंदी बना रखा है। तो फिर रावण की तरह बन जाओ। अपने भाईयों और पुत्रों के मरने पर भी सीना तान कर खड़ी रहो, नगरी को जलने दो, अपनी ही उत्कृष्टता की कल्पना में खोई रहो। किसकी हानि होगी, केवल तुम्हारी? संस्कृतियाँ आती और जाती हैं। राम और रावण आते और जाते हैं। प्रकृति निरंतर बनी रहती है। मैं तो प्रकृति का आनंद उठाना अधिक श्रेयस्कर समझती हूँ।"

शूर्पणखा ने सीता का दिया बेर उठा लिया। वास्तव में वह तो किसी भी प्रेमी की अधीर और वासनादग्ध दृष्टि से कहीं मीठा था, कहीं अधिक मीठा। उसने एक और बेर खाया और मुस्कुराई, "अब मैं तुम्हारे साथ नदी तक दौड़ लगाऊँगी।" सीता नाले की ओर दौड़ते हुए चिल्लाईं। शूर्पणखा खिलखिलाई और पानी में छलांग लगा दी। एक बार फिर, वह अपने सौंदर्य की अनुभूति कर पा रही थी।

- अनेक लेखकों ने इस विषय में विचार किया है कि शूर्पणखा का क्या हुआ। अनेक पुनर्कथनों में, उसे इस बात के लिए दोषी ठहराया गया कि उसके कारण ही राम ने सीता को अस्वीकृत किया और अपने जीवन से परे कर दिया। कुछ लेखकों का मानना है कि सीता का भाग्य पितृसत्ता की देन है, कईयों ने इसे स्त्रियों की ईर्ष्या का परिणाम माना है।
- सुश्रुत संहिता में, भग्न नासिका को सुधारने के लिए नाक की शल्य चिकित्सा का संदर्भ मिलता है। उससे ही पाठकों ने निष्कर्ष निकाला कि रावण के शल्य-चिकित्सकों ने शूर्पणखा की नाक ठीक कर दी होगी।
- राजस्थान में चारण, शूर्पणखा के पुनर्जन्म की कथा बाँचते हैं। उसका जन्म फूलवन्ती और लक्ष्मण का जन्म पाबू जी के रूप में हुआ, जो एक महान लोक नायक था। उनका विवाह तो हो जाता है परंतु पाबू जी हर संभव उपाय से अपने संबंध को संपूर्ण नहीं होने देता। वह लक्ष्मण की तरह ब्रह्मचारी तपस्वी-योद्धा ही बना रहता है। शूर्पणखा का प्यार अनुत्तिरत ही रह जाता है।

चोर बना कवि

जो भी हो, वे एक महारानी थीं। उनकी पूरी देह नाना प्रकार के आभूषणों से लदी हुई थी। वे वन में, एक चट्टान पर बैठ कर विचार करने लगीं कि अब उन्हें क्या करना चाहिए। वे किसी वनदेवी के समान दिख रही थीं। अचानक रत्नाकर नामक चोर की दृष्टि उन पर पड़ी। वह अपनी तलवार लिए, सीधा उनकी ओर बढ़ा। "अपने सारे आभूषण मुझे दे दो।" वह गरजा।

सीता के मुख पर भय का एक भी चिन्ह नहीं दिखा। उन्होंने अपने हाथों से कंगन का जोड़ा उतारा और पूरी राजसी मर्यादा के साथ उसे सौंप दिया।

जब चोर उन कंगनों को जाँचने लगा तो सीता ने पूछा, "तुम चोरी क्यों करते हो?"

"पहले मैं भी एक कृषक था किंतु वनों को जला कर, खेती योग्य भूमि तैयार करना पीड़ादायी था। मैं आखेटक भी था किंतु पशुओं को मारने की पीड़ा भी असहनीय थी। यही कारण है कि अब मैं चोरी करता हूँ। उन मनुष्यों से कुछ लेने में मुझे कोई पीड़ा नहीं होती, जो प्रकृति से वस्तुएँ लेते हैं," रत्नाकर ने कहा।

"यह कर्म किया ही क्यों जाए? तुम शिव की तरह तपस्वी क्यों नहीं बनते, सारी क्षुधाओं से

ऊपर उठने का प्रयत्न!"

"मुझ पर एक परिवार के भरण-पोषण का दायित्व है।" रत्नाकर वन में आभूषणों से सुसज्जित उस स्त्री को देख चकित था।

"सुनने में बहाना तो अच्छा है परंतु एक बात बताओ। यदि तुम्हें चोरी करने के अपराध में महाराज ने पकड़ लिया तो क्या तुम्हारा परिवार उस दंड में भी उसी तरह सहभागी होगा, जिस तरह वह तुम्हारी लूट के माल का आनंद उठाता है?" सीता ने पूछा

"हाँ, निश्चित रूप से वे मेरे दंड के सहभागी होना चाहेंगे।" रत्नाकर ने कहा

"क्या तुम पूरे विश्वास से कह सकते हो?" सीता ने पूछा

चोर ने सोचा कि क्यों न वह अपने परिवार से पूछ ही ले। उसे यह जान कर बहुत निराशा हुई कि उसकी पत्नी ने उसका साथ देने से इंकार कर दिया। वह बोली, "मैं और मेरे बच्चे, तुम्हारे अपराध कर्म में सहभागी क्यों बनें? तुम इस गृहस्थी के मुखिया, तुम पर यह दायित्व है कि तुम हमारा पेट भरो। तुम यह कार्य कैसे करते हो, यह तुम्हारी चिंता का विषय होना चाहिए।"

"मेरा परिवार, मेरे लिए नहीं है।" रत्नाकर अपनी पत्नी से मिल कर आया तो उसके कंधे शिथिल थे और सुर निराशा में डूबा हुआ था। "मैं स्वयं को बहुत एकाकी अनुभव कर रहा हूँ।"

"अपने नेत्र खोलो, अपने मन का विस्तार करो और तुम अपनी समस्याओं के लिए संसार को दोषी ठहराना छोड़ दोगे, तब तुम अपने परिवार को उसकी सारी सीमाओं के साथ स्वीकार कर सकोगे," सीता ने कहा

"ऐसा कैसे संभव है?"

"बैठो और ध्यान रमा कर, बार-बार उस एक शब्द का उच्चारण करो, जो तुम्हारे मुख से सहज भाव से निकलता हो।"

चोर जब बैठा तो उसके मुख से केवल एक ही शब्द सहज भाव से निकला, 'मरा' यानी मृत्यु। वह कई घंटों तक उसी शब्द को दोहराता रहा और धीरे-धीरे उसका मन शांत होने लगा, उसका संसार धीरे-धीरे उसके भीतर समाने लगा। "मरा, म-रा, म, रा, म, रा-म, राम, राम...।"

"यह राम कौन है, जो मेरे मन को इस तरह शांत कर रहा है?" उसने सीता से पूछा

सीता ने उसे राम के जन्म, विवाह, वनवास, युद्ध, विजय, अयोध्या वापसी तथा राज्याभिषेक की कथा सुनाई। उन्होंने

रत्नाकर को यह नहीं बताया कि वे वही सीता हैं, जो राम के साथ वन में गई थीं, वही सीता जिसे रावण हर ले गया था और राम ने उनको मुक्त करवाया। उन्होंने नहीं बताया कि वे वही सीता थीं जिन्हें राम ने लोकापवाद के चलते, अपने महल से निकाल दिया था। परंतु उनके सुर ने ही उनका साथ नहीं दिया : रत्नाकर को कोई संदेह नहीं रहा कि वे ही अयोध्या की महारानी, जनक की बुद्धिमान पुत्री थीं, जिनके बारे में उसने पहले भी अनेक यात्रियों से सुना था।

"यह कथा मेरे विचलित मन को शांत कर रही है। मुझे इस नाम का जप करने दें और कुछ समय के लिए विचार करने दें।" उसने कहा।

"जब तुम ध्यान करने में व्यस्त रहोगे और अपने जीवन की समस्याओं से जुड़े प्रश्नों के उत्तरों की तलाश करोगे, तो उस दौरान तुम्हारे परिवार की देख-रेख कौन करेगा?" सीता ने पूछा।

"वे स्वयं ही अपने जीवन के दायित्व संभाल लेंगे, जिस तरह मैंने संभाल लिया। हम स्वयं ही अपने कर्मों के लिए उत्तरदायी होते हैं। हमें स्वयं ही अपने चुनावों के परिणाम भुगतने होते हैं," रत्नाकर ने कहा।

इस प्रकार रत्नाकर एक स्थान पर बैठ गया और राम के विषय में विचार करते हुए, अपने मन को शांत करने लगा। राम की कथा उसके मन का संताप हर रही थी। इसी तरह कई दिन बीत गए। वह अपने स्थान से टस से मस नहीं हुआ। सीता उसकी निगरानी करती रहीं, वे निकट खड़े वृक्षों से फल खातीं, नदी से जल पीतीं और वहीं चट्टानों पर सो जातीं। उन्होंने देखा कि दीमकों ने रत्नाकर के शरीर पर बाँबी बना ली थी और तब उन्होंने जाना कि रत्नाकर गहन ध्यान में मग्न हो गए थे; वे सारी पीड़ा से उबर गए थे, उन्हें न तो कोई ध्वनि सुनाई दे रही थी और न ही कोई गंध अनुभव हो रहा था। इंद्र की कोई अप्सरा उनका ध्यान भंग नहीं कर सकती थी। वह चोर रूपांतरित हो रहा था। तप की भीतरी अग्नि उसे एक ऋषि में बदल रही थी।

फिर एक दिन, क्रौंचपक्षियों का एक जोड़ा, पास खड़े एक वृक्ष की शाखा पर आ बैठा। मादा पक्षी को एक बाण आ कर लगा और वह धरती पर गिर पड़ी। नर पक्षी उसके चारों ओर चक्कर लगाने लगा, वह बहुत ही दयनीय सुर में चीत्कार कर रहा था। इस ध्वनि ने चोर का ध्यान भंग कर दिया। उसने अपने नेत्र खोले, दीमक की बाँबी से, क्रुद्ध भाव से

बाहर आए और शिकारी को श्राप दिया, "प्रेमियों को विलग करने वाले तुझे कभी प्रसन्नता न मिले।"

यह श्राप एक छंद के रूप में सामने आया। पीड़ा से कविता जन्मी थी।

चोर ने निर्णय लिया कि वह अपना शेष जीवन राम की कथा को छंदबद्ध करने में ही बिताएगा। उसने कहा, "मैं इसे *रामायण* का नाम दूँगा, राम की कथा।"

"यह वाल्मीकि की *रामायण* के नाम से जानी जाएगी।" सीता प्रोत्साहित करते हुए बोलीं।

"ये वाल्मीकि कौन है?"

"आप, बालू के इस ढेर से आपका पुनर्जन्म हुआ है।"

"आप मेरी गुरु हैं। आपके कारण ही यह मेरा दूसरा जन्म संभव हो सका," वाल्मीकि ने झुक कर प्रणाम निवेदित किया तथा अपने मस्तक से सीता के चरणों का स्पर्श किया। "मैं नहीं जानता कि आप कौन हैं परंतु यह तो स्पष्ट है कि आपको भी आपके परिवार ने उसी प्रकार त्याग दिया है, जिस प्रकार मेरे परिवार ने मेरा त्याग कर दिया है। मुझे अपनी देखभाल का दायित्व दें।"

"मैं अपनी देखभाल स्वयं कर सकती हूँ।" सीता बोलीं।

"तब आप मेरी देखभाल करें।"

"यह तभी संभव है, जब आप अपनी पत्नी और संतान की देखभाल करते हुए, अपने मन का विस्तार करें। उन्होंने भले ही आपका त्याग कर दिया हो परंतु आपको उनका त्याग नहीं करना चाहिए।"

वाल्मीकि ने हामी भरी और घर लौट गए। सीता उनका अनुसरण करने लगीं।

रत्नाकर की पत्नी गोमती, उन्हें देख कर चिल्लाईं, उनसे यह पूछा कि वे इतने सप्ताह तक कहाँ रहे, उन्होंने एक तपस्वी की तरह वेष क्यों बना रखा था, उन्होंने शरीर पर भस्म के लेप के साथ वल्कल क्यों पहने हुए थे, वह अपने जीवन के दुःख के लिए विलाप करने लगी, उसने बताया कि उसने किस तरह कठिनाईपूर्वक अपना और बच्चों का पेट भरा, किस तरह भोजन न मिलने पर बच्चों को सांत्वना दी। उसने अपने पति और नियति को कोसा और फिर ईश्वर को भी नहीं छोड़ा। वह बुरी तरह से सिसक रही थी। वाल्मीकि एक शब्द भी नहीं बोले। जब वह शांत हुई, तो उन्होंने क्षमायाचना करते हुए, उसे कंठ से लगा लिया। वह उनके कंठ से लग कर पुनः सिसकने लगी।

इसके बाद उसका ध्यान सीता की ओर गया। "यह कौन है?" गोमती की दृष्टि में संदेह लहरा उठा। "आपकी उप-पत्नी?" फिर उसने पति की ओर देखा - मलिन और म्लान तपस्वी वेष।

"नहीं, ऐसा तो नहीं हो सकता।" वह विद्रूप के साथ हँसी।

"मेरे पति ने मुझे वन में त्याग दिया, मुझे घर से निष्कासित कर दिया। मेरे पास आश्रय पाने के लिए कोई स्थान नहीं है। तुम्हारे पति ने मुझे, तुम्हारे घर में रहने का निमंत्रण दिया है। क्या तुम मुझे अपनी अतिथि के रूप में स्वीकार करोगी?" सीता ने पूछा।

रत्नाकर की पत्नी ने सीता को संदेहास्पद दृष्टि से देखते हुए कहा, "हमारे पास कुछ नहीं है।" जिस स्त्री को उसके पति ने त्याग दिया हो, वह इतनी शांत कैसे रह सकती है? फिर वह बोली, "हमारे पास तुम्हारे साथ बाँटने के लिए कुछ नहीं है।"

सीता मुस्कुराईं और अपने राजसी अलंकार व परिधान वाल्मीकि की पत्नी को दे दिए। पुत्रवधू होने के नाते, उनसे अपेक्षा की जाती थी कि वे अपने पति की कुल मर्यादा व प्रतिष्ठा को बनाए रखने के लिए उन परिधानों व आभूषणों को धारण करेंगी। अब उन्हें उस भार से मुक्त कर दिया गया था। अब वे वनवासी स्त्रियों की तरह पत्तों से बने तथा वल्कल वस्त्र धारण कर सकेंगी, जिन्हें वे जाने कब से पहनना चाहती थीं।

वाल्मीकि की पत्नी को सीता के वस्त्र व आभूषण धारण कर बहुत आनंद आया। परंतु कुछ समय बाद, धीरे-धीरे, वे अपना आकर्षण खोने लगे क्योंकि सीता ने उसे सिखा दिया कि जीवन में किन चीज़ों का वास्तविक महत्त्व होता है : अच्छा भोजन, उचित आश्रय तथा एक स्नेही व सहयोगी परिवार।

जो पहले कभी किसी चोर का घर था, वह अब एक कवि का आश्रम हो गया था। वाल्मीकि राम की कथा को गान के रूप में बदलने में व्यस्त थे और सीता शबरी के बेर खा कर तृप्त होती रहीं।

- कुछ पुनर्कथनों में राम सीता को केवल वन में छोड़ने का आदेश देते हैं तो कुछ पुनर्कथनों में, सीता को किसी मुनि के आश्रम के निकट छोड़ कर आने का आदेश दिया गया था। सीता को असहाय अवस्था में दिखाया गया है, वे अपनी देख-रेख के लिए उन ऋषियों पर आश्रित हैं और सीता की अपनी कोई स्वायत्ता नहीं है।
- रत्नाकर, जो आगे जाकर राम का नाम लेते हुए वाल्मीकि बन गए, की कहानी 500 वर्ष पुरानी तथा भक्ति काल से है। इसका उल्लेख संस्कृत के 2000 वर्ष पुराने ग्रंथों में नहीं

मिलता है, जिनमें वाल्मीकि को प्रचेता की परंपरा का ऋषि बताया गया है। ये दो व्यक्तियों की दो अलग-अलग कहानियाँ हैं, जिन्हें अक्सर एक ही समझ लिया जाता है।

- कुछ संस्करणों में, रत्नाकर, नारद मुनि की मध्यस्थता से वाल्मीकि बनते हैं या कुछ स्थानों पर सप्तर्षियों का नाम भी लिया गया है। यह कथा पहले स्कंद पुराण और फिर बाद में, *आनंद रामायण* तथा *अद्भुतरामायण* में आती है।
- सरला दास की ओड़िया *बिलंका रामायण* में, जब ब्रह्मा जी का स्वेद, नदी के किनारे पड़ी बालू पर गिरा तो वाल्मीकि का जन्म हुआ।
- उत्तर भारत में गौण जाति समुदायों जैसे मेहतरों व मोचियों ने वाल्मीकि को अपने संरक्षक संत के रूप में स्वीकार किया है।
- राम पतित-पावन कहलाते हैं, वे सारे दूषणों तथा पवित्रताओं का नाश करते हैं। इस वाक्य को अपवित्रता के उस पदक्रम से जोड़ा जा सकता है, जो तुच्छ और अपवित्र काम करने वाली जातियों को मर्यादा व संसाधन देने से इंकार करता है। कुछ सुधारकों के अनुसार राम जाति पदक्रम से मुक्त कराने वाले रहे और कुछ ने *रामायण* को जाति पदक्रम के स्त्रोत के रूप में देखा।
- सातवीं सदी में, चंपा (आधुनिक वियतनाम) में वाल्मीकि के मंदिर की स्थापना की गई, जहाँ उन्हें एक कवि-संत तथा विष्णु के अवतार के रूप में, पूजा जाता है।
- पारंपरिक रूप से, वाल्मीकि का आश्रम उत्तर प्रदेश के बांदा ज़िले में स्थित माना जाता है।
- वाल्मीकि का पहला छंद तथा बाद में उनकी संपूर्ण *रामायण* अनुष्टप छंद में रची गई।

शंबूक

जब अयोध्या में लोगों तक यह बात पहुँची कि रत्नाकर वाल्मीकि नामक ऋषि बन गया है, तो अनेक व्यक्तियों ने निर्णय लिया कि वे भी गृहस्थ जीवन त्याग कर, साधु हो जाएँगे। पुरोहित साधु बन गए; योद्धा साधु बन गए; कृषक, गौपालक, कलाकार और व्यापारी साधु बन गए। अयोध्या संकट में थी। "हमारे महाराज ने अपनी पत्नी को वन में छोड़ दिया और उनकी प्रजा अपनी पत्नियों को छोड़ कर जंगल में जा रही है।" लोग विलाप करने लगे।

एक दिन, एक पुरोहित राम के महल में आ कर रोने लगा, "देखिए, मेरा युवा पुत्र प्राण त्याग रहा है। उसकी चिकित्सा करने वाला कोई नहीं है। सभी तपस्या तथा यज्ञ करने में व्यस्त हैं। पारिवारिक ढाँचे व अनुक्रम और समाज के दुर्ग ढह रहे हैं। ऐसे संसार में, जीवन की बनी-बनाई व्यवस्था का अंत निश्चित है। युवक, वृद्धों से पहले प्राण त्याग रहे हैं। आप, राम, आप ही इस अव्यवस्था के उत्तरदायी हैं। इससे पूर्व कि सब कुछ बिखर जाए, इसे पुनः व्यवस्थित करें।"

राम वन में गए और तपस्वियों के नेता से भेंट की। वह शंबूक नामक व्यक्ति था। "यहाँ मैं किसी का दास नहीं हूँ। मैं वन के दूसरे प्राणियों के समान ही हूँ। मैं नगर के स्थान पर वन

को प्राथमिकता देता हूँ। यहाँ कितनी प्रज्ञा है।" शंबूक ने कहा।

"वन का रोमानीकरण मत करो। वन में कोई भी असहाय की सहायता नहीं करता। तुम्हें सदा अपनी सहायता स्वयं करनी होती है, तुम सदा भूखे रहने या किसी के हाथों शिकार होने के भय से पीड़ित रहते हो। तुम्हें अपने साथी को पाने के लिए बलशाली बनना होता है, और जब मौसम बदलता है तो तुम्हें प्रवास करना पड़ता है। परंतु नगर में दुर्बलों के लिए भी पर्याप्त भोजन होता है। और ऐसे सामाजिक ढाँचे होते हैं, जो तुम्हें अर्थ, उद्देश्य और वैद्यता प्रदान करते हैं।"

"मैं किसी से भी हीन होने से इंकार करता हूँ। राम, आपकी नगरी में, मैं व्यापारी, योद्धा और पुरोहित से हीन माना जाता हूँ, क्यों?"

"केवल शिव के कैलाश में ही कोई पद अनुक्रम नहीं होता। केवल इंद्र के स्वर्ग में ही सारी इच्छाएँ पूरी होती हैं। मैं, राम, अयोध्या में विष्णु का बैकुंठ लाने के लिए संघर्षरत हूँ, जहाँ पद अनुक्रम की आवयश्यकता के बिना ही इच्छाएँ पूरी हो सकती हैं। मैं जीवन का वास्तविकता से इस तरह मंथन करना चाहता हूँ जहाँ बल व कल्पना, विपरीत बल का कार्य करें। परंतु अयोध्या को बनाए रखने के लिए, कर्तव्यों को पूरा करना ही होगा। मैं प्रत्येक गृहस्थ को साधु या तपस्वी बनने की अनुमति नहीं दे सकता। शंबूक, घर वापिस चलो, अपने कर्तव्यों का पालन करो। अपने कौशल, अगली पीढ़ी को सौंपने के बाद तुम वन में आ सकते हो। अन्यथा मैं तुम्हारे प्राण ले लूँगा, ताकि उन सबका मनोबल टूट सके, जो तुम्हारा अनुसरण कर, वन में आ रहे हैं।"

"राम, आप मेरी हत्या कर सकते हैं, परंतु मैं नगरी में वापिस नहीं आऊँगा।"

तब राम ने अपनी तलवार उठाई और उसी तरह शंबूक का सिर काट दिया, जिस तरह परशुराम ने रेणुका का सिर तथा कार्तवीर्य की भुजाएँ काट दी थीं। एक संपूर्ण नरेश को समाज के नियमों का पालन करना ही होता है, भले ही वह स्वयं या उसकी प्रजा, उनके साथ सहमत हो या न हो।

जब राम घर लौटे, तो उस पुरोहित का पुत्र तब तक प्राण त्याग चुका था। वह राम के पास आ कर बोला, "मेरा पुत्र प्राण त्याग चुका था किंतु चमत्कारिक रूप से उसके प्राण वापिस आ गए। यमराज ने उसे वापिस भेजते हुए कहा कि वे शंबूक के बलिदान से प्रसन्न हैं।"

राम ने उस युवक को देख कर कहा, "अपने पिता की तरह एक ब्राह्मण बनो।"

"मेरे पिता की तरह नहीं, शंबूक की तरह, मेरे पिता वेदों की ऋचाओं को तो जानते हैं परंतु उनके अर्थ नहीं जानते। वे अपने वर्चस्व व श्रेष्ठता का आनंद उठाते हैं। नहीं, मैं उनके जैसा नहीं बनूँगा। मैं ब्राह्मण जाति पर, ब्राह्मण वर्ण को चुनता हूँ। मैं भी शंबूक की तरह तपस्वी बनना चाहता हूँ और अयोध्या को, धरती का बैकुंठ बनाना चाहता हूँ।"

राम, जिनके हाथ अब भी शंबूक के रक्त से सने थे, उन्होंने आश्वस्ति अनुभव की क्योंकि वे जानते थे कि शंबूक का पुनर्जन्म हो चुका है।

- शंबूक का आख्यान, वाल्मीकि *रामायण* के उत्तर-कांड में आता है।
- शंबूक की कथा अनेक प्राचीन संस्कृत नाटकों का अंश रही, जैसे भवभूति की रामायण तथा मध्ययुगीन आंचलिक *रामायणें*। नाटकों में राम के निर्णयों को, राजकीय कर्तव्य के आधार पर न्यायसंगत ठहराया गया है। भक्ति साहित्य में, शंबूक को उस वध से लाभ होता है क्योंकि उसका वध ईश्वर के हाथों हुआ; वह जन्म और मरण के बंधन से छुटकारा पा लेता है।
- आधुनिक युग में, शंबूक की कथा नाटकों में, इस तरह दिखाई जाती है, जो *रामायण* की जाति पक्षधरता को दर्शाती है। ई.वी. रामास्वामी का विचार है कि यह ऐसी कथा है, जो यह प्रकट करती है कि राम उतने अच्छे राजा नहीं थे जितना अच्छा उन्हें दिखाया जाता था। डॉ. बी. आर. अंबेडकर का मानना था कि यह आख्यान राम के चरित्र से संबंधित नहीं, यह जाति प्रथा की अरक्षणीयता से जुड़ा है जिसे लागू करने के लिए हिंसा की आवश्यकता थी।
- *रामायण* में किसी एक जाति समूह को दूसरे से श्रेष्ठ दर्शाने का प्रयास नहीं किया गया। यह यथास्थिति को बनाए रखती है क्योंकि पारंपरिक रूप से, यह भय था कि जाति में परिवर्तन, सामाजिक स्थिरता को नष्ट कर देगा। इस प्रकार जाति रेखाएँ व जाति पदक्रम, संपूर्ण भारतीय इतिहास में सदा बदलते आए हैं, ऐसा विविध जातीय दलों के बीच हुआ, जिनमें केवल ब्राह्मण ही नहीं, बल्कि ज़मींदार समुदाय भी शामिल थे, जिन्होंने विभिन्न गाँवों को अपने अधीन रखते हुए, सामाजिक रूप से स्वीकृत आदतों जैसे शाकाहार आदि को अपनाया। इस प्रक्रिया को भारतीय समाजशास्त्रियों ने 'संस्कारीकरण' का नाम दिया; कुछ पश्चिमी समाजशास्त्री इसे 'ब्राह्मणीकरण' का नाम देना, अधिक बेहतर समझते हैं।
- *रामायण* में, सामाजिक रूप से गौण जातियों के अनेक सदस्यों का संदर्भ आता है : निषादराज गुहा, भील शबरी और इसके अतिरिक्त वाल्मीकि, वानर और राक्षसों का नाम भी ले सकते हैं। इन सबके साथ, राम के अलग-अलग संबंध रहे, जो नियमों की अपेक्षा अधिक भावप्रधान थे, केवल शंबूक का ही मामला ऐसा रहा, एक ऐसा प्रसंग, जो राम के राजा बनने के बाद सामने आता है।

जुड़वाँ

सीता ने, वन के एकांत में संतान को जन्म दिया। यदि वे महल में होतीं तो यह एक विशाल और भव्य प्रसंग होता; वे बहनों, माताओं, धाय-माँ और दासियों से घिरी होतीं। संगीत की मधुर ध्वनि सुनाई देती, पताकाएँ फहराई जातीं और मिष्टान्न वितरित किए जाते।

परंतु यहाँ वे अकेली थीं, वे एक चट्टान के पीछे, सारी रात हरी घास पर लेटी, सितारों को देखते हुए, पीड़ा को सहन करती रहीं और जब प्रातःकाल के भगवान अरुण आकश में प्रकट हुए तो उन्होंने उन्हें अंतिम बार, ज़ोर लगाने के लिए प्रोत्साहित किया।

महल में सर्वाधिक महत्त्व रखने वाले, पवित्रता या अपवित्रता के नियमों का यहाँ कोई लेन-देन नहीं था, वे इस वन में लागू नहीं होते थे। उन्हें तत्क्षण अपने पैरों पर खड़े होना था, ऐसे फल, कंद-मूल और बेरों का सेवन करना था, जिन्हें खा कर उन्हें बल और पुष्टि मिले और वे अपनी संतान को स्तनपान कराने योग्य हो सकें। वाल्मीकि अपनी *रामायण* लिखने में व्यस्त थे, उनकी पत्नी को अपने व बच्चों के लिए भोजन का प्रबंध करना पड़ता था, उससे यह अपेक्षा नहीं की जा सकती थी कि वह सीता और उनकी नवजात के भोजन का भी प्रबंध करेगी।

वाल्मीकि ने बालक का नाम लव रखा, जब बालक सोता तो वे उसकी निगरानी करते, ताकि सीता को अपने लिए थोड़ा समय मिल सके। वे स्नान कर, जल भर कर ला सकें। जलावन के लिए लकड़ियाँ एकत्र कर सकें, अपनी रसोई वाटिका की देख-रेख कर सकें और नदी किनारे की मिट्टी से कुछ बर्तन और पात्र तैयार कर सकें।

शीघ्र ही शिशु घुटनों के बल चलने के योग्य हो गया। एक दिन, जब सीता वहाँ नहीं थीं, और वाल्मीकि राम के राज्याभिषेक प्रसंग के दौरान, उचित छंद की रचना करने में मग्न थे, तो लव जाने कहाँ ओझल हो गया। वाल्मीकि को अपने आसपास असहज सा सन्नाटा महसूस हुआ, देखा तो बालक वहाँ नहीं था। उन्होंने अपनी और सीता की कुटिया में देखा, लव नहीं दिखा। वह तो टोकरियों और बड़े पात्रों के पीछे भी नहीं था। क्या वह ऊँचे पत्थरों से बनी चारदीवारी